尽 善 尽   弗 求 弗 迪

SDBE管理实践丛书

SDBE
卓越运营

战略蓝图的高效兑现之道

|胡荣丰 杜晴川 张美军|著|

电子工业出版社
Publishing House of Electronics Industry
北京·BEIJING

内容简介

本书以企业的战略蓝图到战略兑现为主线，涉及 SDBE 领先模型之卓越运营力搭建。卓越运营力决定了企业能否将长远目标和日常运营工作连接起来，避免战略和运营"两张皮"的问题出现。同时，本书从战略落地角度切入，以卓越运营为核心，打通战略解码和卓越运营两大环节，进一步通过对组织绩效管理、能力构建、项目管理、流程建设、质量管理、运营管控等方面的介绍，揭示了优秀的企业是如何在经营中落地战略意图的。

未经许可，不得以任何方式复制或抄袭本书之部分或全部内容。
版权所有，侵权必究。

图书在版编目（CIP）数据

SDBE 卓越运营：战略蓝图的高效兑现之道 / 胡荣丰，杜晴川，张美军著. —北京：电子工业出版社，2024.4
（SDBE 管理实践丛书）
ISBN 978-7-121-47450-7

Ⅰ. ①S… Ⅱ. ①胡… ②杜… ③张… Ⅲ. ①企业战略 – 战略管理 – 研究 – 中国 Ⅳ. ①F279.23

中国国家版本馆 CIP 数据核字（2024）第 051784 号

责任编辑：黄益聪
印　　刷：三河市兴达印务有限公司
装　　订：三河市兴达印务有限公司
出版发行：电子工业出版社
　　　　　北京市海淀区万寿路 173 信箱　　邮编：100036
开　　本：720×1000　1/16　印张：20　字数：380.8 千字
版　　次：2024 年 4 月第 1 版
印　　次：2024 年 4 月第 1 次印刷
定　　价：89.00 元

凡所购买电子工业出版社图书有缺损问题，请向购买书店调换。若书店售缺，请与本社发行部联系，联系及邮购电话：（010）88254888，88258888。
质量投诉请发邮件至 zlts@phei.com.cn，盗版侵权举报请发邮件至 dbqq@phei.com.cn。
本书咨询联系方式：（010）68161512，meidipub@phei.com.cn。

推荐序

"战略要正确，执行要有力"，战略和执行，两手都要抓，而且两手都要硬，如此才能更快、更好地达成企业愿景。那么什么是正确、有力呢？胡荣丰老师将他多年的管理经验进行总结形成了SDBE领先模型，通过接受咨询、开工作坊、著书等方式服务于不同行业，为企业全面提升经营管理水平提供了大量优质的解决方案。

胡老师曾多次带领德石羿团队为烽火通信赋能，他带来的管理理念、专业知识和数字化转型实践经验等给我们留下了非常深刻的印象。我们也一直和胡老师保持着良好的交流，结下了深厚的友谊。

作为光通信行业的"国家队"，烽火通信伴随中国通信事业走过了飞速发展的时代，并引领着国内光通信行业的技术发展，走在时代的最前列。从1976年赵梓森院士拉出中国第一根实用化光纤，到2016年为"中国天眼"FAST自主研制当时国内最高标准的弯曲可动光缆，烽火通信一直奉行"最大限度挖掘数字连接价值，造福人类社会"的使命，全力构筑先进技术，不断贡献烽火智慧，让更多的人享受信息通信带来的美好生活。近年来，烽火通信发展呈现稳中有进的良好状态，而如何继续保持这种健康可持续的发展趋势，处理好拓展市场份额、获取合理利润与降低经营风险之间的平衡关系，实现质的有效提升和量的合理增长，是未来我们需要着重去深入思考的问题。

胡老师的新作《SDBE卓越运营：战略蓝图的高效兑现之道》即将出版，他能邀请我作序，使我感到十分荣幸。本书是胡老师的《SDBE管理实践丛书》之一，对SDBE中的E（卓越运营）模块进行了深度的阐述和解读。本书通过系统、科学的解码，将战略分解成KPI和TOPN，并运用组织绩效管理、项目运作、流程管理、质量提升、组织保障等一系列科学管理方法，对KPI如何达成及TOPN如何落地进行了细致的解读，既有提升认知的理论思想，又有落地执行的具体方法。

"一分战略，九分执行""宁要三流的战略加一流的执行，不要一流的战略加三流的执行"，这些有关战略规划的金句，很多人都耳熟能详。战略从"知道"

到"做到",从规划到执行,中间需要一套科学的管理方法;我理解,这种能把"高大上的战略系统落地的运营",就是卓越运营。

当前国际形势变幻莫测,"黑天鹅""灰犀牛"事件时有发生,在这个充满不确定性的时代,需要企业通过自身的积极作为,为这个时代注入更多的确定性。这个确定性不仅仅体现在战略规划中,在战略的解码、执行、落实中也同样重要。那么,如何通过卓越运营,确保战略规划能够高效落地,这对所有企业的经营者来说,都是一门必修课。

正如书中所述,一个企业在初创阶段,做好手上的项目可能就能活下来,甚至活得很好。而随着企业不断扩张,客户和业务场景逐渐多样化,内外部环境将会变得越来越复杂,在战略方向大致正确的情况下,必须有卓越的运营执行来保证战略目标能得到较好的实现。

我很认同书中提到的"卓越运营最关键的管理措施,是能够形成高效的支撑和监管机制,以保证业务不偏航"。而要形成高效的支撑和监管机制,需要深入学习并领悟书中战略解码的步骤和逻辑、组织绩效的必要性和意义、TOPN项目化运作的关键点、流程和质量对卓越运营的支撑意义,以及卓越运营的三大机制(经营分析会、ST会议和AT会议)的实际运作,并将这些机制和工具合理搭配运用,以确保能真正发挥作用。

学习借鉴从来不是空洞教条式的盲目地生搬硬套,而是注重活学活用、学以致用,突出与实干相结合。读者在理解并运用书中提到的模型方法时,应基于自身所处行业、企业规模、生命周期等内外部环境进行属地化解读,思考华为管理理念背后的底层逻辑,根据所处的实际情况进行适配内化,规划适合自身发展的路径。

最后,再次感谢胡老师及德石羿团队为烽火通信的发展做出的贡献。我郑重向大家推荐本书,希望华为的"SDBE卓越运营方法"能够为您的企业发展提供有力的智慧支持。

曾 军

烽火通信董事长

前 言

华为何以能够从几乎"一无所有",成为全球声誉卓著的领先企业?有人说,是时势造英雄,华为只是生逢其时,是顺应时代潮流的结果。也有很多人认为,华为依靠的是战略的成功,它预测并抓住了一次次战略机会。很多企业家据此言必称战略,但现实很残酷:战略大师很多,但能持续成功的大企业却很少。

有谚云,"一分战略,九分执行"。IBM 前 CEO 郭士纳曾告诉华为领导层,九成以上的企业战略之所以失败,是因为执行出了问题。换言之,大量企业或者看对了方向,但没找到合适的路径;或者论证了蛋糕的存在,却没能发育出切蛋糕的能力和方法;或者选定了赛道,却经常迷失方向且缺乏纠偏的工具。上述种种现象,无不昭示了运营和执行环节的重要性!

"战略要正确,执行要有力",战略和执行,两手都要抓,而且两手都要硬,如此才能更快、更好地达成企业愿景。在乌卡(VUCA, Volatile, Uncertain, Complex, Ambiguous,易变性、不确定性、复杂性、模糊性)时代,企业面临着剧烈变化的宏观环境和竞争压力。企业仿佛是穿行在暴风骤雨中的帆船,随时可能在大海中倾覆或偏航。战略方向正确,并不能保证企业顺利到达彼岸。在德石羿团队的咨询工作实践中,我们经常发现很多客户同样面临着华为管理层当年提出的问题:"通过什么样的方法和机制,才能够克服大企业的低效,确保企业每年的经营计划能兑现,同时战略方向不偏航,核心竞争力越来越强,最终实现企业愿景?"

任正非曾说过,华为最终肯定也会死亡,这是自然规律。多年之后,华为能够留下来的只有两样东西:一样是无生命的、基于流程的管理体系,另一样是对人的激励和管理机制。基于这个理解,华为管理层系统性地提出,"建设以项目制为中心的流程型组织",是管理体系建设的最高目标。

华为花费了大量精力建成的这套卓越运营方法,系统性地回答了企业应该如何实现"活得久,活得好"这两大企业经营宗旨。它系统地总结了世界级的领先企业是如何在保持巨大体量和规模的同时,在战略执行和整体运营效率上也丝毫不逊色于规模小、转向灵活的中小组织,并最终获得战略性、高质量、可持续的成功的。

同时，这套卓越运营体系高效且敏捷。它可以使企业各级管理层减少在内部例行事务上花费的时间，从而能够将宝贵的精力聚焦于客户和市场，为客户和企业创造价值。这也是华为在复杂变化、竞争激烈的外部环境中，依然能够高效运转、创造高绩效的底气所在。

在咨询工作中，我们发现很多企业迫切希望了解这方面的管理理念和实践。德石羿团队确信，这套"卓越运营"的方法和体系，具备广泛的适应性，能够切实地指导不同行业和不同规模的企业进行战略节奏调整和方向纠偏，以确保企业完成经营计划，落地既定的战略蓝图。

在长期的职业生涯中，笔者和德石羿团队基于华为内外部的海量管理实践，致力于打造一个大道至简的管理体系，并最终总结提炼出 SDBE 领先模型。SDBE 领先模型涵盖了战略规划、战略解码、经营计划和执行管理四大部分，创造性地打造了一个架构清晰、语言凝练、注重闭环、便于传播的管理实践框架，适合企业中高层管理人员用于战略制定与执行的连接，并能有效指导企业的经营和管理工作。笔者经倪光南院士作序的拙作《华为闭环战略管理：从战略到执行的 SDBE 领先模型》（以下简称《华为闭环战略管理》）已经出版，读者可以自行参考。

同时，笔者首创性地提出"SDBE 六力模型"，把企业管理的重大能力抽象提炼为领导力、战略力、洞察力、运营力、执行力和协同力，又创新性地论证了其逻辑联系，以及各种细分能力的发展工具及方法。

在 SDBE 框架内，本书紧扣当下很多企业的战略执行痛点，层层递进地展示了华为等头部企业对战略到执行的思考、实践和具体的做法，为读者铺陈出一幅华为经营作战全景图。SDBE 运营力，就是对华为"卓越运营理念及管理体系"的总结，它是保证企业从战略蓝图到运营落地的具体管理机制，其理念和方法来源博大精深，包括但不限于战略解码、竞争管理、项目化体系、全面质量、流程和 IT、财经风控、组织绩效、组织和人才管理等方面。

德石羿团队提炼出卓越运营的三大机制，包括经营分析机制、ST 管理机制和 AT 管理机制。经营分析机制，是企业及内部各级组织战略落地的最重要抓手，它的定位是作战会议及作战指挥系统，以实现"主干简洁管理，末端敏捷经营"。ST 管理机制，则是中长期战略和核心竞争力的落地抓手，它聚焦 SDBE 框架中 SP（战略规划）重大关键事项的落地，聚焦中长期核心竞争力和战略控制点的建设。AT 管理机制，确切来讲就是组织和人才的综合管理机制，它的出发点是假设"干部和人才"是企业最宝贵的资源，兑现华为 20 多年前提出的"人力增值优先于资本增值"，致力于打造干部和人才梯队的"选、育、用、留、管"的长效管理机制，从而实现把卓越能力建设在组织上，并且使组织充满着无处不在的活力。

总之，本书以企业的战略蓝图到战略兑现为主线，涉及 SDBE 领先模型卓越运营力的搭建，其决定了企业能否将长远目标和日常运营工作连接起来，避免了战略和运营"两张皮"的问题。同时，本书从战略落地角度切入，以卓越运营为核心，打通战略解码和卓越运营两大环节，进一步从组织绩效、能力构建、项目管理、流程建设、质量管理、运营管控等方面，揭示优秀的企业是如何在经营中落地战略意图的。

本书第一作者胡荣丰对全书的主体框架、理念和写作思路进行了搭建，并执笔写作了本书的绝大部分篇章。本书另外两位作者，德石羿团队的杜晴川和张美军，也不辞辛劳，提供了有益的思路，并协助查阅了相关书籍、文献和资料，审阅了相关文稿。德石羿团队几经思考、推敲和审校，最终促成了本书的成稿。在此，笔者非常感谢参与本书的所有伙伴，没有他们的辛勤付出，本书也无法如此顺利地呈现在大家面前。

本书可供企业中高层管理人员阅读，也可作为企业内训的培训教材。卓越运营领域的管理框架宏大，理念繁多，限于学识和经验，书中难免会有错误和遗漏，敬请广大读者不吝批评、赐教或指正，笔者及其团队在此表示表示感谢！

胡荣丰

目录

第1章 战略和经营：两手都要抓，两手都要硬

1.1 战略与经营：保障当期价值，不偏离主航道 2
- 1.1.1 经营管理撑起企业生死，但容易在长期发展中偏航 2
- 1.1.2 在战略主航道上成长，跳出低阶的机会主义发展 3
- 1.1.3 能切实落地，导向能力增强的战略才是好战略 5

1.2 他山之石：华为战略实践与SDBE领先模型 7
- 1.2.1 生存发展期，追随战略下的机会主义作战 8
- 1.2.2 战略成长期，系统引进BLM方法进行规划 9
- 1.2.3 整合领先期，用SDBE领先模型闭环战略 11

1.3 周边支撑：企业战略到执行的系统操盘 14
- 1.3.1 领导力：战略成功落地的关键决定作用 14
- 1.3.2 组织协同管理：各军种相互协同，立体作战 16
- 1.3.3 辩证关系：战略与执行，复盘—迭代—演进 17
- 1.3.4 分级授权：各层级战略到执行，高效闭环 19

1.4 价值导向：SDBE领先模型的战略引领价值 21
- 1.4.1 SDBE在战略管理中的闭环价值 21
- 1.4.2 SDBE在战略洞察中的聚焦价值 22
- 1.4.3 SDBE在战略执行中的作战价值 23

1.5 小结 25

第2章 战略解码：将战略分解为经营计划

2.1 执行困扰：精心制定的战略规划如何落地 27
- 2.1.1 战略规划走不出会议室，灵肉分离 27
- 2.1.2 战略规划和战略执行"两张皮"，同床异梦 29

2.1.3 缺乏组织能力支撑，战略成为"孤勇者" 31

2.1.4 未能持续审视和评估，战略无法迭代 32

2.2 概念内涵：战略解码的定义及导入 34

2.2.1 战略解码的定义与内涵 34

2.2.2 战略解码的逻辑和原则 36

2.2.3 战略解码的关键实施要点 38

2.3 关键环节：通过战略解码打通规划和执行 39

2.3.1 战略的时间分解：时间由粗及细，由模糊至量化 39

2.3.2 战略的空间分解：组织逐层逐级，责任层层压实 41

2.3.3 开展战略解码的几个重要的会议 43

2.4 解码路标：将战略规划解码到经营计划 45

2.4.1 战略导向经营计划：语文题与数学题 45

2.4.2 经营计划的 SMART 原则和涵盖内容 47

2.4.3 经营计划与全面预算，确保可执行落地 50

2.5 小结 52

第3章 战略解码工具和实操：BSC 和 BEM

3.1 战略解码的主流方法和工具 54

3.1.1 平衡计分卡：保证企业均衡发展的思想武器 54

3.1.2 KPI 体系：量化和监控战略目标的管理工具 55

3.1.3 战略地图：分解价值创造逻辑，落实战略的方法 57

3.1.4 指标鱼骨图：挖掘组织 KPI 之间有机联系的技巧 58

3.2 BSC：多层面分解的均衡视角 60

3.2.1 战略地图，分层解码战略的逻辑 60

3.2.2 核心指标：以 KPI 构建量化考核体系 63

3.2.3 关键举措：重要战略行动方案的管理 67

3.2.4 逐级分解：分解年度经营计划的各个关键阶段 71

3.2.5 资源配置：保障经营计划有效推进 74

3.3 BEM：从战略方向到组织 KPI 77

3.3.1 BEM 简介及解码步骤 77

3.3.2 明晰战略方向，明确运营定义 79

3.3.3 推导四层面 CSF，制定战略地图 81

3.3.4 面向可衡量，输出战略 KPI　83

3.3.5 聚焦关键点，导出重点工作任务　85

3.3.6 分解年度经营计划，确认重点任务　88

3.4 小结　90

第 4 章　组织绩效：经营兑现和能力建设的利器

4.1 集体冲锋：组织绩效的必要性和意义　92

4.1.1 组织绩效比个人绩效更重要　92

4.1.2 组织绩效的设计反映全局部署　94

4.1.3 组织绩效以结果导向价值分配　95

4.2 责任定位：组织绩效制定的重要前提　97

4.2.1 组织架构形成对战略的支撑　97

4.2.2 部门责任定位定义不同的考核内容　99

4.2.3 业务发展阶段不同，考核不同　101

4.3 各级部门组织绩效的结构和内容　103

4.3.1 组织绩效的 KPI 设计　103

4.3.2 组织绩效管理的原则　105

4.3.3 指标的目标值设定方法和评分规则　107

4.4 各司其职：组织绩效的全方位覆盖　109

4.4.1 组织绩效的纵向分解　110

4.4.2 组织绩效的横向协同　112

4.4.3 不同组织类型的考核办法与启示　116

4.5 绩效驱动：组织绩效的评价与激励　117

4.5.1 组织绩效的驱动引擎　117

4.5.2 组织绩效和个人考核的结果应用　120

4.5.3 基于价值创造的绩效激励方式　122

4.6 小结　124

第 5 章　TOPN 管理：核心竞争力的构建和管理

5.1 夯实土壤：TOPN 管理的必要性和意义　126

5.1.1 TOPN 管理的初衷和价值　126

5.1.2　TOP*N* 凸显组织绩效的长期导向　128

5.1.3　确定组织绩效 TOP*N* 的原则　129

5.2　管理利器：用项目制闭环管理 TOP*N*　131

5.2.1　项目管理是企业经营的基础　131

5.2.2　将年度关键举措标志为 TOP*N* 必赢项目　133

5.2.3　重点项目的闭环管理方式　135

5.3　TOP*N* 关键举措管理心法　137

5.3.1　以"零缺陷"和"持续改进"护航战略执行　137

5.3.2　内嵌全面质量管理，增强企业经营实力　139

5.3.3　循序渐进，战略定力成就企业伟业　141

5.3.4　累积进步，精进构建核心竞争力　142

5.4　小结　144

第 6 章　项目运作：能力原子化的资源高效配置

6.1　整体理念："项目制"为核心的流程型组织　146

6.1.1　项目管理的基本概念　146

6.1.2　项目管理的价值和管理误区　148

6.1.3　以项目制强化组织流程化运作　150

6.1.4　以项目为单位提高资源配置效率　151

6.2　项目组织：从弱矩阵到强矩阵的转变　153

6.2.1　以项目为中心，在企业中建立组织级项目管理体系　153

6.2.2　构建项目布阵，提高组织敏感性　156

6.2.3　后方组织以一线作战为目标，实行联勤服务　157

6.2.4　项目经理的责权利定义　159

6.3　项目规则：统一项目运作范式　161

6.3.1　统一项目管理的语言和运作　161

6.3.2　定义项目管理的知识域　164

6.3.3　项目的四算经营管理方法　166

6.3.4　项目的考核与激励机制　169

6.4　自觉体系：打造无生命体的项目管理基本流程　172

6.4.1　明确项目的范围和目标　172

6.4.2　以合适的人组建项目团队　174

6.4.3 构建项目团队的沟通策略　176
6.4.4 分解项目关键任务与计划　178
6.4.5 对项目风险进行管控　180

6.5 小结　182

第 7 章　流程：汇聚最佳实践，打造高效运营底盘

7.1 企业运营力：让流程体系高质量地运作起来　184

7.1.1 支持业务：流程持续变革的底层动因　184
7.1.2 流程型组织：以客户为中心的价值创造　185
7.1.3 管控规则：构筑在流程体系中的要求　187

7.2 优秀实践：流程创造价值、提高效率　189

7.2.1 流程建设的本质"四问"　189
7.2.2 流程的核心是正确高效地做事　191
7.2.3 企业流程的类别与分级　194

7.3 流程建设：识别价值内容和风险控制点　198

7.3.1 流程管理常见痛点　198
7.3.2 规划流程，规划价值创造链　200
7.3.3 高质量流程建设遵循的原则　205
7.3.4 端到端流程管理的收益和挑战　207

7.4 流程运营：在运营中持续建设和调优　209

7.4.1 流程管理的组织保障　209
7.4.2 流程管理的机制建设　211
7.4.3 流程的考核和激励　212

7.5 信息化建设：瞄准流程目标，固化流程实施管理　215

7.5.1 流程信息化强力支撑企业快速发展　215
7.5.2 信息化的策略与核心理念　217
7.5.3 流程与信息化治理　218
7.5.4 新时代数字化转型的趋势　220

7.6 小结　221

第 8 章　质量：持续改进，零缺陷的高质量运营

8.1　嵌入企业运营的大质量观　224
8.1.1　从小质量发展而来的质量管理　224
8.1.2　华为的大质量管理观点　225

8.2　建立企业质量和运营的融合体系　227
8.2.1　质量管理体系的演进路径　227
8.2.2　质量管理体系与运营体系的融合　229
8.2.3　质量管理的本质是改进企业管理体系　230

8.3　质量管理的组织保障　232
8.3.1　质量组织的内部定位　232
8.3.2　质量组织在企业中的发展阶段　233
8.3.3　质量保障的组织结构设计　234

8.4　质量管理：协助业务以高质量取胜　236
8.4.1　基于主业务流构建质量管理体系　237
8.4.2　将质量要求延伸至产业链供应商　238
8.4.3　发动全球员工参与质量改进　240
8.4.4　业务一把手是质量管理的第一负责人　242

8.5　质量文化：卓越领先企业的生命线　244
8.5.1　质量就是满足客户的需求　244
8.5.2　以质取胜是企业经营的自尊心　246
8.5.3　追求高品质，不依赖低价格　247
8.5.4　高质量是卓越领先企业的底色　249

8.6　小结　251

第 9 章　三大机制：建构战略执行与运营监管机制

9.1　战略审视会：着眼阶段性战略纠偏　253
9.1.1　战略健康度审视会　253
9.1.2　战略执行审视会　254

9.2　ST 管理机制：构建核心竞争能力和战略控制点　256
9.2.1　TOP*N* 事项跟踪及关键能力建设　257

- 9.2.2 双轨机制，支撑重大业务问题决策　259
- 9.2.3 系统视角，统筹组织运营及管理决策　260

9.3 AT 管理机制：建设组织和人才梯队，释放活力　262
- 9.3.1 HR 管理及重要干部任免决策　263
- 9.3.2 重大薪酬分配及绩效管理决策　264
- 9.3.3 企业重大政策传达及高绩效氛围建设　266

9.4 经营分析会：聚焦经营改进，确保当期计划兑现　268
- 9.4.1 经营问题和差距识别及重大根因分析　269
- 9.4.2 经营滚动预测和重大风险揭示　272
- 9.4.3 改进措施和任务令下发　275

9.5 小结　277

第 10 章　卓越运营：运营框架及组织保障

10.1 保障要义：建立运营管理机制的目的　279
- 10.1.1 保证执行层面与战略规划的有效链接　279
- 10.1.2 战略目标的实现要靠运营监控　280
- 10.1.3 企业不同层级运营管理的侧重点　281
- 10.1.4 企业卓越运营的会议管理机制　285

10.2 运营框架：以系统性策略保证蓝图实现　286
- 10.2.1 战略管理的直接责任团队　286
- 10.2.2 管理资源配置及预算执行　288
- 10.2.3 战略辅导：管理运营绩效　290

10.3 组织保证：保障战略蓝图实现的责任部门　293
- 10.3.1 战略运营部，组织战略执行与实施的牵头者　293
- 10.3.2 财经组织，业财融合数据的提供者　294
- 10.3.3 质量运营部，战略到执行的支撑者　296

10.4 小结　298

后　记　299

参考文献　301

第1章
战略和经营：两手都要抓，两手都要硬

老子说：合抱之木，生于毫末；九层之台，起于累土；千里之行，始于足下。华为从小微民营企业起步，经历诸多挣扎和困苦，逐步成长为涵盖多项业务领域的世界级高科技企业，它的经营成果举世瞩目。

令人赞叹的是，纵观华为的发展历程，它几乎抓住了通信行业所有重大的战略机会，踩对了所有关键发展的转折点，从而驱动了自身一波又一波的持续高增长，这一点则不得不归因于它强悍的战略和经营两大核心管理能力。

战略管理要求企业务虚，仰望星空，找到大致正确的方向。

经营管理要求企业务实，脚踏实地，保障当期价值的兑现。

战略管理指向企业"活得久"的长远价值，而经营管理则保障企业"活得好"的当期价值。当企业的战略和经营都能做好的时候，企业才能平衡好短期和中长期利益，在长跑中逐步实现企业的愿景。

1.1 战略与经营：保障当期价值，不偏离主航道

人很容易在复杂的环境中迷失方向，作为组织的企业也是如此。

战略的前瞻性会让组织的每个层级、每个组成部分，以及它们的一个个行动具有深远的意义，也会让企业上下的努力具有一致性和连续性。

当企业知晓每一步都在做什么，理解每一个具体目标、日常任务的达成是如何促进总体目标的达成时，才能抓住市场机会，并取得战略性胜利。

1.1.1 经营管理撑起企业生死，但容易在长期发展中偏航

战略管理与经营管理有所不同，但两者都非常重要，且需融为一体。

战略大师迈克尔·波特说："有效经营和战略都是取得卓越绩效的基础……但是两者以不同的方式起作用。"流程再造理论的提出者迈克尔·哈默也说："高绩效的运营流程是必需的，但不足以成为支撑企业成功的全部。"

我们常常看到，企业在初始阶段，仅凭对机会的把握，加上一些必要的管理手段，往往就能够穿越生死线，在市场上活下来，有些还能活得不错。当企业规模较小时，以活着为第一要务，以赚钱为主要方向，什么赚钱做什么，怎么赚钱怎么做。此时企业的眼界、手中的资源十分有限，难以制定出优秀的长远战略规划，也难以有相匹配的战略资源配置。

如果一家企业所处的行业就是一个细分市场，那么企业规模和市场容量都是有限的，企业的追求也不会高。当它在行业里面摸爬滚打几年、十几年后，从创始人到业务人员，都会对业务和市场了解得十分清楚，该做和不该做的，都在各级管理者的头脑里有了判断。这个时候，即便是用战略规划的框架来套，也只是一个显性化的问题，即把企业的战略从脑袋里面搬迁到纸面上而已。

1987年，43岁的任正非和合伙人一起出资2.1万元，在深圳南油一个居民楼里成立了华为。

同其他创业企业一样，华为在这个阶段以求生存为主。抓住机会活下去是硬道理，只有赚取利润，才有资格去谈进一步的发展。

创业之初的华为，虽然从名称上看是一家技术企业，但实际上没有什么独到、过硬的技术，因此只能干一些没有技术门槛的事，而且经常需要调整创业方向。华为在创业早期缺乏明确方向，也有过迷茫，据传，为了活下去，华为团队甚至短暂调研过卖墓碑，尝试过卖减肥药。任正非为了企业的生存真可谓煞费苦心。

后来，辽宁省一位处长热心告诉任正非做交换机赚钱，之后华为成为香港鸿

年公司用户交换机的代理商。虽然从事的仅仅是在外人看来没有什么技术含量的贸易，但华为总算是跨进了通信设备行业的大门。

在那个装电话需求旺盛的年代，代理商只要有人脉能拿到货，对接得上客户，就能把交换机成功销售出去并赚取丰厚的利润。华为紧紧把握住了机会，不但迅速积累了数百万元的资金，完成了原始的资本积累，而且在全国范围内建立了以十来个销售办事处为核心的销售网络，算是初步实现了"起家"。这为后面华为的进一步发展打下了初步的基础。

为了生存，华为把主要精力放在市场开拓、找客户、找订单上，主要面向农村市场。当时已过不惑之年的任正非身先士卒，曾经到交通极为不便的四川大凉山地区去销售。早期的华为围绕市场机会点开展"生存战"，虽然在经营上颇有收获，但战略规划对此时的华为来说还是遥远的"奢侈品"。

一方面，企业在规模较小的时候，只要拿着切实可行的年度经营计划，一年年灵活而实在地去执行，没有战略规划也能成功。笔者经常给很多企业家或创业者讲，在生存期，不要考虑什么大的战略问题，活下来，并且尽快做大规模，这才是第一要务。

但另一方面，企业经营时间久了，容易形成惯性思维，以为没有规划很自然。当外部环境发生巨大变化时，很多中小企业仍依照惯性行事，就不能扛住风险了。长期下去，当企业规模越来越大，达到自然发展的临界点时，要么维持现状，要么逐渐衰落，要么奋力飞跃，不管哪一种情况，企业的经营风险都会大大增加。到了这个时候，就必须增加一定程度的战略规划及执行管理。

1.1.2 在战略主航道上成长，跳出低阶的机会主义发展

从企业发展阶段的特征来看，在其发展上升期，过程可以分为五个阶段：创业阶段、机会成长阶段、战略成长阶段、突破成长阶段、整合成长阶段。

笔者见过很多企业，尤其是民营企业，其最初的产业选择极具偶然性，一旦抓住一个机会活下来，就进入到机会成长阶段。有些企业成长性还不错，依靠创始人及核心团队的努力和拼搏，甚至可以做到超过上百亿元的年度营收规模，但经营管理基本上是低水平的重复管理。

市场就是这么吊诡，很多管理规范的企业，规模上不去，但很多管理粗放的企业，规模却不小。那机会成长性的企业群体到底有什么特点呢？

笔者对此尝试着总结出如下几点。

第一个特点是：对机会的依赖性和粗放的经营。在经济复苏时期，社会对各种事物的需求都很大，所以，在这种情况下，发展速度快要比努力修炼内功好

得多。

第二个特点是：无所不能，业务复杂，缺乏策略。企业青睐机会，任何一个赚钱的机会，都可能加入。虽然企业需要用战略来凝聚团队、指明方向，但每一种战略都不会持续一年，也许半年、三个月后就会发生变化。机会成长性与规模没有关系，一些企业虽拥有几十亿美元的资产，但或许还处于一个机会成长的阶段，很少有大的突破，就像是掉进了一个"中等收入陷阱"。

第三个特点是：战略由人决定，缺乏共识。也就是说，战略机会的判断很大程度上取决于创始人和核心团队的认知。许多机会型企业，其业务都是由创始人的喜好决定的。老板们对市场的机会很敏感，他们总想要做一件短期的、能迅速赚钱的事，而不想浪费时间和精力去做计划。

第四个特点是：机会型企业从来都不是一个好的组织。良好的组织状态是具有特定目标和结构的，并且组织成员处于特定的活动状态。机会型企业的核心团队通常都是充满热情的，而其他员工由于缺乏对机会和信息的理解，无法理解组织的目标，处于"盲、忙、茫"的状态。

第五个特点是：机会型企业的团队成员往往是"关系型"和"草莽型"的。机会型企业在市场上只抓机会、拉关系，因而缺乏战略意识，缺乏专业素质。

尽管有些机会型企业的经营成果并不差，但不可回避的问题是，机会型企业的综合抗风险能力差，成规模发展的可能性也小。从本质上来说，短期做好一个生意，和长期做好一个企业、做好一项事业，这是完全不同的价值取向。

如果真想在一个行业深耕，高质量、可持续地做大规模，实现"基业长青，百年老店"，要求企业家一定要有信念，一定要进入到战略成长阶段。换句话说，企业一定要沿着战略主航道发展，这样企业才能随着规模的增大，越做越强，而不是"越摊越薄"。

企业规模增大，且核心竞争力越来越强的打法，就是华为30年的管理实践经验总结，也就是我们所说的战略成长方式。道理虽简单，但似乎懂此道理的企业家并不多。尤其是数字化时代，市场环境容易巨变，竞争环境越来越激烈，赚钱越来越难，已经不是满地机会的年代，这就更要要求企业必须进入到战略成长阶段，带着前瞻性的眼光去发展。

机会型发展往往带来业务多元化，而多元化对于那些管理能力没有随业务发展而发育起来的企业，常常是危险的。

"二战"获胜后，美国经济蓬勃发展，企业的多样化发展达到了顶峰，那些大企业根本无法抑制自己对机会的热爱，在"二战"后迅速扩大生产，并在短期内实现了更大的规模和盈利。

20世纪60年代和70年代,美国出现了"并购"和"非关联的多元化"的浪潮,大部分美国企业已经向与其原来的业务毫不相干的领域扩展,实现了多样化。在通用电气的最鼎盛时期,它拥有46个部门,而利顿集团则拥有70个部门。这给企业的经营管理能力带来了很大的挑战,多样化导致了企业利润的整体下滑。

这种潮流一直延续到20世纪80年代,随着美国经济进入滞胀周期,精简业务和统一调整结构成为美国企业在20世纪80年代的主流动作。杰克·韦尔奇的"数一数二"策略就是在这种情况下提出来的,并且成为了企业改组的根本准则。通用电气通过改组使其业务缩减至不足原来的1/3,从而取得了很大的成就。这种趋向也使不相干的多元化策略走向终结,相关的多元化策略日益成为主流。

转型为战略型发展的企业,在新业务发展中就会表现得小心谨慎,它们注重新业务与原业务的协同作用。如果进行并购,母公司在并购后的经营中要能够给新并购的业务提供独特价值,比单一业务独立经营要更好,否则就不应该并购或进入该业务。

战略的前瞻性保证了企业成长的定力,扎实的执行落地则进一步保证了战略的定力。战略定力和系统性成长思路是保证企业在规模越来越大、业务越来越复杂的时候,逐步脱离机会型成长的内在力量。

1.1.3 能切实落地,导向能力增强的战略才是好战略

企业从生存、机会成长阶段进阶到战略成长阶段,首要的困难是企业的最高管理层要提升格局,转变思路,要开始用战略眼光看向未来发展。

笔者经常讲,企业家的眼光和格局决定了企业发展的上限,而企业整体的能力则决定了企业发展的下限。

你看到的世界有多远,你才能走多远;你看到的天有多高,你才能飞多高;你看到了多大的蛋糕,你才能切多大的蛋糕。个人或者企业,永远无法赚取认知之外的钱,即使偶然赚到,也很快会失去。

但企业的真正难点在于战略执行管理的能力,这决定了企业规模和效率的下限。你到底能走多远、飞多高、切多大蛋糕,取决于个体或企业的经营管理能力,企业无法赚其能力之外的钱。

摩立特集团(Monitor Group)曾经进行了一项全球调查,调查中询问企业高层管理者首要关注什么事情。结果显示,战略执行稳居第一位。另一项类似的调研结果是:管理层的首要任务是实现"创造收益",第二是"保持持续稳定的高速增长",排第三位的还是战略执行——"高层始终如一关注战略执行"。有效的战略执行享有如此高的关注,是因为这与大多数企业在执行其战略时所面临的众

多问题是相关的。

过去几十年中的很多调研都显示，60%～80% 的企业发展远远落后于其预定的战略目标。曾任英国石油公司总裁的托尼·海沃德（Tony Hayward）说："我们的问题不是出在战略本身，而是在于执行。"

中化控股的原董事长宁高宁也说："同样的战略选择、行业选择及定位、资源投入、市场环境，得到的结果不同，这是因为团队成员、组织方式、体制效率不一样。或者说，战略一样，执行不同，结果就不同。"

如今中国的企业面临的是新常态下的发展现状，以往依靠各种红利和市场机会所获得的发展机会，一定都会引发激烈的竞争，而且难以引领企业持续有效发展。同时国内企业还在经历着国外企业过往的经历，即战略目标立起来了，战略规划也制定出来了，但执行仍旧是让管理者头痛的事情。

华为曾系统性引进平衡计分卡（Balanced ScoreCard，BSC）管理体系，平衡计分卡管理体系的创始人是美国著名管理学家罗伯特·卡普兰（Robert Kaplan）。

卡普兰的团队曾经开展了一次著名的关于战略及执行状况的调研。调研发现，大多数组织都没有正式的系统来帮助它们执行战略。只有 40% 的组织将预算与战略连接，只有 30% 的组织把奖金与战略挂钩。

接受调查的大部分企业里，只有不到 10% 的员工声称他们理解企业的战略，85% 的管理团队每月花在讨论战略上的时间不到 1 小时，50% 的人声称实际上他们根本没有在战略讨论上花时间。显然，员工不理解企业战略，就无法把日常工作与成功的战略执行联系起来。

很多企业管理层依靠较直接的经营体系来实现管理，如通过预算进行财务管理，采用目标管理体系来激励员工绩效，依靠市场推广计划和销售计划来实现营收和利润目标。但这些日常经营性活动，经常缺乏意识或方法去与战略进行连接，最终导致偏航或组织能力降低。

笔者经常同企业家讲，如果这些日常经营管理工作缺乏愿景和使命牵引，没有沿着企业战略主航道展开，那么企业就仿佛是随波逐流的小艇，随时可能偏航或倾覆，最终消失在时间长河中。

卡普兰团队还做过一项跟踪调查，143 位绩效管理专业人士对此进行了反馈，他们提供了自己所在组织所采用的战略管理系统的相关信息。如表 1-1 所示，这次调研的结果有一部分与之前的调研结果相似，但也有差异很大的地方。

相同的是，46% 的受访者所在的企业依然是没有正式战略执行体系的组织，它们中的 73% 称绩效只达到平均水平或低于平均水平，这个百分比与先前调研的结果是一致的。另外，54% 的受访者称现在他们的企业已经拥有一套正式的流程来管理战略执行了，在这部分组织中，70%的企业声称它们是同类企业中的佼佼者。拥有正式的战略执行体系，企业成功的概率是没有战略执行体系的企业的2～3倍。

表 1-1 战略执行流程对组织绩效的影响

组织有正式的战略执行流程吗？		有 54%	无 46%	
描述组织目前的绩效				
组织创造了突破性绩效		12%	7%	
组织创造了比竞争对手更优异的成绩		58%	20%	成功者
	小计	70%	27%	
与竞争对手差不多		18%	30%	
比竞争对手稍差		9%	27%	失败者
比竞争对手差，差距还在扩大		3%	16%	
	小计	30%	73%	

从卡普兰团队的调查数据看，73%取得突出绩效的企业会在组织内部进行清晰的战略沟通和战略执行的体系设计，而绩效差的企业中只有27%会这样做。

这就说明，在大致正确的战略牵引下，高效的执行才是和企业组织能力高度相关的因素，而不仅仅是战略规划本身在起作用。

战略环节必须要与执行环节相连接！战略规划必须要同日常运营相连接！

1.2 他山之石：华为战略实践与 SDBE 领先模型

华为在其发展的历程中，几乎没有任何战略失误，既抓住了大的战略机会点，比如无线的 3G 到 5G，固网的宽带 FTTx（Fiber To The x，光纤接入）及后来的手机；又抓住了比较小的机会点，比如光伏逆变器做到了世界市场份额第一。

任何企业的发展成果都不是大风刮来的。华为这些经营成果的取得，也都不是偶然的。其中华为的战略到执行的整个管理体系起到了至关重要的作用。

笔者在给企业家授课时经常讲，照搬华为的现成做法，基本都不管用，只有学华为管理措施背后的理念和逻辑，才能真正发挥作用。

所谓，"抄华为者，死。学华为者，生。"对照企业发展的一般规律，笔者把华为战略管理和战略执行闭环能力，大致总结成三个阶段。

1.2.1 生存发展期，追随战略下的机会主义作战

华为的初创期大致分为两个阶段。

1987年至1992年为创业初期。在这个阶段，华为完成了业务模式的试错，从做用户交换机代理生意，转向企业用交换机研发生产，并于1992年决心进入运营商交换机研发生产业务。在以后的20余年中，运营商用通信设备业务一直是华为的"压舱石"业务。

1993年至1997年为机会成长期。华为在运营商用通信设备市场上迅速扩张，业绩以惊人的速度增长。1992年，销售额突破1亿元，到1997年，销售额已经达到41亿元，复合增长率高达210%。

在此期间，为解决快速扩张带来的内部管理混乱问题，以任正非为首的华为管理层先后实施了ISO9000、市场部大辞职、绩效改革、基本法起草等管理变革项目。今天回首再看过去，华为当年的变革，充满着中国式的运动变革特点，大鸣大放，无章法，无体系。

【背景知识】

20世纪90年代，华为面对的外部竞争环境是非常激烈的。当时国内的通信市场上是"七国八制"，总共有八种制式的机型，分别来自七个厂家：日本的NEC和富士通、美国的朗讯、瑞典的爱立信、德国的西门子、比利时的BTM公司和法国的阿尔卡特。各个厂家在国内各自抢占"势力范围"，也让早期的中国通信费用居高不下，初装费、长话费、漫游费都让百姓叫苦不迭，装个电话动辄就要花上好几千元。

这个时期华为的战略重点是在高手林立的市场寻求一席生存之地。华为从代理转到自主研发小程控交换机，在业务拓展方面采用低成本的"农村包围城市"策略，通过高度的战略聚焦和压强原则，寻找生存和发展空间。尽管华为资源有限，在技术上是死死咬住的跟随战略，但非常重视产品品质和研发投入，任正非不断强调"产品质量是我们的自尊心"，要求对组织各个层级的人员都要做到专业化管理。

在当时出台的《华为基本法》中谈到，华为"在成功关键因素和选定的战略生长点上，以超过主要竞争对手的强度配置资源，要么不做，要做，就极大地集中人力、物力和财力，实现重点突破。"那时华为的组织形态是游击队模式，以灵活高效、敢打敢拼、勇猛无畏精神为主。

虽然当时公司平台不大，却坚持以有竞争力的薪酬招聘名校毕业生，广纳贤才。华为的人才知识密集度在发展早期就非常高，这在创业期和成长期的企业里

面并不多见，在1750多名员工中，有1400多人受过本科以上教育，其中有800多名博士、硕士。而且华为也很早就重视技术专利的申请，在1994年申请了六项国家发明专利。

华为在那个阶段和国内很多企业非常相似，针对全球巨头采用跟随战略。即在同等质量下发挥价格优势，以及贴身服务优势，在跨国巨头的市场缝隙中找到生存机会，在市场上赢得一席之地。

但和很多企业不一样的是，2000年之前，任正非每年都会向华为内部发布管理工作十大要点，也会发布业务十大要点。

现在看来，这是很朴素的战略牵引，后来慢慢地就发展成了战略方法论和流程，从只有战略思想进化为有科学的战略规划过程，从无意识的战略进化到有意识的战略，这就是华为战略管理的基点。

1.2.2 战略成长期，系统引进BLM方法进行规划

从1998年至2010年，华为的发展步伐越来越快。在这个阶段，华为有意识地运用战略牵引发展，战略指导下的华为也实现了系统化的成长。

华为在既有的通信设备业务领域，通过提高市场份额、扩张品类、国际化突围等方式实现扩张，不断缩小与国际领先供应商之间的差距。在组织和内部管理层面，推出了以客户为中心的流程型组织变革、以职业化为中心的人力资源变革、以激活人才为中心的股权激励制度升级、以国际化为核心的文化与人力资源变革，极大地提升了管理的系统性和规范性。

从这个阶段开始，战略管理成为华为内部重要的管理内容。自2002年起，华为开始编制战略规划。

华为在2010年前后，会频繁提到一个词——熵，任正非自称如果华为对企业管理有一些原创性的贡献，那就是系统性地把热力学定律引入到企业管理领域。熵本来是物理学用语，它指出了宇宙中所有的事物都会自主地选择它们的发展方向，从而实现有序向无序发展的过程。比如，如果一个房间没有人打扫，就会混乱不堪；如果一个组织长期没人有意识地管理，组内成员就会各自为战，组织内部就会臃肿混乱。这就是为何任何企业，都需要一定程度的管理，根本上的无为而治是不可想象的，也是不可行的。

当一个企业通过各种方式发展到较优状态，取得一定成绩后，企业就有可能丧失发展动力或活力。因为人性深处的无意识的弱点，会导致企业最终走向封闭保守，不再有进取的愿景和使命感，最终使得企业僵化，丧失竞争力，直至衰亡。

在华为看来，战略管理能够解决的重要问题之一就是对抗熵增，实现熵减。

通过明晰战略方向、获取战略共识，让企业保持着方向感，使其最大限度保持有序，形成合力，而不是让大量无序的布朗运动主宰企业的长期发展。

任正非曾总结说，一个企业，在战略方向大致正确的前提下，组织里充满着活力，管理层具备战略耐性，企业就不可能不成功。

此外，华为在 2002 年营收达到 221 亿元，员工人数达到 25 000 人，而且大多数是知识型员工，这时候战略规划就成为一个很重要的工作。企业需要一边急速狂奔，一边确定大致方向，让大家知道一起朝哪个方向努力，才能够帮助企业进入高价值的领域，并持续做出正确选择。

华为对战略的重视还有一个原因。因为当时的华为错过了"小灵通"的机会，差点儿失去竞争优势，当时华为很多高管认为公司失去了战略判断和把控力，所以选择离开，去找寻自己的事业方向去了。这之后，任正非意识到，战略是凝聚有理想、有意愿的员工的一把利器，通过战略可以把他们都团结在公司，让他们的职业规划囊括在公司的事业范畴内。

这阶段华为是如何开展战略管理的呢？和在管理上对标学习类似，它引进了先进的战略规划和管理工具。

2002 年，华为引入了美世（Mercer）公司的一套 VDBD（Value Drived Business Design，价值驱动业务设计）战略模型，这个模型实际上是一套战略指导思想，包含利润区、利润转移、客户经济学等理论和思想，它可以指导企业管理者洞察产业发展趋势，掌握利润在产业中转移的态势，定位最有价值的价值链环节，借此确定企业的战略定位和战略目标。

2006 年，华为正式引入了 IBM 的 BLM（Business Leadership Model，业务领先模型），并将这一年的战略规划命名为"803 规划"。之后的规划均被命名为"80X 规划"。经过十多年的实操打磨和优化，华为逐步完善了这套模型，使之成为中高层管理人员制定战略的必备方法。

BLM 的价值是将战略规划的思路模块化、步骤化，各个模块之间有着非常精密和完善的逻辑，呈现了战略规划的系统思考点，从而使企业制定战略规划的过程变成问题思考和解答的过程。此外，BLM 战略规划方法论非常强调战略的执行，它将战略制定与战略执行提升到同样重要的地位，通过模块的设计，使管理者在制定战略的时候就考虑到执行如何落地的问题。

简而言之，华为借助这套模型，从差距分析开始，识别业务的关键问题，以价值转移趋势分析、客户需求偏好发展预测及洞察客户财报为牵引，围绕客户选择、价值定位、价值获取/利润模式、业务活动范围、战略控制点、风险管理等六个方面进行业务设计选择，识别可牵引的创新焦点，确定集团、BG（Business

Group，事业群）、SBG（Service Business Group，服务型事业群）、区域及功能部门等的中长期发展战略、关键里程碑和财务目标，并要求对组织、人才、机制等方面如何支撑战略落地进行思考。

经过笔者及团队的深入研究，在整合了 IBM 的 BLM 战略规划模型，再辅以三星的 BEM（Business Execution Model，业务执行力模型）战略解码模型，并且把经营、组织、财经、绩效、项目、目标等诸多方面整合后，终于总结出了 SDBE 领先模型。

这个模型的一个突出的好处，就是统一了企业的战略和执行管理语言。理解一致的前提是语言体系统一，中层能理解高层，下层能理解中层，战略意图才能统一，战略举措才能理解清晰。

这样，经过采用其他合适方法和工具，万人才能如同一人，九牛之力才能出于一孔，才能产生强大的执行力，企业的经营才能越来越接近成功。

1.2.3　整合领先期，用 SDBE 领先模型闭环战略

2012 年，华为以 BLM 战略规划模型为框架，补充了三星的 BEM 战略解码模型，通过咨询公司的辅导和自身的实践，开发了 DSTE（Develop Strategy To Execute，开发战略到执行）流程。它是端到端的战略管理流程体系，管理体系的集成通过战略管理流程来实现。

DSTE 流程的框架性和逻辑性非常强（见图 1-1），内嵌的战略规划模型 BLM 和战略解码模型 BEM 在各自的环节里逐步推导出各层级的重点工作、工作目标和计划；另外，DSTE 流程前端连着战略规划，后端连着企业的年度经营管理、目标管理和绩效考核等日常工作，使企业的战略规划、年度经营计划和企业经营管理工作形成了"一张皮"，而不是"两张皮"。

如图 1-1 所示的 DSTE 流程战略管理日历图不仅仅指导了华为在每年的 4 月到次年 3 月的运营管理工作，更体现出这个战略管理流程的实战价值很高。

每年从市场洞察出发，为战略规划提供高价值的洞见，结论成为 SP（Strategy Plan，战略规划）和 BP（Business Plan，业务规划）的输入，然后由 SP 和 BP 双轮驱动业务发展。

SP 一般在每年的 4 月（春季）启动，一直持续到 9 月底才基本完成，采用的是滚动规划方式。例如，2022 年 4 月至 9 月进行的是 2023 年至 2027 年的五年战略滚动规划，2023 年 4 月至 9 月进行的是 2024 年至 2028 年的五年战略滚动规划，以此类推。

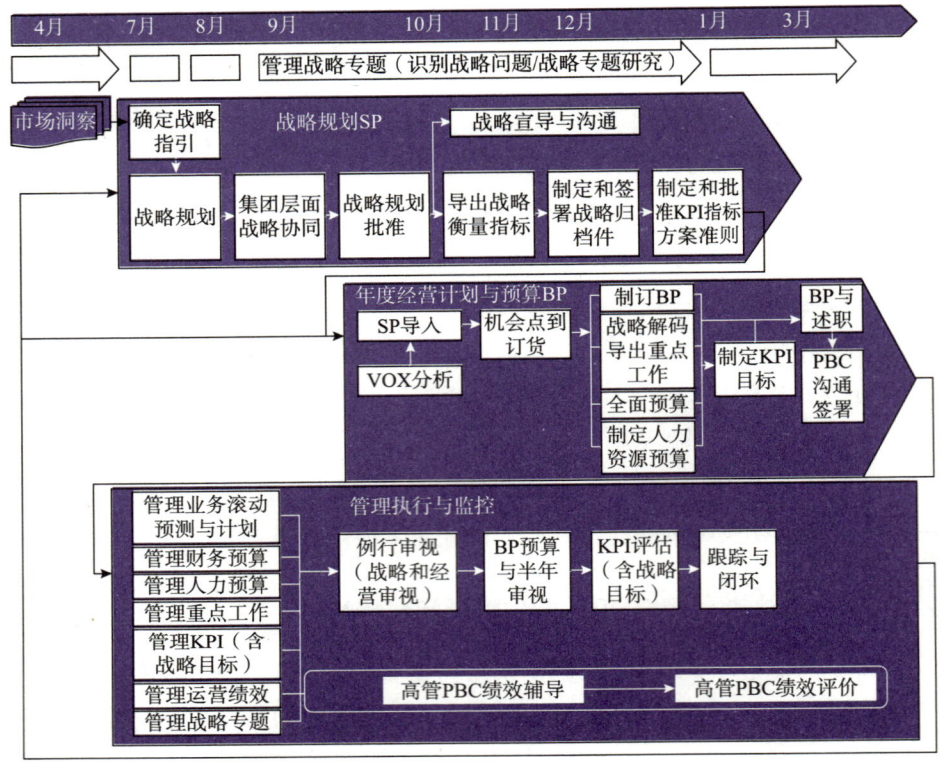

图 1-1 DSTE 流程

SP 的关键是找到企业整体的商业设计,以及战略制高点,即核心竞争力模型。企业的战略规划不在于看清未来,而是要看清未来大致的方向,重点放在中长期的价值创造上,在当下则是摸着石头过河,及时地做出应变和调整。

BP 聚焦于当期落地业务活动的价值要求,它通常由如下六部分组成。

第一,企业战略规划和第一年的目标。

第二,主要的业绩指标和经营计划,如年度及季度销售计划及在回款、收入、利润、现金流、成本、费用等方面的年度业绩详细要求。

第三,为实现第一年战略目标所采取的关键举措、时间表、主要责任人及资源需求等。

第四,每个月和每个季度审视计划进展和企业目标要求之间的差异,并提出和实施相对应的措施等。

第五,预测重大机会或影响计划目标完成的主要风险、影响程度等,同时制定对应措施。

第六,详细的财务与资源预算计划,如主要的财务预算、人力资源年度预算、战略资金年度需求，以及产能、固定资产年度预算等。

由于华为的 DSTE 流程是华为在近 20 万名员工，近万亿元年度营收基础上形成的，其复杂度、操作规模和难度缺乏一定的适应性和灵活性。很多企业曾经引进过或照搬过华为的 DSTE 流程，但效果不佳。

笔者及团队经过大量实践和大量思考，最终简化并总结出 SDBE 领先模型。与 DSTE 流程类似，SDBE 领先模型有四大阶段：战略规划、战略解码、经营计划、执行管理，也可以分别称为 SP（Strategy Plan，中长期规划）、战略解码（Decoding）、BP（Business Plan，经营计划）、执行管理（Execution），还包括必要的监控闭环、业绩与管理体系评估。

（1）战略规划环节聚焦于战略机会点的发现和市场价值转移趋势的识别。

（2）BP 与预算确保全员"令出一孔"、"力出一孔"、"利出一孔"、目标清晰并聚焦，可实现，可落地。

（3）战略解码输出 BP，其质量决定战略执行质量。

（4）BP 执行与监控闭环要"做得到"，重在落地结果。

（5）执行管理意味着要及时调节奏和纠偏。

（6）业绩与管理体系评估须以实际贡献为准，并促进前面的环节敏捷迭代、反思改进。

SDBE 领先模型的具体内容，请参考《华为战略闭环管理》一书，此处不再详述。我们使用 SDBE 领先模型，给很多企业做过战略规划和执行的管理统筹，效果都非常明显，彻底地解决了战略规划和日常经营"两张皮"的问题。

SDBE 的循环流程，保证了企业各级业务单元的中长期战略目标与年度经营计划的一致性，确保各业务单元协调一致，牵引企业建立稳定和可持续发展的业务，管理企业及产业的投资组合，支撑企业战略与业务目标的实现。

总之，SDBE 领先模型，简化了 DSTE 流程的管理，帮助了众多企业将战略规划清晰化，将运营管理日历化，成为指导企业发展的重大而关键的管理利器。

SDBE 领先模型将战略规划、年度经营计划与预测、全面预算、人力预算、重点工作、KPI（Key Performance Indicator，关键绩效指标）、PBC、述职等进行有效集成，明确各环节的开展节奏和评审程序，能够确保各业务单元、各职能部门的战略管理高效运作。

笔者很欣慰的是，德石羿团队提炼的 SDBE 领先模型脱胎于 IBM 的 BLM 框架，集华为管理之大成，又打破了 DSTE 流程庞大的流程限制，能够在较短时间内帮助企业迅速找到战略发展主航道，并且为后续的卓越运营打下良好基础。

1.3　周边支撑：企业战略到执行的系统操盘

根据笔者长期对"SDBE 领先模型"系统的研究，优秀战略管理闭环系统除了固化流程、引进相关的管理工具，也需要建立与之匹配的管理体系。因此我们系统地整理了 SDBE 六力模型，包括领导力、战略力、洞察力、运营力、执行力和协同力，以系统性集成和整合战略闭环管理的要求。

我们在本节重点论述领导力、组织协同管理、战略反思调整、战略分层分级等关键点上的 SDBE 系统化实操。

1.3.1　领导力：战略成功落地的关键决定作用

战略管理指引着战略执行的方向，但是如果没有领导力对战略管理每一个阶段的渗透和引领，战略很难真正落地到企业经营的方方面面。

成功执行战略的组织，一定会有一位或多位高瞻远瞩、意志坚定的领导。笔者无数次给企业家和职场精英做"SDBE 领先模型"的实训，每次都直接而坚决地告诉他们，领导力的建设和充分发挥，是战略落地的关键决定因素！

例如，业界认为华为的战略水平比较高，能够抓住每次业务的变迁。但华为如果缺乏任正非及高管团队的领导力，也不可能抓住每一次的战略大机会。

缺乏了企业最高层和各层级强大的领导力，以及有意识的凝聚力打造，综合的战略管理体系再完美，也如完美的人类个体缺乏灵魂、完美的机器缺乏软件，无法帮助企业实现突破性的价值创造。

任正非和很多企业创始人一样，充满了激情，他努力将企业目标转化成企业愿景——华为将发展成为国际领先企业。在实现愿景的过程中，他也不断证明了自己的战略规划和推行的能力。

他的管理有一个特点非常鲜明：他推崇灵活应变的理念，但是从来不会偏离企业的目标和价值观。任正非和高管团队能用批判的眼光审视过去的成功，同时识别未来将面临的挑战。中国有句古话："江山代有才人出，各领风骚数百年。"任正非牵头制定了最为有效的战略，带领华为经过三个阶段（每个阶段约为十年）的发展，让华为成长为一家全球领先的企业，华为在每个发展阶段都有特定的关注点和战略。

在第一个阶段（1987 年至 1997 年），华为处于创业初期，企业在混沌中摸索，力图生存下来。任正非强烈要求团队提供高质量服务，要艰苦奋斗，比如为了落实"农村包围城市"的战略路径，他以身作则，亲自跋山涉水去拜访边远地区的客户。

在第二个阶段（1998年至2007年），华为与IBM合作，建立了自己的管理架构。通过与IBM合作，华为学习了西方企业的最佳实践，具备了更加全球化的视角。但过程并不是一帆风顺的，在导入体系的过程中，也遭遇了团队成员的不理解和不执行，任正非对此有着清晰的认识，因此他要求华为全体员工在工作中采用从IBM引入的美式方法。他讲出了那句有名的变革宣言——"削足适履"。他认为，在第二个阶段，要穿上美国鞋，如果不合脚，就要"削足适履"。

在第三个阶段，即2007年以后，华为的战略是简化管理，吸引优秀人才，通过有效创新成就客户梦想。任正非担心第二个阶段搭建的高结构模式会导致决策不够高效，决策时间拉长。因此，他要求在第三个阶段聚焦简化管理，在结构化的管理框架下允许一些混乱，从而激发创新。所以在这个阶段中，让"一线呼唤炮火"这样的理念又通过他的强调落实到企业各个层面。他说过："我也不知道一线要多少资源合适，只能让听得见炮声的人呼唤炮火，因为他离客户最近，大家先听他的，选择先相信他，我们事后复盘时发现浪费弹药了，再'秋后算账'、总结经验。"

在任正非这样的管理理念下，组织赋予一个职级13级的年轻员工"呼唤"职级21级的机关干部的权力。13级员工是刚毕业出校门的基层员工，21级在华为算是一个挺高的职级，只有在华为持续做出卓越贡献并有着16～18年的历练的员工才能达到。一个13级的一线"毛孩子"，因为需要项目资源，便可以三更半夜拨打一个他不认识的21级机关干部的电话，而且对方还得接这个电话，这就是"一线呼唤炮火"在组织机制和氛围中的落地体现。

来自专业机构对100多家获得战略执行明星组织奖企业的研究发现，在实施闭环战略管理体系的组织中，企业领导人都会亲自主导战略开发的流程，监督它的实施过程。

很多企业，在艰难时刻，核心领导人甚至会亲自下场，带领组织走出泥潭，挽狂澜于既倒，挽大厦于将倾。任正非曾经说过，一些创新性或战略大机会，如果缺乏合适的业务主将，就不要启动。可见领导力的重要性。

领导的战略展望和推行决心对战略管理体系非常重要，可以称它为充分必要条件。成功实施战略管理体系的组织，从来没有领导者能够不投入或者只发表方向性指导的情况。

拉姆·查兰在《执行》一书中写道："执行是企业领导者的主要工作。领导并不应该只注重高瞻远瞩的工作……虽然这也是他们工作的一部分。领导者必须切身融入企业运营中，并学会执行。领导者必须对企业、企业员工和生存环境有着全面、综合的了解，而且这种了解是不能为任何人所代劳的。"

战略执行需要企业领导者积极投身的工作包括：

一是主导变革议程，并从高层推动，从而强化使命、价值观和愿景。

二是为组织设定具有挑战性的目标，审批通过中长期战略目标、战略地图，不断用目标激活组织。

三是与所有员工沟通愿景、价值观、战略目标和战略路径，锻造共识，驱动企业各单元的协同，支持跨部门的流程改进。

四是召开战略回顾会议，提高全年战略纠偏的有效性。

五是保持对现有战略进行质疑的可能性，对变化保持敏锐的嗅觉。

将战略管理工具组合起来，就为企业提供了一个行之有效的综合系统，来管理战略的规划、实施、回顾和调整的全过程。

从华为和德石羿的实践中，我们能够看到战略到执行的综合管理具备很强的科学性，即共性，也能够看到其具有非常强的艺术性，即个性。独特又关键的领导力就是战略管理的个性，它也是有效运转这个体系的核心决定要素。

对于SDBE领先模型下领导力的定义及建设路径，笔者及团队根据华为的管理实践，编写了专著对其进行了集中论述，此处不再赘述。

1.3.2 组织协同管理：各军种相互协同，立体作战

我们总结的SDBE领先模型，形成了一套综合的、一体化的闭环系统，将战略规划、运营执行、评估反馈有机地连接为一个整体。

这套体系有很多动态的环节，环节间相互联系，需要组织各层级、各条线和各单元的高度协同。企业为保障整体战略管理体系，必须要搭建完善的职能分工体系，即我们所说的"军种"能力建设。

一般来说，在战略到执行管理的过程中，企业各部门所起的作用如下：

（1）企业的董事会或最高管理层，负责审批并发布企业整体的中长期战略规划以及各个业务BG（或事业部）和区域组织的中长期战略规划；审批和发布企业的年度预算，对企业战略规划和年度经营计划执行中的全局性、重大的关键问题进行审议和决策。

（2）董事会下设战略与发展委员会，委员会的职能是审议企业整体中长期战略规划的指导方向和战略规划，评审各业务BG、类业务BG的战略目标与业务设计、关键任务及策略、KPI方案和目标等，确定各业务BG、类业务BG的年度业务经营和市场目标、研发年度投资等关键业务目标，评审各业务BG、类业务BG的年度经营计划和述职，定期审视企业层级战略专题、重点工作的达成情况，定期审视各业务BG、类业务BG的年度业务执行情况。

（3）董事会下设的财经委员会负责提供企业的财务性约束条件，参与审议企业整体中长期战略规划，评审财经战略规划，确定企业年度财务预算的规划，确定各业务BG、类业务BG的年度财务目标，评审企业年度财务预算，批准各业务BG、类业务BG和职能部门的年度财务预算，定期审视企业的财务目标达成情况和预测分析结果，定期审视企业各业务BG、类业务BG和职能部门的预算执行情况。

（4）董事会下设的人力资源委员会负责提供企业人力资源战略的指导方向，参与审议企业的中长期战略规划，评审各业务BG、类业务BG的中长期战略规划中的组织、人才、企业文化和组织氛围等相关模块内容，确定企业各部门机构的薪酬，评审业务BG、类业务BG和职能部门的年度人力预算，定期审视企业年度人力资源计划的执行情况，定期审视各业务BG、类业务BG和职能部门的人力资源预算执行情况，实施各业务BG、类业务BG和职能部门责任人的绩效考核和结果应用。

（5）企业的战略运营部门是战略执行管理的主要责任部门，其主要职责是：组织制定企业的中长期战略规划、年度经营计划与预算，审批各业务BG、类业务BG的中长期战略规划、年度经营计划与预算，定期审视各业务BG、类业务BG的战略专题、重点工作和KPI等的达成情况。

（6）企业各业务部门、各职能管理部门及区域组织在企业战略部门的组织下，负责制定本职能部门的中长期战略规划、年度经营计划与预算，定期审视本职能部门的战略专题、重点工作和KPI等的达成情况。

从"军种"的职能分工来看，企业与战略相关的组织架构包括战略决策机构和战略管理职能部门。战略决策机构主要是董事会和下设的战略与发展委员会；战略管理职能部门主要是企业的一级战略部门、各业务BG和类业务BG及区域组织下面的二级战略部门，以及各产品线BU（Business Unit，业务单元）、地区组织下面的三级战略部门。这些部门和运作体系形成了SDBE领先模型顺畅运作的组织保障。

1.3.3 辩证关系：战略与执行，复盘—迭代—演进

纵观很多企业，其战略失效，有一个很重要的原因是没有将战略视为一个快速学习、快速迭代的过程。

刻舟求剑，犹如闭门造车，都是不可取的。如果一个企业始终坚持"科学的战略规划"，但放弃根据外部环境和竞争态势的变化进行快速分析和调整，极有可能会导致企业经营失败。

前中欧国际工商学院创业与投资中心主任李善友曾经提出一个"战略狗屁论"，这是他在创业经历中的最大感悟：如果企业经营成功了，狗屁都是战略；如果企业经营失败了，战略就是狗屁。

这种说法显得不文雅，不过"战略狗屁论"有一定的道理，它反映了社会以经营成败论英雄的残酷现实，以及战略赶不上变化的无奈。"战略狗屁论"是一种静态的视角，如果企业经营成功了，只不过是因为把"导致经营成功的深度思考"放到正式的战略中；如果企业经营失败了，"科学的战略规划"因为没有快速调整而变成了狗屁。

那么如何让战略真正成为指导经营实践的指南针？首先是要在执行过程中保持开放的心态，鼓励依据变化或者市场细节创新而得来的自发涌现的战略，在审慎规划、临时应变、鼓励创新之间求取平衡。

柯林斯在《基业长青》一书中说过：成功企业的最佳行动一部分来自远见严谨的战略规划，另一部分则来自实验、尝试错误和机会主义。基于此，企业需要重塑战略管理流程，传统的战略管理流程已经无法应对当下的 VUCA 时代，因为太过于"自上而下"，显得笨拙而不合时宜。

杰克·韦尔奇在缩减战略规划部门时，引用了著名军事战略家卡尔·冯·克劳塞维茨（Carl von Clausewitz）的警句：成功的战略不可能有公式可套；没有什么计划在遭遇敌人后还有用。他认为，相对于执拗地坚持一项复杂的计划，为应对环境变化做好准备是更佳的做法。这个和任正非提出的"战略方向的大致正确"有异曲同工之妙。

【案例】日本本田摩托车在美国市场的战略演变

20 世纪 60 年代，日本本田公司决定进军美国摩托车市场。美国市场和日本市场对摩托车的需求不同。日本的摩托车要求是轻便，因为它常用于在车水马龙的狭窄马路上为商店送货。但在美国，摩托车是作为长途交通工具使用的，体积比较大，功率也更高。当时美国市场被哈雷·戴维森摩托车公司主导。

本田公司做过市场调研后，认为自家擅长的小型摩托车在美国没有市场，所以本田公司的战略是：专门为北美市场开发一款功率更高和速度更快的大型摩托车，其性能可以和竞争对手匹敌，然后以更低的价格来销售。

本田公司预计情况理想的话，能从欧洲摩托车进口市场抢走 10% 的份额，但现实给了本田公司当头一棒：首先在当时美国人眼中，本田这个牌子似乎就是穷人用的牌子；其次美国人都喜欢骑快车，跑很远的路程。因为缺乏相关产品经验，本田公司在北美销售的摩托车出现了漏油等情况。更糟糕的是，有问题的摩托车需要空运到日本去维修。高昂的运营成本，让本田公司在美国的战略举步维艰。

有一个周末，一位郁闷的员工骑着本田公司的小型摩托车到洛杉矶郊区山上散心。车子在崎岖山路上一上一下地颠簸，这位员工觉得很有趣，他还邀请其他同事也来这座山骑摩托。没想到的是，当地人看到后，纷纷询问从哪里能买到这种"越野摩托车"，并且请求本田公司的员工帮他们向日本下订单。本田公司这时就面临一个重要选择：是继续实施原有战略，还是改卖小摩托车呢？本田公司经过一番讨论，决定改变原来的战略，改为用小型摩托车打开美国市场。

后来本田公司按大型哈雷摩托车价格的 1/4 来卖小型摩托车，并重新定位了一个全新的客户群，后来这些客户被称作"越野车骑士"。新的战略取得了巨大的成功，本田公司还创造了一个摩托车销售神话。1958 年面世的本田幼兽摩托车，累计销售超过 1 亿辆，这是一个很难打破的纪录。

真正的战略一定要结合"自下而上"和"由外至内"，发掘执行中由外部环境反馈而涌现出的战略思考。从本田案例中，我们也可以看到，组织中的任何一个有识之士都可能推动战略，就像本田洛杉矶分部的员工一样。本田宗一郎在决定进入美国市场的时候，他是一位充满斗志的"总规划师"，但是在遭遇了挫折，出现了自发涌现战略的时候，他又是一位明智的"总许可师"。

战略的对错，一开始谁都不知道，要经过市场和时间检验。即使一个错误的战略，也能够凝聚企业的力量，在遇到挫折后，通过不断调整最终为企业指明正确的战略方向。对于企业来说，最好的是正确的战略，第二好的是错误的战略，最糟糕的是没有战略。这就是战略制定和执行的智慧所在，体现了规划和执行的辩证关系。

1.3.4 分级授权：各层级战略到执行，高效闭环

2005 年之前，其实华为的战略规划已经有了战略管理流程和决策体系，但在战略落地的过程中，还是以总部决策为主，即总部决策，区域负责执行。也就是说，战略规划和实际执行出现了脱节，形成了"两张皮"。

2005 年之后，华为把战略到执行的职责扩展到了所有区域、作战单元和职能体系，并充分进行分权和授权管理。从此华为的战略规划和执行管理，就不仅仅是自上而下的工作，而是通过分层分级的授权管理，发挥了强大的战略引领和运营强化的作用。

华为最开始的设想只是提升区域战略思考的能力。但在授权一线团队参与战略规划的过程中，华为发现，因为区域组织离客户最近，往往更能准确地代表客户的观点。这个时候，任正非和高层管理者意识到，只有区域组织深度参与战略

制定才能真正把"以客户为中心"的理念体现得淋漓尽致。离客户最近的又是活跃在一线的销售部和市场部，他们在区域中进行业务拓展，恨不得每时每刻都跟客户在一起，自然能敏锐地感觉到客户需求的变化。

华为没有单纯采用事业部制，它的管理体系中有两个"指挥中枢"，一个是产品研发和开发的维度，即产品线的战略，另一个是业务的市场拓展维度，即地区部和代表处组成的区域单元的战略，区域作战单元就是一个战略单元，它完整地对收入和利润负责，领导和协同区域中方方面面的事情。区域与产品线在组织价值上是平等的，不归产品线总部管理，不对产品线的总裁负责。让区域一线团队参与战略规划，他们能够代表客户牵引公司在本区域的战略方向和执行策略。

德石羿团队在实际咨询工作中，借鉴华为的经验，授权各作战区域（军区）和职能部门（军种），自主进行战略和执行规划，并且让"军区"成为"军种"要优先服务的客户。

这样，一线区域团队出于对实际经营业绩的追求，他们对客户呼声和产品需求的反馈，对确定方向、驱动和纠偏起了非常大的作用。

我们可以想象得出来，总部在做产品规划时，有时虽然考虑得严谨而周到，但毕竟没有深入到"战场"中，导致可能出现纰漏，或者战略规划部门的人，虽然具备一线的实战经验，但是在总部机关做管理时间长了，对客户需求的洞察就不那么准了，如果还是凭以往的经验做行业洞察、战略规划，也有可能出现失误。当他们出现判断失误时，来自一线区域作战组织的判断和反馈可以帮他们纠偏。

在战略规划和执行管理授权以后，一线区域团队的权力不小，不再是单纯的执行角色。一线区域团队要参与战略规划，还要向总部汇报，参与评审和评比。慢慢地不仅战略思考能力获得了提升，还真正保证了客户需求驱动战略。

近几年来外资企业在中国的竞争中越来越没有优势，原因之一是大多数外资企业的中国管理人员都会抱怨总部的国际化战略并不适合他们，因为中国的市场非常重要，他们每天50%的工作时间都花在了与总部沟通如何调整政策上。时间、精力、资源的浪费已成为外资企业发展的最大阻碍。

这个问题的核心，是区域领导团队是否能获得总部足够的信任。不信任是由于国外总部里有许多不了解中国市场和文化的员工，他们太过骄傲，不肯把总部的权力拱手相让。在过去数十年中，很多全球公司的政策仅仅是为了合规，而忽略了中国市场的快速变化。中国的市场对于速度的需求或许要比其他因素更高，而大多数外资企业的管理过程都很烦琐，更不要提以当地客户需求为中心的战略管理了。

当一线市场需求和环境变化时，外资企业的区域组织无法或者没有动力传递变化信号，僵化的战略管理体系跟不上市场脉搏，最后呈现的就是上下脱节，执行力不行，战略失效。

笔者曾经在咨询工作中和企业家沟通，如何释放业务部门（军区）的狼性（进取心），如何打造职能部门（军区）的核心能力（服务意识）？这就要求与客户有着深度接触面的区域一线，在战略管理体系中有足够的重要性和话语权。

通过对战略规划和执行管理的合理授权，对企业的组织结构、责权体系和激励体系的精良设计，企业才能保证组织在各个工作界面上的工作方向大致正确，保证企业微观上的个体都在"做正确的事情"。同时，出于被充分授权的信任度，企业在微观上就能充满活力，不断朝向满足客户需求的企业选定的战略主航道上积极进行价值创造，这样企业的中长期战略才能闭环，最终实现企业愿景。

1.4 价值导向：SDBE 领先模型的战略引领价值

任正非曾说过，企业存在的唯一理由，就是通过满足客户的需求来创造价值。做企业，核心就是创造。一切不能创造价值的东西，都不能长久。

我们总结出来的 SDBE 领先模型，就是指导企业为高效实现其经营目标所要依据的基本框架和方式。

通过系统性采用 SDBE 领先模型，企业上下就有统一的管理语言、思路框架，对企业的战略规划、战略解码、综合计划、运营执行进行有效管理，避免企业从头开始进行摸索，避免理解不统一带来的低效，提高企业战略成功的概率，形成战略管理的端到端闭环，这就是 SDBE 领先模型的价值之所在。

1.4.1 SDBE 在战略管理中的闭环价值

在 1.3 节，我们可以看到战略规划对于企业长期发展的重要作用，同时也了解到通过战略执行才能使战略规划发挥作用。

华为战略管理工具 BLM 具备完善的战略分析和执行思路，但是在 BLM 中，从业务设计到关键任务之间欠缺了一个推演的过程，也就是战略解码，这个过程是保证战略分解、战略共识的关键环节。

在离开华为之后的咨询生涯中，笔者遇到过很多同行，他们认为战略是个结果，金点子就能产生价值；还有人认为，战略和解码是一回事。这些都是战略管理的常见误区。

针对 BLM 不完善、不易落地、无法闭环、缺少工具及蹩脚的翻译等诸多问题，笔者根据在华为多年从事战略管理的实践，以及对外研讨、授课和管理咨询工作的经验，和许多业界大咖在碰撞中提出了 SDBE 领先模型，如图 1-2 所示。

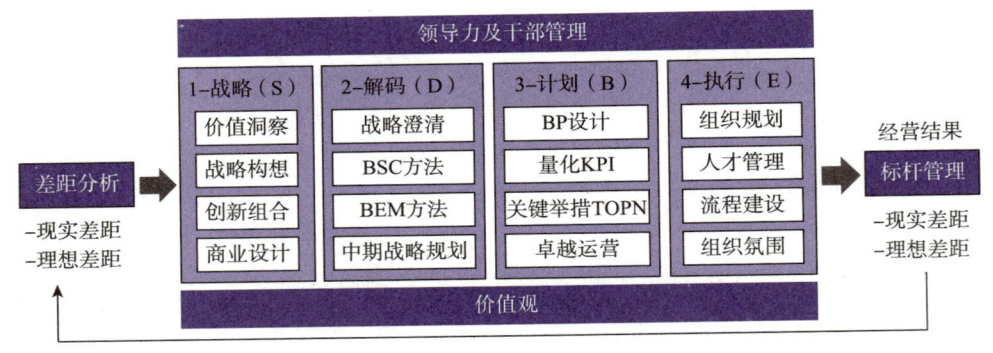

图 1-2 SDBE 领先模型

	领导力及干部管理				
差距分析 -现实差距 -理想差距	1-战略（S） 价值洞察 战略构想 创新组合 商业设计	2-解码（D） 战略澄清 BSC方法 BEM方法 中期战略规划	3-计划（B） BP设计 量化KPI 关键举措TOPN 卓越运营	4-执行（E） 组织规划 人才管理 流程建设 组织氛围	经营结果 标杆管理 -现实差距 -理想差距
	价值观				

我们从 SDBE 领先模型中看出，战略解码是至关重要的环节，其作用是保证整个组织对战略理解的一致性。战略解码是通过可视化的方式，将企业的战略转化为全体员工可理解、可执行的行为的过程，是将价值洞察、差距分析、战略构想、创新组合和商业设计等 SP 环节的分析结果作为输入，把企业的战略转化成一系列有定性、有定量、可操作的计划和措施的过程。

SDBE 领先模型将战略解码视作一种工作方法。它通过集成高层团队的智慧，采用集体研讨的形式，对企业的愿景目标和战略举措达成共识。

SDBE 领先模型将战略解码运用成一种工具。它是将企业战略通过一定的程序，重点进行清晰的描述，并转化为具体行动的过程，是"化战略为行动"的有效工具。SDBE 领先模型聚焦于连接战略与执行的有效利器——战略解码（战略解码的几大步骤：差距与战略环境扫描、企业战略解码、业务战略解码、部门战略解码、设计战略管理循环），强调了企业在实践中对战略规划、年度经营计划、财务预算、绩效考核的无缝连接，深入剖析了卡普兰与诺顿的战略管理系统理论及华为等企业战略解码的成功经验，并将战略地图工具引入战略解码中，帮助企业实现战略解码的集成和有效操作，推动战略在运营执行中的真正落地。随着时代的变迁，模型还参考了国内外多家组织的实践案例，将目前非常热门且实用的 OKR 工具融入战略解码。

战略解码承上启下，连接规划和执行两大环节，保证整个组织对战略理解的一致性，这个环节非常重要。在后续的章节中，本书还会对战略解码的概念和实操做进一步详细的阐述。

1.4.2　SDBE 在战略洞察中的聚焦价值

SDBE 领先模型的核心力量是促进战略的落地，因此它主要有以下几项特点。

（1）以差距洞察为起点，以经营结果为闭环，战略执行是它的重心。

（2）战略分析是 SDBE 的重要部分，但是战略解码更为核心，它指引管理者需将主要精力聚焦在战略执行上，而不是聚焦在战略规划的精巧构思和冗长论证上。

（3）以清晰明确的语言阐述战略，帮助广大员工理解和行动。

（4）构建价值观、战略目标、行动路径和领导力之间的紧密联系，有助于化战略规划为执行。

（5）实现年度经营目标和计划与中长期战略目标有效承接，使得战略规划有抓手、有闭环。

实践表明，SDBE 领先模型可以帮助企业领导者在有限的时间、精力和资金投入的条件下，取得良好的执行结果，提高战略管理的投入产出比，让战略管理更高效。该模型最突出的特点在于，在战略规划阶段就要开始为战略执行进行谋划并提前做好准备——战略执行不是在行动开始的时候才启动的，而是在规划阶段就启动了。

提升战略执行力仅仅靠优化"执行跟踪"这一个步骤，很容易出现月度目标都完成得不错，但是战略目标始终无法突破的局面。战略执行力的提升要靠优化 SDBE 领先模型中的全部步骤，尤其是战略解码这个步骤，这对战略执行效果的影响特别大。这正是本书要对 SDBE 领先模型做以战略解码为核心的经营力分析的原因。

SDBE 领先模型的步骤一是差距分析，将它和后面的步骤二战略制定、步骤三战略解码联系在一起，可以视为传统意义上的战略规划环节。差距分析是 BLM 最具特色的环节，但本书会聚焦于战略解码及战略执行的核心，并展开阐述：一是战略解码的意义和价值；二是战略解码的方法；三是通过战略解码、经营计划和运营系统搭建等环节的重要举措，实现战略执行目标的方法。

通过标杆管理，找到战略和经营上的差距；通过战略解码，识别企业经营的主要矛盾及矛盾的主要方面。这样，才能把企业有限的资源聚集起来，使用压强原则来打胜仗，谋发展，从而真正体现 SDBE 领先模型的聚焦价值。

1.4.3　SDBE 在战略执行中的作战价值

SDBE 中的战略解码，是把企业战略转化为各级部门、全体员工可理解、可执行的具体目标和行动措施。拥有强大的战略执行力是企业的理想，但是现实与理想往往有很大的差距！《财富》杂志曾经做过调查，只有 10% 的企业战略得到了有效的执行！大量的企业战略，即使正确合理，也被束之高阁，从而很难得到实施。

提升战略执行力需要从多个方面着手，如强化执行文化，增加资源配置，提升领导能力等，而开展战略解码，无疑是非常关键的一个环节。

从多年的实践中，华为总结出多种办法来弥补 BLM 的不足，以便其真正能够在企业落地。在战略解码环节，华为采用三星使用的 BEM 作为战略解码的加持，从更完整的闭环中体现出战略解码的思维。BEM 通过对战略进行逐层逻辑解码，导出可衡量和管理战略的 KPI 及可执行的重点工作和改进项目，并采用系统有效的运营管理方法，确保战略目标达成。在部门级别上，华为则博采众长，或采用简化的 BSC 战略解码法，或采用指标鱼骨图等工具，以保证战略目标被正确、高效地解码，依据此形成 KPI 指标体系并制定出关键举措。

解码之后是计划，这里指的是年度经营计划，也就是前面提到的 BP，其时间跨度为下一个经营管理的财年，并明确了供企业或各级组织遵照执行的 KPI 及关键举措，是落地战略规划的纲要性作战指导。具体来说，年度经营计划应包含过去一年本组织的总体运营情况总结，以及未来一年各部门的具体目标、产品策略、区域销售策略、客户拓展策略、服务策略、品牌策略、交付策略、财务预算、人力预算、人员培养、团队气氛建设等内容，是跨度为一年的具体作战方案。只有这样细致的作战方案，才能把战略构想及其解码后的中长期目标落到可实际操作的细节中来。

战略和年度经营计划制订之后的执行，就是部署、落实日常的经营措施，即传统所述的执行管理。其中涉及如何排兵布阵和非常细致的工作安排，包括组织设计调整、重要岗位的识别和人员任用、工作主流程的优化和调整、每项 KPI 和关键举措的责任人、组织绩效和个人绩效的过程管理、重大计划措施的里程碑和风险考量甚至月度和周工作计划的落实等。

在执行管理过程中，战略规划是望远镜，供企业管理者在执行时把握宏观节奏，不偏离大方向；年度经营计划就是显微镜，是管理者日常经营的重要依据，管理者带领组织里的每一个人，奋力划桨，全力为实现本年度的经营计划而拼搏。

正如前面所述，战略管理不是一次性行为，包括 BLM、SDBE 等在内的战略规划管理框架，无不认为企业的战略应该是一个持续滚动、逐步复盘和修正的动态过程。

不管企业的愿景和战略目标有多宏伟，基础性的事务和日常运营工作都得一步一步来做。不积跬步，则无以至千里，拿不到年度的经营成果，战略目标只能是镜花水月。只有通过一场场战斗级的胜利，将日常运营的作战价值，积累成战役级的大胜，才能在长期中达成战略的高效落地。

这就是 SDBE 领先模型在企业经营管理层面以结果为导向的作战价值。

1.5 小结

对于企业来说，战略规划不是每个发展阶段都必需的，每个阶段有每个阶段的运营特点。笔者服务过的华为，其战略规划也是从无到有，逐步发展，最后将战略管理流程作为公司主价值流程，成为所有流程的母流程的，这也是经过一段漫长的积累、酝酿的完整发展过程。

战略是面向长期的，它能够开阔企业长期发展的视角，但是战略的成功不是靠制定出精巧的战略规划便可以，而是需要通过解码获得全企业共识，并且要和年度经营计划、经营管理、绩效管理深度结合。

好的战略执行需要企业有强大的领导力，为了协同各个相关部门的工作，还需要明确战略管理的职责部门。另外，还需要对既定战略面临的内外部环境变化保持敏感，允许战略进行应对变化的调整。战略制定和调整的驱动力之一是战略的泛中心化，自下而上的战略也可能是好战略。

SDBE 领先模型不仅可指导战略规划，它的核心价值更在于可指导战略解码和年度经营计划的进行，并且它还强调了战略规划和执行全过程与企业运营体系的结合，是凝聚了理论方法、实践反思，反过来又能够指导实践的管理工具。

【思考】

1. 你的企业现在处于什么发展阶段？企业的发展是否有比较清晰的长期发展方向？

2. 在你看来，如果要在企业中开展战略管理，你认为现阶段要更注重哪个环节？

3. 你认为在战略执行阶段，企业还需要搭建哪些体系或者补齐什么能力，才能够保证战略落地？

第 2 章
战略解码：将战略分解为经营计划

华为创始人任正非曾说，战略方向只能大致正确，不能搞完美主义；企业经营成功的关键，其实在于执行环节。

即便战略本身不完美，但只要方向大致正确，加上执行到位的话，企业离成功就不会太远。

企业的战略执行关键在于，通过战略大致看清方向，然后"令出一孔，力出一孔"，保持压强原则，始终让企业在主航道上坚持运营。也就是说，战略方向定出来后，要在保持合理风控的情况下，尽最大可能把资源都压上去，在狭窄作战面形成突破，在关键领域形成压倒性的竞争能力，这样企业就具备较高的核心竞争能力，才能高质量、可持续性地实现增长。

一个企业，在具体的客户、产品、市场点上实现突破是如此，在企业经营管理能力上的突破，也理应是如此。

企业的战略解码，就是最终让一个企业的上下左右，都能够做到"一个愿景，一个声音"，在高度共识下行动。

2.1 执行困扰：精心制定的战略规划如何落地

如果说，战略规划是个让人头痛的事情，那么战略执行，在全世界都是让各种组织的高层更为头痛的一项事情。

在笔者的咨询实践当中，战略规划到底应该如何落地，同样是件让人关注，又让人充满困扰的事情。纵观辅导过的很多企业的战略执行困扰，笔者发现主要是在战略规划、融合推行、配套实施、与时俱进几个阶段，不同程度出现了问题。

2.1.1 战略规划走不出会议室，灵肉分离

战略规划走不出会议室，意即战略规划就算做了周全的商业洞察，也制定了比较先进的商业模式，并且提出了看似科学合理的战略目标，但是因为种种原因只存在于高层的脑袋里，缺乏一系列获得企业上下广泛共识、关注的手段。

当然，更多的中小企业更常见的是，战略规划走不出老板的脑袋。对员工来讲，企业的战略更像是老板的一个梦，没有形成组织的自觉和自愿。

战略规划不能走出会议室的原因有以下几点。

一是老板或战略管理部唱"独角戏"。很多企业战略管理部的负责人对于各种战略规划的方法、工具掌握得十分娴熟，最终输出的战略规划报告结构完整、专业度高，但是问题根本不在能力和技巧上，而在出发点上：错误地将战略规划看成一项作业，缺乏跟一线的人员、各条线负责人深度沟通，没有获得对于企业经营实际情况的体会，战略规划止步于精美和"专业"。

每年年末或者年初，企业需要制定新的策略或者战略，战略管理部都会特别忙碌，但是大部分的中层和基层员工都在忙着自己的事情，仿佛战略和他们没有任何关系。如果有人问基层员工，甚至是中层经理，他们的答案大都是：这是老板的事情，不关我们的事情。甚至有的企业老板还坚决反对基层代表参与战略管理的过程，认为战略是企业的秘密，不能让中层、基层员工知道！但如果市场一线的信息不能传递上来，基层员工不了解战略，那么战略成色会怎样？又怎么实施？

二是高层之间未就战略方向达成共识。有些企业虽然在战略制定前进行了详尽的市场分析，但根据市场分析的结果，高层对企业的战略方向和未来重点业务领域的发展规划却有不同的想法和意见，高层缺乏执行的动力，而这种动力的缺乏会直接影响企业内各层级的执行动作。

腾讯某高级顾问曾在2018年主持了一次战略务虚会，会议流程是精心准备的。其中有一个环节，他先往桌上放了一朵小花，要求与会高管轮流接到这朵

小花，高管接到这朵小花时，其身份就立刻"变为"现在腾讯的 CEO，他要以 CEO 的身份，去分析企业面临什么问题，应该怎么解决。在这之后，他才回到自己的身份，去说自己面临的问题，这个时候其他人不能挑战，而是要群策群力出主意。

这个环节的目的，是为了避免高管的发言过于强调"我的业务最重要，我需要资源"。一朵小花逼着他们先站到全局思考问题，等到具体谈自己的业务线时，就可以怀着朝向集团目标的同理心来讨论问题了，这也是这场务虚会想要实现的目标：共识。

三是把战略规划当作孤立的务虚会。战略务虚会是必需的，但不能够仅仅务虚，战略是要聚焦的，是要有穿透性、有力道的，是要确定未来较长时期做什么、不做什么的，而不是开茶话会。

有些企业在制定战略规划的时候，会把高管和核心管理人员封闭在一个环境优美的地方，原本考虑的是让管理者们远离日常事务，专心制定战略规划。这种想法是没有问题的，大家一起开会、务虚、碰撞想法，是很好的战略规划方式。但是如果大家把这种安排视为休闲放松，把战略规划会完全当成务虚会，会上讨论得积极热烈、天马行空，但是并没有太多实际的、确切的输出，甚至会后还有游山玩水的安排，那就本末倒置了。

战略规划召开会议，是一个非常严肃的过程，会议之前需要做非常翔实的准备工作，包括内外部信息的收集、分析、判断，会议之后也需要做大量的思考、解读、部署等工作。

四是战略规划文件高大上，抬高了认知门槛。战略规划需要深刻的市场洞察，而市场洞察必然会对宏观环境、行业环境、客户情况、竞争环境及企业内部的能力等做一番深入的研究分析，最后呈现出来的战略规划报告中，各种线状图、柱状图、饼状图表现着数据回归分析、趋势分析、结构分析，使得人们往往对这样专业性的表达惊叹不已。但这样的长篇大论，对大多数人来说是晦涩难懂的，事后容易被束之高阁，更谈不上落地执行了。

一分钟之内讲清楚企业战略

战略规划形成之后，要通过企业内部的各个层面进行沟通，使企业的经理和员工能够清楚地了解。也只有企业的所有人都了解了企业的战略，战略才能真正贯彻到每个人的工作和行为之中。战略只有在真正地引导一线员工的行为时，才能真正实现其价值。

通常情况下，一般人说话的速度大约为 200 个词 / 分钟。战略陈述最多不超过 200 个词，这样每个人才能在一分钟之内把企业战略讲得很清楚。

笔者在指导企业做战略规划时，曾用 SDBE 灵魂四问，要求各层级用最简洁的语言来概括地说明企业战略管理的四大核心元素。

SDBE 灵魂四问，包括战略使命（文化价值观，我是谁？）、战略目标（愿景和使命，我们将实现哪些目标？）、战略现状（差距分析，我们在哪里？）及战略路线（我们该怎么做？），这样的战略表述才是有力量的。SDBE 灵魂四问的详细论述，请参阅《华为闭环战略管理》一书，此处不做赘述。

2.1.2 战略规划和战略执行"两张皮"，同床异梦

企业有战略目标却没有战略路径，或者规划了路径，但是没有与企业日常的经营活动实现关联，员工不能够将战略与自己的工作、自己的产出结合起来，仍旧埋头于日常工作职责所要做的事情，会造成战略规划和战略执行"两张皮"。

1. 战略路径未被指明

战略路径，即实现战略的路径选择。从广义上讲，战略路径也是战略方向的构成部分，很多情况下，企业如果仅有一个终极的战略方向，会显得有些遥远，甚至玄虚。所以，在战略方向之外，给出战略路径，分出阶段来，再定义各阶段的战略分目标，会更具有现实可操作性。

笔者在很多企业辅导时，问企业家："您觉得企业的战略清晰吗？"，他们绝大部分的回答是"非常清晰"。但笔者团队事后的调研结果显示，哪怕是跟随企业发展多年的多数高管，都认为企业的战略是不清晰的。因为战略规划，不仅仅包括方向，还应该包括战略路径、节奏、速度和风控等。

很多企业的一号人物都胸怀大志，是有使命感的人，但他们容易犯错的地方是，思维太过宏观，使得"战略目标使命化和愿景化"。在大方向上，一切都是正确的，所有人都同意了。但现在的问题是，具体执行层面的主管和员工不知道该做什么，也不知道该怎么做。

战略路径是指未来的方向，而不仅仅是大方向、行业的机遇。战略路径必须包括行进方向、速度和节奏，这几个要素都是必需的。所以许多企业，容易将战略讨论会、战略经营分析会变成"语文课"，经营报告弄成了"语文作文"，看似文辞秀美，实则逻辑不严谨，经不起推敲。真正的战略经营报告就是"准数学题"，要瞄准目标和差距做假设、做推演、做测算。

战略大方向的正确与否，反倒是容易达成一致的，很多企业都容易意识到这里有个机会，但对于实施路径、节奏与力度的把握，往往才是取胜的关键。也就是说，向着目标怎么走？哪一段路应该跑，哪一段路应该走？这些问题没有说清楚，战略就不可能执行得好。

最著名的战略路线，当属抗日战争"持久战"的三个阶段，即战略防御阶段、战略相持阶段和战略反攻阶段。这一思想反映了抗日战争的根本规律，并在一定程度上克服了"亡国论""速胜论"这两种极端思想，对于我国抗日战争的部署具有重要的指导作用。

《大学》说："物有本末，事有始终，知所先后，则近道矣。"要真正了解和掌握一种战略，首先要从实际操作中了解隐含的先后次序，这是非常重要的，这比看是否把每个细节都考虑进去，是否每个细节都与现实相符更重要。这就是战略路线和阶段划分的重要性。

识别战略发展的路径和阶段，比确定战略方向还要不易，因为其中是要做很多预判和假设的，既要有对外部环境发展趋势的预判，也要有对组织自身建设节奏的把控。预判是否靠谱，取决于做出预判所基于的各种分析工作的科学性与合理性。一旦预判不靠谱，在此之上构建的路径和战略任务就都失去了意义。

2. 年度经营计划障碍

即使员工对企业的使命与愿景、战略目标与关键战略举措都理解了，但是由于没有参与战略解码，没有参与年度经营计划与预算的制订，因此对企业年度、季度与月度的经营目标和重点任务安排一无所知，对本部门、本岗位如何执行企业战略更是难以理解。在这种情形下根本谈不上进行所谓的短周期迭代、创新，谈不上挖掘基层员工的战略创意。

某互联网企业为了打造创新的企业文化，引入了硅谷的目标管理工具——OKR（Objective and Key Results，目标与关键成果），但是在实施落地过程中遇到了很大问题：由于企业没有结合战略愿景来分解并创建企业层面的年度OKR，因此各部门与员工在制定季度OKR时缺乏参照物，收集上来的OKR五花八门，缺乏聚焦合力，甚至让人哭笑不得。该企业在年度经营目标与计划方面明显面临着障碍。计划障碍导致的最终结果是在经理与主管、员工之间产生了非常多的摩擦，严重影响战略执行推进的效率。

为了突破战略执行的计划障碍，要对大多数的经理、主管与员工进行年度经营目标与计划的宣贯，让他们充分了解企业年度、季度与月度的经营目标和重点任务安排，进而对本部门、本岗位如何执行企业战略进行充分思考，在此基础上鼓励他们提出更好的战略创意。

3. 部门协同障碍

在实施战略时，许多管理者都会发现，在企业的内部，有一道看不见的"墙"，妨碍了企业的战略协同，妨碍了各个部门的信息交换与协同，这就是所谓的"部门墙"。协同障碍是企业在实施战略时遇到的最大的问题，它会使各个部门、岗位的员工在工作中的效率降低，互相推诿，最后导致工作任务的效果非常糟糕。"部门墙"和协同障碍形成的原因很多，其中一个重要的原因是协同的目标和职责不清晰。

华为在十几年前也存在"厚重"的"部门墙"，产品出了问题，市场部门和产品部门互相推卸责任，经常最后发现谁的责任都没法定下来，要么是客户的操作问题，要么是环境适配的问题。因为通信产品非常复杂，模糊地带很多，推卸掉责任并不困难。内部协调也存在问题，如果不是自己牵头或者自己部门牵头负责的项目，很难调动得了外部门的资源。当时很多部门主管一般都只提倡自己部门内部相互协作，当自己部门要协作外部门时，就不免推三阻四了。内外部的不协调成为战略执行的阻碍。

"部门墙"对于企业来说是一个巨大的障碍，它存在的原因包括部门的目标不统一、组织架构的设置不合理、没有建立端到端的流程体系、激励机制没有导向利益的一致性及过于强大的部门边界管控意识等。

2.1.3 缺乏组织能力支撑，战略成为"孤勇者"

从企业战略管理模型 BLM 中可以看出，企业的组织能力是企业能够有效地运用各种内部和外部的资源和技术，将问题系统化地解决，达到既定的目标的能力。

组织能力实际上是指"铁打的营盘，流水的士兵"，核心在于能打造一套可以持续输出打胜仗、敢打胜仗军队的管理能力。

有一句笑话广为流传："华为学谁，谁死；谁学华为，谁死。"这一说法体现了两个观点：第一，华为拥有强大的组织能力，能够对战略形成强大的组织支撑度，而这正是华为的核心竞争优势；第二，揭示了组织能力不易复制和塑造。

任正非曾说过，没有资源保证的规划就是鬼话，这样的规划没有意义。

在战略规划中，企业必须要解决和回答什么时候投入资源，特别是关键的资源投入到哪里，而在另一方面，没有相应的战略配套策略，就无法实施。这些支撑战略落地的配套策略必须对组织建设、人才培养、文化建设等组织能力方面的关键问题做出反应，如图 2-1 所示。

战略规划除了明确战略规划中的业务设计、价值创造流程，还要沿着关键角色/关键岗位、组织建构、组织绩效与个人考核激励政策这样的核心策略来解码组织能力，以及打造配套的组织文化和价值观，以确保战略（业务设计）落地。研究表明，80%的企业遇到困难不是因为缺乏正确的战略，而是缺乏管理企业所需要的组织能力。

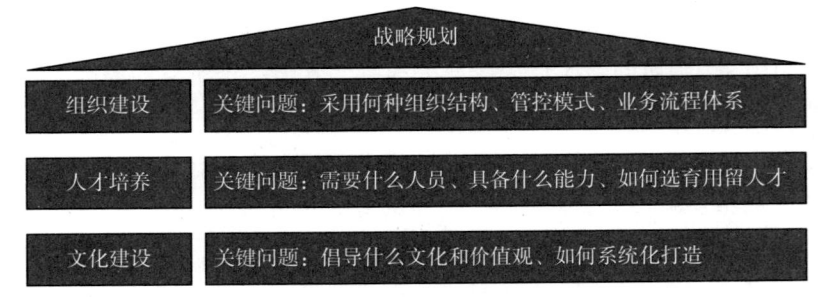

```
         战略规划
┌─────────┬──────────────────────────────────────────┐
│ 组织建设 │ 关键问题：采用何种组织结构、管控模式、业务流程体系 │
├─────────┼──────────────────────────────────────────┤
│ 人才培养 │ 关键问题：需要什么人员、具备什么能力、如何选育用留人才 │
├─────────┼──────────────────────────────────────────┤
│ 文化建设 │ 关键问题：倡导什么文化和价值观、如何系统化打造 │
└─────────┴──────────────────────────────────────────┘
```

图 2-1　支撑战略落地的组织能力的关键问题

任正非曾说：抓住了战略机会，花多少钱都是胜利。管理变革就是为了支撑业务。华为每年在管理变革上的投入占营业收入的 2%～3%。华为把能力规划到平台，持续投入到流程、组织、IT 等体系建设中，把个人的经验、技能、客户关系积累等固化到企业大平台上，提升组织能力，使得业务可重复成功，不过度依赖个人。

战略与组织能力的关系还包括以下两个角度：

（1）建立与新战略意图、业务设计和关键工作相适应的组织能力。华为原来主要是面向电信运营商的 B2B 业务，后来转型为面向消费者的 B2C 业务和面向企业的 B2B 业务。由于不同的企业和业务模式，其商业设计和主要的工作任务是完全不同的，所以，所需要的组织能力、配套策略和文化环境也有很大的差异。

（2）现有的业务流程和组织能力，必须在更简单、更及时、更精确的情况下，不断地改进其效率和效力。

战略管理（包括市场洞察、战略规划、战略解码、战略执行、战略回顾等）也是企业经营能力的一个重要组成部分，企业的经营战略不仅要以战略规划为中心，更要在经营管理整套体系的设计和变革中促进经营的变化。

2.1.4　未能持续审视和评估，战略无法迭代

企业经营的外在环境永远是瞬息万变的，而人类的理性永远是有限的。企业家是人，不是神，谁也不要妄想从一开始就看出结果，谁也不要做这样的能力假设。

笔者经常同企业家开玩笑，经营结果如果证明你是牛人，那就是神；自己认为是神，大概率是神经病。企业中下属如果经常这样吹捧你，你就得要小心，估计是想通过拍马屁谋取好处。

战略是一个长期而持续的过程，而且经常要随外界经营环境的变化而变化。想一步到位是很困难的，更别说一口气把整个流程和细节都看得一清二楚了。

陈赓大将曾说:"再好的方案,枪声一响,作废一半。"

战略一开始只是一个框架,一个设想,一个初步的方案,而最后的战略,则是在战斗展开中逐渐清晰、逐步迭代出来的。

因此,一个好的企业战略应该包含两个因素。一方面,必须明确地提出一个战略意向,以作为一个基本的框架。但另一方面,在行动计划中,也要考虑到各种可能和不确定因素。企业要适应新的形势,要根据形势而做出相应的调整,要做好应对突发事件的准备。任正非也曾说:"战略方向大致正确即可。"

在这种情况下,企业的战略与规划不会是预先做出的一次决定,更不会仅仅依靠逻辑推理,甚至是凭空想象。别指望一次就能制定出一套周密的方案,并把它完美地贯彻下去。一家企业,最多也就是一个整体的战略,一个大概的策略,提供一些基本的战略设想和初步的行动方案。企业的整体战略意图应该尽可能地维持原样,但是,在实际实施时,关键任务很有可能会被修改,或者被完全抛弃。

在动态、不确定的环境下,我们更要依赖于环境的改变、对未来的敏锐感觉,而不能仅仅依赖于预先制定的战略。明茨伯格曾告诫:千万不要把战略变成马的眼罩。战略能让一个企业走得更远,但是死板的战略思考会让企业丧失对世界的洞察力。

战争经常会给现代的商业竞争带来许多启发。回顾第五次反"围剿"和红军长征的早期阶段,我们可以看出,李德作为共产国际的军事参谋,其最突出的特征就是在战略上进行规划和控制。他制定好了作战方案,就会向军队发布命令。而他自己要做的,就是检查、督促、纠正,以免自己的部下在执行的时候有任何偏差。他要军队像一台精密的机械,严格地、精确地执行他的命令,以达到他的战略目的。

这就是一个悲剧:试图把一种动态的情况调整到自己的方案上,而不是根据一个不断变化的情况来调整自己的方案。如明茨伯格所言,死板的战略思考,那些提早完成却不愿更改的策略方案,成了李德的眼罩。李德的命令就这样彻底地失败了。

詹姆斯·奎因说过一段话:"战略不是直线的,战略的效力不在于清晰和严密,而是取决于新的机遇和新的推动力量。这样可以最大限度地发挥资源的使用效率。所以,好的战略必须鼓励主动性、积极性和创造性地把握机会。"

从认知的角度来看,清晰的战略,必然是一个不断尝试和摸索的过程。特别是在我国这个快速变化、竞争激烈的市场环境下,如果没有一套有效的战略检查、反馈和纠错机制,很容易造成企业的年度目标牵引力不够,丧失竞争优势，严重的话，会让一个组织丧失对战略目标的积极性，让战略实施就像"脚踩西瓜皮"，滑到哪算哪，彻底成为机会主义，从而丧失战略的坚定性和自主性。

2.2 概念内涵：战略解码的定义及导入

在解码工作正式开展之前，我们需要对战略解码的深层含义、开展意义及导入内容进行全面的了解，才能够深刻理解战略解码在整个执行体系中的重要性。

2.2.1 战略解码的定义与内涵

在《华为闭环战略管理》一书中，笔者已经对 SDBE 中的战略解码（Strategy Decoding）做过较为详细的解释。战略解码是 SDBE 领先模型中的一个关键概念和环节，是联系战略规划和运营管理不可或缺的环节。

SDBE 领先模型与 BLM 方法最大的不同，也来自于此。缺乏了战略解码，战略规划就无法与执行环节进行有效连接，战略规划也将成为空中楼阁，无法落地。

战略解码的定义，就是企业通过可视化的方式，将企业的战略转化为全体员工可理解、可执行的行为的过程。

这个定义有两方面的内涵。一方面，战略解码是一个工具，它可以将企业战略重点进行清晰的描述，转化为具体的、可衡量的措施和行动。另一方面，战略解码是一种工作方法，它采用集体研讨的形式，就企业的愿景目标和战略举措达成共识，然后逐层逐级分解，最终将责任落实到人。

因此，在企业实操的狭义上，战略解码是指召开各类战略解码会议，把模糊的企业愿景、使命或中长期战略目标，转化为 SP（战略 KPI 和战略 TOPN）的过程。或者根据企业战略 KPI 和 TOPN，转化为下级组织的经营计划（当年 KPI 和 TOPN）的过程，以明确职责划分和度量机制，使所有人都能了解和实施。这也是战略解码的最核心的概念。

从广义上讲，除了战略解码会，战略解码还包含几个重要的会议，以及为战略解码会所做的一系列的准备。这几个重要的会议包括战略澄清会、组织或个人业绩 PK 会，这两个会议分别是在战略解码会开始前和结束后进行的。这两个会议对于明确企业绩效考评的目标与内涵、紧密衔接绩效考评制度具有十分重要的意义。在企业的战略管理系统中，狭义的战略解码要走三个步骤，如图 2-2 所示。

第2章 战略解码：将战略分解为经营计划

解码第一步
从战略洞察到关键任务、组织、人才、文化的解码

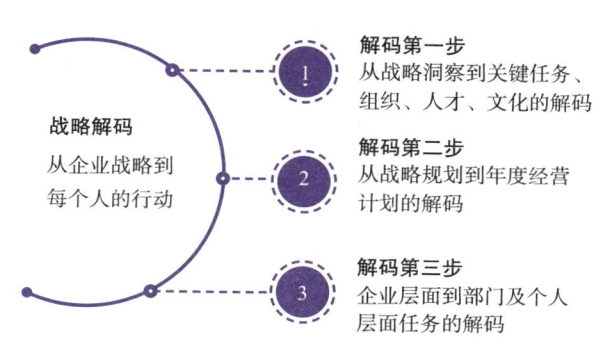

战略解码
从企业战略到每个人的行动

解码第二步
从战略规划到年度经营计划的解码

解码第三步
企业层面到部门及个人层面任务的解码

图 2-2 战略管理体系中的解码三步骤

解码第一步骤是战略规划本身的解码，这就是利用差距分析、市场洞察、战略意图、创新焦点和商业设计等方法，使企业的核心经营团队对关键任务进行研究，并将这些工作落实到组织、人才、文化方面。这些实施动作可能会持续3～5年。

解码第二步骤是把战略规划翻译成每年的经营计划。也就是在企业全面预算框架下，与周围各部门进行协调，根据战略规划安排，进行明年的财务预算和人员配置，并对重要的市场机会进行细致的分析，确保策略和措施的连贯性。

解码第三步骤是在部门层次上进行战略行动的分解和业务业绩规划的制定。它是把一个组织的战略规划和解码的输出成果转化为对应的组织或者个人的PBC。

战略解码不是战略规划，也不是战略执行。在战略解码整体框架中，对商业模式、关键矛盾及成功要素有深刻认识，才能定义战略举措与关键任务。企业需要将战略逐层分解为可执行、可管理的关键战略举措、战略指标、重点工作，并且将有限的资源投放到关键战略举措、年度重点工作上。

战略解码的过程就是战略对齐、战略落地的过程，它从实际出发，将企业今后3～5年的战略规划，以可视化的形式，转变成可理解的、可执行的各个层级（包括总经理、副总、总监、经理、主管和基层员工）的行为，明确业绩目标，确保各组织的目标协调一致，同时帮助执行层理解自己的工作与战略的连接意义。未来3～5年内，战略规划才能被保证真正落地。因此，战略解码通过清晰的目标持续激发组织活力，实现让所有成员"力出一孔"的目的。

没有洞悉成功要素，没有推演路径和打法的战略是无效的，所以战略解码的核心在于研讨、共识和可执行，包括目标承接、战略路径、关键业务流程、组织系统瓶颈、互赖关系等。

我们经常说，一个好的战略解码，既能给大家发望远镜，让大家都看清自己

的工作方向，又能够帮助大家学会使用放大镜，在保证方向不偏离的前提下，聚焦当期或短期目标，确保经营结果的达成。

2.2.2 战略解码的逻辑和原则

战略解码不只是企业高层的事，也不只是战略部门的事，而是企业各部门、全体员工的事。各级部门、团队和员工参与战略解码的过程越深，战略解码的效果越好，将来战略执行的结果就会越好。

管理学家罗伯特·卡普兰曾说过："如果战略不能被清晰描述，就不能被具体衡量；不能被衡量，就不能被有效管理；不能被有效管理，那么战略意图就会落空。"

企业是功利性商业组织，其战略设计的一切终极目标，就是通过长久地为客户创造价值，从客户那里获取价值。因此，战略解码的核心原则是，分解出创造价值的行动。

价值创造的逻辑很明显：帮助企业创造更多收入的行为，一定是价值创造行为。进一步分解下去就是影响驱动因素的战略和行动计划。要把战略里面所有的行动计划，都分解成相应的价值创造行为，或者我们叫运营驱动的因素，都有相应的KPI。这个KPI的集合就变成后面整个组织KPI的核心输入。

战略解码通过战略澄清、指标和重点工作分解、责任落实等一系列活动，实现战略目标的制定、分解和落实，战略解码与企业的绩效管理体系、预算管理体系、薪酬管理体系有效结合，才能确保企业战略目标的实现。而企业的绩效管理体系，就是企业战略执行管理的手段，组织绩效管理须从企业的战略目标出发，根据战略目标制订绩效计划，紧密围绕绩效计划开展绩效管理，通过对战略目标的分解落实情况的监督及评价，保证企业战略目标的实现。

一个管理优良的企业，不仅需要做好战略规划，更需要大力提升战略执行能力。战略执行管理的核心能力，一是要能够通过战略解码将战略转化为行动方案，二是通过执行、运营及绩效监控真正把行动方案贯彻落地。

在战略解码阶段，我们要坚持以下核心原则，如图2-3所示。

1. **垂直一致性原则**：确保组织战略目标纵向上下对齐

对企业战略和业务目标支持：以企业战略和部门业务目标为基础，自上而下垂直分解，从企业到部门再到岗位，保证纵向承接一致性。企业通过平衡计分卡的四个层面从战略目标、关键战略举措中提取KPI，在对KPI进行有效评估后确定KPI指标体系。为实现KPI指标的目标值，还需要确定实现KPI的重点工作，并对KPI和重点工作纵向分解落实到相关部门。

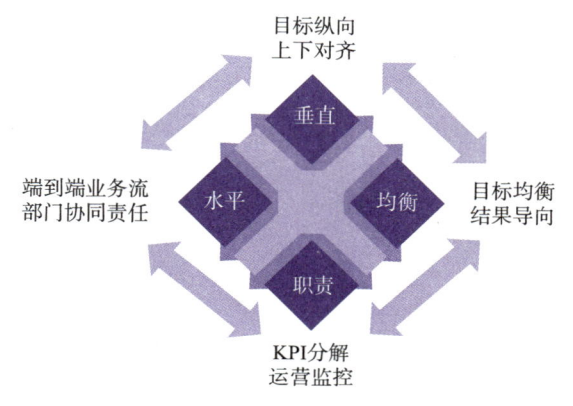

图 2-3　战略解码坚持的原则

2. 水平一致性原则：从业务流程保证组织间水平拉通

水平一致性原则体现的是对企业主要业务流程的支撑。以企业端到端流程为基础，建立起部门间的连带责任和协作关系，保证横向一致性。企业通过战略澄清，明确关键性战略目标，并对战略目标使用战略地图或指标鱼骨图等工具，在下级不同部门进行交叉分解和落地，这实际上也是端到端业务流程对于战略目标的保障。

3. 均衡性和导向性原则：体现不同部门的均衡发展和独特价值

企业需要从愿景、使命出发，通过对企业的战略澄清，确定企业的战略目标，并达成上下一致的共识。同时，用战略地图的方式描述战略，通过平衡计分卡的四个层面，体现财务、客户、内部运营及学习与成长四个层面企业的战略目标，以及各目标之间的关系。此外，所有业务部门或职能部门都具备独一无二、不可或缺的价值，都是为了战略目标和商业设计的实现而设置的。因此，KPI 具体指标的设置，必须体现部门独特的责任结果导向。

4. 责任有效性：确保 KPI 和 TOP*N* 工作的层层压实，保证战略目标的落地

为了落实部门对上级目标的承接和责任，将 KPI 指标责任进行部门间分解，同时为 PBC 确定提供依据。企业需要将确定的 KPI 和重点工作形成目标责任状，与相关责任部门负责人签署部门级 KPI 目标责任状，落实目标责任。企业通过绩效管理抓手，落实战略执行，过程中通过企业日常运营管理体系进行监控管理与流程跟踪，通过对 KPI 数据的有效分析、对未完成项的跟进和及时改善、对资源的适当倾斜、对责任人的明确等方法，实时监控战略管理流程，保证战略目标的实现。

2.2.3 战略解码的关键实施要点

战略解码欲在企业得以有效的实施，做好战略澄清是至关重要的。但光是开好战略澄清会和战略解码会，是不足以把战略解码真正导入企业的。

经过笔者及团队的长期实践，发现战略解码成功导入需要几个必要的要素加持，一般来说缺一不可。

1. 战略解码难，一把手重视就不难

企业或各级组织的一把手一定要真心认同与支持。最高领导层是否真正理解并认同战略解码的理念，决定了战略解码能否顺利导入并取得实效。

有些一把手对于自己的战略预见能力过于自负，不愿意听到不同的意见；有些一把手认为，"战略由我一个人决定就好了，其他人没有我想得深、看得全，就不需要这么多人参与讨论了，你们只需要把我讲的观点理解透并照着做就好了"，或者"我们的战略是商业秘密，只需要核心高管清楚就行了，不需要大家都理解"；还有些一把手认为，"战略只管方向和目标，至于如何行动，那得看具体情况，随机应变就好了，哪需要花那么多时间去计划"。

如果一把手持有的观点并不是导向上下共识，那么对战略的可靠性、在企业内部的认同度和支持度就会造成负面影响，战略解码就难以推行。

一把手的支持，需要用自身行动来体现，具体表现在：

（1）主动发起战略解码活动并进行动员。

（2）积极参与调研分析、战略澄清、战略解码、执行跟踪、评估更新，积极参与讨论，及时听取关键举措负责人的进展汇报。

（3）围绕PBC与高管逐个进行沟通，坚持年度复盘反馈，及时兑现承诺。

（4）遵守战略解码会的规则，鼓励大家畅所欲言，并引导大家形成共识。

（5）以身作则，从自己做起，坚持目标导向、过程回顾，带动全员学习和应用战略解码。

2. 核心高管团队深入、有效地参与战略解码

高管团队对战略目标和行动举措的"认同度"尤为重要。能否让高管团队深度参与、达成战略共识，甚至做到现场承诺直至牵引协同行动，决定了战略解码的质量好坏，也是决定后续计划和执行环节能否顺利开展的关键点。

3. 各级组织对战略解码的支持度也需要被重视

管理层对战略目标和行动举措达成一致意见之后，企业还需要在企业的职能系统（组织模块间的权责分配体系、企业各层级的考核体系及遵循价值分配的激励体系）和组织系统（组织文化、组织能力、信息系统）方面做好支持保障。

其中确保战略解码得以成功导入的一个要诀就是让战略解码与全面绩效管理

有效连接。将战略中长期目标分解成阶段性行动举措，并通过责任落实到人、形成考核指标、不断跟踪反馈等一系列机制，让绩效管理形成PDCA（Plan, Do, Cheek, Act，计划、执行、检查、处理）循环式的闭环。在此过程中，企业要尤其重视一点：根据企业的规模和需要，可以设立专门或者兼职的绩效管理委员会，并充分发挥绩效管理委员会的作用。

绩效管理委员会的成员应来自主要的业务部门和相关的职能部门，他们承担审核绩效管理政策、执行考核的责任；重视各项经营数据、管理数据的积累，建立健全绩效指标库；明确组织绩效和个人绩效之间的关系；做好PBC的应用；确保绩效目标和进程可视，推行看板管理；建立电子化的绩效管理系统，随时跟踪、反馈绩效进程。

4. 战略解码，必须成为保障战略执行的重要机制

战略解码并不是一般的举措，不能是"择日不如撞日"的心血来潮的临时行动，它应该有例行保障机制。当然，如果战略管理需要或有重大外部环境变化时，也不能画地为牢，可以临时举行战略解码会议，当然会议名称不一定叫战略解码。

总之，在恰当的时机与地点打响战役，对最终战局有着重要的影响，同样地，在恰当的时机与地点导入战略解码，能够对战略落地起到"事半功倍"的效果。

企业在很多时候（如外部经营环境发生巨变、企业面临转型升级难题、内部出现战略分歧、治理或组织管控发生改变、需要调整战略），需要开展战略澄清和战略解码。

2.3 关键环节：通过战略解码打通规划和执行

战略解码，核心是通过管理团队集体共创的方式，对企业战略进行澄清，明确战略实施路径，明确必须要拿下来的"战役"，分解战役任务和责任人，并就企业的愿景、使命、目标和战略路径达成共识，以简洁的、容易让人理解的语言清晰地描述出来，促使各级员工形成阶段性的、具体的、明确的目标和行动方案，最终助企业实现"上下左右同欲""使命责任必达"的局面。

2.3.1 战略的时间分解：时间由粗及细，由模糊至量化

解码，关键字在于"解"。战略规划和战略目标一般都是基于3～5年的时间跨度进行的，但这个跨度也有一个问题，就是难以指导企业日常的工作。所

以，解码首先要在时间的维度上进行。

某电商企业在其远期目标（5年）中提到要做中国玩具类电商第一名，但在其近期目标（1～3年）中提出的用户数增长和交易总额（GMV）并不能支撑这个远期目标，也就是3年后的交易目标都达不到5年交易目标的50%。这里反映出，一方面它对于玩具类电商的产业现状不够了解，比如产业的市场规模、增长速度及业务增长的路径等，提出远期目标更多基于的是企业自己的雄心；另一方面是数据化的意识不够，不能够通过科学的测算来将远期目标转化为近年度具体的目标，而没有这个具体的目标，也就意味着无法形成清晰的年度经营目标。

战略管理常常说的"战略要看5年，想3年，做1年"，就是指在时间周期上及"思考、推演、行动"三者关系上要体现战略解码原理。

战略解码的一个重要步骤，就是共同明确实现阶段性目标的战略运作重点，这也是战略解码过程中最核心的部分之一。一般来说，战略规划或者战略目标可以用一两个关键词（也可以称为战略主题）来整体表述它的最大特征，而战略运作的重点是围绕战略主题展开的具有决定性意义的关键举措，它关注那些对于企业全局性目标的实现来说最为重要或者短板最为明显的领域。相对于战略主题，战略运作重点必须是具体的、指向行动的。

企业发展的战略运作重点，是真正做到从思考到行动转化的关键一跃，让企业战略有码必解且是有效分解！在实际的操作中，战略澄清实质上就是明确战略运作重点。

战略运作重点是战略规划或者目标的进一步细化，它及其子任务长则跨越了3～5年的战略周期，短则在几个月或者1～2年内就可以告一段落，有的在一个年度周期就能够完结，有的需要在年度周期结束后滚入下一个周期继续进行。为此，将战略运作重点及其子任务放入有时间进度描述的甘特图中，就可以形成一个清晰的战略实施路线。战略实施路线也就可以看作战略在时间维度的分解。

如果把战略解码比作淌过一条小河，那么目标就是到对岸去，过程中按照什么路线穿越，在哪个阶段应该踩在哪块石块上，这些石块就是战略运作重点，需要把这些石块都踩稳了。但是，如果不能在一开始就踩对了石块，把最开始的几步踩踏实了，那么极有可能整个行动过程就在中途变得困难加倍或宣告失败。所以，我们需要把3～5年的战略焦距拉近到未来一年，把望远镜换成显微镜，把从宏观角度能够讲"圆"的商业逻辑，放到实际落地的颗粒度里面琢磨，用更聚焦的方式，明确这一年里更为关键的行动及相应的衡量指标，并且获得高层管理团队的共识。

比如企业在制定2023—2027年的5年战略规划时，提出了5年后宏伟的目标,并且针对5年后目标的实现,确定了战略运作重点和支撑性的子任务。然而,这些子任务必须在2023年有更具体的呈现,并将它们再细化分为若干个关键的里程碑,依照里程碑来设计目标、细化的行动、行动质量的衡量指标及行动的责任人和规定时间。此外,有时在2023年会出现一些当年发生、当年结束的重要事件,它们对于整个5年的战略成败也具有"支撑石块"的意义。这时我们也必须把这些事件考虑进来,与战略运作重点的年度里程碑任务一起,形成当年的重要的经营目标和关键事项。

可见,完成战略运作重点在3～5年内的时间分解并不意味着大功告成,相反,战略解码才刚刚进入"深水区"。再伟大的战略,如果没有落实到当前的关键任务部署,以及把战斗的责任分解、落实到具体的队伍与人员身上,仍然会停留在口号或者念想的状态,企业必须把实现远期目标的里程碑目标和路径"解"出来,"解"到当年的年度经营计划中。

2.3.2　战略的空间分解:组织逐层逐级,责任层层压实

战略解码除了在时间维度上进行分解,在组织各层级上也需要进行分解,如图2-4所示。

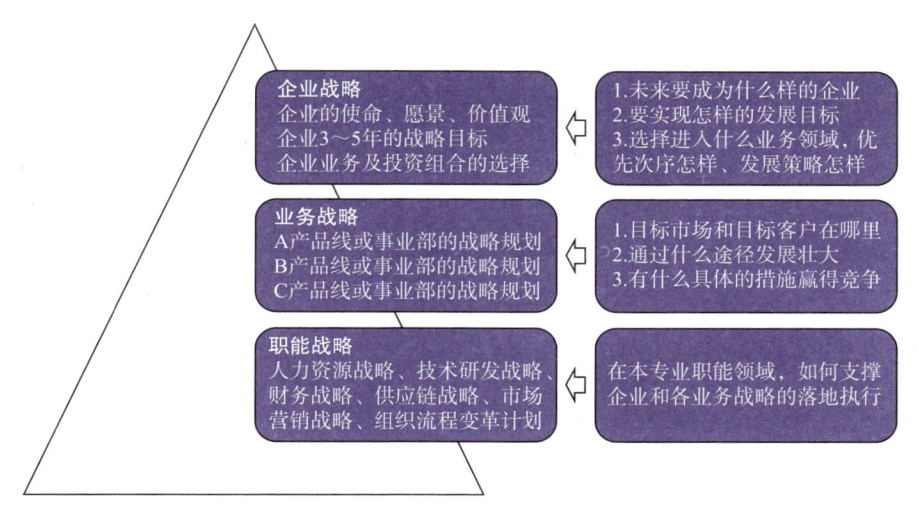

企业战略
企业的使命、愿景、价值观
企业3～5年的战略目标
企业业务及投资组合的选择
⇐ 1.未来要成为什么样的企业
2.要实现怎样的发展目标
3.选择进入什么业务领域,优先次序怎样、发展策略怎样

业务战略
A产品线或事业部的战略规划
B产品线或事业部的战略规划
C产品线或事业部的战略规划
⇐ 1.目标市场和目标客户在哪里
2.通过什么途径发展壮大
3.有什么具体的措施赢得竞争

职能战略
人力资源战略、技术研发战略、财务战略、供应链战略、市场营销战略、组织流程变革计划
⇐ 在本专业职能领域,如何支撑企业和各业务战略的落地执行

图2-4　战略在组织内部的分解层级

企业战略解码是以差距分析和环境分析为依据,以每年一次的修正周期来对企业的战略进行一年复一年的滚动式思考,并将之作为企业层级年度经营计划的导入,最后形成企业层级的经营计划的一部分。

企业每年都要对战略进行至少一次解码,主要有两个原因:一是战略全局的

发展有了新的变化，或者是对原有的环境发展的理解产生了很大的不同；二是随着对整体战略发展规律的理解，需要对原有战略计划是否正确进行审视，以及做出必要的修正。

业务战略是根据企业的战略来制定的，在一个多元化的企业中，各分公司、子公司或者事业部通常是专门（专门在某个领域开展业务）的分支机构，其战略的中心思想就是执行企业的战略目标。业务战略与企业战略有相同之处，也有不同的地方。

首先，专业化经营的分公司、子公司和事业部在组织内部的协调和交易效率方面拥有更大的优势。在经营组合方面，它们主张专注于自己最擅长和最有价值的核心业务，将相对于它们而言价值较低的非核心业务交给合作伙伴；在培养和应用核心能力方面，它们坚持实施专业化战略能力培养，注重把自己的全部力量和资源放在自己的专长领域，以专业和专注推动分公司、子公司或事业部的发展，所以和企业战略相比，业务战略更聚焦、更专业。

其次，很多人一听到"战略"二字，就联想到宏观的大手笔、大构造。所以就算是分解到部门层级的业务战略，也仍然是空洞和务虚的口号，缺乏详细的行动计划，这是部门战略规划与解码活动中的最大操作误区。

事实上，业务战略规划是在企业战略的指导下，按照总部专业职能分工将企业战略意图进行具体落实、细化的，它的制定核心就是将企业战略分解至业务战略，然后又由业务战略转化为具体的战略行动计划，从而支持企业与业务战略的实现。部门战略解码需要从部门定位使命、部门目标出发，设定部门的基本战略目标，制定部门关键战略举措，开发部门战略图卡表，编制年度经营计划以连接财务预算，分解部门负责人 KPI 并签订 PBC 等。而根据这些行动计划和部门内部的具体分工，部门管理人员可以更清楚地了解本部门在企业整体战略执行中的定位、职责和行动要求。

罗伯特·卡普兰和戴维·诺顿的《战略地图》一书主要讨论的是在既定的单一业务中，如何获得更多的竞争优势，他们在迈克尔·波特的竞争战略基本形态（成本领先、产品领先、全面系统方案、锁定战略）上，强调以战略地图为指导，平衡好战略财务目标、客户价值主张、客户成果度量、内部运营关键举措及学习成长战略等维度的目标。

然而在集团型企业中，不同的业务单元存在与多元化企业的定位是不一样的。有的业务是为了获取企业发展与竞争所需的优势，而有的业务存在的意义是为了支撑企业其他业务产生 1+1＞2 的协同效应。比如某些业务单元不是为了获取利润，而是为了促使企业有大量的现金流表现，进而获得广阔的融资渠道，支持其他产业的发展；某些业务单元是为了打造端到端的产业链，提升企业整体竞争力……

对于战略空间分解，还有一个需要关注的地方：在企业这棵大树下的业务单元存在的目的可能相同，也可能不同，不能一概而论。因此读者在理解组织内部的战略解码时一定要能穿透这种共同性与差异性，不能简单地按照本节中描述的解码层级来进行实操。对于只有单一业务的专业化集团型企业战略规划，则可以参考业务战略规划，但也仍旧存在差异。多元化集团公司一般关注企业文化、人力资源、财务、信息化、审计、品牌等部门的职能战略，而专业化集团企业除了关注以上部门的职能战略，还要直接分解组织与供应链相关的如研发、生产、供应链、营销等职能战略。

2.3.3 开展战略解码的几个重要的会议

自 2020 年以来，对全球经济环境带来深远影响的"黑天鹅"事件越来越多，新冠疫情、局部战争、贸易争端等，宏观局势、行业形势与竞争环境风云多变，企业领导者作为"总舵手"，有时不得不带领"船员"在重重迷雾中艰难地探索前行，寻找远方目标发出的微光。

如何让一整条船的"船员"跟随舵手、明晰航向、形成共识、快速行动，从而避免内部分歧纠缠不清、瞻前顾后地原地打转、方向晃动随风飘移、胡乱试错导致巨大损失等悲剧的发生呢？有没有一套方法能以比较低的成本来快速地使企业战略在团队中迅速达成共识并众志成城地行动呢？前面提到了战略澄清会、战略解码会、个人绩效合约 PK 会在战略解码范畴内的定位和内容，它们是战略解码环节中最为重要的三个会议，是一套达到以上目的的比较好的连环办法。

一是战略澄清会。召开战略澄清会是一种能够帮助管理者高效地厘清战略主题和运作重点，并达成共识的会议。在明晰战略的众多方法中，它是最精确、最高效的方法之一。在战略澄清会上，高层管理者基于此前战略调研分析的结果，群策群力，把战略蓝图（包括共同愿景、中长期目标等战略要项）、战略主题及战略重点清晰明确地描述出来，并在研讨互动的过程中达成共识。

战略主题是用一两个关键词来整体表述某项战略举措的最大特征，而战略重点是战略主题的展开，其更加具体化和行动化，一般用动宾结构描述。在战略重点描述上常常会出现以下问题。

（1）战略重点描述得和战略主题差不多，太宽泛和空洞。比如"提升产品质量""降低生产成本""提升协同效率"等，没有点出目标要实现所需要进行的关键行动或措施。

（2）战略重点在重复战略目标，玩文字游戏。比如5年目标之一是"销售收入超千亿元"，而战略重点描述成为"要实现各业务的销售收入大幅增长"，但是对于实现"大幅增长"的主要手段和措施避而不谈。

（3）战略重点中描述的事项不在同一个层面上，有的很"高大上"，有的太"接地气"。比如第一条战略重点描述是"进行组织变革"，第二条战略重点描述是"完成××物资供应商替换"，第一条涉及的层次、范围和影响力明显要高于第二条。

（4）战略重点描述过于冗长繁杂，比如"进行供应商分析，根据成本结构优化的需求及时调整供应商短名单，实现成本结构性优化"，可以简化为"优化供应商结构，降低采购成本"。

战略澄清可以召开一次集中会议，也可以召开几次不同专题的会议。在战略澄清会上，既可以对原有战略进一步澄清，也可以对新战略进行制定和描述。战略澄清可以算作战略制定或战略规划的一部分，只不过需要更加清楚地勾画其中的逻辑关系，强调实际工作中容易被忽略的战略意义环节，更有利于战略落地实施。

二是战略解码会。如果企业不大，一年只需要召开一次战略解码会即可；如果企业较大且组织层级较多，可以先召开高层战略解码会，然后分别召开各分公司、子公司、各部门、各团队的战略解码会。

通常一次完整的高层战略解码会需要两三天的封闭讨论时间；一次中层战略解码会则一般需要一到两天时间。根据会议的议题数量与讨论深度，战略解码会可以分成两场或多场召开，战略解码会主要涉及八个子步骤，它们沿着逻辑顺序层层展开，如图2-5所示。

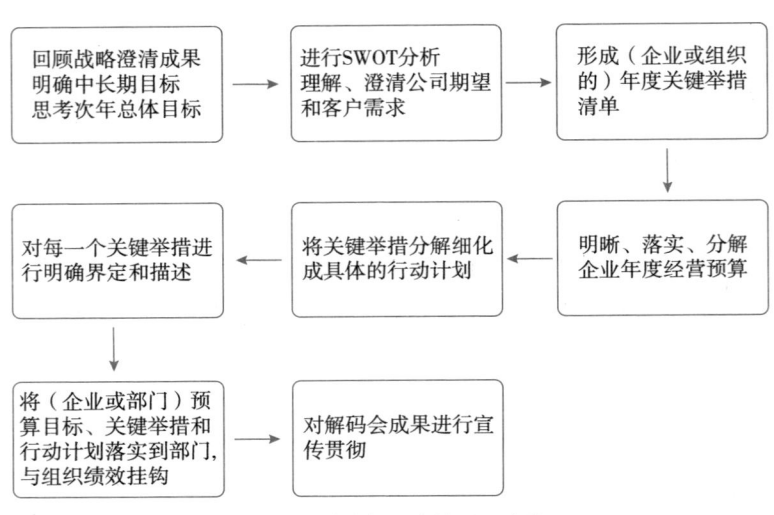

图 2-5　战略解码会议程八步曲

三是个人绩效合约 PK 会。个人绩效合约 PK 会可以在战略解码会之后一周左右的时间召开，会议周期一到两天，参加人员与战略解码会的参会人员相似，主要工作是把战略解码会上明确的关键举措和行动计划落实到个人头上，并呈现在个人绩效合约书中。当然也可以把战略解码会与个人绩效合约 PK 会连在一起召开，这是"趁热打铁"的做法。不过，这样安排会议时间比较长，要这么多管理干部专心致志地开会，需要比较周密的安排。

在不同的企业场景中，可以根据实际情况、领导者的现实需求，对会议安排和议事步骤做出局部调整，增加专题研讨，比如强化年度经营差距分析，增加组织建设和人才培养的讨论，增加价值观的讨论等，这些都是可以灵活安排的，但在总体上要遵循战略解码的基本内核和主要目标不变。

战略解码步骤是由一系列内容丰富、结构严谨的会议组成的，一般局限于中高层管理者。所有这些会议，都应有企业一把手的支持，必要时引入战略解码引导师。基于事先精心策划的严谨的会议议程，参会人员才能在会上对战略问题和实现路径进行深入思考和反省。在会议上，既要有务虚的内容，更要有体现行动计划的务实内容，做到"虚实结合"。

2.4 解码路标：将战略规划解码到经营计划

战略解码，在 SDBE 领先模型中，其实有很多层级。由于本书主要涉及卓越运营，战略解码我们就是确指狭义、直接的输出，就是根据 3～5 年的 SP，推导出未来一年的 BP。

年度经营计划是战略规划落地的抓手，是战略执行的阶段性成果呈现。

2.4.1 战略导向经营计划：语文题与数学题

战略规划要做到落地，必然要与企业日常的经营活动相结合，不然就是沙漠中的蜃景，永远无法转化为现实中的绿洲。

经营活动以全面预算作为基础，实际上就是围绕着战略规划，去细化当前一年要做哪些事情，制定什么样的目标及配上什么样的资源，这就是年度经营计划的主要内容。

对于 SDBE 领先模型中的卓越运营，我们其实一直想强调的就是，成功地把 3～5 年的 SP，转化为每年的 BP，然后通过 3～5 个周期 BP 的卷积，达成既定的 SP，这就是卓越运营。或者说，只要是能成功帮助实现既定战略的运营管理，就是卓越运营。

华为的战略管理全流程是 DSTE 流程。DSTE 流程的第一阶段是 SP 制定阶段，企业层面的 SP 制定又会分为：企业愿景与战略方向、产品线/销售线/职能战略规划（也就是前面提到的空间上的解码）。在完成战略规划后，马上就会输出战略衡量指标，并且形成各个组织的 KPI 指标方案。这样安排的目的是明确各个组织的组织绩效框架和主要内容，避免战略管理和绩效管理缺乏关联。

战略规划之后，真正使其融于日常经营活动的是年度经营计划与预算，也就是 BP。BP 一般在前一年的 10 月启动，一直持续到次年的 3 月底才基本完成。例如，2022 年 4 至 9 月进行的是 2023—2027 年的五年战略滚动规划，而 2022 年 9 月至 2023 年 3 月进行的是 2023 年的年度经营计划与预算，以此类推。

大多数企业要求下级各部门在秋季开展年度经营计划的制订工作，并在次年 3 月底前通过企业审核。各部门的年度经营计划包含过去一年部门的总体运营情况、目标的实现情况，未来一年部门的经营目标、财务预算、人力资源预算、产品策略、区域销售策略、客户发展策略、客户服务策略、品牌策略、交付策略等内容。如果说战略规划是战役的指导方针和整体布局，经营计划就是在战略指导下的一定时间和一定区域内的作战计划。

为了使年度经营计划能够承前启后、上下对标，战略规划需输入六个方面的内容到年度经营计划中：一是把战略洞察到的市场空间、机会输入到订货目标；二是战略优先级指导下的投资组合；三是战略举措导出的年度重点工作；四是战略目标推导出年度 KPI 与 PBC；五是战略人力规划导入年度经营人力预算；六是战略预算导入年度经营全面预算。

要承接好战略规划导入的信息，制订年度经营计划的原则如下：

（1）在企业总体预算的约束下，通过与周边部门的沟通协调，结合战略要求，落实部门单元来年的资金预算和人力部署，同时要对具体的重大市场机会详细分析并推动落实，保证行动是以策略为方向指引的。

（2）保证年度经营计划的制订是一次全面系统的分析活动，要通过多个部门的沟通交互，深入挖掘各部门来年面临的机会和威胁，这有利于各部门抓住市场机遇、控制运营风险，保证计划的顺畅实施。

（3）BP 是各部门未来 KPI、PBC 等制定的主要依据，要将其作为指引各部门的日常运作的行动纲领。

我们经常笑称，企业家群体就像是孜孜不倦的学生，永远在做着"语文题"和"数字题"。

如果说战略规划来源于对市场的洞察和假设，以及对未来愿景做出的前瞻性判断，它有很大程度的主观和直觉成分，是一道语文题，那么年度经营计划就是一个规范的科学管理过程，是一道需要小心证明的数学题。

年度经营计划是将战略规划的语文题，翻译成年度经营的数学题，通过经营分析持续提升经营目标实现的可能性，最终将经营目标转化为经营结果的管理过程和系统。

华为如何保证在年度经营计划的制定中落实战略规划呢？答案就是依靠科学的流程、精准的战略描述和无损的信息传递。华为BP的制定流程如图2-6所示。

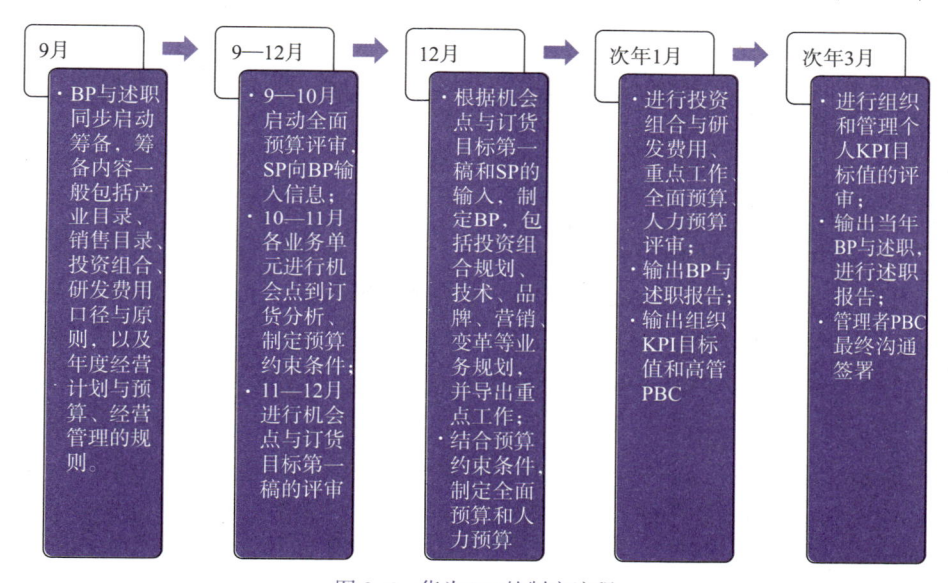

9月	9—12月	12月	次年1月	次年3月
·BP与述职同步启动筹备，筹备内容一般包括产业目录、销售目录、投资组合、研发费用口径与原则，以及年度经营计划与预算、经营管理的规则。	·9—10月启动全面预算评审，SP向BP输入信息； ·10—11月各业务单元进行机会点到订货分析，制定预算约束条件； ·11—12月进行机会点与订货目标第一稿的评审	·根据机会点与订货目标第一稿和SP的输入，制定BP，包括投资组合规划、技术、品牌、营销、变革等业务规划，并导出重点工作；结合预算约束条件，制定全面预算和人力预算	·进行投资组合与研发费用、重点工作全面预算、人力预算评审； ·输出BP与述职报告； ·输出组织KPI目标值和高管PBC	·进行组织和管理个人KPI目标值的评审； ·输出当年BP与述职，进行述职报告； ·管理者PBC最终沟通签署

图2-6 华为BP的制定流程

年度经营计划最终的输出内容包括：各经营单元的经营目标、行动策略和行动计划；从商机到订货额的预测；当年关键财务指标、财务预算及由此推导出来的组织KPI。从华为BP的制定流程和流程结果中可以看到，年度经营计划的制订过程坚持以战略规划为要求，在不断的思路碰撞和计划耦合中，使战略意图得以逐渐落地、融于日常工作。

2.4.2 经营计划的SMART原则和涵盖内容

从战略规划分解而来的年度经营计划，目标原则要和战略目标一致，但是更应该体现出企业下一年度每个经营活动所应达成的结果，也就是具体的、量化的目标。

1. 年度经营计划：SMART是要遵从的一般性原则

（1）相关性。年度经营目标应该和企业长久规划的战略目标紧密联系。虽然它也需要包含日常的一些重点，但是如果和战略相关性很差的话，即便实现了企业的年度经营目标，一时赚了很多快钱，也缺乏长期有效增长的基础。

华为的终端公司以前不是主航道，所以之前的经营计划特别关注存货的管理，因为如果一批手机存货在手里，利润很薄，风险特别大，因为手机是卖给每个人的，没有人要这批货，就把5%的利润全部吃掉了，当时的战略要求是终端适当地养活自己就可以了。

后来终端战略变更，承接着再造一个华为的目标，所以经营计划的关注点就变成终端要有品牌，因为对于电子消费品而言，品牌是一个重要的东西，它能够带给手机产品长久的美誉度以及品牌溢价，经营计划一定要承接战略指挥棒，体现品牌建设的内容，支撑战略的达成。

（2）明确性。年度经营目标应明确，即用具体的语言，清楚说明要达成的行为标准，对目标的描述应具体化、形象化，否则就不能清晰地丈量。

（3）衡量性。正如前文所说的，年度经营计划是理性的数学题，所以它的目标应是可衡量的，能用数字加以表示。如果企业确定的年度经营目标缺乏足够的量化，无法全面地衡量，则目标是否可以实现也就无从判断。

经营计划要求是可衡量的，比如"加强员工培训"这个表述中，"加强"既不容易量化，也不容易成为考核标准，所以并不是一个合格的经营目标。相关目标内容应该设定为：在某个时间段内，针对某个数量的员工，进行一定课时的某些主题培训，并取得符合某项标准的培训考核结果。只有这样具体且带有量化性质的目标，才具备应有的可衡量性。

（4）可执行性。年度经营目标应以外部市场为牵引，并考虑到企业面临的约束条件来制定。一般来说，企业都会面临诸如政策、资金、人力资源、信息等方面的约束，如果企业管理者基于一腔热血，一厢情愿地制定了不能为基层员工所接受的目标，就会造成其在执行过程中内心和行动上的割裂，从而对目标的实现造成困扰，更会降低了目标的意义和价值。

（5）时间限制性。年度经营目标的时间限制性是指目标必须有计划和相应的时间限制。如果缺乏详细的时间限制，一方面会导致行动完成的效果不佳，另一方面可能会导致执行、监督和考核无法衔接。

2. 年度经营计划的编制内容

年度经营计划的编制一般包括八个关键内容，从原则上不难看出，最核心部分就是目标的确定，围绕战略目标、战略路径进行目标分解，形成各类计划并配置上资源和时间，如表2-1所示。

表 2-1　年度经营计划关键内容

计划模块	计划内容	计划意义
销售计划	根据宏观环境、竞争态势、市场预测、潜在商机等，编制年度销售计划，以及年度内所销售产品品种数量、销售收入、交货期、渠道建设等方面的计划。	销售计划是生产、供应、交付等关键运营环节的重要依据，目的是保证企业规模和利润的实现。
生产计划	生产计划是对企业在计划年度内所生产的产品品种、质量、数量和生产进度，以及对生产能力如何利用的规划。	编制生产计划，能形成物资供应计划和薪资计划，以销售计划为前提，能有效支撑企业销售计划的实现。
生产技术发展计划	规定企业在计划年度内改进生产技术和组织措施的项目、进度和预期效果，同时规定实现措施所需要的人力、费用、材料和执行单位等。	生产技术发展计划是有效实现生产计划的保证，可以有效激发生产潜力，改造技术的薄弱环节。
研发计划	明确企业在新技术研究、新产品设计、新工艺和技术准备等方面的攻关计划、项目和举措，指定所需要的人力、费用和责任部门。	研发计划的具体落实和运用，能推动企业不断创新、全面提升技术实力、开拓市场的竞争实力。
物资供应计划	根据销售计划、生产计划、研发计划、生产技术发展计划等内容加以编制，筹划各计划所需的原材料、配件、工具、渠道和供应价格、期限等。	保证上述计划的物资供应以及资产的高效利用，实现资源的合理利用。
人力编制及薪资计划	依据生产计划和销售计划进行人力编制计划以及薪资计划。规定和计算人员和岗位数量，以及人效提高水平、工资总额、奖励制度、奖金、提成等。	保证企业基于经营预测基础上的人力资源供应计划，包括为人力资源选、育、用、留所配置的成本。
成本计划	成本计划可以规定企业在计划年度内生产和销售产品所需的费用，如产品单位成本、营销成本等。	以生产计划、薪资计划和物资供应计划为依据，能有效保证企业对人力、财力、物力等资源的运用效率。
财务计划	包括固定资产计划、流动资金计划、利润计划、专用资金计划和财务收支计划等。	依照生产、销售、供应、薪资、成本等有关计划内容，能够确保企业在计划年度内正常合理使用资金。

不同企业因为业务规模和周期发展阶段不同，比照着企业经营要求和管理能力制定经营计划，体现为经营计划做得有粗有细，不同模块有详有略，但是秉持的原则是按照企业运营链条以及核心资源保障的主要逻辑来编制，基本和上面所提到的内容一致。

2.4.3 经营计划与全面预算，确保可执行落地

年度经营计划是企业根据战略规划制定的当期行动方案，承载着让中长期战略规划落地的责任。

企业的年度全面预算，则将经营语言转化为财务数据，并对经营活动的结果和影响做出预测。它是一种全方位、全流程和全员化的整合性管理行为，是集事前、事中和事后监管为一体的管理方法，是年度经营计划的核心管理抓手。

年度经营计划和全面预算存在着紧密的联系，它们的关系如图 2-7 所示。

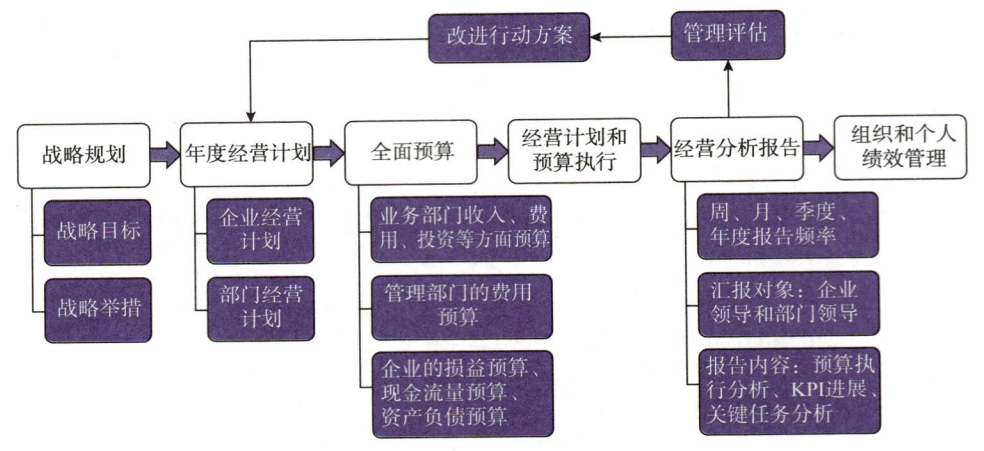

图 2-7 年度经营计划与全面预算关系图

（1）企业首先应输出企业发展战略与年度战略关键举措。

（2）根据战略规划和年度关键举措，企业层面和各部门编制各自的年度经营计划，经营计划应该涵盖战略诉求、业务活动安排、相应资源投入等多方面内容，这一切将会形成企业的战略 KPI 和非财务类的关键举措。

（3）根据年度经营计划，各业务部门编制销售计划、收入预算、成本费用预算和投资预算，同时生成各部门财务类关键绩效指标。财务部门在汇总各部门工作计划和预算后，形成企业层面的损益预算、现金流量预算和资产负债预算。

（4）企业各级管理层追踪预算执行情况，定期对预算执行情况进行监控和分析，预算执行情况报告主要包括定期的财务分析和评估结果。

（5）在经营计划执行的过程中，管理者通过预算执行情况监控经营进度，运用管理评估机制对形势进行判断，并采取相应的措施，及时解决出现的问题。甚至可以对原来的全面预算和关键绩效指标做出必要的调整，使之更好地适应不断变化的外部市场环境和企业实际的经营情况，实现企业的战略目标。

企业的年度经营计划、全面预算与绩效体系三者形成合力，依赖这三者的高

效互动，企业可以最大化地激活组织，实现既定的战略目标。

在这个合力体系中，全面预算起着承上启下的重要作用。"承上"，全面预算是企业战略规划和年度经营计划的细化和量化体现；"启下"，全面预算是制定企业及各部门关键绩效指标的主要依据，是企业绩效管理的前置条件。通过提高经营计划与预算的效率，并建立相应的绩效管理制度，企业的各项经营活动就能更好地实现战略规划的要求，提高企业的核心竞争力。

华为通过IBP（Integrated Business Plan，集成经营计划）集成了管理重点、管理KPI、管理运营绩效、管理战略专题等工作，使得战略规划在日常的工作中成为了可执行、可管理的事项。具体来说：

一是管理各项业务滚动计划（含销售滚动预测、研发滚动预测等）、管理财务预算和管理人力预算。通过计划预算来牵引，通过核算对预算执行情况进行监控和评估，实现对经营单元的有效管理。

二是统一管理和监控支撑战略规划和年度经营计划目标达成的关键性举措，如新的产品和解决方案开发、关键领域的变革项目、价值市场突破等。

三是管理组织绩效的KPI指标，确保战略目标纳入组织绩效及高管PBC，并且分析绩效达成的阶段性情况。

四是通过运营仪表盘，掌握SP、BP落地情况，输出改进措施，进行闭环管理。

五是监控例行化的工作，避免例行化工作不到位而损害了基础的组织战略支撑力。

六是管理未来关键的战略课题，需要将关键战略课题提出来并做深度研究，弄清楚未来的趋势、对企业的影响以及企业怎样应对。

在集成经营管理体系中，经营分析会是集成经营管理最重要的会议，它会按照一定的周期（如双周、月度、季度等），对经营状况进行分析。会后通过PDCA的闭环管理，使得年初制定的战略和年度经营目标能够有效达成。

每个季度的财务指标统计出来后，华为BP季度审视会议启动，由各部门管理团队对部门上季度的主要运营指标进行回顾、检查。

季度审视一般来讲是较为短期的活动，原则上企业总部没有安排各部门间的沟通。各部门如认为有必要进行跨部门协商，可自行安排。各部门的季度审视主要目的如下：

（1）分析上季度各部门各项指标的完成情况，深入研究市场形势和目前面临的问题，制定出应对的措施，包括竞争策略、季度预算、人员安排等，以保证完成各部门的年度任务。会议的关键主题是聚焦问题而不是成绩。

（2）通过季度回顾，如果发现新的市场机会，需要通过对各部门的资源重新调配来把握市场机会。

（3）反思 SP、BP 活动中的一些预见和假设的客观性和合理性，改进思考策略、工具和方法论，搜集深入研究的课题，指导经营改善。

需要注意的是，不同时间维度的规划和审视关注问题的角度和方法是不同的，不能简单地一刀切，特别是季度审视、年度刷新中对有些预测的偏差，考虑到和业务周期特性、偶发事件等因素有关，需要深入辨识、不轻易否定、不浮躁调整。

通过周期性的经营分析会，企业得以进行战略规划和年度经营计划的跟踪与闭环，还可以实施高管 PBC 的绩效辅导和绩效评价等工作。

企业通过 AT、ST、经营分析会等机制，最终通过组织绩效和个人绩效的闭环管理，将战略规划和年度经营计划的执行结果体现于部门、团队、管理者的绩效结果评定、薪酬评定、奖金分配和个人晋升等方面，让科学规划的事务运行系统和激活团队的机制体系相得益彰地结合，形成战略到执行的闭环。

后续章节，我们将详细展开企业卓越运营的三大机制，包括 AT 管理、ST 管理以及经营分析，此处就不再详细展开。

2.5　小结

战略制定不易，战略执行更不易。无论国内还是国外，战略规划如何落地让企业的管理者和员工都觉得困惑，种种现象表明，战略执行是非常容易出问题的环节。本章罗列了在战略规划、融合推行、配套实施、与时俱进等几个阶段容易出现的问题，以帮助读者提高对问题的辨识。

在 SDBE 模型中，从战略到执行的关键——战略解码，近年来越来越得到国内优秀企业的青睐。战略解码的核心是通过管理团队集体共创的方式，对企业战略进行澄清，明确战略实施路径，明确必须要拿下来的"关键举措"，分解战役任务和责任人，就企业的战略目标和战略路径达成共识，并促使各级员工形成阶段性的、具体的、明确的行动目标和行动方案，帮助企业实现战略共识、思想统一、力出一孔的局面。

战略解码最直接的输出，就是形成未来一年的经营计划，年度经营计划是战略规划落地的有力抓手。

【思考】

1. 你的企业内部对战略有共识吗？你是如何获得相关的判断的？
2. 你的企业为了实现战略共识，主要运用了哪些手段和方式？
3. 看完本章的介绍，你认为你的企业应该在战略解码这项工作上做出何种改进，为什么？

第 3 章
战略解码工具和实操：BSC 和 BEM

《论语·魏灵公》中说："工欲善其事，必先利其器。"战略解码对于企业战略落地是极其重要的，它的整个流程和内容也是相当复杂的。如果没有一套方法论和工具作为依托，战略解码工作本身就足以令相关的组织者和参与者困扰，更遑论中间涉及的深度思考和具体操作。

在华为的实践或 SDBE 领先模型中，战略解码有丰富的工具箱，其核心是 BEM（Business Execution Model，业务执行力模型）和 BSC（Balanced ScoreCard，平衡计分卡），它们可以非常好地指引实践。

3.1 战略解码的主流方法和工具

战略解码的核心是站在执行的视角解读战略是什么、做什么、怎么做。管理界形成多种战略解码方法，所有这些方法本质相同，其实质都是基于"目标、指标、行动"三个要素的变种呈现。

我们只有系统地了解和掌握主流方法，才能具备战略定力，不被各种新潮名词忽悠，最后才能结合企业自身情况和偏好做出选择。

3.1.1 平衡计分卡：保证企业均衡发展的思想武器

平衡计分卡是由哈佛商学院罗伯特·卡普兰等教授发明的一种绩效管理和考核的工具，它是从财务、客户、内部运营、学习与成长四个层面，将组织的战略落实为可操作的衡量指标和目标值的一种新型绩效管理体系。

平衡计分卡被誉为"20世纪70年代以来，最伟大的管理工具"，其广泛应用于商业、企业、政府和非营利性组织中。通过多年实践，平衡计分卡发展成了一个战略管理工具，帮助企业将战略落实到可操作措施、衡量指标和目标值上。

平衡计分卡以战略目标为核心，通过财务、客户、内部运营、学习与成长四个层面来实施策略管理。它被频繁地用作绩效考核工具，即把四个层面分别用一系列的指标来描述。四个层面的指标通过因果关系联系，构成一个完整的评价考核体系。平衡计分卡，充分地把企业的长期战略与企业的短期行动联系起来，把远景目标层层解码，转化为一套系统的绩效考核指标。

在平衡计分卡推广前，欧美几乎所有企业都在使用单一的财务指标来评价管理人员。然而随着企业全球化竞争步伐加快，各级管理者越来越发现：即便是最棒的财务体系也无法反映企业绩效的动态，他们开始思考传统的财务性在考评方面的局限性。

第一发展阶段：平衡计分卡

平衡计分卡时期是平衡计分卡体系发展的第一个阶段。从1990年开始，哈佛商学院教授罗伯特·卡普兰和复兴全球战略集团总裁戴维·P.诺顿（David P. Norton），在总结十几家绩效管理处于领先地位企业经验的基础上，向全世界开始推广平衡计分卡的方法。平衡计分卡在该阶段的显著研究特征就是"如何突破单一的财务指标考核"。提出从财务、客户、内部运营及学习与成长四个互为关联的层面来设计考核指标，以综合评定企业的绩效水平。

第二发展阶段：平衡计分卡＋战略地图

该阶段平衡计分卡体系显著的研究特征是：不仅仅关注多层面的考核，更强调运用战略地图来规划战略。这个时期平衡计分卡体系的构成文件主要是"图、卡、表"——"战略地图""平衡计分卡""战略行动计划表"。"战略地图"是对企业进行战略逻辑描述的一个可视化工具；"平衡计分卡"则是对"战略地图"进一步深入解释的表格，它包括战略目标与主题、核心衡量指标、战略指标值（3～5年）、战略行动计划所构成；而"战略行动计划表"则是对"平衡计分卡"中罗列出的一个个战略行动计划（名称）的细化演绎，它将那些"务虚的战略"落实为一步一步可操作的、可监控的、具有明确时间节点、责任归属、资源安排的工作任务。

第三发展阶段：平衡计分卡＋战略地图＋战略中心组织

第三代平衡计分卡体系的显著特征是引入战略中心组织的概念与操作，在这一阶段罗伯特·卡普兰与戴维·P.诺顿认为在今天的商业环境中，与战略规划相比，如何有效地执行战略更显得重要。而执行战略需要企业建立起以战略为中心的流程、制度、组织架构与文化导向，在这个阶段的平衡计分卡体系中，在第二代中的图、卡、表基础上，还包含了全新的战略管控流程、制度设计，战略管理部职能的改造等诸多内容。

平衡计分卡最重要的特点是要和企业的战略、远景结合，并反映了平衡的思想，强调短期目标与长期目标间的平衡、内部因素与外部因素间的平衡，也强调结果的驱动因素。平衡计分卡分析哪些是完成企业使命的关键成功要素以及评价这些关键成功要素的项目，并不断检查审核这一过程，以把握绩效评价，促使企业完成目标。

3.1.2　KPI体系：量化和监控战略目标的管理工具

KPI把对绩效的评估简化为对几个关键指标的考核，将关键指标当作评估标准，把员工的绩效与关键指标做出比较的评估方法，在一定程度上可以说是目标管理法与帕累托定律的有效结合。关键指标必须符合SMART原则：具体性（Specific）、衡量性（Measurable）、可达成性（Attainable）、相关性（Relevant）、时限性（Time-bound）。

KPI必须是衡量企业战略实施效果的关键指标，其考核的目的是建立一种机制，将企业战略转化为企业运作的过程和活动，以不断增强企业的核心竞争力和持续地取得高效益。

现在很多科技企业越来越厌烦KPI化，认为KPI不好应用，会导致组织的僵化和活力的丧失。但这是工具应用过程中造成的问题，而不是工具本身的问题。应用平衡计分卡或KPI管理体系成功的大型企业很多，很多是著名的科技公司，在海外包括苹果、美国超威，在国内包括华为、阿里巴巴等，从目前应用的情况来看，企业对四个层面各有偏重，并不是简单求"平"，比如苹果公司就更注重财务维度。

KPI考核体现了突出主要矛盾和量化的管理思想。KPI考核的一个重要的管理假设就是一句管理名言："如果你不能度量它，你就不能管理它。"所以，KPI的原则是要抓住那些能客观衡量的指标并将之有效地量化。而且，在实践中，可以"目标是什么，就考什么"，应抓住那些亟待改进的指标，提高绩效考核的灵活性。KPI一定要抓住关键而不能撒胡椒面，面面俱到。当然，KPI的关键并不是越少越好，而是应抓住绩效贡献的根本。

【延伸思考】KPI的量化考核是否完美

极致的量化管理会催生什么？美国著名"蓝血十杰"之一罗伯特·麦克纳马拉（Robert McNamara）的成名之战是用量化管理在第二次世界大战期间帮助盟军节省了几十亿美元的开支，极大提高了后勤效率。战后，麦克纳马拉加盟福特汽车公司，靠着量化管理帮助福特起死回生。

后来他成为美国国防部长之后，用量化管理之道指挥越南战争，但这次不同的是，精密的大数据和基于这些数据的考核最终却导致了离谱的判断。比如在他的越南战争量化管理中，"敌军尸体的数量"是考核指标之一，结果催生了大范围的作弊。不仅是数据造假，更可怕的是有人屠杀俘虏甚至平民充数，这反而激化了越南民众的抵抗意志。

美国学者唐纳德·坎贝尔提出过一个吊诡的论断——社会决策越是频繁地使用量化指标，就越容易催生作弊。

究其根本，极致的量化管理可能会在两个方面出现问题：一是那些难以被量化的但其实很重要的指标会被轻率放弃；二是局部目标会和全局目标发生冲突，短期目标会和长远目标发生冲突。

任何管理工具都不是完美的，KPI想要良好运用，需要配合其他的工具，比如文化与价值观来实施。

与平衡计分卡一样，KPI是基于战略的，它的根本出发点也应该是企业战略的达成。在企业高层领导对企业战略达成共识之后，通过价值树、任务树或者鱼骨图来分解成关键成功要素，再分解为KPI，再把KPI按部门和岗位向下分解，是自上而下的。

可以说KPI指标体系能够良好地突出企业发展的要点，并且实施成果导向的考核。但是在部门之间的平衡作用上效果不明显，忽视了部门间的关系与权重。而平衡计分卡是以总体战略为核心，分层次、分部门不同设置的，所以平衡计分卡往往和 KPI 搭配使用。

或者从另一层面的意义来说，KPI 背后的理论根源来自平衡计分卡，不懂平衡计分卡，就不可能真正理解和实施 KPI 的管理。

3.1.3 战略地图：分解价值创造逻辑，落实战略的方法

战略地图也是在平衡计分卡的基础上发展来的，但是它在战略解码中有着深度的运用，所以可以把它看作一个独立的工具。

在对实行平衡计分卡的企业进行长期的指导和研究的过程中，平衡计分卡的两位创始人发现，企业由于无法全面而有逻辑地描述战略，管理者之间及管理者与员工之间很难理解和沟通，所以就无法达成战略共识。最初的平衡计分卡只建立了一个四层面的战略框架，还是缺乏对战略进行具体而系统、全面的描述。

两位创始人的第三部著作《战略地图——化无形资产为有形成果》认为，在平衡计分卡的体系中，战略地图是最关注战略描述的。目前很多企业都在借助这项工具，用它澄清战略、描述战略或者用它分解关键绩效指标。

企业的战略规划、战略地图绘制及实施首先是一个自上而下的过程，这也就要求高管层面具备良好的战略能力及素养。战略地图与起初的平衡计分卡相比，它增加了两个层次的东西，一个是颗粒层面，每一个层面下还可以分解为很多要素，这些要素也被称为战略主题；另一个是动态的层面，也就是说战略地图是动态的，可以结合战略规划过程来绘制。

战略地图的核心逻辑是这样的：企业通过运用人力资本、信息资本和组织资本等无形资产（学习与成长），才能创新和建立战略优势和效率（内部运营），进而使公司把特定价值带给市场（客户），从而实现股东价值（财务）。

【案例】美孚石油的客户取舍和客户目标

美孚石油是世界领先的石油和石化公司，它在第一年做平衡计分卡的时候，把资产回报率提高 5 个百分点作为财务目标，接着做了财务层面的分解。但是，分析到客户这个层面的时候，遇到的问题就是：这个钱从谁的身上挣？美孚之前一直是打价格战，一直是靠不断压低成本来获取利润，在竞争中长期落后。

它的市场部门经过调查之后发现，美孚的客户大概可以分为五类人。

第一类人，占到全部客户的 16%，主要是每年驾驶距离在 25 000 英里（1 英里≈1.61 千米）到 50000 英里的高收入的中年男性，他们主要用信用卡来支付，买的是优质的汽油，而且他们在加油站洗车、购买食物和饮料。他们支付能力强，但是，对于服务品质的要求也比较高。

第二类人，也占到全体客户的 16%，也是中高收入人群，但有男有女。这些人购买优质汽油，对于某个品牌和某个加油站有很高的忠诚度，因此对于服务的要求也是较高的。但是，他们和第一类人的差异点主要是结账的方式：用现金。总之，要获得前两部分客户，就必须要提供优质的服务。

第三类人被称为 F3 客户，他们占比达到了全部客户的 27%。F3 是指：燃油 Fuel，食物 Food，速度 Fast。F3 个群体相对比较年轻，他们要在便利店里购买大量的零食，行色匆匆。要满足这一批人的购买需求，意味着加油站里非油品的业务（零售商品）就要做得全。

这三类客户的占比达到全体客户的 59%，另外的 41% 主要是家庭主妇和价格敏型客户，他们的共同特别是对品牌的忠诚度都不高。

美孚在选择客户过程中，有人提出应该思考要不要分成两个品牌，就是"高端品牌"和"经济品牌"，分别满足不同类型需要的客户；有人提出了另一种思路，以改善用户体验为主，投资增加加油机，增加便利店的数目，加大非油品业务的投入，花钱培训员工，提高服务质量，主打那 59% 的客户。服务好，然后收费高。虽然成本费用上有支出，但是可以提高用户体验，靠优质服务来保证高价格、高收益。

经过了反复权衡，美孚最后决定以前三类客户作为目标客户，管理层下了决心要放弃后边 41% 不太重视服务，也不太有忠诚度的客户。最终美孚决定以提供"快速友善的服务"作为客户层面的追求目标，在愿景上，它给自己的定位就是要成为前三类客户首选的加油站。

战略地图以平衡计分卡的四个层面——财务、客户、内部运营、学习与成长——为核心，每个层面的定夺可能都有很多思路及路径选择。战略地图的优势在于，通过分析这四个层面目标的相互关系，从而绘制并且澄清企业战略的因果关系。

3.1.4 指标鱼骨图：挖掘组织 KPI 之间有机联系的技巧

鱼骨图是由日本管理大师石川馨先生所发展出来的，故又名石川图。它是一种发现问题"根本原因"或者"解决办法"的方法。其特点是简洁实用，深入直观。它看上去有些像鱼骨，问题或缺陷（即后果）标在"鱼头"处。在鱼骨上长出鱼刺，上面按出现机会多寡列出产生问题的可能原因，有助于说明各个原因是如何影响后果的。

它是一种在组织中通过头脑风暴，集思广益，发挥团队的智慧，从不同角度找出事物（问题）的所有相关影响因素，并能够帮助我们发现问题潜在根本原因的方法，故又叫"特性因果图"。头脑风暴会议有四大活动原则：自由奔放地说出意见、不进行批判、欢迎搭便车（可以参考他人的意见提出自己的想法）、量比质更重要。

一般来说，解决问题的思路是这样的：问题→原因→课题→解决方案。

问题和课题有什么区别？问题是"期望"与"现实"之间的差异。例如，以企业的营业额为例，企业期望营业额是同比增长10%，但实际上营业额与去年同期持平，营业额没有达到同比增长10%，这件事就成了问题。接着刚才的情景，引起"营业额没有达到同比增长10%"这个问题的原因可能有很多，比如说有"经济下行""产品的质量有所下降""销售人员的效率下降"等，总之可以通过头脑风暴法找到很多原因。但是在这些原因中，企业需要去处理那些必须要处理而且在自己可控范围内的部分，这部分就是课题。

在之前的例子里，"产品的质量有所下降"和"销售人员的效率下降"是企业需要处理的课题，但是"经济下行"不是。

一旦成为课题，"产品的质量有所下降"和"销售人员的效率下降"就会以"如何提高产品的品质？"和"如何提高销售人员的效率？"的形式在鱼骨图的"鱼头"中呈现出来。

问题是有原因的，课题是有解决方案的。相对应地，画鱼骨图的话，一种是"问题/原因类鱼骨图"，另一种是"课题/解决方案类鱼骨图"。

出现某个问题的时候，我们会寻找导致问题的原因，"为什么会这样？""为什么……"这样的反复追问导致了问题/原因类鱼骨图的产生。在"问题/原因鱼骨图"中，将问题作为鱼头，将推测引起问题的原因当作大刺，通过反复探究"为什么"来落实小刺。

完成"问题/原因鱼骨图"，就能找到引起问题的很多原因，然后将导致问题的部分原因变为课题，寻找解决方案。这时候通过反复探究"怎么办"来将解决方案具体化。"课题/解决方案鱼骨图"能够表现课题（目标）与解决方案（手段）之间的关系，将希望解决的课题作为鱼头，将可能实现课题的解决方案作为大刺，通过反复探究"怎么办"来落实小刺。

在众多的解决方案中，选择3~5个对鱼头影响力最大的。因为实际的解决方案会受到时间、人力和资金等的限制，因此不用选太多。为了有效利用资源，需谨慎选择相对重要的解决方案。在实际操作中，如果问题不是特别复杂，也可以直接确定课题并找出解决方案。

不同战略目标的实现，总是受到一些关键因素的影响，这些因素可以帮助我们找到KPI。我们通过头脑风暴找出这些KPI的因素，并将它们与特性值一起，按相互关联性整理而成的层次分明、条理清楚,并标出重要因素的图形就叫 KPI 指标鱼骨图。

3.2 BSC:多层面分解的均衡视角

当平衡计分卡(BSC)工具横空出世的时候,管理专家和各大企业都觉得是一个很完善的工具。但如同任何一种伟大的工具(如刀、车轮),其被发明出来,不代表每个人都可以熟练使用。

因此,好的工具不一定能够自动带来好的结果,如果走入误区,反而会得到相反的结果。因此,如果要使用好 BSC,先要深入了解它的结构和使用说明。

3.2.1 战略地图,分层解码战略的逻辑

BSC 是一套战略规划和战略管理的思维体系,它包括一套层层解码的工具——图卡表,即战略地图、平衡计分卡和战略行动计划表。在战略解码环节,开发企业与部门战略图卡表、编制年度经营计划以链接财务预算、分解企业中高层管理者的 KPI 并签订 PBC 等工作。其中,由战略地图统帅着平衡计分卡与行动计划表,形成层层分解,如图 3-1 所示。

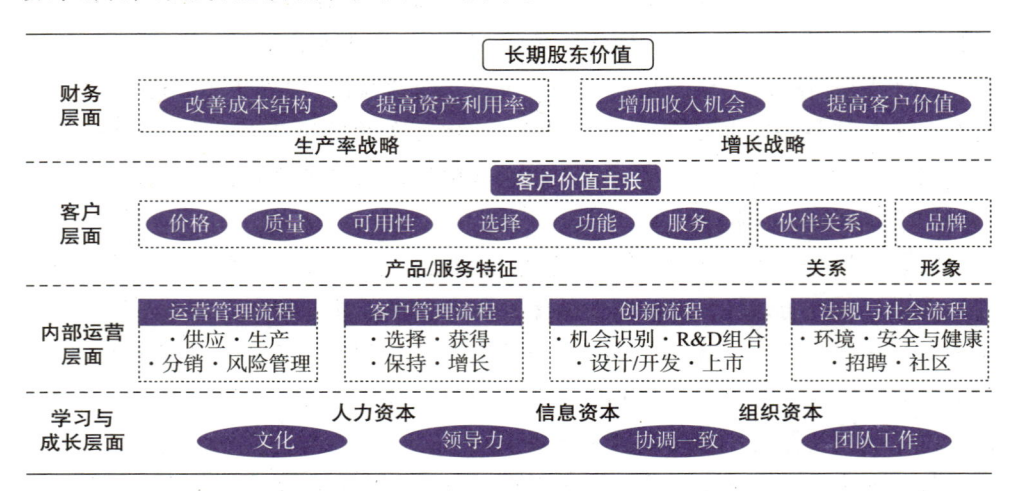

图 3-1 战略地图的四个层面

战略地图包含财务、客户、内部运营以及学习与成长四个层面,各个层面之间层层递进,并通过推演这四个层面目标之间的因果关系来澄清企业的战略,最终企业内部各个部门承接战略目标的实现。

通常在企业中,因为分工的缘故,不同部门、不同环节的人员对战略的关注

点不同。比如市场人员可能更关注客户、市场层面；供应链关注内部运营和流程；人力资源部关注学习与成长等。战略地图提供的全局视角，可以帮助员工从端到端角度来理解企业战略、战略的承接以及加强横向的跨部门协同。

第一个是财务层面。财务角度强调的是：我们如何满足股东、满足投资者？实现股东价值的最大化？在这个层次产生的是财务类绩效指标，这类指标能全面、综合地衡量经营活动的最终成果，衡量企业给股东创造的价值。财务层面的战略分为增长和生产效率两个细化的子战略。增长战略对应的策略有提升收入、增加客户价值；生产效率战略对应的策略是改善成本结构和提高资产利用率。

处于不同生命周期阶段的业务，财务衡量的重点是不一样的。业务处在成长阶段，一般要进行大量的投资，现金流可能是负数，投资回报率也不会很高，财务指标侧重于销售规模增长的百分比和目标客户群体、目标地区的销售额增长率。业务处于发展阶段，应着重衡量获利的能力，如营业收入、毛利、投资回报率或者经济增加值。业务成熟了，其财务衡量指标主要是看现金流量，企业必须力争实现现金流量最大化，减少营运资金占用，减小单位成本占比，扩大利润率。

第二个是客户层面。为了让股东和投资者获得满意的回报，企业必须关注利益相关者——客户，关注产品和服务的市场表现。因为只有向客户提供产品和服务，满足客户需要，企业才能生存。企业必须在价格、质量、可用性、选择、功能、服务、合作及品牌等方面有侧重点地发力，需要针对不同细分市场的痛点及需求，主张不同的客户价值。另外卡普兰和诺顿认为：仅仅使客户满意并保留客户几乎不可能成为战略，收入增长需要的是特殊的客户价值主张，包括总成本最低战略、产品领先战略、全面客户解决方案战略、系统锁定战略。也就是说，客户战略本质上需要有核心的、难以模仿的竞争力。

（1）总成本最低战略提供一致、及时和低成本的产品和服务。总成本是客户获得和使用产品和服务的总体成本，即包含购买、发现、分析和维修等在内的全生命周期成本费用。经营管理围绕着如何控制成本而展开。采用这样的竞争战略，企业会策略性降低在创新、研发、售后服务等某些方面的重要性，符合客户最基本的要求即可，实施总成本最低战略的企业如沃尔玛、名创优品等。

（2）产品领先战略注重提供令人高度满意的产品和服务。经营管理围绕着技术含量、产品功能、品牌调性的最优组合而展开。采用产品领先战略的企业会在创新、研发、技术、品质和品牌上投注大量的精力，由于这类企业的产品足够领先，其较高的溢价水平足以覆盖其高昂的研发和设计投入，成本反而不那么重要。实施产品领先战略的企业如苹果等。

（3）全面客户解决方案战略为客户提供最优的解决方案。客户购买的不是单一的产品或服务，而是一揽子解决方案。对这类企业而言，更看重系统组合的最优和全方位的客户关系管理。实施全面客户解决方案战略的企业如华为、IBM。

（4）系统锁定战略提供最终用户的高转换成本，并且辅助链接于它的厂商提升价值。经营管理围绕着如何吸引客户、提高客户黏度、提高竞争对手的准入门槛、提高竞品替代成本等方面而展开，系统锁定战略实施起来比较复杂，对平台技术、售后服务、客户体验等方面有诸多较高的要求，一般赢者通吃，如阿里巴巴、抖音等。

第三个是内部运营层面。为了满足客户价值得以实现的主张，从内部运营角度思考：企业应具有什么样的优势？必须擅长什么？一个企业不可能全方位地好，但是它必须在某些方面拥有竞争优势和运营效率的优势，只有这样才能立足。企业必须定位于优势、扬长避短、练出过硬本领，并越做越好。

内部流程不仅仅是ISO标准所定义的程序，不是罗列和构建流程，而是要找出为客户创造价值、让战略目标落地的关键瓶颈，持续找到那些可以传递差异化价值主张以及提高运营效率的核心重点，集中精力突破它们。目标是为了支撑财务层面和客户层面目标的实现，这里的流程是指为客户创造价值的全流程，一般包含运营（资本效率）、客户管理、创新、规章和社会等内容。

（1）运营（资本效率）：生产并向客户提供产品和服务的端到端流程。

（2）客户管理：建立并利用客户关系。

（3）创新：设计新产品、服务、流程和关系。

（4）规章和社会：遵章守法，满足社会期望，建立繁荣社区。

第四个是学习与成长层面。为了提升内部运营的效率、满足客户、持续提升并创造股东价值，企业必须不断成长。因此，这一层面的目标，是围绕组织学习与创新能力提升，如何加强人才梯队、信息系统建设，营造积极健康的企业文化。学习与成长层面描述如何将人力、技术和组织氛围等无形资产驱动起来从而提高内部业务流程绩效，在向客户、股东和社区传递价值时发挥最大的杠杆作用。

学习与成长层面应关注支撑战略落地和内部运营层面关键流程运作所需的能力和特征，包含人力资本、组织资本和信息资本。

（1）人力资本：执行战略活动所要求的人员的技能、才干、诀窍等能力的可用性。

（2）信息资本：支持战略所要求的信息系统、知识运用和基础设施能力的可用性。

（3）组织资本：执行战略所要求的动员能力、实施变革流程（为客户和股东创造价值所需的行为变革、执行战略所需的行为能力变革）的组织能力，具体说明如下。

① 文化——执行战略所需要的共同使命、愿景、价值观及其企业氛围。
② 领导力——各层级中动员组织进行战略落地的合格领导的可获得性。
③ 协调——个人、团队、部门的目标和激励与战略目标的实现相结合。
④ 团队——整个组织沉淀的具有战略潜力的知识和经验。

战略地图描绘出来之后,结合关键成功要素思路,从战略地图四个层面(财务、客户、内部运营和学习与成长)指导构建基于部门分责的 KPI 体系。

3.2.2 核心指标:以 KPI 构建量化考核体系

1. BSC 四个层面的指标

BSC 战略地图通过明确具有逻辑关联、环环相扣的战略描述,构建了以战略目标指导企业各部门日常行动的前提。BSC 体系的第二步是通过平衡计分卡来描述为实现各层次的战略目的,并设置不同的指标来衡量战略目的是否实现。如图 3-2 所示。

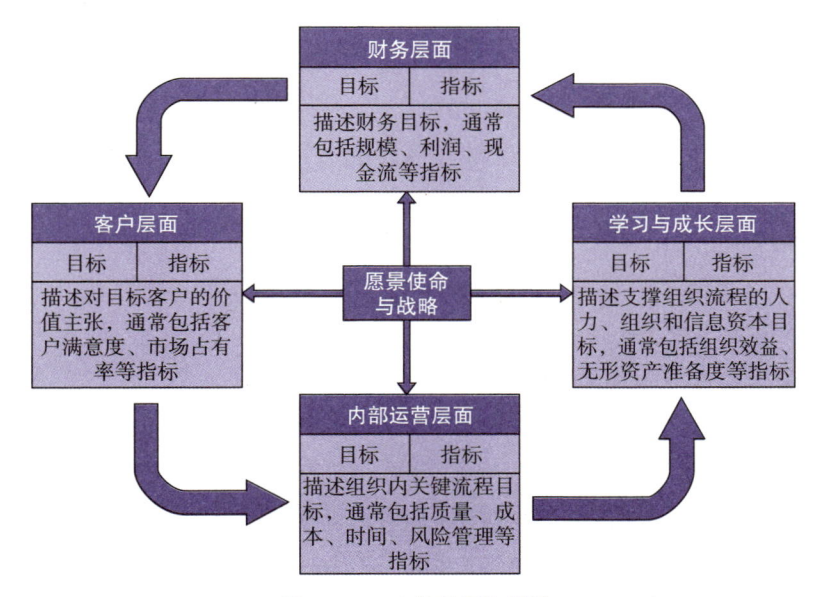

图 3-2 BSC 的目标和指标

从输出控制的角度看,KPI 和 BSC 二者并无本质差异。KPI 与 BSC 相比较,前者更灵活并且要求"关键",后者更强调结构化,更具有纪律性。在华为和德石羿的管理实践中,我们经常将 KPI 与 BSC 结合起来使用,兼顾了两者的优势。

第一个是财务层面的指标指标。一般来说,财务层面指标有营业收入增长率、现金流量、平均利润收入资产、利润率、产量等。对于支持部门，更多的是考核费用的利用率等。需要注意的是，针对不同类型的业务，其财务指标的设计是要有区别的。对于成熟业务，更强调提升市场地位、扩大市场份额及提高利润率；对于成长业务，需要重点关注它的收入、利润、增长率及合同质量等；对于新业务，在财务指标上可以适当放宽松，重点关注增长率与市场目标的实现。

第二个是客户层面的指标，解码后的指标主要有市场占有率、老客户保有率、新客户获得率、客户满意度、客户盈利能力等。需要注意的是，客户不仅包括外部客户，还包括内部客户。对内部客户而言，对价值增长的描述应体现服务的结果，过程性要求应放在内部层面。对支持部门来说，如果以业务流程的上下游界定，内部客户也是客户。比如，研发部不直接面对外部客户，企业的销售部是它的内部客户，而研发部又是供应链的内部客户。同样，业务部门是人力资源等职能部门的内部客户。通过分析企业内部主要流程之间的关系，可以形成服务内部客户的考核指标和重点协同措施。

第三个是内部运营层面的指标解码。确定对客户层面的目标实现起决定性作用的要素；确定对财务层面的目标实现起决定性作用的要素；对筛选出的关键要素加以归类。解码后的指标主要有产品开发费用、库存周转期、一次合格率等。

第四个是学习与成长层面的指标解码。学习与成长的目标为其他三个层面的目标提供了基础架构，是驱使平衡计分卡其他三个层面获得卓越成果的动力。通过无形和有形资产驱动内部业务运作绩效的提高，在向客户、股东和社区传递价值时发挥最大的杠杆作用。企业应关注为支撑内部层面而确定的关键流程运作所需的特殊人才、能力和特征。解码后的指标主要有员工满意度、关键员工离职率、人均效能、关键岗位胜任率等。

2. 构建企业考核指标库

基于 BSC 解码可以导出的绩效指标比较多，为了便于查询与管理，企业应该把它们按照相同的格式汇总在一起，构建指标库。企业的指标库通常可以分为三个层级：企业级指标库、部门（团队）级指标库及岗位级指标库。不过在实际应用中，一般建议企业的指标库建到部门（团队）级即可。

指标库中所有的指标须满足 SMART 原则。

具体的（Specific）：考核指标是具体、明确的，是工作结果或关键行为；评价标准有准确定义，不存在含混不清的情况。

可衡量的（Measurable）：量化指标可以精确计量；非量化指标有清晰且描述准确的关键控制点，行为特征表述清晰。换句话说，非量化指标具有清晰的行动方案，或者具体动作。

可实现的（Attainable）：在付出努力的情况下指标是可以实现的。

相关联的（Relevant）：指标是与工作的其他目标相关联的；指标是与本职工作相关联的。

有期限的（Time-bound）：绩效管理是对被考核者在一段时间内的工作表现或贡献的考核评价。如果设计的指标没有清晰的时间期限，则不具有可操作性。

指标库的结构包括指标类别、设立目的、指标名称、指标定义、考核周期等。企业可以按照表3-1来构建自己的指标库。

表3-1 基于BSC的指标库

序号	指标类别	设立目的	指标名称	指标定义	考核周期	备注
1	财务层面					
2	客户层面					
3	内部运营层面					
4	学习与成长层面					
…	……					

指标库构成部分详细介绍如下：

（1）指标类别。指标类别是说明设计的指标属于财务层面、客户层面、内部运营层面还是学习与成长层面。比如，企业营收、企业利润等都属于财务层面指标。

（2）设立目的。它描述的是设立该指标的目的，也就是解释"为什么设立该指标，不设立该指标可以吗？"的问题。比如，设定"销售增长率"的意义是：通过对该指标的考核，掌握企业某一阶段的销售情况，是企业扩张增量资本和存量资本的重要依据。

（3）指标名称。指标名称是说明它衡量的绩效内容，可以让大家了解指标的范围与性质，如销售增长率、客户投诉率等。

（4）指标定义。指标定义是对指标的性质和内容进行详细的描述。比如，销售增长率是描述企业某一阶段销售收入的变化程度，评价企业成长状况和发展能力的指标。

（5）考核周期。按照时间周期的维度，考核周期可分为年度、半年度、季度及月度考核。一般来说，年度综合考核是必不可少的，因为年度综合考核涉及年度奖金的发放。对不同层级员工的绩效考核周期是不同的，员工层级越高考核频率越低。另外，对于不同类型的指标，它们的考核周期通常也是不同的。比如，创新经营项目、资产利润率宜采用的考核周期为 1 次 / 年度。

对于考核周期的设定，需要企业结合自身管理水平、职业化建设程度等因素来进行综合考虑。在建立指标库后，企业可以直接从指标库中选择合适的指标来对部门、团队及员工进行考核。另外，企业应该对指标库实施动态化管理，根据企业发展重点的变化及时对指标库做出调整。

3. 确定部门责任中心，获得部门基本指标

在对战略进行解码、设计组织 KPI 的过程中，经常会出现错位的情况，原因就是企业在战略解码前，没有对部门进行责任中心定位。部门责任中心定位的不同会直接影响到组织对上级和流程目标的承接方式与范围，进而影响考核要素的设计模式。

根据不同部门的职责，以及部门对企业的贡献及投入资源的控制或影响程度，华为将不同部门分为利润中心、收入中心、费用中心、成本中心等。

利润中心是指既对成本负责又对收入和利润负责的责任中心，它有独立或相对独立的收入与生产经营决策权。比如，产品线、区域组织等都是利润中心。

收入中心是对收入负责的部门，其特点是所承担的经济责任只有收入，不对成本负责。此类责任中心一般是创造收入的部门，如系统部。

费用中心可应用于管理部门、行政部门等，其目的是在支出预算内提供最佳的服务。它不直接面向外部客户，只为企业内部其他部门提供服务，投入与产出之间没有严格的匹配关系，是对费用发生额、改进率负责的责任部门。比如，人力资源部、财经管理部等职能管理部门。

成本中心为利润中心服务，是利润中心承担客户端到端责任的组成部分，投入与产出之间有着密切的匹配关系，是对可控成本负责的责任部门。比如供应链体系等。

企业确定部门责任中心的相关原则包括：

（1）根据部门职责、部门对组织的贡献及投入资源的控制或影响程度。

（2）各类责任中心定位并无等级差别，只是责任分工不同。

（3）基于部门业务管理模式的变化，其责任中心定位有可能是变化的。

（4）每一责任中心内部的具体子部门责任中心定位可能与上级部门并不相同，具体与其应负职责相关。

通过明确部门的主要职责类型，企业可以更加准确地设计绩效考核指标，进而更加科学地评估各部门的绩效表现，最大限度地确保激励的公平、公正性，使得各部门力出一孔，围绕企业战略目标共同奋斗，提升企业整体绩效水平。

3.2.3 关键举措：重要战略行动方案的管理

1. 明确战略行动方案组合

前面阐述了将战略地图如何转化为战略目标和衡量指标，BSC 通过战略性行动方案来细化达成目标的途径。对于企业来讲，战略性行动方案是促使企业改变状态的外力，它将克服惯性和变革阻力，促进组织积极采取行动。

战略性行动方案是有时间限制的项目或任务的集合，它们与组织日常运营活动不同，一方面它们可以是支撑战略性指标落地的关键举措，另一方面它们也包含那些非常重要但是并不好量化为绩效指标的战略关键举措。

战略规划的实施需要协调全企业多项行动方案，包括跨部门、跨业务单元的流程。这些举措不要独立地设定行动方案，应该从端到端流程的角度看，否则会忽略多项关联行动方案之间的整合而产生的影响。

达成财务或客户角度的战略目标，通常需要企业内不同部门，比如相关的业务部门、人力资源部、信息技术部门和运营支撑部采用多个关联的行动方案。另外那些非量化的战略重点也需要独立或者联合的行动方案来支撑，最终形成战略行动方案组合。

【示例】与战略地图的战略主题相关的战略行动方案组合（见图 3-3）

战略地图（战略主题）	平衡计分卡		战略行动方案组合	
	衡量指标	目标值	行动方案	预算
拓宽产品组合收入	·收入组合 ·收入增长	+10% +25%		
增强客户对新产品的信心	·细分市场的份额 ·消费份额 ·客户满意度	25% 50% 90%	·打开细分市场 ·客户满意度调查	×××元 ××元
实现产品交叉销售	·交叉销售额 ·客户拜访频率	45% 4次/月	·财务策划方案 ·搭建组合产品供应链 ·客户拜访方案	××元 ×××元
战略性岗位顾问式售前	·人力资本准备度	100%	·客户关系管理 ·顾问式销售培养认证	××元 ××元
战略性系统计划	·战略性系统准备度	100%	·建立统一客户管理系统 ·新产品销售激励方案	××元 ××元
构建组织准备度	·与平衡计分卡相连接的目标	100%	·管理层持股调整	×××元

图 3-3 与战略地图的战略主题相关的战略行动方案组合

各项关键举措都要瞄准财务目标、市场目标或者客户目标的实现，并且所有相关的行动方案都要实施。如示例中展示，为了提升产品组合销售，会有一系列的举措，其中提高人力资本准备度需要两个行动方案：一是提升员工的客户关系管理技能，二是使员工成为可靠的顾问式销售。如果这两个行动方案实施了，则会实现服务于目标客户的员工 100% 的人力资本准备度。而如果其他战略目标的行动方案没有得以有效执行，那么整个战略主题的绩效都会大打折扣，任何单个的行动方案都是必需的但并不足以支持整个主题。

很多企业在梳理行动方案时，希望部门的行动能够进入战略组合，所以常常出现行动方案过多的问题。只有以战略地图的框架为依据，将它们进行行动方案评审和排序，行动方案的轻重缓急便会呈现。如表 3-2 所示，在这个评估表单中，管理者们可以创建一个矩阵，纵向是战略关键举措和衡量的指标，横向是罗列出来的待选的行动方案。如果行动方案的有效实施有助于战略关键举措和衡量指标的大幅度提升，那么就在相应空格内标注"√"。

表 3-2　战略关键举措和行动方案与战略目标协同性的验证表格

战略主题和行动方案组合	采购再设计	销售培训	仓库升级	质量提升	产品开发	财务系统重组	客服中心扩建	行动方案 N
改善服务提供	√							
·目标 1								
·目标 2				√				
提升合作伙伴关系		√	不支持任何战略行动					
·目标 3								
·目标 4								
驱动未来价值								
·目标 5					√			
符合法规标准				没有项目支持的战略行动				
·目标 6								
提升以客户为导向的能力								
·目标 7		√					√	
·目标 8						√		

如果通过表单评估完，有的行动方案对任何一个战略关键举措都没有影响，如果不是法规强制要求或者在短期内无法通过运营改善带来明显的财务回报，那

么这样的行动方案应该首先被整合或取消。

行动方案的合理化过程应该在战略地图开发出来后立即进行，通过这个过程能够节省很多财务成本。尤其是通过将运营性的行动方案整合或下放到各业务单元和职能单元，能够帮助管理层将过多的行动方案聚焦到最关键的行动项目。

2. 明确各重点工作间的依赖关系

在明确关键任务后，接着就要明确关键任务之间的相互依赖关系，也就是展现任务在企业内部各个部门之间的协同合作，甚至需要产业链条上其他合作伙伴的协助。

华为有两项企业级的重点任务，一是建设欧洲第二本土市场，二是推行企业人力资源纲要2.0，这两项任务有没有依赖关系呢？首先，要想建好欧洲本土市场，就要有相应的人力资源激励制度。那么，这项任务的主管就要给推行人力资源纲要2.0的主管提要求，说清楚要建立一个什么样的人力资源配套激励政策，这就是这两个任务之间的依赖关系。

通常在确定关键任务间依赖关系的时候，可以借助一个RACI矩阵表格来明确相关部门或者关键人员的责任（见表3-3）。

表3-3 关键任务的责任矩阵

	任务1	任务2	任务3	任务4	任务5	任务6	……
部门1	★	○	★	○	▲	▲	
部门2	○	★	▲	√	○	√	
部门3	○	√	○	○	○	★	
部门4	√	▲	√	★	√	√	
部门5	▲	○	○	▲	★	○	
……							

注：★表示主导或批准（A = Accountable），○表示负责执行（R = Responsible），√表示被告知（I = Informed），▲表示提供专业咨询（C = Consulted）。

假如面对着若干项关键任务，管理团队有7个人，每个人在每项任务中填写自己的工作职责，是主导、执行还是提供专业咨询。这就形成一个责任矩阵，每项重点工作都有人去承接。责任矩阵是每年从企业到一级部门、二级部门都要做的一项工作。在企业层面，需要聚焦那些跨部门、跨流程的关键任务。

这项工作一般要进行1～2天，第一天第一项议题就是讨论团队的独特价值，这个团队要为企业的战略作什么贡献？讨论支撑企业战略的这些重点工作，突出这些重点工作的责任矩阵，这是每一级的管理团队每年都要做的一件事情。

有了这样的责任矩阵，关键任务的内部相互依赖关系就有了。

除此之外，也有一些外部的关联关系，每项关键任务依赖于哪些合作伙伴，包括供应商、渠道商、其他机构等。

3. 以戴明环（PDCA）针对重点工作实施全面质量管理

华为在质量管理文化中明确提出，从改进方法和工具角度来说，在合适的改进活动中，一切有效的改进方法和工具都建议使用，PDCA 循环就是华为各级体系中，用于全面质量管理最重要的方法和改进工具。PDCA 是美国质量管理学家沃特·A. 休哈特（Walter A. Shewhart）首先提出的，由美国统计学家和著名的质量管理学家 W. 爱德华·戴明（W. Edwards Deming）博士采纳、宣传。PDCA 是英语单词 Plan（计划）、Do（执行）、Check（检查）和 Act（处理）的首字母缩写，PDCA 循环就是按照这样的顺序进行质量管理，并且循环不止地进行下去的科学程序，如图 3-4 所示。

Plan 计划
包括任务、方针和目标的确定，以及活动规划的制定。

Do 执行
根据已知的信息，设计具体的方法、方案和计划布局；再根据设计和布局，进行具体运作，实现计划中的内容。

Act 处理
对总结检查的结果进行处理，对成功的经验加以肯定，并予以标准化。

Check 检查
总结执行计划的结果，分清哪些对了，哪些错了，明确效果，找出问题。

PDCA 将质量管理分为四个阶段

图 3-4　PDCA 循环图

在质量管理活动中，要求把各项工作按照目标计划进行实施并检查实施效果，然后将成功的纳入标准，不成功的留待下一循环去解决。这一工作方法是质量管理的基本方法，也是企业管理各项工作的一般规律。

以上四个过程不是运行一次就结束，而是周而复始地进行，一个循环完了，解决一些问题，未解决的问题进入下一个循环。

在华为各级组织的关键举措管理中，PDCA 一般是最主要的工具。它的作用是：

（1）能使任何一项重要举措的有效进行依照一种逻辑的工作程序。

（2）使思想方法和工作步骤更加系统和条理化，并且图像化和科学化。

（3）持续改进与解决质量问题，使各项工作赶超先进水平。

（4）可以大环套小环，小环保大环，互相促进，推动大循环。

PDCA 循环是全面质量管理所应遵循的科学程序。全面质量管理活动的全部过程，就是质量计划的制定和组织实现的过程，这个过程就是按照 PDCA 循环，不停顿地周而复始地运转。

3.2.4 逐级分解：分解年度经营计划的各个关键阶段

本书前面已经讲述过有关规划和计划的很多内容，而且在部分章节中，对战略执行也有所涉及。

在本节，我们将对经营计划形成的流程进行梳理和总结，让读者更清楚，愿景使命、商业设计经战略解码得到中长期战略目标，然后细化分解得到年度经营计划，形成可操作、可执行、可管理的 KPI 及关键举措的全貌。

1. 从规划到指标的推导图

图 3-5 清楚地展示了企业愿景和战略目标，是如何一步一步被分解为基于平衡计分卡的 KPI 和基于持续改进的 PDCA 循环的关键措施，进而各种任务被分派到各级组织和个人（含主管和员工），然后整个组织的各业务部门和职能部门通力合作，通过各种业务流程最后得到企业总产出的全部过程。

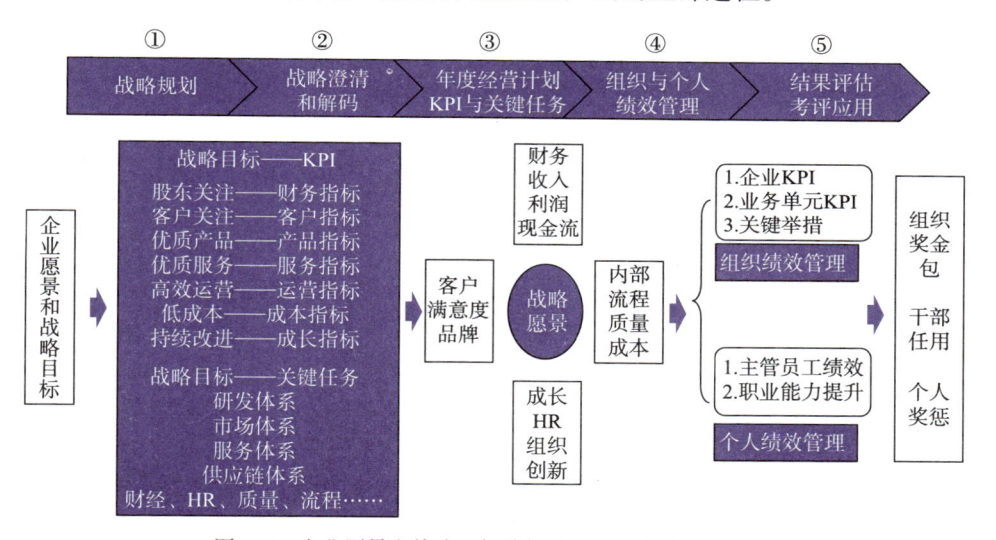

图 3-5 企业愿景和战略目标分解至组织及个人目标任务

完整的战略构想，按照华为的方法论，是从差距分析开始的。这种差距可以来自选定赛道中与市场标杆的差距，也来自各级组织制定的 KPI 和关键举措的完成情况，后续企业将会定期（半年或整年）或不定期（随时进行），进行专项研究，以评估这些关键的差距是缩小了还是扩大了。

做战略构想，有"三定"或"四定"之说，我们一般说是"四定"：本组织的愿景、使命以及中长期战略和阶段发展里程碑。本组织的愿景、使命、战略在企业的使命、愿景、战略指引下确定下来之后，结合之前的差距分析，我们就能够针对现状与标杆或者我们自己的战略目标之间的差距，制定合理的填补差距方法，或者说追赶标杆对象的路径、节奏和相应里程碑，也就是所谓战略构想。

在决定了战略构想，并且了解了我们的经营水平或能力差距之后，企业就应该清楚整个组织大致的前进方向。通过业务组合（含优先级调整）、模式创新、管理变革、产品和服务创新等手段，最后落脚于回答客户选择、价值主张、活动范围、盈利模式、战略控制和风险管理等问题的商业设计，形成完整的战略构想。

2. 战略规划转化为中长期目标

战略规划或者商业设计等结果，企业要对其进行解码，目的让每个下级组织、主管和员工理解并且去执行。这个过程就是逐步细化求精的过程，也是要把宏大的愿景、使命和中长期战略目标，转化一个相对比较清晰的，可以用定性甚至用一些定量的指标来对模糊不清的远景进行稍详细一些的描述和刻画。

通过战略解码在组织里逐层求精的过程中，下级组织需要输入的信息有：

（1）企业整体中长期战略规划（含愿景、使命、价值观等）。

（2）上级部门中长期战略规划。

（3）企业及上级对本部门定位和要求。

（4）客户，尤其是战略客户，对部门的要求。

（5）本部门的中长期战略规划。

（6）本部门的中长期能力差距和短板。

（7）本部门的组织架构及职责。

（8）其他。

在这个求精、求细的过程中，可以在BEM的框架下，使用战略地图、平衡计分卡、鱼骨图、KPI等各种办法，准确地对3～5年战略目标进行描述，尤其是以BSC的维度进行细化，更好地使下层各级组织也能够进行更清晰的解码，并展开行动。

图3-6就是比较典型的中期战略目标的解码结果，其中有KPI加中长期关键举措这两个部分内容。

这个以BSC形式展开的中期目标，与中长期战略相比，要更为具体，更定量，图景更清晰；但与经营计划相比，它的时间跨度更长（3～5年），更不稳定，范围也更宽泛，一般会保持一定的变化性、会定期刷新。对于中小企业，一般营收在20亿元人民币以下，建议中期目标的时间跨度在3年左右。而对于大中型、有一定抗风险能力的企业，建议中期目标的时间跨度在5年左右。

第 3 章 战略解码工具和实操：BSC 和 BEM

```
┌─────────────────────────────┐   ┌─────────────────────────────┐
│      中期战略KPI             │   │       中期关键任务           │
│                             │   │                             │
│   股东关注——财务指标         │   │   研发体系      TOPN        │
│   客户关注——客户指标         │   │   市场体系      TOPN        │
│   优质产品——产品指标         │   │   服务体系      TOPN        │
│   优质服务——服务指标         │   │   供应链体系    TOPN        │
│   高效运营——运营指标         │   │   财经、HR      TOPN        │
│   低成本——成本指标           │   │   质量、流程    TOPN        │
│   持续改进——成长指标         │   │                             │
└─────────────────────────────┘   └─────────────────────────────┘
```

图 3-6　衡量指标和 TOPN

3. 中长期目标落实到当年目标和举措中

得到了 3～5 年的中期战略目标，年度经营计划就呼之欲出了，因为年度经营计划的制定最为关键的就是 3～5 年中期战略目标的第一年。

为什么我们经常说，华为根据 SDBE 领先模型做出来的战略规划，它的可现实性很强，那就是因为在实施方法中，强行要求你必须要考虑商业设计，必须对商业设计进行战略解码，而且解码之后，必须要给出下一年度的经营计划。

年度经营计划，是一个企业或组织在下一年度的行动指南，它必须是非常细致而且经得起各方面推敲的。它一般要求的输入信息如表 3-4 所示。

表 3-4　制定年度经营计划需输入及输出的 信息

序号	输入信息	输出信息
1	企业或上级组织的战略规划	上一年度的成绩及不足
2	企业或上级组织未来 3～5 年中期目标	企业或本组织存在的差距和面临的挑战
3	本组织的战略规划和 3～5 年中期目标	企业或者本组织当年度的任务
4	战略里程碑及上一年度经营完成情况	人、财、物等资源的需求和预算
5	下一年度关键指标要求	困难和求助

以华为一个典型业务部门的年度经营计划为例，其具体要求输出的信息如下：

（1）年度经营环境分析。

（2）发展策略和客户对标分析。

（3）关键市场及细分策略。

（4）客户及市场作战地图。

（5）财务费用及人力预算。

（6）组织建设及 HR 管理。

（7）本年度具体的 KPI 和关键举措。

- 各部门的 KPI 分解
- 各部门关键举措
- PBC 管理
- 组织效率激活

在华为，从最上级至最下级组织，一般是四五层组织。华为的战略规划和年度经营计划一般要求三级以上的部门都要做，四级部门则要求进行 KPI 组织绩效考核。

华为不同层级的组织，做战略规划和年度经营计划的时间略有不同，但也不会间隔太长时间。而且各层级之间的战略规划和年度经营计划，是有相互依赖关系的。如很关键的一些客户、销售、费用、HR 和财务预算等关键目标，上下、左右都要做沟通和对齐，因此战略规划和年度经营计划在不同层次的组织，制订时间会略有不同，但大体是同时的。

这个时间差异的形成原因，主要是由不同组织衔接、沟通和运作方式决定的。如只有上级决定今年的人力资源政策，给出总人力增长或减少约束，下级才能根据这个要求进行分解。再如年度经营计划要通过统一开会的方式进行，而会议一般要逐级开展，不同的管理层级之间，时间也要有所衔接。

一般来说，所有组织的年度经营计划，包括 KPI 和关键举措，只有经过上一级的审核和批准之后才能确定下来，之后才能启动各级主管和员工个人的绩效计划。

各级主管，一般意义上，如果是三级以上部门的主管，其个人考核要求就是部门绩效的考核。对于四级部门或一些模块化的组织，可能以 OKR 的方式或 PBC 的方式，对主管提出管理和考核要求。

而企业各级组织的战略运营部，会拉通本组织下一层级的所有部门，统一进行 KPI 的制订和最终考核。通过这种方式，从企业最高级的年度经营计划，一层层被压实到最小的组织。而且在一般情况下，为保障经营任务的达成，上一级也允许一定程度向下进行加码。

3.2.5 资源配置：保障经营计划有效推进

全面预算一般是由企业董事会财经管理委员会领导的，自内向外看机会与自外向内看效率、各部门全方位参与的资源配置行为。

预算管理的目标是围绕年度经营计划进行资源的高效配置。全面预算是企业在财务周期内经营计划的价值表现，是一种系统的管理方法。具体来说，它通过经营目标的制定、资源的配置、滚动预测、实际进度的分析以及问题的解决，既能支撑当期经营目标的实现，又能牵引组织中长期战略目标的达成，还能帮助组织形成相对平衡及合理的绩效评估指标和目标值。

全面预算并不等于做费用的控制，而是企业在战略落地及当期经营过程中的核心抓手。全面预算的有效性在于它可以形成一个循环，这个循环包括了若干关键经营活动的环节，循环的运作支撑实现当期及长期经营目标。

华为全面预算的"循环"内容包括战略执行、资源配置、组织沟通、绩效管理、动态监控等功能。

（1）战略执行：分解企业战略目标，全面分析技术、市场、客户等方面的趋势，识别各要素的影响，做出预案，使战略目标以货币表达的方式可预见、可把握；分解年度经营计划，使各业务单元识别差距、分析原因，明确改进方向并推动落地，最终通过年度预算目标进行自我管理和约束。

（2）资源配置：企业的战略目标和年度目标都可通过全面预算转换为财务数据，经营者根据经过审批的预算额度，主动合理地开展资源配置活动，尽可能地使有限的资源投入最有价值的经营活动中，产生最高的投入产出比。

（3）组织沟通：在预算制定、评审的过程中，各业务单元、各部门之间产生了大量的研讨、沟通与协调。这种沟通会基于企业共同的战略目标和预算规则，建立各部门之间的"委托代理"关系，有力地将企业内部各方协同起来，实现企业内部管理的有机平衡及自调节。

（4）绩效管理：全面预算是各部门绩效评价的参考依据。年度预算的约束、战略预算实施情况、最终完成情况，因为都可以被量化成显性数据，所以形成客观的衡量标准，由此可以对各部门所承担的经营管理责任进行定量或定性评估，构建实施激励的基础。

（5）动态监控：通过预算的制定、审批、授予、调整等活动，与经营活动的情况同频共振；通过同比、环比、预算偏差、预测偏差等数据分析方法，有效识别经营活动的不确定性，定位经营风险，实现经营状况的动态监控。

全面预算始终围绕企业战略目标来开展资源配置和经营管理，使预算目标可预期、可执行，绝不是经营计划的简单数字化，而是在预算生成机制中执行企业战略。

预算的起点是从客户或者市场竞争的视角，由外向内生成预算。以客户为起点，就是分析客户未来的投资策略和经营策略。投资策略包括投资领域、投资额度、投资节奏，经营策略包括客户的经营目标、对相关资源的需求以及特定的经营预算。比如我们能从客户的投资额度或者经营预算中获取多少，哪些投资和预算可形成我们的签约合同销售额，这些合同销售额能否交付并成为当年的收入等。

预算要从区域、客户、产品等维度来生成，这些维度和颗粒度来源于业务的自身属性，有很好的稳定性。其中，客户是最核心的维度。只有客户才能给企业带来合同、收入和利润，因此它是整个经营和预算的核心。价值大客户是企业销售额和收入的主要贡献者，在这种情况下，生成客户维度的预算尤为重要。

但也有一些实际的情况，大多数企业的主维度做不到以客户为维度。因为大多数企业的客户是分散的，尤其是B2C或者"B2小B"行业。这些企业以区域维度和产品维度为预算主维度，这是更好的选择。但销售额、收入等规模指标的预算，仍然需要对潜在客户的需求、购买能力和意愿以及竞争态势进行深入的洞察。

战略目标总是宏大的，但是现实的资源约束总是那么骨感。对于预算，企业应运用聚焦战略进行评审。一般来说，预算的生成会有几轮的上下交互：自下而上的预算卷积，自上而下的战略与经营牵引，其间反复评审，促进共识。

华为的战略正是鲜明的聚焦战略——聚焦管道，聚焦价值客户、价值区域和价值产品。也就是说，华为期望自己的收入和利润来自这些聚焦的业务，因此有限的资源也应集中投入在这些聚焦的业务上，对非聚焦业务的资源投入均需要经过严格评审。

这一经营特点在华为2022年内部文章《整个公司的经营方针要从追求规模转向追求利润和现金流》中体现得更为淋漓尽致。任正非在该文中阐述的观点包括：全球经济将面临着衰退、消费能力下降的情况，华为应改变思路和经营方针，从追求规模转向追求利润和现金流，保证度过未来三年的危机……除了为生存下来的连续性投资以及能够盈利的主要目标，未来几年内不能产生价值和利润的业务应该缩减或关闭，把人力物力集中到主航道来……把活下来作为最主要纲领，边缘业务全线收缩和关闭，把寒气传递给每个人。

企业的战略目标需要分解为各个责任中心的年度KPI，这是预算衔接战略的基本要求。战略意图不同的业务应由不同的KPI指标套来支撑，不同的KPI指标套包括不同的KPI、不同的权重或不同的目标水准。很多公司的KPI就是预算，二者既有相同之处又有不同之处，因为预算是自下而上的、基于一线的市场环境和企业战略做出的资源配置，而KPI是自上而下的，它首先体现战略诉求。KPI主要用于考核，预算主要用于配置资源。管理层有时会基于预算提出更具挑战性的KPI，责任中心和管理层双方通过碰撞在企业战略、资源配置和经营目标等方面形成共识。

预算具有严肃性和权威性，从财务视角看，资源包括费用、资本支出、运营资产等。我们可以通过差异化管理提高费效比，进而实现资源配置。各业务单元只能按照预算配置资源，有预算才有钱花，有预算才能完成采购、培训、出差等工作。此处的预算除了年初预算外，还搭配着日常滚动预算和弹性预算。在实操上，预算通过建立与战略适配的规则，将资源配置到企业的战略业务上去。

在华为，成熟业务需要按相对占比进行配置，即根据销售收入变化，线性配置相关费用。这种基于规模的费用率配置，是一种扩张性资源配置方法。它能使公司保持对客户界面的投入，实现收入增长，同时保持营销费用率不变。而管理费用率的目标为每年提出改进目标，比如 5%，牵引提升内部运作效率。对于战略上需要压缩费用、资源包总量受限、符合公司战略但短期亏损的业务或变革项目，公司不采用按相对比率配置的方法，而采用按绝对数额配置的方法，且需先列出项目优先级，再排序，只有那些符合公司战略的项目可以先获得预算。

除了上述经营预算，企业还要有战略预算，也就是长期预算。长期预算是望远镜，当期的经营预算是放大镜。长期预算是战略规划的数字化描述。没有长期预算的指引，当期的经营预算就缺乏方向性的指导。

3.3　BEM：从战略方向到组织 KPI

SDBE 领先模型，不同于 BSC 的另一种战略解码方法是 BEM（Business Strategy Execution Model，业务战略执行模型），通过对战略逐层逻辑解码，导出可管理、可执行的 KPI 和重点工作。

BEM 能够保证战略被有效分解到组织与个人，系统促进企业业务的中长期稳定增长。但由于与 BSC 方法相比，BEM 更适用于大型规模、业务复杂多样、多地域分布的企业或组织。对于百亿级别、单一领域经营的企业，我们一般推荐使用 BSC 方法进行解码。

3.3.1　BEM 简介及解码步骤

BEM 的前身是六西格玛质量方法。六西格玛是一种改善企业质量流程管理的技术，以"零缺陷"的完美商业追求，带动质量成本的大幅度降低，最终实现财务成效的提升与企业竞争力的突破。一般来讲，六西格玛有以下三层含义。

（1）质量尺度和追求的目标：用来定义方向和界限。

（2）科学的工具和管理方法：运用 DMAIC（改善）或 DFSS（设计）进行流程的设计和改善。

（3）经营管理策略：通过提高组织核心过程的运行质量，提升企业盈利能力，也是在新经济环境下企业获得竞争力和持续发展能力的经营策略。

华为在 2011 年前后将六西格玛质量方法融入战略执行体系，通过对战略逐层逻辑解码，将战略愿景分解成可量化、可执行的策略，战略规划解码之后落地到组织 KPI，甚至落地到主管、基层员工的 PBC。

战略解码之后的工作计划、绩效计划必须是可执行的，这是衡量战略解码及战略管理水平的核心标准。因此，引入 BEM 方法可以极大提升战略执行和落地效果及效率。

BEM 的结构化形式和 BLM 类似，整体框架如图 3-7 所示。

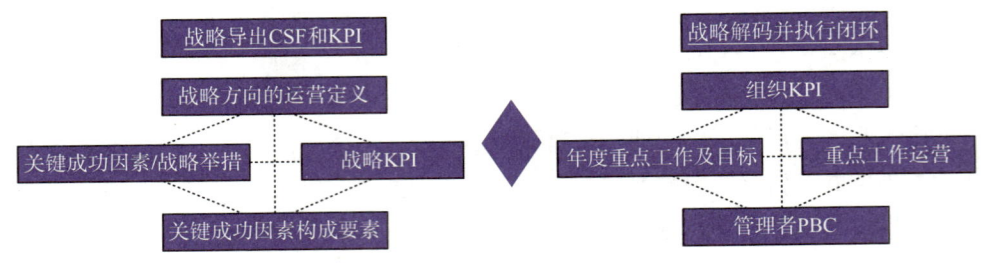

图 3-7　BEM 战略解码框架图

BEM 方法论主要包括两个阶段：阶段一，战略导出 CSF（Critical Success Factor，关键成功要素）和 KPI；阶段二，战略解码并执行闭环。两个阶段共有六个步骤，简称为 BEM "六步法"，如图 3-8 所示。

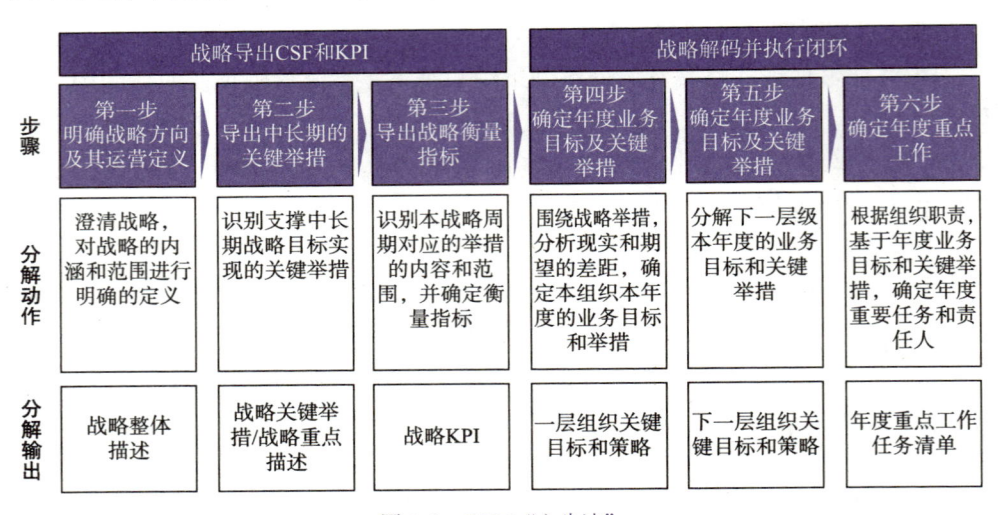

步骤	第一步 明确战略方向及其运营定义	第二步 导出中长期的关键举措	第三步 导出战略衡量指标	第四步 确定年度业务目标及关键举措	第五步 确定年度业务目标及关键举措	第六步 确定年度重点工作
分解动作	澄清战略，对战略的内涵和范围进行明确的定义	识别支撑中长期战略目标实现的关键举措	识别本战略周期对应的举措的内容和范围，并确定衡量指标	围绕战略举措，分析现实和期望的差距，确定本组织本年度的业务目标和举措	分解下一层级本年度的业务目标和关键举措	根据组织职责，基于年度业务目标和关键举措，确定年度重要任务和责任人
分解输出	战略整体描述	战略关键举措/战略重点描述	战略 KPI	一层组织关键目标和策略	下一层组织关键目标和策略	年度重点工作任务清单

图 3-8　BEM "六步法"

第一步，明确战略方向及其运营定义

这一步是澄清方向性的战略指导，也是一种全局的、高层次决策的谋略，其目的是描述组织希望达成的中长期战略目标。

第二步，依照战略地图思维，导出 CSF

中长期关键战略举措 CSF 是为达成企业愿景和战略目标，需组织重点管理以确保竞争优势的差别化核心要素。采用战略地图来形成战略主题，明确战略目标实现的路径及中长期的关键战略举措。

第三步，导出战略 KPI

战略衡量指标是指衡量战略是否达成的 KPI 指标，可作为组织考核 KPI 库的补充和优化，并根据当年的战略重点选取部分纳入考核。如果只是"提升产品成功率""提高单店盈利能力"这样的战略描述，那么战略还只是一句正确的空话。组织需要从关键成功要素中导出对应的战略衡量指标。

第四步，CTQ-Y 导出（导出年度关键品质控制点）

按年度分解年度重点工作 Y，并且有明确的考核度量指标，开展客户声音（VOC，Voice Of Customer），引入 CTQ（Critical-To-Quality，关键品质控制点）的概念，明确关键品质点与指标，导出重点工作与改进项目。

第五步，CTQ-Y 分解（分解年度关键品质控制点）

将上层组织的业务行动计划和目标，分解到下级部门，并从上至下，确定各层衡量指标 KPI 的目标值。

第六步，各级组织重点工作导出

从 KPI 分解到重点工作，一个团队的重点工作能够高效完成，那么战略最终落地就不在话下。

总结来说就是，第四、第五、第六步的主要目的是输出具体的、可衡量的、可实现的且有时间要求的年度重点工作。

BEM 是一个从战略规划贯穿至战略绩效和运营体系的解码框架，接着，我们先重点阐述它是如何指导从战略方向分解至公司战略 KPI 的，只有理解这些关键的步骤，才能实现后续层层递进的导入。

3.3.2 明晰战略方向，明确运营定义

战略方向是一种方向性质的指导，是为了指导组织为达成中长期战略目标而采取的一系列行动。战略方向是面向未来的判断，是全局性的、系统性的高层次决策的策略。战略是战略目标和资源约束之下经营活动的取舍，是中短期内要做的、对未来有重大和长期影响的事项。为了构建方向和具体事项之间的关系，企业应该采用含义明确的短语进行描述，如"增加收入""降低成本""领导行业"等，其目的是便于组织内部形成一致理解和加强沟通，如表 3-5 所示。

表 3-5 战略方向及运营定义表（示例）

战略方向	战略描述（战略运营定义）
增加收入	（1）通过为客户提供集成解决方案，实现交叉销售，持续提升客户的满意度，实现差异化、精细化的格局管理。 （2）开拓两个新的区域市场，实现快速的破冰和增长；将原有的成熟区域市场做厚。 （3）实现 A 产品的市场份额占得第一，B 产品份额第二，两个产品收入的年度增速达到行业前三超过 40%。
降低成本	（1）与品类供应商订立战略合作条款，将核心部件的采购成本降低 20%。 （2）生产车间和供应链的数字化、自动化管控程度提升 50%，降低人力成本 30%。
领导行业	（1）主动开展产业供应链的管理，构建良性竞争和有效分配的商业环境，通过影响政府政策，帮助生态伙伴做大规模。 （2）注重技术研发，保证每年的技术投入排在行业前列，技术研发比去年提升 50%。

战略运营的定义是对战略细化的、更加具体的、可衡量的描述，其目的是保障战略的内涵和范围得到准确、一致的定义，以避免企业内部对战略的理解偏差，也可以将其视为战略重点。对于战略运营的定义可从战略意图和业务设计的角度进行归纳，针对战略运营的描述不重复、不遗漏，如表 3-5 所示。主要的描述原则如下：

（1）从最高经营层的视角对战略及其目标进行明确定义。

（2）围绕中长期目标与具体行动措施进行描述，概括核心内容。可以借助 BLM、BSC、SWOT 等工具，并以头脑风暴、集体研讨的方法来导出。

明确战略方向及其运营定义的核心目的在于澄清战略方向，达成战略共识。为什么要对战略方向达成共识呢？我们可以借助一个矩阵来进行理解（见图 3-9）。

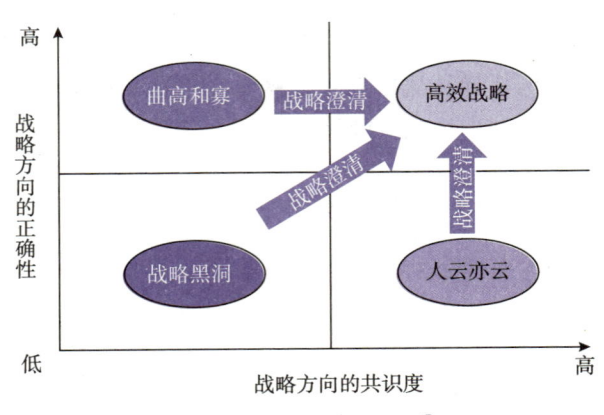

图 3-9 战略有效性矩阵[1]

---

[1] 王钺.战略三环：规划、解码、执行[M].北京：机械工业出版社，2020.

如果一个企业的战略既没有经过科学的制定和设计，也没做任何工作以促进共识，那么这个企业相当于没有进行战略管理。如果战略方向基本上是正确的，但没有对战略方向促进共识，可以判断这样的战略是无法有效落地的；如果企业内部对战略方向达成高度共识，但是战略的方向是有偏差的，或者无法指导企业获得竞争优势，这样的战略很可能是企业权威的一言堂所导致的。战略方向大致正确，并且在企业内部形成高度共识，才能称得上能够有落地成效的战略。

3.3.3 推导四层面CSF，制定战略地图

关键成功要素又可以被视作中长期关键战略举措，是为达成企业愿景和战略目标，需要组织重点管理以确保竞争优势的差别化核心要素。战略地图是战略解码中起到承上启下作用的关键工具，用来帮助洞察中长期关键战略举措。笔者认为，战略地图对原先的突破财务考核局限的功能进行了扩展，强调运用战略地图来规划企业的战略。

【案例】关键的"画线"

1923年，美国福特公司的一台大型电机出现故障，公司请德国机电专家施坦敏茨帮忙。只见他看看转转，写写算算，两天以后，他在电机外部画了一条线，让维修工程师把画线部位里面的线圈减少16圈，故障解除了。

结账时，施坦敏茨收取修理费10000美元，有人对他画了一条线，就能够赚取这么多钱颇有微词。施坦敏茨不以为然，他在收款单标注明细如下：画一条线，1美元；知道在哪里画线，9999美元。

从收费明细能很清楚地知道，在哪里画线的价值远高于画线的价值。知道在哪里画线才是维修成功的关键因素。

关键成功要素法是哈佛大学教授William Zani提出的，它是以关键要素为依据来确定系统信息需求的一种管理信息系统总体规划的方法，即在现行系统中，总存在着多个变量影响系统目标的实现，其中若干个要素是关键的和主要的（成功变量），通过对关键成功要素的识别，找出实现目标所需的关键信息集合，从而确定系统开发的优先次序。对应于上面电机维修的例子，需要先找到电机的症结，然后才能对症下药。

一般来说，关键成功要素是指一些特性、准则或能力，如果能够适当且持续地维持和管理，就能对企业在特定产业中竞争成功产生显著的影响。

关键成功要素提炼是否到位是战略目标能否达成的关键。在实际操作中，明确关键成功要素通常采取研讨会的方式，召集企业的高管和相关核心人员参与，经过"分组讨论—小组代表分享—现场归纳总结达成共识"这样的流程，在有限

的时间内最大限度地萃取参加会议人员的个体智慧,并获得成果。那么企业如何提炼并识别它的关键成功要素呢?首先,需要对关键成功要素的主要特征有一定的了解,具体如下:

(1)关键成功要素是对企业成功起决定作用的某些战略要素的定性描述。

(2)关键成功要素能够辨别那些决定组织健康发展和生命力的问题。

(3)关键成功要素就是那些管理层必须经常关注的区域,对这些区域的运行情况要经常进行度量,并提供这些度量信息以供决策使用。

(4)不论组织的规模有多大,它的关键成功要素一般在五到八项之间。不过通常在提炼时会先提炼不少于20项主要成功要素,然后再进行针对性优化。

在实际操作中,先导出支撑战略意图的战略地图,再导出相应的平衡计分卡四个层面的指标。这其实对应了战略解码 BEM 中的第二步和第三步。

战略地图从财务、客户、内部运营以及学习与成长四个层面出发来提炼关键成功要素(CSF),各个目标之间层层递进,从战略地图可以检测 CSF 之间的均衡性。如果 CSF 间存在不均衡,或存在独立的 CSF,或 CSF 间缺乏因果关系,需重新审视 CSF。如表 3-6 所示。

表 3-6 关键成功要素(示例)

关键成功因素维度	关键成功要素描述				
财务	扩展高利润产业	成熟产业利润最大化	销售额增加	供应链成本降低	资产利用率最大化
客户	市场份额提升	产品价值最大化	提升产品品牌美誉度	构建客户亲密关系	提高产品的质量
内部运营	开发符合客户需求的产品	中低端产品利于维护	采购流程提效	缩短供货周期	供应链流程优化
学习与成长	获取高素质人才	构建先进的企业文化	构建知识管理体系	构建技术堡垒	企业数字化

企业在提炼关键成功要素时,可以结合以下问题来思考,确保提炼的关键成功要素的准确性。

(1)影响企业战略目标达成的最关键要素是什么?(如客户满意度、费用控制、技术创新等)

(2)什么因素给企业带来了最大的困扰?

(3)企业应该给客户提供什么样的产品或服务?

(4)哪些要素决定客户的满意度?

（5）企业已经认定哪些明确的组织问题？
（6）企业的哪些部分已经感受到竞争压力？
（7）企业的主要成本是什么？
（8）哪些环节所占的成本百分比最高？
（9）哪些环节最有改善的空间？
（10）要使企业在市场上具备竞争优势，赢过竞争对手，从哪些环节着手效果最佳（或最具潜力）？

不同企业的关键成功要素各不相同。不同行业的成功需要关注不同的要素，但即使是处于同一个行业中的企业，由于所处外部环境的差异及内部条件的不同，它们的关键成功要素也是不尽相同的。企业需要结合自身实际情况来识别并提炼出对战略目标起关键作用的关键成功要素，以确保企业资源投入到经营管理的重点上，避免资源的浪费。

3.3.4 面向可衡量，输出战略 KPI

战略衡量指标，顾名思义，是衡量战略是否达成的 KPI 指标。华为有这样一句话：我们不认可"茶壶里的饺子"，一切结果用你的军功章来换，一切用结果来说话。那么什么可以衡量结果符合战略的需求？答案就是科学、合理设计的 KPI。在实际的操作中，很多企业在运营管理中存在绩效指标不科学、指标数据严重缺乏、指标基线匮乏等问题。因此，需要从 CSF 中导出对应的战略 KPI。

从 CSF 导出战略 KPI，存在两种情况。

（1）在 CSF 可以明确导出 KPI 的情况下，直接导出战略 KPI，比如收入增长可以直接导出"收入"指标。

（2）在 CSF 不明确时，需要分解 CSF 的构成要素，针对 CSF 的构成要素进行 KPI 设计，根据 CSF 构成要素导出战略备选 KPI。

那怎样导出 CSF 构成要素呢？华为内部使用的是 IPOOC 方法，即从 Input（输入）、Process（过程）、Output（输出）、Outcome（结果）四个层面对 CSF 展开剖析。

（1）Input：指导入的资源，一般包含人、财、物信息。
（2）Process：从战略的视角看，影响战略举措达成的关键活动、过程是什么。
（3）Output：是基于流程视角看流程的直接输出，例如一个产品或一个制度等。
（4）Outcome：是基于内外部客户视角看最终的收益，例如销售结果、竞争格局、品牌增值等。

请注意，构成要素本质上是更细颗粒度的关键成功要素，一般也需要采用动宾短语表达，如"构建集成解决方案的咨询销售能力"。CSF 对应的构成要素不能太多，一般保证一个 CSF 最多不超过五个构成要素，要从总经理视角考虑有限的资源和精力。

下面通过一个例子来说明。针对战略举措"提升大客户收入占比"，使用 IPOOC 方法导出其构成要素，并针对构成要素设计备选 KPI，如表 3-7 所示。

表 3-7 使用 IPOOC 导出 CSF 构成要素以及备选 KPI（示例）

战略举措	IPOOC	战略举措构成要素	备选 KPI
提升大客户收入占比	Input	匹配客户需求的解决方案	大客户需求包满足率
			技术标排名
		专业人员到位情况	咨询专家到位率
	Process	规范的项目运作流程建设	大项目流程符合度
		改善客户关系	大客户满意度
			大客户关系改善度（样板点参观、公司参观、高层互访覆盖率）
	Output	获得大客户的签单	大客户签单率
		竞争获胜	大客户竞争性项目获胜比率
	Outcome	大客户市场格局改善	大客户收入占比提升率
		大客户销售额	销售额
		利润改善	销售毛利率

找出 CSF 构成要素后，再导出战略备选指标，进一步筛选出合适的战略衡量指标。战略衡量指标筛选评价标准有四个层面的内容：

（1）战略相关性。绩效指标与战略、战略目标需要强相关；要适合组织业务特性，能代表战略目标，比如成为行业领军者，就需要有"市场份额"这样的指标。

（2）可测量性。能明确测量基线，且能做客观测量；能设定具体测量指标值。比如"市场份额"可以采用第三方调查公司的调查数据。

（3）可控性。通过组织努力确保可控，受不可抗力影响很小。比如某国家的市场份额靠竞争实力可以实现，但是如果发生区域战争就不是企业可以控制的情况了，这时候这个地方的销售指标就不宜下达。

（4）可激发性。能用于牵引改善绩效的行动；组织全员愿意付出努力改善指标，一般是可以跳一跳够得着的目标。

最后，按照平衡计分卡的几个层面检验指标平衡性，确保可以支撑战略达成。

华为公司层面的KPI有销售收入、市场份额、利润、回款、工资性薪酬包占比；区域组织的KPI有销售收入、市场份额/价值客户增长、利润、回款、工资性薪酬包占比；产品线的KPI有销售收入、新产品市场导入、销售毛利率/制造毛利、人均效益、工资性薪酬包占比；生产部的KPI有合同及时齐套到货率（CRD）、制造毛利率、万元发货制造成本率和损耗率；人力资源部的KPI有关键岗位到位率、工资性薪酬包占比和人均服务占比。这就是华为公司在不同层面和部门的KPI设置与划分，但是会随着具体部门面临的市场环境、竞争环境、发展阶段等对指标进行适配性设置。

战略解码的核心输出成果之一是组织KPI指标库（KPI Pool，即KPI的集合），也就是整个组织的考核指标集。

因为外部环境发生变化、战略调整、客户需求变化等因素，KPI指标每年都需要刷新和调整。针对不同的组织、不同的部门，设计或者选择对应的KPI指标库是战略解码团队每年的重要工作——每年的经营计划制定出来之后，就确定每个组织的KPI指标结构，先不谈具体的目标值，而是把牵引方向和指标结构确定下来。等到考核指标结构确定，通过评审之后，再去根据各方情况确定具体的目标值。

3.3.5 聚焦关键点，导出重点工作任务

CTQ是品质关键点，是从经营或者客户的角度对流程或结果提出的关键业务特性，也是指为了支持战略达成，当年在业务开展过程中需要控制的关键点，以及当年需要重点解决的问题。Y是为CTQ设计的绩效测量指标，通过Y就可以衡量现有绩效水平，因此可以选定Y作为测评CTQ的核心指标，并持续做好目标管理。

CSF和CTQ是递进的关系。CSF偏长期、更稳定，CTQ偏短期、对改变更包容。CTQ本质上要支持CSF目标的达成，颗粒度要小于CSF，并且针对业务短板、痛点，每年或每季度都可以有不同的主题。企业年度重点工作导出的基本方法是基于关键成功要素（CSF）及分解出来的构成要素，分析现状及差距，结合收集到的VOX（Voice Of X，某方面的声音，如VOC为Voice Of the Customer的英文缩写，意为客户的声音）信息，识别出关键问题，再与CSF对标能够获得CTQ-Y，CTQ再往下分解，便可以挖掘出重点任务。

分解过程如图3-10所示。

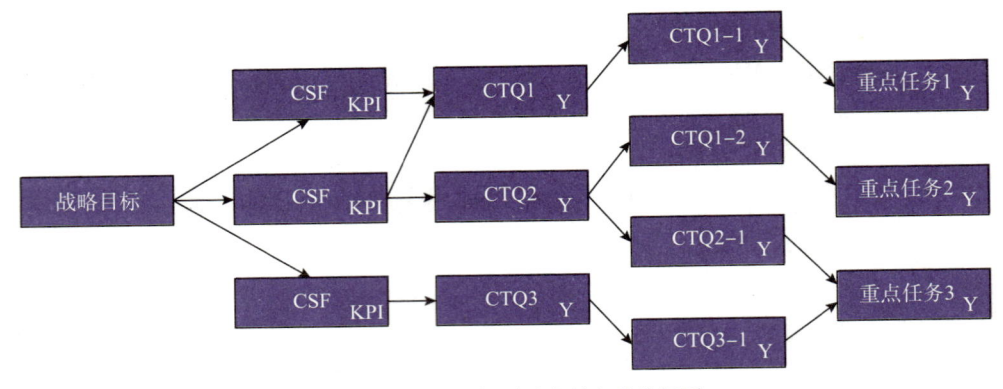

图 3-10 战略目标到重点任务的分解图

分解 CTQ-Y 时，注意几个原则。

- 逻辑树原则：分解是层层递进的。
- 系统性原则：各层级 CTQ-Y 没有逻辑飞跃，有系统因果关系或者相关关系。
- MECE（Mutually Exclusive Collectively Exhaustive，即相互独立，完全穷尽）原则：同一层次的事项没有重复，也没有遗漏。

【案例】奶茶店 CSF 和 CTQ-Y 的关系

CSF	客户对奶茶店的满意度
CTQ1-Y1	奶茶的口味、奶茶店的环境、客户服务
CTQ1-Y2	奶茶的新产品推出数量、奶茶的价格、奶茶的包装、奶茶的分量

可以看出，客户对奶茶店的满意度是核心 KPI，但是客户的满意度会受到口味、环境、服务等一级维度的影响，为了让奶茶令人满意，还必须对产品的丰富性、价格、包装、分量等多个控制点加以控制，这些控制点就是各个层级的 CTQ-Y，有了 CTQ，KPI 就能够分解到日常工作中，也就从企业级的战略目标、部门级的 KPI、工作层面的 CTQ、日常重点工作等维度形成战略解码和落地的整体逻辑。

采用归纳法可以推导出 CTQ，通过 CSF/KPI 分析现状与差距，同时收集相关的 VOX，即来自各方的反馈，识别关键问题，结合 CCR（客户关键需求），实现从 CSF 落实到 CTQ。CTQ 到重点任务的分解如表 3-8 所示。

表 3-8　CTQ 到重点任务的分解

输入	CTQ-Y 导出	CTQ-Y 向下分解	导出重点任务
CSF/客户的声音	第一层	向下逻辑分解	向下逻辑分解
客户觉得奶茶口味丰富度不够	要让客户感知到产品的丰富度	1. 增加热、冰选项 2. 增加无糖、微糖、半糖、全糖选项 3. 增加奶茶中的固体样式：珍珠、果冻、燕麦、坚果、葡萄干	1. 在终端售卖点增加制冰机 2. 研制具有口感差别的香甜浓度的奶茶，制订糖的添加标准 3. 增加奶茶添加固体品类，每日记录使用量，储存出量多的品种 4. 主打健康营销主题，培训话术引导半糖或者无糖产品

导出 CTQ 之后，选择合适的 Y 衡量指标或者衡量标准。基于 CTQ-Y 逻辑结构，按照工作相关性原则进行识别、组合，从而形成各部门的年度重点工作，实现在内容上连接战略目标和日常运营工作。如表 3-9 所示。

表 3-9　战略维度分解 CTQ-Y 表单

战略维度	关键成功要素（CSF）	CSF 构成要素	战略 KPI	现状及差距分析（VOX 对标）	关键需求（CCR）	精选 CTQ	Y

这些重点的工作任务，也是当年度需要重点关注的改进事项，可以以项目管理的形式，按照轻重缓急，输出 TOPN 管理事项，集中精力投入资源完成改进，从而实现战略支撑。

【案例】华为用户大会——聆听客户声音，识别和发布新 TOPN 问题

新 TOPN 问题产生是华为用户大会的重点环节，华为积极聆听客户声音，持之以恒持续改进。在用户大会顾问委员会成员的组织下，客户开展年度新问题的闭门分组讨论会议，围绕"提升网络质量，提高客户体验感知，持续提升运维效率"主题，提出很多建设性的意见和期望。TOPN 问题项目组针对分组讨论输出的客户投票、留言等信息，在进行分析和整合后，排序生成年度 TOPN 问题。华为全球技术服务部质量与运营部负责人则会宣布由客户识别的年度 5 个 TOPN 问题。进一步强调了华为积极倾听客户声音，虔诚为客户服务，以质取胜，推动产品、服务及流程 IT 的持续改进的理念。各新 TOPN 问题改进项目组的项目经理也会登台，向客户郑重承诺改进的决心。在 Deep Dive 环节与客户积极探讨，细化和分解 TOP*N* 问题，明确改进方向和范围，并达成结对意愿。在接下来一年时间中，华为将以终为始，聚焦新选出的 TOP*N* 问题，各级部门秉持踏实、精益求精的工匠精神，从各个环节进行持续改进，在来年为客户呈上满意的成果。

3.3.6 分解年度经营计划，确认重点任务

这一步是将上层组织的目标和经营行动计划分解到下级部门，并从上至下，确定各层衡量指标 KPI 的基线和目标值。常用的辅助工具有 TPM、CPM 和 BPM。

（1）TPM（Total Productivity Management，全量分解法）：通过全量分析，对综合目标进行全面的解构，确保分解目标能支撑全量目标。上下分解指标的量纲保持一致，通常针对财经类事项，如收入、成本。

（2）CPM（Critical Parameter Management，参数分解法）：寻找系统内部的关键参数，通过关键参数的改善，支撑系统特征的改善，通常针对研发产品类或原因、结果性事项。

（3）BPM（Business Process Management，流程分解法）：以客户为中心，沿着业务流程通过 COPIS（Customers Output Process Input Suppliers，客户、输出、过程、输入、供应商的全过程）分析，对目标和措施进行分解并导出项目，通常针对效率、周期类事项。

年度关键举措或重点任务是当年的战略措施，包括行动、阶段性模板、责任部门，是优先的工作任务。基于年度经营行动计划和目标形成重点工作，用一句话总结提炼，设定工作目标及负责人。

重点工作目标主要承接战略举措在第一年的目标（一般是结果性指标）、组织 KPI 指标，着眼于从上至下结构化分解，确定各层级衡量指标及其目标值。

将重点工作的主要行动方案和计划进行汇总，也可用列表的方式进行描述，如表 3-10 所示。

表 3-10 重点工作任务表单

序号	项目名称与描述	目标	责任人	资源配置（费用或人力）	截止日期
1	××产品的开发	实现 1、2、3、4 项功能	张大力（××产品团队）	1000 万元招聘架构师 3 名	2022 年 6 月 15 日
2	××市场新进入	××市场大客户销售实现零的突破	王小波（××区域团队）	100 万元	2022 年 10 月 31 日
…	……	……	……	……	……

几乎所有的企业都会重视年度经营计划的管理。但很多企业的关注重点是财务指标和销售额的完成情况，有些企业的计财部门就是财务部，因为战略路径不够清晰等种种原因，往往忽略对与业务高度相关的关键措施和重点任务的过程管理。为提升年度经营计划和关键举措的管理有效性，需要在年度经营计划管理过程中，明确各主要部门的相关职责和管理流程。

1. 集团本部的主要职责

- 审议及批准业务单位战略，按需要进行修改；
- 对资源配置进行决策；
- 确保为各项计划留出足够的调整调度空间；
- 授权业务单位经理执行经营计划，明确执行效果的责任。

2. 各级业务单元的主要职责

- 按当年战略目标和企业经营目标制定业务单位战略；
- 确定当年的主要行动和举措；
- 确定当年的业绩合约书；
- 确保足够的人、财、物资源，以实现目标；
- 向个别经理授权，明确执行效果的责任。

3. 经营计划管理部门的职责

不同的企业，其部门的职责、称呼有所不同，但是一般包括经营计划管理部门、战略管理部门、财经部门、人力资源部及其他相关职能部门，它们的主要活动和职责如下。

- 组织制定相关战略，支撑业务部门制订和开展经营计划；
- 提供相关方法论和模板，指导相关业务单位完成相关内容；
- 对经营计划的执行效果进行日常管理并提供相关数据的反馈；
- 保证相关资源的到位，支撑经营计划的落实；
- 对重大问题和风险进行预警和跟踪。

一些企业曾出现过为了争取企业资源和实现企业的增长期望，在战略规划时过于乐观，造成人力、物力等后端资源的不合理规划。待到制订经营计划和确认关键举措时，才感觉不对反过来分析和质疑战略规划的可行性，使战略规划的严肃性和严谨性大打折扣。前面再三提到，年度经营计划应直接承接第一年的战略目标，要在年度目标上做到与战略"强相关"。其次，要通过战略解码，对战略措施和行动计划逐次分解，做到具体清晰、可衡量、可追溯，重点工作任务 SMART 化，保证战略规划与年度经营计划之间的强逻辑关系和可落地执行。

3.4 小结

本章对战略解码常用的工具进行了系统的介绍。限于篇幅，这里只是详细介绍了华为内部各大业务战略解码的实践，目前华为战略解码有如下两种主要的方法。

第一种是基于业务战略执行模型（BEM）的解码方式，这种方式框架感强，结构化比较好，比较严谨，一般适用于比较大型的组织进行长期、复杂的分解操作。

第二种是经典的基于平衡计分卡（BSC）的战略解码方法，适合通过研讨式的方法快速、全面地得到组织的战略解码结果，比较适用于大中型企业。

另外，华为在战略解码过程中，还常用到战略地图、KPI 和指标鱼骨图等工具。

在战略管理的整个过程中，这些工具的目标是相同的，都是为了战略的清晰规划和执行。至于它们之间的关系，简单地说，BEM 是战略解码的整体思维框架，用于指导战略规划到指标及 KPI 提取的过程；BSC 是战略解码的分析视角，能够将战略规划依照四个层面进行分解，设计 KPI，推导关键举措；KPI 是关键考核指标，它们和评价及激励体系有关。工具的组合运用是 SDBE 领先模型中的重要内容。

【思考】

1. 你的企业目前主要使用什么战略分解或者绩效考核工具，遇到了什么样的问题和痛点？

2. 你认为在企业的发展阶段，适合完全导入哪个工具，为什么？

3. 在你看来，本章介绍的工具可以在哪些方面完善你的企业目前的解码工作？为什么？

第 4 章
组织绩效：经营兑现和能力建设的利器

华为对组织绩效的评价标准是：多打粮食，增加土地肥力。"多打粮食"聚焦于当期的业绩贡献，以当年的产粮效果来确定基本评价；"增加土地肥力"聚焦于长期的战略贡献，其实就是核心能力建设，是支撑组织在未来的日子里"多打粮食"的最重要依靠。

组织绩效基于战略，着眼于长期和短期业绩衡量，按一定的逻辑关系将目标分解到每一个工作岗位，它的实现依赖于个人绩效的实现，但现实是个人绩效的实现加总，并不一定保证组织是有绩效的；换句话说就是，个人绩效的总和必须形成合力，才能对企业产生重大影响。

我们发现，很多企业，包括一些规模性企业，并没有系统化、结构化的组织绩效管理机制，只有个人绩效。短期内看不出差别，但长此以往，企业的核心竞争能力将会被摊薄，无法支撑企业的长期发展。

4.1 集体冲锋：组织绩效的必要性和意义

在一个企业中，当我们说绩效时，有很多种不同类别又不同于个人绩效的名词。一般而言，流程绩效、部门绩效和团队绩效都可以视为组织绩效。

流程和团队把不同专业分工的人整合起来达成目标，部门把同类专业细分的人整合起来达成目标，部门绩效从流程绩效和团队绩效解码而来，三者体现着企业对不同组织单元的业绩期望。

4.1.1 组织绩效比个人绩效更重要

组织绩效是指组织在某一时期内组织任务完成的数量、质量、效率及盈利情况，主要以关键绩效指标（KPI）形式表现。

企业经营管理的重点应是组织绩效，而不是个人绩效。换句话说，战略落地的主要抓手是组织绩效管理，组织绩效对战略的价值贡献远远大于个人绩效。

很多企业想不明白，明明个人绩效都挺优秀，怎么就没办法形成优秀的组织绩效呢？集体无意识可能会形成"乌合之众"，是导致组织平庸化的最重要特点。而根据战略分解出来的组织绩效，则有可能在长期演进中，缓慢但逐步地搭建起"伟大的教堂"。

组织绩效的关键是依靠组织专业能力和组织协同，在战略和业务成功导向中产生巨大的威力，从而取得更大的成就。很多企业的绩效管理体系重视个人绩效，认为通过个人绩效能激发管理者和员工的工作动力，但恰恰忽视了组织目标和个人目标的协同。企业把组织绩效和个人激励挂钩，当组织达成绩效目标时，核心人员和组织员工就能获得更好的福利待遇和发展机会，这样才能牵引员工关注组织目标，确保员工的个人目标支撑组织目标的达成。

在不同组织的"组织机制"管理下，即便成员素养一致，也会呈现不一样的业绩结果。比如，金刚石和石墨都由碳原子构成，但是因为原子排列方式不同，它们的"形"或"性"有着天壤之别——纯净的金刚石是无色透明、正八面体形状的固体，俗称钻石；石墨是一种深灰色、有金属光泽、不透明的细鳞片状固体，很软，在纸上划过可留下痕迹，有滑腻感，常用做铅笔笔芯。虽然金刚石和石墨都由碳元子构成，但是结构决定性质，从而导致它们的物理性质有很大差异。

组织绩效的作用主要有三个，具体如下。

一是支撑战略目标的达成。换句话说，就是把企业层面的远大目标，通过组织绩效管理转换为各部门的小目标，这样就能把企业整体的压力有效传递给各部门及部门负责人，促使他们为了实现部门的目标而不断努力奋斗。华为创始人任正非表示，如果战略制定好并分解完成后，有部门及部门负责人感觉不到压力，那么这个部门及部门负责人就可以撤销了，因为他们对企业战略目标没有贡献。为此，在确定部门组织绩效后，各部门主管应该把它拿出来，看看其中是否有企业的战略目标，是否体现出了企业的战略诉求。

二是促进组织协同，牵引所有部门力出一孔。组织绩效通过对组织的指标设定和绩效考核，促进组织之间更好地协同。企业在做组织绩效时，首先需要进行指标互锁。比如，企业产品线跟销售部门的考核指标要互锁，不仅要对产品线考核收入和利润指标，也要对销售部门考核收入和利润指标。这样，企业的产品线就会在老产品上支撑区域，在新产品上带领区域协同作战，真正做到力出一孔。

三是对组织贡献进行衡量。这是因为，对组织绩效的评价结果最终体现了这个部门的价值创造，而价值创造的大小决定了部门奖金包的大小。很多企业想对组织贡献进行衡量，但是因为组织绩效和个人绩效之间的指标关联做得不扎实，所以不敢用。例如，有些企业设计成把组织绩效转换为绩效系数影响组织中每个人的奖金额，但到了年底组织绩效不好，而管理者已经完成了关键举措，个人考核结果也不错，这时候大多数人就不能接受自己的奖金受影响，企业也对影响程度的高低选择左右为难，无法高效激活组织和员工。

【案例】华为的组织绩效和个人绩效

在华为，组织绩效和个人绩效有着不同的定位和应用。组织绩效考核的导向是牵引战略协同和实现年度经营目标，考核对象是承担相关战略责任的组织和流程的负责人，周期是年度考核，以平衡计分卡的形式呈现，要求是可进行第三方客观评估。组织绩效考核结果应用在奖金包生成和管理者任用上。衡量绩效的方式是看能否创造可以分配的价值。创造的价值如果不能下分，说明绩效考核指标并没有做到"压力传递"。

个人绩效考核的导向是牵引岗位、角色履行责任，对象是承担具体岗位、角色的管理者或者员工（目标责任制员工），周期是年度考评、半年审视，工具是PBC（Personal Business Commitment，个人业务承诺），要求是上级或相关周边主管收集考核依据。个人绩效考核方式是考评，有客观考的部分，也有主观评的部分。个人绩效考评结果多在组织内部应用，与奖金包相关，某人应拿多少钱，是该升职还是该降职，由个人绩效决定。

在绩效管理实践中，笔者认为企业在创业初期、员工数量较少的阶段，可以将战略目标直接分解到个人，直接采用个人绩效管理方式。

当企业的业务进入快速发展期，企业营收规模和员工超过一定数量时，战略必须通过组织来承接，将组织绩效管理作为战略落地的关键。

4.1.2 组织绩效的设计反映全局部署

平衡计分卡是战略管理的工具，也适合作为组织绩效管理的工具。企业通过平衡计分卡的四个层面（财务、客户、内部运营、学习与成长）来定义战略目标。平衡计分卡运用在组织绩效管理方面，要注意不同的组织承接企业战略目标的方向是不一样的，不应该千篇一律地从这四个层面来定义组织绩效。各组织单元要从战略目标中提取与它们有关的方向和指标，从不同的方向支撑企业战略目标的实现。

组织绩效首先要与业务发展的阶段相匹配，组织绩效的设计必须是牵引而不是抑制业务发展和绩效目标达成的。

在市场导入期，销售组织要做的工作是"洗盐碱地"，这时候考核它们应避免使用收入、利润这样的考核指标，让它们有积极性的办法之一是明确战略补贴，同时把它们阶段性的市场破冰目标与战略补贴挂钩。等到了市场成长期，就可以考核销售组织的收入和回款了，但这时候规模是更重要的业绩指标，并不宜考核利润。在市场成熟期，可以均衡考核销售组织的经营水平，指标包括收入、回款和利润，以及牵引规模、盈利和现金流的表现。

对于产品开发组织来说，在市场导入期，产品的目的是牵引市场放量，产品开发组织应加强收入和销售毛利率考核，但不宜考核利润。在市场成长期，产品应该在市场上有持续良好的表现，可以适当加入利润考核。在市场成熟期，产品的效率应是业务重点，产品线应加强成熟产品的人均效益考核，且应将研发人员迁移到新产品领域或企业其他领域。

组织绩效有效果的前提是洞察战略目标、实现路径和业务发展的规律，也就是说，考核必须先搞清楚企业真正想要的是什么，想怎么实现，要什么就牵引什么。不知道要什么，考核就会迷失方向。

组织绩效还要着眼于企业的整体利益，并协调多个组织的目标。

华为把组织绩效目标设置为底线值、达标值和挑战值三档，其中，底线值大致为达标值的80%，挑战值大致为达标值的120%。这个设计背后的考量是：公司的期望是达标，但不同组织面临的内外部环境是不一样的，在变化的环境中，有的可能会超额完成目标，有的可能完不成目标。在完不成目标的情况下，公司希望组织至少要守住底线，对总的目标不至于产生太大的负面影响；能完成目标的组织，公司希望它们适当超额，以填补那些完不成目标的组织造成的差距。要达到这样的管理目标，公司相应在考核应用上必须拿出强有力的办法，低于底线的，要有惩处措施；超额完成的，要有更刺激的奖励方案。

组织绩效的设定依据是企业对战略方向的选择和外部机会的锁定，而不是内部能力。组织绩效远大于个人绩效，在设立组织绩效目标的时候，就要防止出现因个人认知范围障碍而影响目标的制定。

华为P9手机曾是国内品牌第一款价格突破4000元，销量突破1000万部，能够在高端市场与苹果、三星竞争的手机产品。

P9手机的核心卖点是拍照，主打双摄像头。在拍照方面，华为并没有相应的人才和积累，没有相应的组织能力，但是没有这个能力，并不等于不能做。华为通过与莱卡合作，实现了在拍照领域超越对手，推出了P9手机。然后又在后面的时间里，围绕拍照，不断地招募和培养拍照人才，不断地积累相关的技术，最终实现了拍照领先所需要的组织能力。

业务发展不是基于过往经验和现有能力画延长线，而是要基于科学系统的市场洞察，制定科学合理的发展方向和发展战略。华为P9依照这样的发展和竞争策略，不管是产品线还是市场线，都需要提出超越原有组织能力和业务发展范畴的指标和目标，并采用"崭新的"组织绩效考核。

组织绩效在很多企业里都被视为管理难题，很大的原因就在于未能从系统的角度开展绩效管理，而只是进行点状管理，比如只关注个人绩效考核和激励。所以，意识到组织绩效管理的战略支撑，理解它产生效果的底层逻辑，才能连接组织绩效从目标到实现再到不断改进的全过程。

4.1.3　组织绩效以结果导向价值分配

在很多企业中，为什么会出现各部门组织绩效好而企业业绩却不好的现象呢？其核心的原因就在于组织绩效指标设计出了问题。组织绩效承载着战略的落地和执行，而企业战略目标中既包含客观性的指标，又包含战略举措，各个层级的组织除了战略任务还有基于部门职责的重要事项，组织绩效的指标设计到底该怎样体现呢？在华为的实践中，组织绩效只需要回答一个问题：各部门到底产出了哪些可分配的价值？组织绩效指标要求客观且可量化，是结果导向的，组织绩效理论上只需要客观地"核"，不需要主观地"评"，这一点和个人绩效考核有相当大的区别度。

【案例】组织绩效和个人绩效的关系：一个桃子种植团队的绩效考核

一位桃子种植大户租用了1000亩地种植桃子，同时他还请了几位同村的村民来帮助他。对于这个种植小分队来说，到了收获的季节，组织有效的产出应该是收入和利润等，大家根据赚了多少钱来分钱。但是当年的产量不能算作业绩，因为当年有一些树上的桃子品相不好，并没有卖出好价格，差点儿滞销，所以产量不应当作组织绩效。由此看出，这个组织绩效指标是结果导向的，蕴含着可分配价值的收入和利润指标。组织绩效指标里如果包含了其他不可分配价值的指标，比如产量，就容易出现虚假繁荣。

在组织绩效确定的基础之上，个人绩效就是要回答个人如何有效支撑组织绩效目标，其更多的是业务层面的承诺。

比如，村民阿来负责给桃子树喷洒农药，他的个人绩效就可以从三个方面进行制定。首先，喷洒农药是为了预防虫害，所以在他的个人绩效指标中，要有虫害率指标；其次，他还要保证农药剂量不能超标，超标了桃子卖不出去，所以得有剂量指标进行约束；最后，他要考虑使用低毒、低残留的农药品种，以提升桃子的价值，改善桃子的防虫效率。

以上这三个方面，都是阿来的个人绩效内容，我们就把它们统称为PBC。在PBC中，有的是包含可分配价值的结果性指标，有的则是比较间接的结果性指标，有的甚至是过程性指标。在PBC中，结果性指标一般作为考核项，其他则作为考评项，个人绩效是"考"和"评"相结合，定量的要考，定性的要评。但无论如何，个人绩效也都以"考"为主，以"评"为辅，避免"评"的权重太大，从而出现长官导向。

组织绩效不仅要导向可以分配的价值，更要导向价值创造的增加值，否则价值分配也会成为问题，比如职能部门负责管理效益的持续提升，业务部门负责新业绩的开拓。

职能部门的组织绩效也可以设计为结果导向。以人力资源部门为例，它要对人力资本增值负责，但怎样体现这一点？人力资源部门的奖金和组织绩效的关联关系可以这样来设计：假设企业毛利为1000万元，企业的薪酬毛利的比值从过去一年的20%下降到了15%，说明通过人力资源的努力，人力资本增值了5%，人力资源部门通过卓有成效的管理，为企业创造了50万元的价值增加值；50万元就可以作为人力资源部门奖金的基数，乘以一个分配系数，来作为目标奖金。但这笔奖金能不能都拿到，还要结合组织其他指标的完成情况，比如企业关键岗位人才到位率、末尾淘汰比率、人力资源流程建设等相关的指标。其他指标最后也折算成一个均衡系数，对目标奖金进行调节。这样，人力资源部门的奖金公式可写成：人力资源部门奖金＝企业毛利 × 薪酬毛利比值提升 × 分配系数 × 均衡系数。

对于销售部门这样强结果的业务部门，存量业绩奖金打折，增量业绩奖金高杠杆，是一种非常有效的组织考核设计方法。

比如一家上市公司某事业部为各分公司设计的奖金公式为：利润小于上一年利润或者历史峰值，可提取8%的奖金；高于上一年利润的部分，可提取18%

的奖金。假设分公司上一年利润为1000万元，第二年利润为800万元，分公司就只能提取64万元作为奖金；如果第二年利润为1500万元，分公司就可以提取170万元作为奖金。再到第三年，1500万元的利润就是存量了，如果分公司第三年还是1500万元的利润，奖金就只有135万元了，相当于奖金相比上一年打了折。分公司每年利润都要有增量，才能保证奖金相比上一年不减少，这样的方式可以激励销售部门不断去做增量利润。

研发部门也可以使用虚拟利润来核算可以分配的价值，比如：虚拟利润=产品内部定价收入+技术支持收入+新领域战略投入-研发费用。

奖金公式除了系数上的差异，指导思想和销售部门完全一样，而研发部门的实得奖金同样要乘以一个均衡系数。以研发部门为例，均衡系数由产品销售毛利、标杆项目建设和运维成本率下降三个均衡指标折算得出。

企业想要什么结果，组织绩效就可以通过指标和算法的设计来牵引这个结果的产生，但另一方面，指标和算法需要有相对应的财务核算体系支撑，避免部门之间对业绩结果产生质疑。

4.2 责任定位：组织绩效制定的重要前提

组织绩效从战略出发，最终根据不同部门的职责和定位，形成有效的组织考核依据。因此，清晰的部门责任定位，是组织绩效制定并生效的前提，是形成组织作战能力的保证。

4.2.1 组织架构形成对战略的支撑

组织架构是为实现组织战略而采取的分工协作体系，通过界定组织各部门的责任权力、资源配置的方式、信息流动的程序等，明确每个成员在各个组织中具有什么地位、承担什么角色、拥有什么责权、发挥什么作用。组织结构是企业组织的骨架，反映了组织重要的管理意图和管理方式，是进行流程设计、职权分配、绩效考核与激励设计的基础。适宜的组织结构会对战略实施起到极大的推动作用，与战略不匹配的组织结构将会成为战略实施的阻力。

【管理研究】组织结构必须服从战略

美国管理学家钱德勒对美国70家大型公司进行了研究，发现当公司选择一种新的战略以后，现行结构因未能立即适应新的战略而发生变化，直到行政管理出现问题，公司效益下降，公司才对组织结构进行调整。在组织结构改变以后，保证了战略的实施，公司的获利能力将大幅度提高。因此，钱德勒提出：组织结构必须服从战略。

一般来说，在不同的企业发展阶段，必然有不同的组织结构与之相适应。

（1）在企业初创期，组织结构比较简单，强调协调能力和灵活性，依靠企业领导人和管理团队的个人能力，一般采用直线型组织结构。

（2）随着企业规模的不断扩大，企业一般会采取区域和行业扩张的战略，这时候对协调能力和专业化要求越来越高，就会构建中间管理层实现专业化管理，这时候职能部门的作用开始凸显，形成直线职能型组织结构。

（3）随着企业规模的进一步扩大，企业不断进入新的业务领域，为适应多元化快速发展的要求，便会采取适当分权的事业部制组织结构。

（4）如果外界环境具有高度的不确定性，技术具有多变性，而职能部门间存在较高的相互依存性，端到端流程更能实现客户价值的时候，矩阵型组织结构便出现了，对客户多元、产品线多重的企业来说它是最有效的。

（5）近期还出现了一些更具突破性的组织形态——平台型组织，它由资源管控型后台、业务赋能型中台、客户导向型前台、多元生态体构成，前台拉动中后台整体为客户提供服务。平台型组织里面的每一个点都和其他所有点实时连接，确保任何信息都能及时传到整个组织中，特征是去中心化。

【案例】华为的组织架构的演变

从华为的发展历程中，我们可以看到，它的组织架构始终是在客户需求导向的基础上，遵循着为实现组织战略目标而进行调整与优化的。

华为早期的组织结构，是非常简单的中小企业普遍采用的直线型组织结构，所有员工都直接向任正非汇报。

1994年，华为的销售额突破8亿元，员工达600多人。组织结构也开始从直线型组织结构转变为直线职能型组织结构，除了有业务流程部门，如研发、市场销售、制造部门，还有支撑流程部门，如财经、行政管理部门等。

1998年，华为员工总数接近8000人，销售规模接近90亿元。华为建立了事业部制与地区部相结合的二维矩阵型组织结构：事业部的职能一是在企业宏观领导下充分授权，拥有完全独立的经营自主权，实行独立经营、独立核算；二是作为产品责任单位或市场责任单位，对产品的设计、生产制造及销售活动的一体化，负有统一领导的职能。

到了2009年，在极端困难的外部条件下，华为业绩逆市飘红，全年销售额超过300亿美元，销售收入达到215亿美元。这个阶段确定了"以代表处系统部铁三角为基础"的作战队形，在小范围完成对合同获取、合同交付的作战组织及对中大项目支持的规划与请求。华为组织结构转变成以产品线为主导的组织结构,这有力增强了华为的国际市场竞争力,实现了从全面通信解决方案电信设备提供商向提供端到端通信解决方案和客户或市场驱动型的电信设备服务商转型。

从 2013 年开始,华为形成了运营商业务、企业业务、消费者业务三大 BG 体系,这个巨大的复合型矩阵型组织结构是动态的,是随时会跟随着战略的调整而调整的。当企业遭遇外部环境挑战时,这个组织结构就会收缩并进行叠加,即会进行岗位、人员的精简;而环境向好、需要扩张时,这个组织结构就会打开,并进行岗位与人员的扩张。

组织结构的调整方向要和企业希望强化的组织能力与战略重点紧密关联。由此,企业在进行组织结构设计时要谨防如下两个错误。

第一,避免"盲目跟风"。比如平台型组织是当下热门的组织类型之一,很多小企业也在试图构建平台型组织,却没有考虑这种组织结构是否适合它们的业务发展,而且它们本身也并不具备足够的组织能力来支撑这样的组织变革。

第二,避免"生搬硬套"。华为作为中国民营企业的标杆,是国内很多企业的学习对象。有些企业全然不顾自身业务的实际情况,照抄华为"端到端"和"事业群+业务单位"的组织结构,导致企业运营效率更加低下,影响企业的发展。

华为自身在《华为公司基本法》中指出了构建组织结构的指导方针,具体内容如下:

(1)有利于强化责任,确保公司目标和战略的实现;
(2)有利于简化流程,快速响应顾客的需求和市场的变化;
(3)有利于提高协作的效率,降低管理成本;
(4)有利于信息的交流,促进创新和优秀人才的脱颖而出;
(5)有利于培养未来的领袖人才,使公司可持续成长。

正所谓战略决定结构,结构也在反作用于战略,华为 30 多年的发展历程,也非常好地诠释了这一理念。任何组织的建设,都需要用企业组织管理原则去对照,没有最好的模式,只有最合适的模式,企业应该根据行业和自己的实际情况,探索和建立最适合自己的模式与道路。

4.2.2 部门责任定位定义不同的考核内容

不同部门对企业的独特价值和贡献是不一样的,如果未能有效区分组织的独特价值,从而无法进行有效的组织绩效管理,那么,不同组织之间可能出现"职责黑洞"或者"互相掣肘"等现象,难以做到力出一孔,各个部门就很容易偏离企业的战略意图。

从承担的职责上看，每个部门都有自己的专业职能，但是企业需要剥离表面的细节，基于企业的战略及对客户价值的满足，从财务的角度去界定不同的部门，定义清楚各部门的责任及其全面预算体系，从而形成激活部门的重要基础。承担一定经济责任并享有一定权利的企业内部责任单位被称为责任中心，一般来说责任中心分为几类，如表4-1所示。

表4-1 企业责任中心分类及典型考核指标

责任中心	定义	典型KPI
利润中心	责任中心体系的核心，直接面向客户承担端到端责任，对利润负责	收入、回款、利润率
收入中心	面向外部客户创造收入的组织，其主要目标是追求规模和增长	订货、客户满意度、竞争格局
成本中心	为利润中心服务，是利润中心承担客户端到端责任的一部分，投入和产出之间有着密切的匹配关系，对可控成本负责	交付质量、成本率、运作效率
费用中心	不直接面向外部客户，主要为其他责任中心提供专业服务，投入和产出之间无法进行严格匹配，对产生的费用及费用效率提升负责	费用预算达成率、服务满意度、关键任务
投资中心	以客户为导向，负责端到端产品投资管理，关注的是长期的投资价值，对提升资金和资产的回报率负责	投资完成率、投资回报率、投资方案通过率

不同的部门责任定位直接影响部门对上级和流程目标的承接范围与承接方式，不同的责任定位意味着考核要素的设计模式和内容的不同，明晰的责任中心定位是组织进行组织绩效管理的前提，以便更好地进行评估和激励。

责任中心强调组织的一切成果发生在客户界面，清晰地划分责任中心的目标、指标与责任，将每一个单元（BG、地区部、产品线、职能部门等）的输出成果都以客户端价值为衡量标准，让组织回归以客户为中心。此外，责任中心是全面预算的基石，其围绕企业经营的整体目标而努力，避免因为虚拟利润中心等管理手段，影响以客户为中心的宗旨。

虽然有的责任中心负责挣钱，有的责任中心负责花钱，但各类责任中心只是责任和分工不同，它们的定位并无等级差别。责任中心定位主要依据部门对产出和投入资源的控制或影响程度，部门责任中心除了有通用的定义，还与企业和上级的管理意图有关系。

华为集成财经服务（IFS）项目中，对组织实施了责任中心的设计，分有收入中心、利润中心、成本中心、费用中心、投资中心。华为通过匹配公司的管理体系、组织架构和责任现状，明确了每个预算单元的责任中心类型和关键的财务指标，同时构建了责任中心的建设流程，并且融入HR、组织设立和预算流程。

华为的利润中心划分不是简单地依据一个维度，它有一个很大的特点：让产品线和市场线相互"拧麻花"。华为主要有两类利润中心：

（1）按照市场区域维度划分的销售组织，将区域销售组织定位成利润中心。

（2）把研发体系按照产品来划分为产品管理组织，将产品线定位成利润中心。

再通过销售毛利率、销售收入和经营活动净现金流等指标，建立起两大利润中心体系经营单位的连带责任和利润责任。即销售组织分产品的收入、利润和经营活动净现金流，同时对应的产品体系承担产品线的收入、利润和经营活动净现金流。

产品线进行管理优化，降低成本，快速向市场推出满足客户需求的有竞争力的产品，由此带来的收入、现金流和利润的增长，是对积极销售其产品的区域销售组织绩效的贡献。这种连带的利润中心责任体系促进了两大利润中心体系的协同，让它们共同将收入、利润和现金流做大。

当然，这种连带责任、不对称衔接的组织体制，需要强大的"配套条件"，比如企业文化、业务执行力（包括业务流程和制度配套建设）、干部管理体系及财经能力才能落地。

另外，部门业务管理模式发生变化，责任中心定位也有可能发生变化。例如，华为早期技术支持部负责解决产品售后故障和保障客户网络正常运营，定位是成本中心，后来增加了销售服务产品功能，便可以定位为利润中心。

每一责任中心内部的子部门责任中心的定位可能与上级部门并不相同，具体与其应负职责相关。例如，华为财务系统中既有利润中心，也有费用中心：市场财经部负责提供融资解决方案，所以它是利润中心，融资销售额是该部门的重要考核指标之一。

当责任中心确定了，部门的组织绩效衡量指标有很大一部分就可以确定了。

4.2.3 业务发展阶段不同，考核不同

组织绩效需要考虑不同部门的业务特征和发展阶段，设置差异化考核。随着业务场景和业务特征多样化，如果用一套统一的管理标准来适配全部业务，只会给业务发展带来困扰，甚至会伤害业务。因此，需要针对业务的差异性来设计相应的KPI。例如，针对市场上的"盐碱地"和"产粮田"，考核指标自然不能一样，否则就没有人愿意去洗"盐碱地"了；另外，针对"盐碱地"还可以采用战略补贴方式，把阶段性的目标和战略补贴挂钩，同时在干部晋升政策上倾斜，用多套手法提高干部和员工的积极性。

处于孵化期的业务和处于成熟期的业务，考核指标同样要避免雷同。在业务的孵化期、投入早期，不要使用收入、利润这样的考核指标，因为这个时候业务也产生不了多少收入和利润，而是要根据处于孵化、开发阶段的关键事件和里程碑进行管理。

在业务的快速发展期，要迅速地"攻城略地"，对应的考核更多是规模增长优先，利润其次，关注的是产品的推出、占据市场份额、山头项目获取，以快速做大规模。而对于已经成熟的业务，市场增长空间已经不大了，因此更多是利润改进优先，成长次之。

【案例】华为不同阶段研发和市场团队的考核牵引要点

基于业务不同的发展阶段，牵引长期与中短期的平衡，配以不一样的考核和激励方案。如表4-2和表4-3所示。

表4-2　不同阶段研发梯队的考核牵引要点（示例）

不同阶段研发梯队	A	B	C	D
业务场景	只搞科学样机，不计成本，主要是论证可行性，大胆探索，不成功也是可以的	在科学样机的基础上发展商业样机，研究它的适用性，满足高质量、易生产、易交付、易维护的要求	满足客户需求的、多场景化的产品，有利于用户降低建设成本和运维成本	研究如何用容差设计和普通的零部件，做出最好的产品，做到最优的质量，最易使用和安装，最低的成本架构
考核要点	不以成功论英雄，失败了涨工资，成功了升级	按照不同生命周期牵引，"多打粮食，增加土地肥力"，追求有效增长	按照不同生命周期牵引，"多打粮食，增加土地肥力"，追求有效增长	充分低价量产是一件非常难的事情，失败了涨工资，成功了升级

表4-3　不同阶段市场团队的考核牵引要点（示例）

不同阶段市场区域	导入期	成长期	成熟期
业务场景	牵引机会，放量和改善盈利	牵引规模，实现盈利	牵引效益，提升盈利能力
考核要点	·市场导入：市场突破、实现战略市场目标（新业务、新机会、山头项目、竞争格局） ·考核关键举措和关键事件	·有效规模增长：有利润的增长，有现金流的利润 ·考核收入和现金流	·有利润，有现金流，效益持续增长。 ·考核收入、利润、现金流

4.3 各级部门组织绩效的结构和内容

不同部门的组织绩效要进行差异化的设计，意味着不同部门的指标内容是不一样的，但是一个企业不同部门的组织绩效的结构是大同小异的，在某种程度上体现了企业的管理颗粒度和管理质量。

4.3.1 组织绩效的 KPI 设计

组织绩效管理的基本内容有设定组织责任中心、组织绩效 KPI 指标设计、目标值设定、绩效结果评估及绩效结果应用，KPI 指标是其核心内容。组织绩效层层分解，越接近基层组织，颗粒度越细。层层分解是为了保证目标效力不衰减，有利于上下对齐，各级组织的目标及责任人的主要目标清晰可见，责任明晰。

企业在设计组织绩效指标前，需要清楚了解组织绩效指标的来源。

第一是战略解码，是指通过解码战略，得出每一个部门的关键任务及 KPI 指标，然后再分解到岗位。在对企业战略进行解码的过程中，无论是按职能部门进行横向分解，还是按管理层次进行纵向分解，最终都能实现企业战略目标和部门绩效目标、部门绩效目标和个人绩效目标的上下对齐。

第二是部门责任中心定位，也就是每一个部门都有一个来自企业最原始的诉求。换句话说，每个部门在端到端的流程里应履行的职责和定位也是组织绩效的关键输入。比如华为对研发产品线的期望是产品线能和销售线一起负责产品在市场上的商业成功。有了这个诉求与定位后，企业就要考核该产品线的收入与产品竞争力。这样，对研发产品线的收入、利润、产品竞争力等考核指标并不是直接来源于战略解码，而是来源于部门的责任中心定位。

第三是业务短木板、管理诉求，即与改善组织能力"短木板"相关的重点工作任务。比如说，某公司有多家子公司，其中 90% 的子公司回款没有问题，剩余 10% 的子公司回款有比较大的问题。那么销售回款就是这 10% 的子公司的短木板。在组织绩效考核时，要针对这个短木板专门制定考核指标。

组织绩效 KPI 设计应该符合业务特点和发展阶段，通过 KPI 来牵引业务发展和支撑业务的成功。因此，洞悉业务本质和发展规律是制定组织绩效 KPI 的重要前提。

明白了组织绩效 KPI 的来源，接下来是对组织绩效 KPI 的设计。

（1）关键成功要素和 IPOOC 方法，在 3.3 节中已经介绍过，在此不赘述。

（2）平衡计分卡，在 3.1.1 节中已经介绍过，在此不赘述。

（3）流程—职责方法。流程体现了部门的基本价值创造环节，因此需要基于端到端流程价值和组织职责设计组织 KPI。当部门职能 KPI 和流程 KPI 发生关联，即当职能 KPI 是流程 KPI 的过程性指标时，比如解决方案技术排名（属方案职能 KPI）是销售额（属从商机到回款流程 KPI）的过程性指标，应当以流程 KPI 代替职能 KPI，或以流程 KPI 为主、职能 KPI 为辅，以体现既要明确分工，又要关注协作的原则。

（4）KRA/KPI 合并鱼骨图分析法。KRA（关键结果领域）方法比较适合中小企业敏捷地找到衡量指标。KRA 是指组织为了达成业务目标，不可或缺的、必须取得满意结果的领域，如市场地位、顾客满意、产品创新、组织文化等，它引导企业思考：通过哪些关键成功领域或者行业成功要素，取得怎样的关键结果，才能促成组织愿景和战略目标的实现。结合 KPI 后可作为关键驱动领域是否取得预期结果的衡量指标。企业 KRA 及 KPI 表达了企业实现战略目标的路径，与寻找关键成功要素相似，但它关注的范畴更宽泛，是普遍存在的成功要素。中小企业在探索差异化竞争优势之前，可以用鱼骨图分析法来表达一个企业的 KRA 和 KPI，并对贡献进行科学衡量，如图 4-1 所示。

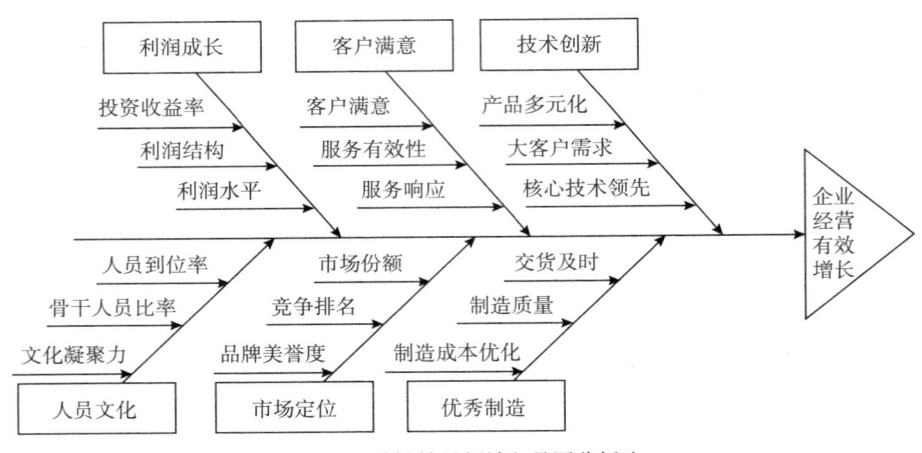

图 4-1 关键结果领域鱼骨图分析法

（5）业务核心打法设计法。对标标杆实践的打法，结合自身业务特点，提炼业务核心举措，并针对性设计组织 KPI 指标，如图 4-2 所示。

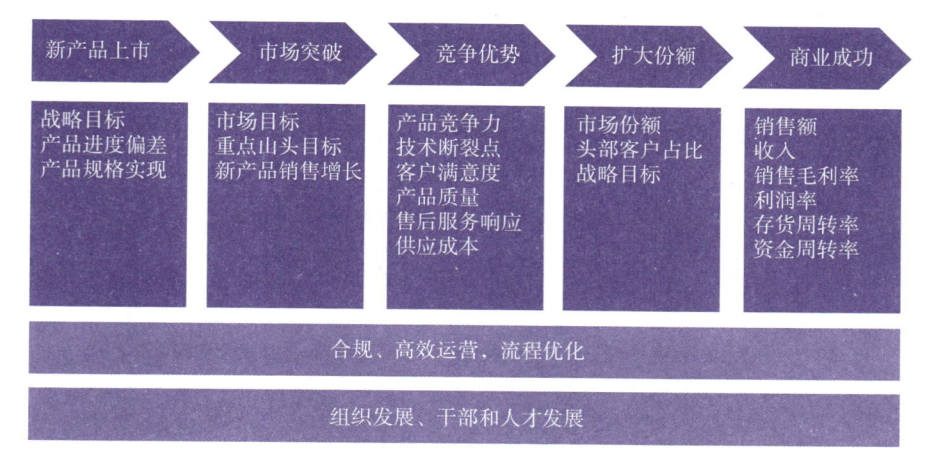

图 4-2 业务和新举措对应 KPI

新产品上市	市场突破	竞争优势	扩大份额	商业成功
战略目标 产品进度偏差 产品规格实现	市场目标 重点山头目标 新产品销售增长	产品竞争力 技术断裂点 客户满意度 产品质量 售后服务响应 供应成本	市场份额 头部客户占比 战略目标	销售额 收入 销售毛利率 利润率 存货周转率 资金周转率

合规、高效运营，流程优化

组织发展、干部和人才发展

【标杆实践】华为各类组织的常见 KPI

产品线常见 KPI：销售收入、新产品销售比重、制造毛利率、贡献利润、人均销售收入、重点产品故障率、客户满意度、产品竞争力。

区域销售部常见 KPI：销售订货、销售收入、战略目标、市场份额、贡献利润、回款、人均销售收入、客户满意度。

研发部常见 KPI：销售收入、贡献利润、技术竞争力、产品交付前置时间、产品质量事故等级、目标成本达成率、人均效率提升率、平台 /CBB（公共构建模块）重用率、开发周期改进、研发费用执行偏差率、干部梯队准备度、骨干员工流失率。

服务部常见 KPI：销售收入、服务收入、贡献利润、战略目标、服务成本率、初验按时完成率、人均销售收入、服务客户满意率、客户问题解决率。

供应链管理部常见 KPI：发货额、制造毛利率、单位发货制造成本率、客户满意度、合同及时齐套到货率、到货质量合格率。

财经管理部常见 KPI：费用率、净现金流、DSO（Days Sales Outstanding，应收账款周转天数）、ITO（Inventory Turn Over，库存周转率）、预测准确率、财报内控（关键事件）。

4.3.2 组织绩效管理的原则

华为在组织绩效管理上采用的是考核制，原则如下。

（1）聚焦组织产出，而不是让考核代替管理。各层组织的 KPI 要围绕公司、各事业部、各区域的关键战略落地及其效果，不能将太多的管理诉求加载到 KPI 指标中。如果有太多的过程管理、行为管理，即便最后考核结果很好，只要不涉及产出或者效益的，很容易导致"虚假繁荣"。

（2）平衡好短期/长期组织目标，同时关注协同拉通。短期组织目标一般在当年内能完成，是当年活动在当年的体现，通常反映为财务指标。而长期组织目标则是牵引企业创造持续价值的能力指标，比如市场竞争格局、客户满意度及管理体系建设等目标，这些指标的改善生效往往需要企业付出超过一年的努力。不同部门如果需要协同，在指标之间还要体现出合理的逻辑性。

任正非说过，短期的组织目标是"打粮食"——也就是提高销售订单、销售收入，及时回款并形成现金流等；长期的组织目标是"增加土地肥力"——积极建构未来市场格局、抓住战略机会点、攻取山头项目、建设组织能力等，夯实基础。短期和长期目标的结合，有利于企业眼光长远，坚持长期主义，收获长期有效的增长。对于某项新业务的发展，如果华为希望未来三年整体收入达到50亿元，市场份额达到30%，那么该业务第一年的核心目标应至少进入市场上五个头部客户的采购供应商名单，不考核利润，轻度考核收入；第二年营业收入要达到20亿元，重点考核市场份额、收入，轻度考核利润；第三年营业收入要达到50亿元，重点考核市场份额、收入、利润及现金流。长期组织目标考核权重占比约为20%。

（3）聚焦核心战略诉求，控制KPI数量。虽然华为要求每个组织最多只能设置15项指标，但是对于绝大多数规模没有华为大，组织也没有华为那么复杂的企业来说，一般组织绩效KPI在5～10项便足够，再多精力就分散了。

一般而言，经营单元（利润中心）的短期组织绩效为"订、收、回、利"（订货额、销售收入、回款金额、利润额），权重占比要达到50%以上。

长期组织绩效采用战略目标的达成来衡量。战略是面向长远的，组织战略目标考核按照清单管理，一般考核市场竞争水平、重要粮仓的培育及自身能力的不断优化，比如：新的市场机会、市场格局/市场份额、价值创造能力、竞争态势、风险管理、企业组织能力。

（4）组织跟组织之间的差异比较大，甚至业务形态都不一样，意味着销售规模、销售利润率并不一样，所以关键是自己跟自己比，不断改进，牵引各组织发挥最大潜力。每一个组织都有自己独特的一面，应要求每天、每月、每年有所改进，正如另一家巨无霸企业阿里巴巴的价值观里提到的：今天最好的表现是明天最低的要求。

（5）考虑不同组织职责、业务特征、发展阶段，差异化考核。不同的责任中心，考核内容不一样；不同的业务形态，根据业务形态特点进行考核；不同的发展阶段实施不同的考核。仗怎么打，就怎么考核。

4.3.3 指标的目标值设定方法和评分规则

组织绩效管理的基本内容除了设定组织责任中心、设计组织绩效 KPI，还要进行权重、目标值、考核周期及评价规则等内容的设定，如表 4-4 所示。

表 4-4 ××部门 20××年组织绩效考核表（示例）

牵引维度		KPI	权重	目标			完成值	KPI 得分
				底线值	达标值	挑战值		
客户	客户	战略目标	10%					
		客户满意度	10%					
财务	规模	订货	10%					
		销售收入	15%					
	利润	贡献利润率	15%					
	现金流	回款	10%					
内部运营	效率	存货周转率	10%					
		资金周转率	5%					
	风险	超长期回款	5%					
学习与成长	干部	干部培养	10%					
KPI 得分合计								

首先要根据工作优先顺序和承担的责任来设计各项 KPI 的权重，指标权重体现了牵引的力度。一般来说，如果使用平衡计分卡的考核模式，财务层面的 KPI 权重占 30%～50%，客户层面的 KPI 权重占 20%～30%，内部运营层面的 KPI 权重占 20%～30%，学习与成长层面的 KPI 权重占 5%～15%。即越靠近产出和效益的层面，考核权重越大；越靠近过程或者关键举措的层面，考核权重越小，这也体现了组织绩效以结果为主的导向。

其次是要确定一项 KPI 做到什么程度才叫"做得好"，也就是组织绩效 KPI 的目标值确定工作。例如，一个业务单元的规模目标——收入，当年做到什么程度为好？比去年要增加多少百分比？在哪些产品的收入增长上要更加明显？再比如一项 KPI 是赢下山头项目，那么，山头在哪个市场？什么时候进入这个市场？占据多大市场份额？什么产品要进入？应用在什么范围？这些目标必须做到什么程度组织与上级才满意？因此，组织绩效 KPI 的目标值的确定，需要被考核的组织、上级部门和相关专业部门对业务情况（如市场容量、市场增长、客户情况、竞争对手和自身能力等）有深刻的洞察，只有这样，才可能定下相对合理的目标，也才可能获得上下共识。

【案例】A 公司的组织绩效目标"PK[①]会"

每年年初，在很多公司里面，组织绩效目标的沟通会，就像是一场 PK 会。这一幕在 A 公司又上演了。

A 公司老总说："张总啊，去年你们业绩还可以啊，今年行情还不错，增长个 10% 没问题吧？"

子公司负责人张总说："领导啊，您真是太为难兄弟我了。去年业绩好也就是运气好啊，今年您是不知道，咱们的竞争对手打低价策略，手下员工好不容易培养起来也因为工资低走了。我现在是内忧外患，正想跟您申请降低预算目标呢。"

公司老总只能又说："不行啊，上级单位今年给咱压的任务很重，不往下分解完不成啊！"子公司负责人张总这时面露难色地说："好吧，我不申请降低了，那领导您看能不能别给我这个板块加预算了，我努努力还是完成去年的业绩吧？"

子公司负责人张总心里有个小九九，按照市场的判断，今年应该能够完成得比去年好，如果能够与公司谈的目标低一些，完成情况就会好一些，对应能拿的绩效奖金就会水涨船高。

华为在确定组织绩效 KPI 的目标值时，采用四种维度比较法，即"四比法"。

（1）维度一：与行业发展趋势比。如果一个行业每年市场容量增长 35%，但是企业的规模增长只增加了 30%，即便是打败了隔壁的老对手，也是没有意义的。正所谓"赢了竞争对手，却输给时代"，所以组织绩效的目标应着眼于行业发展趋势和价值转移趋势。

（2）维度二：与竞争对手的发展比。不仅要跟上行业发展的速度，还要超过竞争对手的速度。例如，和我们同级别的竞争对手增长了 100%，而我们却只增长了 50%，如果只看自己的增长，我们还难免心生得意，却没有意识到在市场份额上我们已经被蚕食了。对于这样的情况，市场占有率等相对指标比销售收入、销售收入增长率等绝对指标更能体现问题。因此，我们必须对标同级别甚至快半身的竞争对手，学习和吸收它们的优点，补齐自己的短板。

（3）与企业内同类业务比。不同产品线、区域销售组织等同类业务之间横向比较，采用赛马的方式促进你追我赶。

（4）与历史相比。"有改进，大奖励"，持续改进，牵引各组织发挥最大潜力。

"四比法"是一种解决指标难以达成共识的方法。通过定标比照，将企业组

---

① PK 为网络词汇，意为挑战、比赛、比拼等。

织绩效和行业发展和标杆实践进行比较，找出目标，找出差距，提出针对性发展思路，从而达到企业的期望。

但是仅仅借助"四比法"推导出来单一目标值，不一定能够弥合上下级对目标期望的不一致，也不能很好地包容市场的变动因素，再有就是体现不了对超出期望的奖励的牵引力度。华为将组织绩效 KPI 的目标值分为底线值、达标值和挑战值三个档次，其核心逻辑是企业期望对标预算，KPI 整体绩效达标。

（1）底线值是战略落地最基本的业绩保证，一般为达标值的 80%，达不到底线值则绩效得分清零。

（2）达标值反映正常战略诉求的业绩，是比预算高一点的目标值。

（3）挑战值是超出公司战略预期的业绩，一般为达标值的 120%，设置加速得分比率和封顶值。

$$KPI 总分 = \sum 单项 KPI 得分 \times 权重 + 关键事件加减分$$

再有就是确定组织绩效指标的考核周期，需要结合 KPI 本身的业务经营周期。比如一些 B2B 业务项目，周期一般在 3～6 个月甚至一年，那么相关的绩效指标的管理周期应合理设置为半年甚至一年，因为如果设置为季度考核，数据还没有出来或者不便于统计出数据结果。还有一些指标，是贯穿全年的工作才能够体现出来的，也不宜设置为短周期指标，比如应该设置为年度考核（不能季度考核）的指标有第三方客户满意度、组织干部人才类 KPI 等。但是如果业务周期比较短，比如简单产品或服务的交易，每个月可以很好地核算业绩，那么采用月度考核也是可以的。

最后就是考虑如何评价。组织绩效考核通常是客观、量化的指标，由数据责任部门统计结果，和目标比对就能够获得分数。但是对于需要评议的指标或者在综合评议上，注意放在一起评议的主要是同一类组织或同一个组织内的下属组织。比如，产品线放在一起评议，同一大区内的代表处放在一起评议。在这里还需要注意，没有必要把两类不同的部门考核结果放在一起评议，虽然它们可能对应着同一个或若干类似的 KPI。比如，对市场部考核销售收入，对供应链也考核销售收入，主要目的是牵引供应链以市场形成收入为工作导向，仅仅是指标互锁，没有必要将它俩放在一起评议。

4.4 各司其职：组织绩效的全方位覆盖

现代管理学之父彼得·德鲁克说过："战略管理是实现企业目标的一系列决策和行动计划，任何行动从语义学的角度分析都包含这样几个问题，即做什么，由谁做，怎么做，在哪里做和何时做。"

SDBE领先模型认为，组织绩效是以企业、组织为单位，以KPI和关键举措来衡量，以半年度、年度为周期设定的部门目标考核，用于牵引各级组织的行为。

4.4.1 组织绩效的纵向分解

承接战略目标，组织绩效首先在纵向维度上进行分解，如图4-3所示。

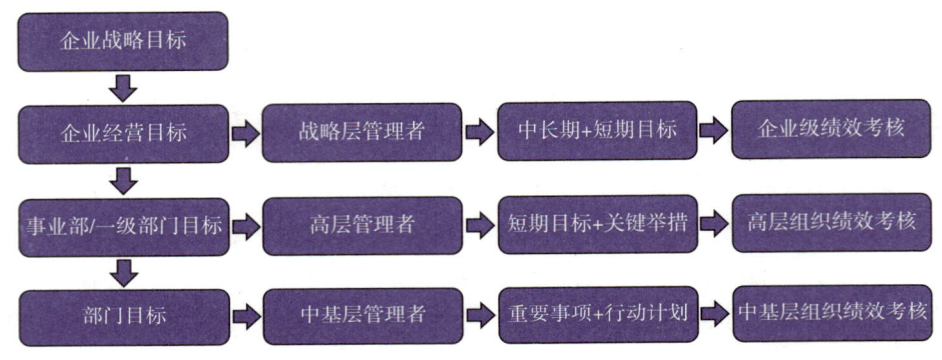

```
企业战略目标
    ↓
企业经营目标 → 战略层管理者 → 中长期+短期目标 → 企业级绩效考核
    ↓
事业部/一级部门目标 → 高层管理者 → 短期目标+关键举措 → 高层组织绩效考核
    ↓
部门目标 → 中基层管理者 → 重要事项+行动计划 → 中基层组织绩效考核
```

图4-3 组织绩效纵向分解示意图

但是组织绩效在从上往下分解的过程中，往往会出现如下问题。

一是如果以人力资源部主导，上下级部门管理者之间会出现目标博弈的情况。

二是上下级之间的指标可能会出现分解不到位，存在缺失或不一致的现象。

三是到了基层组织时，因为没有充分参与高层的绩效研讨导致理解困难、难以达成共识，员工会本能地对绩效评估结果的公正性表示质疑。

四是将组织绩效分解到个人时，个人层面的绩效指标的分解很花时间，管理成本高，整体效率较低。

组织绩效是战略和落地之间的桥梁，绩效体系的有效执行，十分依赖于企业全体管理层和员工对企业战略的共识和理解及全体员工对绩效的承诺。在企业中要形成在共同的愿景和战略目标下的"上下同欲者胜"的绩效文化，造就对绩效的承诺，方式之一就是发动各级员工参与到指标的纵向分解与沟通中，尤其是考核者团队与被考核者团队要进行共同研讨，并达成共识。在企业中需要强调"刚性执行"的责任制度，要求企业内部全体管理层及员工要严肃认真地对待绩效合约，在战略目标的分解和承接中承担相应的责任，并且做到使命必达。

在华为内部的一次例行会议上，华为CFO（首席财务官）孟晚舟做完财务统计报告之后，任正非忽然说："时间还很充裕，谈谈你对华为发展目标的看法。"

于是，孟晚舟便将壮大欧洲市场、致力开发新一代智能产品、打造电信网络新平台等战略构想阐述了一遍。还没等她说完，任正非就打断了她："你的战略构想很好，但是如何向下面的人传达，说你要当世界'老大'呢？"孟晚舟一时语塞，不知道该如何回答。

任正非表示："制定战略是公司层面的事，我们的员工未必关心公司的事，他们更关心自己一年能拿多少钱。但是我们要让员工觉得公司的事业是和他们息息相关的，光喊几个口号是不行的，以前行得通是因为我们人少，现在我们的员工多得一个体育场都站不下，我们的声音怎么传给体育场外面的员工？"任正非的诘问说明他对保持绩效信息对齐、共识重要性有清醒的认识。

在具体的操作中一是企业级绩效指标的设定与分解。战略规划不仅仅是企业老板与高管们的工作，关键是要走下云端，穿透层层组织，直达员工的执行层面。从"我们是一家有什么使命和有怎样成功远景的企业，我们的市场定位如何，我们的战略三年目标是什么"，到"我们的年度重点战略举措、关键成功要素及年度的平衡计分卡"，再到"平衡计分卡上的关键举措分解为多项任务和实施步骤"等，都需要各级管理者和员工的深度理解并参与其中。

二是一级部门或事业部级绩效指标的设定与分解。该层面的绩效指标设定与分解是整个绩效指标体系管理的中枢，是组织绩效实施的关键环节，因为在这个环节里，体现的是战略目标在业务板块中的实现路径和主要方式，是分解中承上启下的部分。完整的绩效指标除了指标本身、目标、权重，还包含核算口径、数据来源、计分方法等。针对各项指标的设定与分解，上下级管理者、同级管理者团队之间需要在这些要素上达成理解和共识。此外，绩效指标的设定除了需要检验单个指标的"SMART"原则，还需要检验整个指标体系上下级分解中的平衡性、承接性、可控性和可衡量性。

三是员工个人绩效指标的设定与分解。员工是企业里最小的执行单元，个人绩效指标设定的目标是精准，是对关键目标和关键行动的指导，不追求指标体系本身的完整全面。为了真正达成共识，体现"上下同欲者胜"的决心，以及做出"刚性执行"的承诺，可以邀请全体员工参与到指标设定与分解的活动中来，也就是针对目标加强管理者和员工之间的沟通。

组织绩效的纵向分解一直在强调上下"共识"，一个有效的行动是在上下级管理团队之间举行"指标分解大会"，帮助考核者团队与被考核者团队澄清绩效指标达成的目标值、具体举措和所需资源，并最终达成共识。"指标分解大会"可以在上下级管理团队之间层层开展，如在企业高管层团队与所有事业部之间、事业部高管层团队与下属所有部门之间、部门管理层团队与下属主管团队之间。

只有组织的各级目标都与战略保持方向一致，每个目标才能实现对企业战略的支撑。

4.4.2 组织绩效的横向协同

经过企业战略管理部门制定并经核心经营管理团队确认后，每个重大战略都会经过逻辑解码，用数据说话，导出可衡量和可管理的关键成功要素，然后需要分解到各部门，让各部门去理解并执行。

这样的分解既有纵向的层层分解，使上下级部门明确各自的职责和任务，同时更需要分解出需要横向部门协同的任务，因为战略目标往往是跨专业领域和跨部门的。对很多企业来说，战略目标从上往下分解是必然要进行的工作，但是部门之间的横向拉通就很容易被忽视。战略目标的推进遭遇"部门墙"，主要原因就是各个部门不清楚在推动战略目标时如何配合，或者缺乏共识，这也是战略落地的难点之一。只有将战略目标在企业空间中进行纵向、横向的双维分解后，各部门才能找到自己在该战略中所处的位置，发挥自己的作用，这是保证长远目标实现的坚实行动。

为了给部门工作的开展、组织绩效提供明确的指导，企业首先需要清晰各部门的职责。换句话说，制定组织绩效前不仅仅要明确部门在预算体系里面的"责任中心"价值，还要明确各部门对企业战略目标的具体价值。企业可以通过对业务流程和支撑流程的梳理来确定各项关键价值活动的责任部门和协同部门，进一步厘清各部门的专业职能。

表 4-5 是笔者为一家企业做咨询服务时，对业务流程梳理后确定的关键价值活动在部门间的分工结果。

表 4-5 关键价值活动梳理及部门职责分配（部分示例）

主业务流程	序号	关键价值活动	销售部	市场部	大区/省区	平台业务部	人力行政部	财务部	总经办
战略与经营管理	1	组织战略务虚研讨							★
	2	组织战略方向和定位研讨							★
	3	组织战略解码							★
	4	组织企业经营规划拟制							★
	5	组织各部门策略和规划梳理							★

续表

主业务流程	序号	关键价值活动	销售部	市场部	大区/省区	平台业务部	人力行政部	财务部	总经办
战略与经营管理	6	组织年度战略与经营会议							★
	7	组织编制人力规划					★		
	8	组织编制财务预算规划						★	
	9	经营目标制定与下达						★	
	10	经营目标完成总结						★	
	11	组织阶段性战略落地回顾							★
产品营销	12	市场调研及竞品研究		★	√				
	13	产品卖点及配方		★					
	14	产品定位		★					
	15	包装设计		★					
	16	销量目标预测	★		√	√			
	17	经销商政策	★						
	18	全国性消费者促销计划	√	★	√				
	19	区域性消费者促销计划			√				
	20	助销品采购				√			

注：如果该项关键价值活动由某个部门主导完成，则在相应的位置画"★"；如果该项关键价值活动由某个部门协同完成，则在相应的位置画"√"。

在战略解码的环节中，会分解出战略关键成功要素，根据关键成功要素确定了企业级战略 KPI 后，企业便要结合部门职责与责任中心定位，把战略 KPI 指标落实到不同的责任部门，从而形成部门的组织绩效指标。

以企业的设备成本管理为例，通过识别并提炼确定了企业降低设备成本管理的关键成功要素分别是研发降成本、采购降成本和提升生产效率，那么基于此设计的对应 KPI 指标分别是成本节约额、成本下降率和制造费用率，分别对应的责任部门是企业的产品线、采购认证管理部和供应链管理部。企业可以采用表 4-6 来分解确定部门的绩效指标。

表 4-6　基于责任分解矩阵确定部门绩效指标（示例）

维度	KPI	营销部	研发部	采购部	制造部	人力资源部	财务部
财务	销售收入	√	√				
	经销商渠道收入	√					
	成本率	√	√				
	三项费用率		√	√	√		
客户	经销商倍增计划达成率	√					
	经销商流失率	√					
	新增客户数	√					
内部运营	每吨采购下降额			√			
	大损耗率				√		
	流程成熟度	√					
学习与成长	E/CGP（工资包占利润的比重）	√			√	√	
	大客户团队达标率	√				√	
	干部储备率					√	

从表 4-6 中可以看出，为了确保企业级的目标和重点工作能够在下级部门得到层层落实，有些指标是由企业的多个部门来承接的，因此在制定部门绩效指标时，需要设置 KPI 指标在横向部门的分配与承接，如表 4-7 所示。

表 4-7　战略 KPI 指标由多部门承接（示例）

KPI	营销部	销售部	人力资源部	……
企业营收	○	○	×	
企业利润	○	○	×	
……				

注："○"表示完全承接，"×"表示部分承接。

基本确定下来的各部门的 KPI 绩效指标如表 4-8 所示。对于部门绩效指标项的数量，一般建议设为 5 项到 10 项，因为过多的考核指标数量会分散部门注意力，并且有可能使企业的考核成本过高。

第 4 章　组织绩效：经营兑现和能力建设的利器

表 4-8　组织绩效（战略 KPI）考核模板

部门名称							部门负责人	
类别	指标	权重	底线 80%	达标 100%	挑战 120%	得分	备注	
财务	毛利						牵引提升合同质量和盈利	
	销售收入						牵引销售增长和市场占有率	
	费用率						牵引降低人力费用和研发费用	
客户	客户满意度							
内部运营	合规运营							
	重点项目落实率							
学习与成长	干部培养							
	核心岗位主管符合度							

基于责任分解矩阵，制定好部门的绩效指标后，各部门的绩效目标就更加明确了，那么企业对它们的绩效考核也就更加具体且有针对性。

在厘清部门职责及对企业战略 KPI 承接之后，企业还需要结合部门自身重点工作或者管理短板来补充其他重点工作。各部门重点工作确定的基本原则是：为达成部门目标，哪些是部门或团队最关键、需要优先考虑的事项？这些事项完成的衡量标准是怎样的？部门可以将与财务和客户层面的年度重点工作和措施归类为重点业务措施，将内部运营及学习与成长层面的重点工作和措施归类为重点管理措施，而且这些重要措施要保证实现 SMART 化。企业可以基于表 4-9 来确定部门重点工作。

表 4-9　部门年度重点工作分解及细化表

序号	年度重点工作	衡量指标或标准	行动步骤	责任组/人	协同方	预计完成时间
1						
2						
…						

完成了职责明晰、战略 KPI 分解及部门重要事项梳理等几个步骤，可以说组

织绩效合约书的内容就基本完善了。

4.4.3 不同组织类型的考核办法与启示

组织绩效管理的核心目的是在承载企业战略的前提下，通过管理原则与策略的实施，最终建立起符合客户导向、匹配业务流程的高绩效组织。

为了应对市场竞争，在分工协同更能提高生产效率的经济规律下，企业都会为满足运作的需要在内部成立相互独立的专业职能部门，比如产品部、研发部、销售部、市场部、人力资源部等，各部门都有自己的任务和职责，它们是不完全相同的。简言之，各部门的价值定位是不完全相同的，它们从自己的职能出发，通过协作让企业战略和经营目标得以实现。在不同的企业里，名字相似的部门在职责上虽然会有差别，但是统筹来看，该有的职责终究需要设置，区别只是在于有的在A部门，有的在B部门。

此外，不同的企业有不同的商业模式，这就决定了不同部门的责任和重要性是不一样的。比如说，一家企业以营销为主，那么销售部门会是它的利润中心，价值定位也会高于其他部门；如果企业以制造为主，那么生产部门的价值定位就会高于其他部门。如何科学评价不同部门的价值创造即绩效表现，是企业面临的挑战。为此，企业应该避免"俄罗斯套娃"式考核，也就是把企业的目标无差别地让部门承担，而是要通过基于企业对部门的价值定位来差异化设计组织绩效指标。比如说，对各个部门都设置资本报酬率指标。虽然这种统一的做法从某种意义上来说是"公平"的，但是它没有考虑到不同部门的价值定位，并且有些部门对于这个指标根本没办法掌控或者施加影响力，这样考核的结果就是有些部门干脆对这些指标"躺平"或者"摆烂"，员工们还有挫折感，既伤害了组织又伤害了员工。

华为研发部门是负责开发产品的，而销售部门是负责开拓客户的，即把产品销售给客户。基于它们不同职责和定位，华为设计了对它们的绩效考核指标，如表4-10所示。

表4-10 华为研发部门与销售部门的组织绩效考核指标（示例）

部门	考核指标	
	相同	差异化
研发部门	战略目标、新产品销售、客户满意度、网络运行质量、市场份额、收入/订货、利润率、存货周转效率	产品竞争力、产品进度偏差、产品规格实现、技术断裂点、专利覆盖率、产品质量（返修率/事故）、研发降本
销售部门	战略目标、新产品销售、网络运行质量、客户满意度、市场份额、收入/订货、利润率、存货周转效率	客户关系、客户成功、回款/现金流、资金周转效率/服务成本率/销售费用率

从表4-10中可以看出，这两个部门虽然一个在内，一个在外，但是通过基于部门的价值定位，设计的"拧麻花"式的绩效指标都实现了以客户为中心，从而使得研发部门和销售部门"力出一孔"。

组织绩效管理的目的是确保每个组织发挥其最大的潜力，实现其独特价值，为组织做出应有的贡献。企业需要借鉴和参考华为设计不同业务单元的绩效指标方法：差异化设计它们的组织绩效指标，这样就能让各部门共同围绕企业的战略目标和价值观奋斗，提升企业整体的绩效。

4.5 绩效驱动：组织绩效的评价与激励

组织绩效链接了战略目标和战略落地，它的链接能量来源于它与个人的考核、激励连接了起来，形成了对全体员工尤其是对管理者的驱动，驱动他们完成任务、实现目标。

4.5.1 组织绩效的驱动引擎

在华为，组织绩效影响组织里所有的人，并且可以等同于组织第一负责人的个人绩效，两者唯一的区别是，管理干部的个人绩效中可能包含了个人发展。组织绩效属于运营管理的范畴，个人绩效属于人力资源管理的范畴，为什么两者在操作上有那么大的重合度？

这是因为，从人力资源的角度对干部下一个定义，干部有以下三个特点。

第一个特点，干部在企业的人力资源和管理体系中，是一个职位，而不是一个职务。虽然在我国的环境中，干部往往和职务关联，但其实干部是企业中必备的、特殊的职位，它的特殊之处在于这个职位有下级，也可能有上级，而员工没有下级，只有上级。

第二个特点，干部这个职位是特殊的人力资源。所谓特殊，是指它的胜任能力是特殊的，干部的胜任能力很多来自天赋、来自实践、来自悟，并不是员工在某一岗位上绩效好、专业能力强就能当干部。干部胜任力一般来说需要经营能力、人力资源能力、管理协调能力及其他很多特殊的能力。

第三个特点，干部这个职位要为三种绩效负责，一是要为自己的个人绩效负责；二是要为下属的绩效负责；三是要为组织绩效负责，即为部门团队绩效负责。这是由干部这个职位和胜任力的特殊性所决定的，与组织绩效关联极大。

在华为，不论是员工还是干部，都要接受绩效评价，尤其是干部。干部选拔以绩效为分水岭，对于绩效排名在前25%的人，组织可以进一步考察其关键行为过程，评估其能力素质；绩效排名不在前 25% 的人不在干部提拔之列。

2011 年，任正非在华为 EMT 纪要〔2011〕008 号文件中继续强调："本次 BG、EMT 成员的选拔，以及后续的各层级干部选拔，应导向攻击前进。"

任正非在 2012 年 7 月召开的华为 EMT 办公例会上指示华为管理层："有过成功经验的'连长'可以被直接提为'团长'，有过成功经验的'团长'可以被直接提为'军长'，没有必要一定经过'营'或'师'这一级，因为只要他带过一个'团'，到一个'军'只是范围扩大了而已。"

因此企业建立组织绩效和干部绩效的直接联系，便能从机制设计上保证干部群体有动力撬动组织这台机器的运转。但是组织绩效也不应该完全等同于干部个人绩效，干部的成长、干部个人的价值观是个人绩效的重要组成部分。

部门的第一责任人要承接组织绩效，但不同层级的部门和干部考核的方式并不相同，如图 4-4 所示。

不同层级的干部	对他们的考核关注点	考核方式
战略层管理者	中长期+短期目标	述职 签订PBC
高层管理者	短期目标+关键举措	述职 签订PBC
中基层管理者	重要事项+行动计划	PBC考核

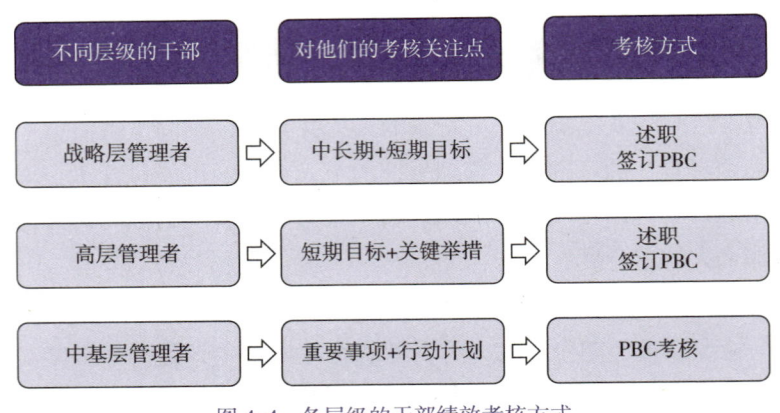

图 4-4　各层级的干部绩效考核方式

对战略层及高层管理者的评价，应关注其长期综合绩效目标的达成和对企业长期战略贡献，重视团队建设和干部后备队建设，不断提升领导力素质，确保企业可持续发展。企业也可以采用述职和 PBC 相结合的考核机制来实现对高层管理者的考核，高层管理者是绝对考核，即与自己的工作要求相比。

对中基层管理者，要兼顾中长期绩效目标的达成和业务规划的有效落实，绩效考核应关注的是他们的短期绩效目标达成的情况和行为规范。对中基层管理者的绩效考核内容主要有：组织 KPI 指标、个人的 KPI 指标。为了选拔优秀人才，可以设置干部间的相对考核，形成你追我赶的局面。

述职就是在年终（年中）采用述职的方式，可以按照平衡计分卡四个层面，对绩效考核进行全面检查，包括上一年（期）承诺的 KPI 实际完成情况，采用的思路和举措,并对下一年(期)的战略和KPI做出新的承诺,实施的思路和举措,并签订新周期的PBC。如表4-11所示。

表4-11 华为各级主管述职模板(示例)

姓名		所述部门	
1. 不足/成绩			
总结当期的业务和管理工作,针对KPI目标和影响KPI的根本原因,按照优先次序,列出最主要的不足和最主要的成绩,并扼要地指出原因。			
2. 竞争对手比较/业务环境及最佳基准比较			
通过准确的数据与指标,说明客户、竞争对手和自身的地位、潜力、差异和策略;聚焦变化、动向、机会和风险,关注影响公司和部门KPI完成的市场因素与环境因素,以及业界最佳基准。			
3. 上一周期KPI达成情况			
总结KPI完成情况,与历史同期水平相比的进步情况,审视本期目标的完成程度,说明差距和原因。			
4. 核心竞争力提升的措施			
核心竞争力提升的措施是要完成KPI和增强管理潜力的措施。各部门围绕公司目标,回顾和评价部门业务策略、重点工作/业务推进措施的落实情况,并对措施的实施结果进行规划。			
5. 客户/内部客户满意度			
每个部门说明和分析内部客户满意度,特别是最满意的比率,最不满意的比率,哪些客户和内部部门最满意,哪些最不满意,下一期如何改进。			
6. 组织学习与成长			
提出和检查提高员工技能的计划、措施和效果,报告和分析组织氛围指数,检查公司重大管理项目在本部门的推进计划和阶段目标的完成情况。			
7. 预算与KPI承诺			
根据历史水平及与竞争对手的对比,对KPI指标和业务目标做出承诺。			
8. 意见反馈			
提出在运作过程中所需要的支持,以便公司进行协调相关资源。			
直接主管		日期	
备注			

通过组织绩效在干部群体分层分级的绩效考核,并进一步操作分解至部门员工,才能体现战略目标和组织重要事项在全员中的贯穿和牵引,进而提升对公司战略有效支撑的实现程度。

4.5.2 组织绩效和个人考核的结果应用

组织绩效对个人产生驱动力，其本质是在结果应用上的精细设计。组织绩效结果的应用有两个层面：组织层面和个人层面。

组织绩效结果在组织层面的应用主要是：对战略实施闭环管理；部分指标达成情况影响组织的奖金包；组织内员工个人绩效结果的比例分配。

组织绩效结果在个人层面的应用主要针对于干部：首先它是组织负责人绩效评价的主要输入，其次它影响着干部的选拔、晋级、淘汰等。

在华为，评价干部的分水岭是绩效，绩效的标准是基于贡献。在华为，激励的原则和导向是，要在员工表现亮眼的时刻，给他最好的舞台，让他呈现最好的"演出"，最后得到最合理的回报。

【案例】华为对干部的激励

2013年1月14日，华为召开2013年市场大会。在"优秀小国表彰会"上，对取得优异经营成果的小国办事处进行了隆重表彰。共有11个小国办事处获得二等奖，9个小国办事处获得一等奖，2个小国办事处获得特等奖。大会分别向他们颁发了奖盘、奖牌和高额奖金。

另外，公司2012年销售收入差2亿多元没有完成任务，按制度规定，这次轮值CEO郭平、胡厚崑、徐直军，CFO孟晚舟，还有片联总裁李杰，包括任正非和孙亚芳，都没有年度奖金。其实，华为2012年度奖金总额比2011年提升了38%，也就是说员工的激励极大地增长了。奖罚分明、干部带头的分配文化，是华为分配效果很好的因素之一。

在个人绩效考评中，"考"和"评"必然要结合，经实践证明，这是对一个人价值评价的最科学的方式。"考"聚焦核心KPI目标，确保责任结果达成；"评"要引导全面责任履行和适度跨界，确保组织节点之间无缝连接。"考"和"评"的对象各有侧重。定量的结果性指标衡量叫"考"，"评"的对象分为三种情况：PBC中的关键承诺部分；责任范围内未纳入PBC的部分；岗位或组织要完成事项之间的空洞地带。企业鼓励员工在做好本职工作的前提下相互补位，避免出现事情无人负责。

但毕竟"评"带有主观的意志，为了保证实际结果导向，避免长官意志，个人绩效结果仍要以"考"为主，以"评"为辅。定量的要"考"，占比达70%以上；定性的要"评"，占比不超过30%。目前华为的绩效评价结果是由AT管理团队集体评议输出的。同时，评价的结果尽可能要公开以便体现公平。

在华为，目标责任制员工的考评结果一般分为五档（绩效等级），如表4-12

所示。绩效上一级的管理团队对下一级的考评只规定绩效等级（A、B+、B、C 和 D）分布的比例，不做具体的干预。

表 4-12　绩效评价等级标准及参考等级比例

绩效等级	等级定义	等级具体描述	等级比例范围
A	杰出贡献者	取得令人瞩目的结果，业绩优势明显，是公司员工绩效的楷模	10%～15%
B+	高于平均水平的贡献者	取得优秀的绩效成果，超过了大多数同事，并且还超越自身承担的工作范围	70%～85%
B	扎实的贡献者	持续的实现或者超越工作期望，业绩达到或者部分超越团队的平均水平，工作踏实，展示出与岗位要求匹配的知识、技能、工作有效性和积极性	
C	较低的贡献者	不能完全达到工作期望，业绩低于团队的平均水平；未能展示出与岗位要求匹配的知识、技能、工作有效性和积极性	5%～15%
D	不合格或者不满意	不能履行工作职责，业绩远远低于期望，明显缺乏与岗位要求匹配的知识、技能、工作有效性和积极性	

注：管理者按照组织层级分层控制比例，专业员工按照个人职级分级控制比例。

考评结果分档可以为后续应用提供前提条件，个人绩效结果应用如表 4-13、表 4-14 所示。

表 4-13　考评结果在薪酬福利方面的应用

考核等级	工资调整薪随岗动	奖金	饱和配股	福利
A	有机会，但是还需要结合员工综合考核结果、任职技能状况挂钩，并在工资标准范围内进行管理	有机会，但是要和年度综合评估结果挂钩	有机会	与考核结果不建立对应关系
B+			根据当年饱和配股总量和综合考核排名情况定	
B				
C	不涨薪 / 降薪	很少或者没有	无	
D			无	

表 4-14　考评结果在人才选拔上的应用

考核等级	干部任命晋升	人岗匹配晋升	任职资格晋升	不胜任淘汰/干部清理	内部调动
A	有机会纳入继任通道	有机会，可进入快速成长通道	有机会	无	有机会
B+	有机会				
B	没有机会				
C	没有机会或者考虑降职	没有机会	进入个人绩效提升计划		没有机会
D	没有机会/降职/劝退		员工例行不胜任淘汰/行政干部末位淘汰		

持续牵引组织绩效对干部个人绩效的影响，只要前面这批干部是冲锋的，对他们的绩效考核结果应用到位了，剩下的人就前仆后继地跟上，企业就会越打越强。

4.5.3　基于价值创造的绩效激励方式

华为分配和激励的理念是以客户为中心的价值创造，以奋斗者为本，鼓励冲锋，多劳多得——粮食打得越多，奖金就拿得越多。任何组织和个人的物质回报，都是按比例来源于价值创造。这里的"劳"是指为客户、为企业所进行的价值创造，就是按收入、利润、投入成本等实际经营结果来生成奖金，与目标的制定无关。

华为历史上的三个分配实践：授予制、获取分享制和评价分配制。这三个机制在一定意义上是互相对立、互相补充的。

授予制是传统意义上的分奖金，是自上而下进行业绩评价和奖金分配，在企业发展的早期阶段是比较有效的激励方式，但是进入快速发展或者成熟期，容易滋生"以领导为中心""博弈""会哭的孩子有奶吃"，以及下级迎合领导来获取利益的风气。

获取分享制是指使企业里的任何组织与个人的物质回报都来自其创造的价值和业绩，针对的是成熟和稳定的业务，按照业务单元给企业创造的收入、利润，与实际完成的业绩值挂钩，不直接与业绩目标值挂钩，不直接与完成业绩的人数挂钩，遵照多劳多得的原则，以奖金的形式进行分配。作战部门（如销售组织、产品线）根据经营结果获取利益，后台支撑部门（职能部门）通过为作战部门提供服务分享利益，并且分享系数保持相对稳定。

华为强调奖金是自己挣来的，而不是向上级索取的。奖金是由企业经营情况、组织绩效和个人绩效共同决定的。因此，各级组织和个人应主动思考自己通过为客户、为企业创造了哪些价值贡献来"挣取"奖金。

奖金是变动的，不是固定的。在企业经营状况好的时候，不同的组织绩效的奖金有差距；在同样的企业经营情况和组织绩效下，团队内个人的奖金会因个人绩效结果不同而不同。获取分享制最大的作用是把企业在市场上的经营压力在内部传递，如果企业经营状况不好，员工也要承担经营的压力和责任。

因此，华为的分配原则是依据责任结果，摒弃学历、知识、工龄等不能等同于价值创造的要素。只有做出了贡献，才能得到相应的物质回报，在企业获取机会。

【案例】获取分享制的调节机制

2017年印度与中国对峙，华为的印度代表处签了很多合同，没法交付，业绩不好，按获取分享制奖金就会很低，印度代表处上一级的地区部会在别的代表处的奖金包里进行调节，通过削峰填谷，把高的减下一部分，低的进行填补。华为认为通信市场的生意是木本生意，不是草本生意，草本生意是是春天播种，秋天收获，收获很快。木本生意则要三到五年才有产出，因为某年业绩不好给低奖金，这个部门的士气就会受影响，甚至员工会离职，团队散了，士气散了，客户也会丢失。补贴也有原则，被补贴的部门奖金比其他正常部门要低一些。

一个有远见的企业不会仅仅满足于在成熟业务上实施有效的激励，对于那种着眼于未来的业务布局，例如孵化中的新业务、新市场的突破、战略意义项目、基础技术研究等，它们在短期内很难打开局面，很难获得销售业绩和利润，在业务里奋斗的人们同样需要被看到和被激励。在没有"获得"的前提下，获取分享制无法解决。评价分配制这个时候就能成为补充，促进开拓"盐碱地"追求远方的目标，同时守护现有的成熟业务"黑土地"。

评价分配制提前设定一个基准的奖金包，根据一定的标准或者基线（比如对标行业或者历史的一些数据）进行比照以后，确定出相对固定的一种分配机制，它与所创造的直接经济利益不直接关联，但是这个基准的奖金包会设置一些关键的考核事项进行适当的调整。华为对开拓"盐碱地"并取得业务成功的干部和专家实行快速提拔，鼓励想晋升的干部努力走出舒适区，这也是一种政策和手段。

需要注意的是，即使是战略项目或新孵化的业务机会，也不能长期亏损，应该采用多种手段灵活打破经营僵局，如华为对于新技术的应用推广采用"鲜花插在牛粪上"等策略，推动业务进入"一年比一年好"且持续缩小和业界标杆的差距的螺旋式上升趋势。

如果组织绩效考核与激励过于短期化和精细化，将导致经营与管理行为过于短期化和泡沫化，出现组织绩效与战略脱节，从而导致出现"两张皮"现象——

部门自身工作目标完成但企业战略绩效未完成，没有力出一孔。从华为的实践看，组织绩效考核和激励方案设计的基本导向是针对不同业务的特点，基于价值贡献来设计针对性的方案，这对多业务发展的企业集团来说是很有借鉴意义的。

4.6 小结

在SDBE领先模型的定义中，组织绩效是以企业、组织为单位，以KPI和关键举措来衡量，以半年度、年度为周期设定的部门目标考核，用于牵引各级组织的行为。在一个企业当中，流程绩效、部门绩效和团队绩效都可以视为组织绩效。企业对这三者有着不同的业绩期望。

组织绩效从战略出发，和战略SP相对应，在时间维度上体现出战略解码后的内容。正如华为对组织绩效的评价标准是：多打粮食、增加土地肥力。"多打粮食"聚焦于当期的业绩贡献，以当年产粮效果来确定基本评价；"增加土地肥力"聚焦于长期的战略贡献，支撑未来的日子里能够多打粮食。组织绩效着眼于长期和短期业绩衡量，按一定的逻辑关系将目标分解到每一个工作岗位，它的长远实现依赖于每一个"当期"绩效的实现。

组织绩效从战略出发，还要结合组织形态以及不同部门的职责和定位，形成有效的组织考核依据。清晰的部门责任定位，是组织绩效制定并生效的前提，是形成组织作战能力的保证。

不同部门的组织绩效要进行差异化的设计，这意味着在一个企业相似的考核结构下，不同部门的指标内容是不一样的，而组织绩效的结构设计，在某种程度上还体现了企业的管理颗粒度和管理质量。

组织绩效链接战略规划和战略落地的能量来源于它链接着个人的考核和激励，从而形成对全体员工尤其是对管理者的驱动，这种驱动力激励他们目标坚定、使命必达。

【思考】

1. 你认为在你的企业中组织绩效和干部绩效可以等同吗？为什么？

2. 你认为目前在企业中适合设置单独的组织绩效吗？是什么契机让企业重视组织绩效呢？

3. 你的企业如果设置单独的组织绩效，由哪些机制保证它能够对战略实现起到作用？效果如何？有什么改进的地方吗？

第 5 章
TOP*N* 管理：核心竞争力的构建和管理

　　华为对组织绩效的评价标准是：多打粮食、增加土地肥力。组织绩效基于战略，不应只着眼于当年的经营目标，还应承载那些短期不出经营效益，但是对长期发展有重要影响的事情，也就是从战略解码中分解出来的，实现周期在 3～5 年甚至更长时间的事情，实施 TOP*N* 项目化管理。同时将关键举措分解到每一个工作岗位，内嵌到组织和个人的工作中，保证每个人的奋斗坚定地朝向企业长远竞争力的培育，确保个人和组织的目标相容。

5.1 夯实土壤：TOPN 管理的必要性和意义

前面已经讲过，战略目标既可以分解为量化指标，又可以分解为暂时不能量化、需要语言表述的关键举措或行动方案，以及进一步细化的支撑战略指标实现的关键举措。

这些只能用语言描述的关键举措或行动方案，就是企业或业务单元在一段周期内必须聚焦力量、联合冲锋的战略 TOP（最重要的）项目，若干个 TOP 项目组成战略 TOPN，致力于打造企业的长期健康发展的"黑土地"。

5.1.1 TOPN 管理的初衷和价值

在计算机系统中，程序员经常会遇到这样的需求：将大量（比如几十万甚至上百万）的对象进行排序，然后只需要取出最重要的前 N 名作为排行榜的数据，这即是一个 TOPN 算法。从这个逻辑出发，结合企业战略解码的方法论，战略关键举措项目是企业的 TOP 事项，分解出来的 TOP 事项，运用项目化的管理方式，实现明确目标、聚焦资源、统筹协调、结果导向的高效管理，能够有力地推动战略落地。

企业的管理能力从某种程度上说是沿着事件管理到项目化管理发展而来的。

当企业业务比较简单、组织也不是很复杂的时候，员工们各自对自己手头的工作负责，但这具有随机性，组织层面也不容易区分事件优先级，极易分散注意力，很容易出现的情况是：每个人都很忙碌，但是企业整体绩效差强人意。

随着业务经验的丰富和管理能力的提高，尤其是受 80/20 法则的启示，重点事件进入管理层的视野，典型的管理动作就是 KPI 的应用。这在一定的条件下是有效的，但长期只关注短期的、独立的重点事件，而忽略它们之间的关联性、对冲性等，最终企业也会发现重点事件管理满足不了要求。

企业的很多工作事件之间存在着逻辑关联，当为了顺利达到同一个目标而设计一系列工作事件组合就形成了项目，工作之间有着前后、并行、跨部门、跨层级的逻辑时，就需要对项目进行管理。以项目的方式开展工作具有系统性的优点，而对于在战略目标实现中需要系统操盘的关键举措和重点工作，就需要运用 TOPN 的理念进行管理。

华为在 IPD 项目中，将上级组织的改进要求分解到具体项目的开发中，或者项目开发团队在开发过程中识别出需组织层面规划并长期改进的项目，并明确项目开发团队的改进范围承诺，明确质量目标的内容。而在华为与客户界面上，无线产品线就将重要客户在用户大会上反馈出来的问题，定义为 TOPN，并且组织力量进行年度改进，在下一年的用户大会上首先回顾 TOPN 的解决情况。

项目化管理是系统化的，是帮助企业完成重要目标的最佳方法。它会对如何达成关键事项目标进行系统要求，比如对目标设定、范围明晰、干系人分析、资源分析、风险分析、内容计划、过程控制、项目收尾等细化模块，制定工作体系和管理模式，从而将关键事项细化为任务和活动。

落地任何一个战略关键项目，需要思考如下问题。

- Why：项目为什么要做？价值是什么？如何对战略形成逻辑上的支撑？
- What：项目目标是什么？要做什么？
- Who：干系人管理——有哪些人需要参与？谁会受到影响？
- When：时间安排——工作计划的进度计划与时间调整。
- How：项目如何做？具体包含两个方面——做什么内容？开展形式是怎么样的？
- How much：资源管理——需要投入哪些及多少资源？资源的获得性如何？

如果一个项目能够清晰地回答以上问题，就可以很容易地判断战略相关工作开展思路是否匹配目标、工作逻辑是否合理、有哪些人要配入项目、哪些资源需要给齐等。由于项目化管理可以把从思路到行动整个过程清晰地呈现出来，所以能够更加系统、周全地把事情做成。

企业将战略和关键事项分解至部门，部门进行年度重要项目立项，明确项目目标和评价标准等要素后再分配给相应的环节责任人，将纸面的目标变为了行动部署，这样就极大地优化了仅仅依靠指标下达的战略管理方式。

【案例】TOPN 管理让战略关键举措清晰可落地

在企业制定战略规划和解码时，会产生企业级的战略重点事项。它们往往跨越职能和层级，需要由企业高层亲自牵头执行或通过监管会推动和完成。

K 公司某年设定了"提高产品竞争力，提升产品市场占有率"这项目标。除了运用市场占有率这个指标衡量最后的产出，还需要拆解到相关部门运作关键动作，才能保证实现最终目标。因此 K 公司对应设定了两个公司级项目。

- 项目1：新产品设计、开发、成功上市以及打开某一关键市场项目。
- 项目2：老产品升级、开发新客户，提升市场份额项目。

由于这两个项目对公司"产品市场占有率和竞争力"目标至关重要，所以被设置为 TOP 项目，公司的技术总监、产品总监和营销总监牵头协调各自部门共同推进，制定项目的里程碑，在每月的经营分析会上对项目进展进行审视和讨论，这样一来战略目标才真正变成了有效行动。

此外，SDBE 领先模型认为，战略 TOPN 既可以是 3～5 年的，也可以是年度的，甚至是可以按照季度来衡量的，必须遵循两点：首先，TOPN 能够支持业务设计，特别是要支持价值主张的实现。其次，TOPN 要包含重要的流程设计。过去形成的管理体系能用的可以留下，不能用的优化后再使用，没有的要补上。

5.1.2　TOPN 凸显组织绩效的长期导向

组织绩效主要包含两个方面：一是可量化的部分，以 KPI 指标来进行呈现，主要就是"多打粮食"，瞄准的是当期紧要、直接的经营和运营目标，主要解决活下去的问题。二是不可量化的部分，以 TOPN 方式来呈现，主要就是"增加土地肥力"，瞄准的是企业长远的竞争力，主要解决活得好的问题。TOPN 是其他战略执行模型中的"战略关键优先举措"，只讲 KPI，而不讲 TOPN，战略解码是不完整的。

KPI 很重要，所以很多企业在做战略解码的过程中都会解出战略 KPI。但 KPI 有两个问题是它不容易完整承担战略落地抓手任务的。

一个是结果导向带来的"行动含糊"。KPI 是体现结果的指标，它并不体现过程行为，只有在一定绩效期完成后才能对完成效果进行评估，很多管理者并没有意识到这里面的管理缺陷。

企业中经常出现这样的场景：销售主管给手下若干名员工设定季度 KPI"每季度实现销售额 500 万元"，该项 KPI 占季度考核的 40%，同时再拿出一套激励方案，完成目标者提成 30 万元，完成越多提得越多。很多管理者的认识非常直接，认为有目标、有激励，员工们只要卯足劲就可以了。于是整个团队忙碌起来，有人开始找人脉、混圈子，希望获得商机；有人多跑自己的老客户，希望多卖一点；有人想着自己体能好，拉出一个潜在客户清单，开始电话联系和拜访……上级一定会在周会、月度会上了解情况，在还没到季度末考核的时候，往往会出现"报喜不报忧"的情况，几个手下会说"刚做了方案汇报，等客户下一步通知""客户已经在考虑了""评审环节还需要进一步突破"等。而此时，除非有明确的述求，上级一般就不再追问下去，因为他认为最后都以结果说话，自己在执行过程中也督促了，结果应该是能实现的。

但是日子一天天过去，直到季度末，主管看到统计数据时才发现，整体销售目标勉强及格，但并不是所有人都完成了销售指标，并且战略目标"大客户收入占比达到总收入的 20%"并没有实现，这会影响年度战略目标的进度，因此虽然有员工得不到奖金，但是企业的损失才最大，因为稳定的大客户资源才是企业未来活得好的基础。

二是 KPI 在战略落地时容易形成"逻辑含糊"。KPI 是一组量化的数字，在以协同分工为组织基础的企业环境中，KPI 一般能够拆解到事业部、子公司或者部门层级，但几乎没有企业能够仅仅使用 KPI 体系就把战略目标和每个中基层员工的工作目标和内容关联起来，形成一张大的战略逻辑网络。最差劲的情况会是：高层对战略热情澎湃，中层对战略似懂非懂，基层看战略远在"天涯"，按照惯例做手头的事。

所以实践中采用的这种 KPI 目标"物理切分"模式，即便业绩表现还不错，但团队的力量并没有 100% 为战略目标的长期主义而努力，还有太多提升改善之处。

为什么组织绩效一定要包含"长期主义"？一个企业要实现长久的生存和发展，不应该仅仅看短期利益，而应扎扎实实，建立长期的目标，为客户和社会持续创造价值。越来越多的企业也发现，一味地追求大规模，一味地追求短期的高回报，非但没有让他们活得久、活得更好，反而让他们活得越来越难，呈现出"大而不强""大而不美""大而不久"的现象。

世界的不确定性愈演愈烈，企业要想追求长期利益，必然需要在不确定的世界里尽力寻找确定的答案。唯有从更长的时间维度才能分辨出真正的大势，唯有从更长远的利益出发，才不会被短期的噪声所蒙蔽。成功的企业绝大多数选择的是"长期主义"，真正的战略规划必然包含长期主义。一个企业能坚持"洞察产业格局、提早布局、顺势而为"的经营理念，在核心资源能力方面提早开发、提早布局，是应对不确定性的重要途径。而这些途径上的某些做法，不会带来当期的经营利润，甚至会带来财务成本的压力；不是数字带来的确凿感，而是一件件需要审时度势智慧的举措，这就是企业的 TOPN 事项。

5.1.3 确定组织绩效 TOPN 的原则

从企业的战略洞察以及战略意图出发，核心管理层对战略的整体方向一般是容易达成共识的，但是对于确定具体的战略路径未必能够在第一时间内获得共识：比如技术路线应该是怎样的？新产品应该体现客户的哪些需求？某个区域市场应不应该强力争夺？品牌矩阵要不要扩展到性价比？应该更关注市场上的哪个客户群体？决策了以上事项后，内部管理体系应先着眼于什么领域的改进？

不同决策的做出，都意味着企业要在有限的资源中做不同的部署和投入，也会隐含着机会成本，所以企业对这些关键事项一般会慎之又慎。因此，需要对这些事项的确定界定原则，以便于核心管理团队能够做出理性的决策。对于企业或本组织的关键举措的一些建议原则如下：

（1）为达成企业中长期战略目标或解决客户的核心需求或痛点，哪些是本组织最关键、最需要优先考虑的事情？

（2）哪些关键举措是需要企业各业务部门和职能部门共同完成的？如果有些关键举措是某个下级部门独自能够完成的，直接授权下级部门去改进即可。原则上企业或本组织的关键举措，要体现为整个企业多个部门的共同努力。

（3）制定或者共创一定的排序规则，比如按轻重缓急、资源占用及其他规则和考虑，对这些关键举措进行优先级排序。

（4）原则上企业及任何部门的关键举措不超过10条。

【案例】某跨境电商公司组织绩效关键举措清单示例（见表5-1）

表5-1　某跨境电商公司组织绩效关键举措清单

序号	战略维度	战略主题	战略举措	主责人	完成时间
1	客户	优化销售渠道	开通自建站，导流平台用户	XXX	3月前
2	内部运营	提升供应链效率	建立供应伙伴分级管理机制	YYY	6月前
3	学习成长	推进供应链队伍建设	海外团队培训	ZZZ	3月
4	学习成长	升级IT系统，提升数字化水平	实现与战略供应商的数据联通，提高供应效率	AAA	6月
5	……	……	……	……	……

通过这种方式，企业能够确保所有的资源和能力聚焦在正确的产出方向，从而避免偏离企业设定的发展主航道。

在华为工作多年的人，都知道华为各级主管有个特点，就是不怕被人说懒，也不怕被说做事欠妥当，但最怕被上级说"没脑子，没思路"，也就是说"不怕被人说没做好，但不允许你说不清为何没做好"。因为暂时没做好，没关系，只要能分析清楚没做好的原因，那么找到改进的办法和措施，自然就能做好。如果不管做好或做不好，主管都不知道原因，那就是很大的问题。俗话讲，"兵熊熊一个，将熊熊一窝"，由这样的主管来领导团队，即使业务暂时做好了，大概率有一天也会失败。这里体现的就是华为非常重视管理者能否在诸多工作中识别关键举措，是否具有洞察本质、理解事物联系的思考能力。

最后，企业会形成"夯实黑土地"的关键举措清单，在企业内形成有路径共识、有协同力量的凝聚力。

5.2 管理利器：用项目制闭环管理 TOPN

企业一定阶段内的战略重点和重要行动举措，既重要又有相当的完成难度，但这些又是支撑业绩目标实现的保障。成功完成这些举措，需要做到：明确任务，任务有明确的含义及范围界定，并获得行动支持；保持对核心的关注，聚集资源；参与其中的人要目标坚定，使其能量被激发出来。项目制的闭环管理能够满足这些落地条件。

5.2.1 项目管理是企业经营的基础

项目是企业经营管理的基础和细胞，大到一个价值几千万元的"订单"，小到行政对某个后勤品类供应商的筛选，都是一次项目运作。企业的经营场景就是一个又一个的项目场景叠加，企业的收益就是一个又一个项目的收益叠加。项目管理也是企业管理进步的基础细胞，把项目管理作为企业最重要的一种管理往前推，管理者懂了项目管理，才能够胜任更高级的管理职责，否则都难以称作合格的管理者。

实现以项目为中心能够避免大企业功能组织的毛病，从以功能部门为中心向以项目为中心的运作机制的转变，才能保持对业务的效率和适应力，提高竞争力。这也意味着需要激活各个作战团队，形成强有力的服务性、支撑性的功能团队。

从 2014 年开始，华为试行全项目制管理，项目管理由此成为华为公司最基本的经营管理细胞。华为的运作要从以功能部门为主的运作方式，逐步向以项目为中心的运作方式转变，不管是业务上的客户、研发、服务还是管理变革，项目都成为华为业务运作的主要形态。在实施项目上，建立项目组合、项目群和项目的三级管理体系；通过 GTS 和供应链的早期介入拉通项目的端到端运作，实现真正意义上的项目经营；在其他类型项目上，确定各类项目的责任中心定位并围绕定位合理授权；后方支撑平台的定位是，响应来自项目的炮火呼唤，通过前方拉动、推拉结合，实现资源的高效配置。在华为看来，公司只有实现以项目为中心的转移，才能避免大公司功能组织的毛病；去掉冗余，才能提高竞争力，才能使干部快速成长。

另外，华为还很重视项目管理人才的培养。任正非说："美军从士兵升到将军有一个资格条件，即要做过班长。将来华为干部资格要求一定要是成功的项目经理，有成功的项目实践经验。""项目管理做不好的干部，去管理代表处和地区部就是昏君。"因此，华为是以项目管理为主线来培养后备干部的。

美国项目管理协会对涉及企业战略落地的项目做过一个概念界定叫作"组织级项目管理"（Organizational Project Management，OPM），它指出，组织级项目管理强调以项目管理、项目集管理和项目组合管理作为战略执行的框架，以组织使能因素驱动管理实践，从而以可以预见的方式达成组织战略，赢得持续的竞争优势，实现商业增值。如图 5-1 所示。

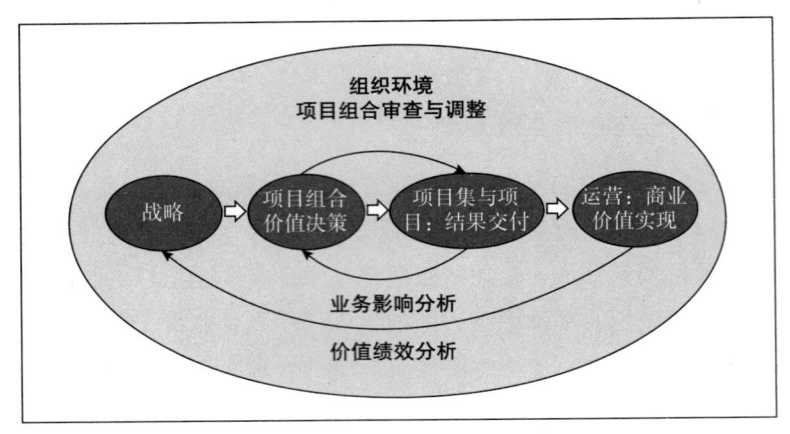

图 5-1　组织级项目管理框架[①]

组织级项目管理框架涵盖诸多与战略目标实现有关的关键概念，具体如下。

（1）战略：与组织未来发展方向相关的高层级计划和相对应的实施决策。

（2）项目组合价值决策：项目组合是为实现战略目标而组合在一起管理的项目、项目集、子项目组合和运营工作的集合。项目组合价值决策是指能够有效地选择支持企业战略的举措，从而实现长期战略目标。

（3）项目集与项目：项目集是指一组相互关联且被协调管理的项目、子项目集和项目集活动，被集合管理是因为单独管理不能够获得预期收益。项目则是我们熟知的概念，即执行与旨在交付可预测商业价值的举措。

（4）运营：通过一系列指向收益实现的流程，来实施关键举措并最终实现商业价值。

（5）项目组合审查与调整：通过严格的价值决策过程来协调战略和组织资源，以适应内外部的变化情况。

（6）业务影响分析：分析已经实施的项目集和项目的影响和产出，并将业务结果数据与项目组合相结合。

（7）价值绩效分析：提供从市场反馈的价值创造以及相关的数据。

---

① 美国项目管理协会. 组织级项目管理标准 [M]. 北京：电子工业出版社，2019.

（8）组织环境：表示用来支持组织级项目管理和战略落地而创建的组织治理模式、组织政策、组织文化及支撑性实践。

很多时候组织的关键举措并不能独立地分割到各个不同的业务单元和部门，这时候往往需要组建跨部门团队；同时关键举措大概率会分解为若干重要任务，每一项重要任务都需要用项目化的形式开展工作，从而呈现出项目组合、项目集以及单一项目等工作组织形式。

组织级项目管理是组织规划的一部分，将战略关键举措以组织级项目管理方式开展，对项目集和项目进行优先级排序和选择，通盘考虑资源配置、风险因素、业务组合、预期收益、项目类型、资金和市场，以及长短期愿景的方向等，有助于保证项目组合的一致性，这些一致性决定着战略举措能否成功。运用项目管理的方式去承载战略关键举措，是具备方向感的战略规划穿透到企业经营最小单元、融入经营及管理动作的有效方式。

5.2.2　将年度关键举措标志为 TOP*N* 必赢项目

战略管理中讲究"战略要做 1 年，看 3 年，想 5 年"，就是在时间周期上，以及在"思、知、行"三者关系上体现战略解码原理。我们一般可以看到：企业在制定 5 年战略规划时，会针对 5 年后目标的实现，确定战略重点、关键成功要素以及支撑性的关键举措。然而，这些关键举措在制定规划的头一年就必须有更具体的体现，并作为当年的里程碑行动来开展。此外，有时在制定规划的头一年还有一些在当年发生、当年解决、当年结束的重大事件，如由下往上、由外部传导到内部的亟待改进事项，它们对于整个 5 年的战略成败也具有非常重要的意义。这时企业也需要把这些事件考虑进来，与战略性关键举措的年度推进置于同样的重要位置，形成当年战略落地的年度 TOP*N* 关键项目。如图 5-2 所示。

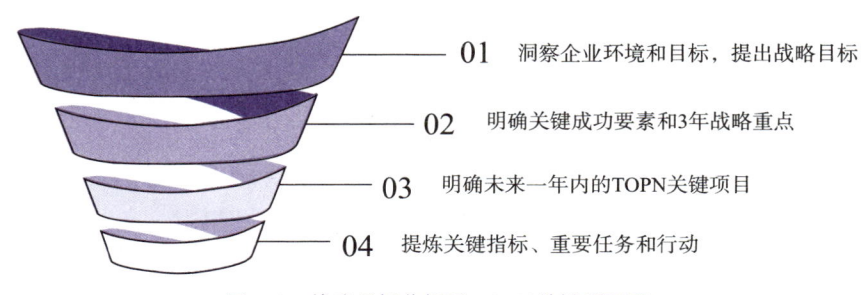

01　洞察企业环境和目标，提出战略目标
02　明确关键成功要素和3年战略重点
03　明确未来一年内的TOP*N*关键项目
04　提炼关键指标、重要任务和行动

图 5-2　战略目标分解至 TOP*N* 关键项目图

【案例】华为面向未来的关键 TOP*N*

2021 年华为公布了面向未来的关键战略举措，主要有五个方面：

（1）优化产业组合，增强产业韧性。
（2）推动 5G 价值全面发挥，定义 5.5G，牵引 5G 持续演进。
（3）以用户为中心，打造全场景无缝的智慧体验。
（4）通过技术创新，降低能源消耗、实现低碳社会。
（5）努力解决供应连续。

针对第 2 条，华为倡议产业 8 大举措加速 5.5G 时代到来，包括：①发放更多频谱以加速产业的发展，与产业伙伴共同探索更多有价值的新商用场景；②与产业伙伴共同推动 F5.5G 产业和标准成熟；③在 Net5.5G 演进方向上尽快达成共识；④共同定义 L4/L5 网络自治目标并推动标准共建互认；⑤与产业共建开放共赢的多样性计算产业及重定义架构；⑥与伙伴共同定义满足多样性数据处理的存储架构；⑦打造智能世界云底座并共建云生态；⑧统一能效指标体系并持续创新使能行业节能减排。

从性质来说，TOPN 关键项目是指公司在未来一年积聚能量、必须拿下来的"战役"。这些"战役"一般还具有以下特征：
（1）需要由企业高管挂帅，因为需要他们打通部门墙，更好地整合资源；
（2）具体明确，这样更好达成共识；
（3）是有可能取胜的，而不是来自过于乐观的"一厢情愿"。
（4）对企业战略重点推进具有关键和决定性的影响。
（5）影响波及整个企业范围或者业务范围。

用鲜明一些的语言来表达 TOPN 关键项目："这就是战略制高点，花多大代价都要拿下来，否则，后面连好好发展的机会都会失去。整个战略的全局就由这些战役所决定。"

不管企业的规模与业务复杂度如何，TOPN 关键项目在不同的组织层级，数量通常在 5～8 个。对处于某些关键时期的企业而言，越少的 TOPN 项目往往意味着企业关键人员经过了充分的思考、权衡、取舍和共识。但这种聚焦并不容易，因为面对的是即将到来的一年资源和精力的配置，所以经营班子会面临比较艰难的选择。但是一旦获得共识，团队的战斗力将是非常强的。

在 TOPN 关键项目的描述上，要承接战略重点和关键成功要素，在描述上会更加侧重导向行动。更有挑战性的是，企业在明确关键项目时，还需要明确每一场"战役"的挂帅人员。

企业高管通常有既定的条块分工，虽然可以按照既有的分工来确定关键项目的负责人，然而，从 TOPN 关键项目的定义中可以感受到，这些重要的事项几乎需要统筹整个企业或者业务群、调动整个组织范围的资源，而单纯按照职能分工反而有可能固化原有的分工概念,起不到拉通的效果,而且有些高管有可能并不擅长全链条的协调。

关键举措负责人的定位首先是具有强烈的"作战"精神,并且要有超越本职工作的协调与指挥能力。他们实质上就是"超级项目、项目集甚至项目组合的经理",要承担的责任中更重要的是推动与关键举措相关的机构、部门和人员协同作战。关键项目事关企业战略成败,所以在选定负责人的时候,既要有承担责任的勇气,更要有拿下战役的能力和方法。

对负责人的挑选和确定考验着创始人或CEO调兵遣将的领导力和果断性,也考验了核心管理团队在面临重大决策时的集体领导力。为了保证责任压实,负责人的任命要具有仪式感,比如当众签署"军令状",以此展示企业授予负责人对相关人员推动、提请问责与激励的权力以及相应的责任。

5.2.3 重点项目的闭环管理方式

对重点工作加以项目制闭环管理,主要是为了确保企业重点工作得到合理规划和有效落实。

【案例】某芯片公司针对重点研发项目的管理

某芯片公司的某研发项目负责人突然跳槽,辞职几天前该项目负责人曾汇报说,该项目进度已经完成50%,并且花费了50%的预算,一切正常进行。但是当接手人上任后,报告该项目进度只完成了30%,却花费了50%的预算,还有一个关键技术问题无法突破。该项目是公司战略目标中当年需要攻关的重点项目,为此新的项目负责人提出必须集中公司所有部门的力量,赶上进度,并且要尽量控制成本。为此公司成立专项工作小组,并实施闭环管理方式。提出了一系列近期工作任务:

(1)完善项目组织,分管研发的副总亲自挂帅,新任负责人为执行组长,小组成员同时包括该项目组外部相关职能部门的人员。

(2)小组最近的工作目标是评估内外部环境,提出继续该项目的具体建议。

(3)执行组长加紧做好项目组留下人员的思想工作,HR部门进行配合。

(4)评估引入外部(政府、学校、联合研发企业)资源完成攻关的可行性。

同时需要建立长期的项目管理体制:

(1)建立完善的重大研发项目管理标准和机制,授权项目经理拉通各部门的权力、信息处理权限以及团队成员的绩效考评和激励建议权限,成立跨部门的研发进度里程碑汇报制度。

(2)对于研发涉及人员,需要签订保密协议、竞业协议,必要的时候诉诸法律手段，由 HR 参与进来进行处理。

（3）建立人才梯队，核心岗位适当冗余配置。

（4）由集团公关部门牵头，争取国家创新基金支持，实现高校、企业长期合作，保证项目技术攻关的稳定。

通过长短期的运作，该项目短期内稳定了下来，并有条不紊地追赶进度。

针对关键举措的项目管理，一般要建立完善的组织保障和三个管理角色：

（1）项目 Owner：某项关键举措的最终责任人，对项目方向、重要任务和里程碑进行把关，召开项目例行会议，定期审视、监控重点工作进展，以保证执行结果。

（2）项目经理：由项目 Owner 根据重点工作内容进行指定。项目经理以项目或项目群方式开展工作，负责项目任务书制定和项目执行，并在企业重点工作审视会议上汇报进展。

（3）项目管理或者运营部：负责企业或一级业务单元重点工作的运作监控。

在战略解码进行之后，围绕关键指标和非量化的事项，能够梳理出关键举措的列表，执行一系列的措施保证重点工作落地。

（1）项目任务书评审：所有重点工作按照项目方式闭环运作，各项目 Owner 和项目经理按照重点工作任务模板制定项目任务书（内容包含目标、策略和关键子任务），再由项目经理向企业或业务线重点工作审视会议（也可以是企业高层或者业务线班子）进行汇报，会议在评审后形成评估基线，基线作为过程监控和总结评估的依据。

项目任务书要求：

①清晰定义项目目标，承接战略述求，目标要 SMART 化。

②归因准确，策略明确并可落地实施，对策与目标对齐。

③识别出完整的子任务并明确项目组织、子任务负责人、关键里程碑和时间节点，子任务和项目组织须有效支撑 TOPN 工作目标的达成。

（2）定期审视：任务书批准完成后，由项目经理于每月或者每个季度向企业或者业务线重点工作审视会议进行汇报，明确进展，提出问题，获得领导层面的帮助和指导。

（3）结题、年度总结：各重点工作完成整体目标或年度目标后，项目经理在企业或业务线重点工作审视会议上进行总结汇报，会议决策各重点工作是否能结题或进入下一年度重点工作管理。

（4）如果重点工作的目标、范围出现变化，那么项目 Owner 和项目经理就必须明确业务影响、变更后的目标、范围及关键子项目/子任务，并由项目经理在企业重点工作审视会议上汇报审批。

关键项目是战略执行的主要抓手，务必按照项目来规范管理，要制定项目WBS计划，并和相关人员沟通，将任务分解到位，并确保相关人员对重点工作的完成优先级达成共识。

项目运作在计划阶段、关键任务确认、项目价值评估三个节点必须设置决策环节，并且为了避免组织惯性和个体惯性，重点工作受到例行工作、临时突发事件的影响而被拖延，关键项目至少以双周为周期进行审视，确保方向正确、项目状态受控。遇到问题也不是一成不变的，过程监控也是保证做到动态审视和调整，然后再左右对齐、上下拉通，确保是真正的有效落地。

对于具有创新意味的关键项目，还可以采用"小步快跑"的理念进行小范围的检验和试点：比如快速推出"最小化可行产品"，在市场或者目标客户的试验和反馈中，以最小的成本和有效的方式验证产品是否符合期望和需求，在验证其有效性之后，再投入资源进行大范围推广和复制。这样就能够以有限的代价检验出不能被市场所接受的产品，控制关键项目阶段性失败的成本，同时确保项目最终完成。

5.3　TOPN关键举措管理心法

TOPN是夯实企业长期发展的关键举措，但是这个定义不足以保证企业在管理实践中对TOPN管理能够起到真正的作用。管理心法是指管理成功实践的重要心得和方法。TOPN管理有其理性的一面，同时也需要关注其中的思考和信仰，只有这样，才能对TOPN实施良好、合理的管理。

5.3.1　以"零缺陷"和"持续改进"护航战略执行

在管理学上有一个著名的木桶理论，一只木桶能装多少水取决于最短的木板，也可称为短板效应。任何一个系统或组织，都会面临一个共同问题，即构成组织或者管理系统的各个部分往往优劣不齐，而劣势部分会影响整个组织或者管理系统的水平。因此，找到企业经营运作中的各种短板并尽早补足，是企业的关键工作。

对于不能量化的关键举措，按其重要性或者一定标准进行排序，把排序靠前的N个问题，即TOPN，作为重点改进的工作重点，拿出来进行专项改进、项目化运作，以保证在企业年度经营计划完成的同时，牵引整个企业或组织的竞争力不断提升。

在制定企业的战略规划中，出发点之一便是差距分析，那么如何在领域对标之后实现差距弥补？在华为内部也进行了很长时间的讨论。经过任正非亲自参与的多次讨论和梳理，华为决定把质量管理文化和理念，全面引入到战略规划及执行过程中来，放到对华为重点工作和举措的改进过程中来。

随着华为市场的开拓，华为的产品和解决方案打入了欧洲、日本、韩国等市场，来自这些市场的客户，其苛刻要求让华为对质量有了更深入、更全面的理解。在开拓欧洲市场时，只要产品有一定的达标率就可以满足客户要求，就能被定义为好产品。但是产品达标率到了日本就行不通，在日本客户看来，无论是百分之一、千分之一的缺陷，只要有缺陷，就不能说质量好，也就是说产品质量或企业管理有改进的空间，零缺陷才是日本企业追求的要求。

这也是华为在自身质量管理理念和制度形成过程中，积极借鉴美国、日本、德国等优秀企业质量文化的原因，建立了"一次把事情做对""持续改进"的质量文化，并花了很大的精力，把质量管理进行了流程化、制度化，形成了自己的流程资产。

从2000年开始，华为在IBM的辅导下，开始了IPD和CMM两大流程的建设。IBM顾问对华为的研发管理现状进行调研后，有个相当著名的判断："华为没有时间一次就把事情做对，但有时间反复地做一件事情。"这句话相当深刻，很多企业都是这样，产品设计上没有谨慎考虑，匆忙上马开发产品，过程中不断增加新的需求，不断进行修改，甚至变更设计，反回来重做，研发人员加班加点，最后拿出来的产品客户还是不满意。

同时，华为市场体系开始往外拓展，开始了全球化的征程。虽然当时IT和互联网的泡沫此起彼伏，但是通信行业，尤其是移动通信的市场发展非常迅速，所以华为的业务增长非常迅猛。正是在这种高速增长中，客户和规模扩大与产品和服务交付高标准要求之间，特别是全球化的交付部署之间，产生了巨大的矛盾，使得质量问题越来越严重，客户的抱怨声也越来越大。

秉承"以客户为中心，以奋斗者为本"价值观的华为员工，以很多的时间和很高的成本去解决客户的问题。产品质量不到位的地方，通过专业、用心的售后服务去弥补。但这就如同一个悖论，产品质量不行，用服务去补；而客户的订单越多，抱怨也就越多，这又实质上损害了客户的利益。

IBM并没有为这种奋斗精神所感动。因为感动自己是不行的，而是应该感动客户，感动客户的标识是"客户愿意为华为的产品和服务付费和买单"。当IBM顾问看到华为研发管理中的问题，针对轻规划而重执行的问题提出了针对性的改进建议。

来自客户的质量要求，也时时在折磨着华为的员工。在流程和标准之外，任正非对质量还有更高的要求，就是一个企业的质量文化建设。只有将质量变成一种文化，深入到企业的每一个毛细血管，所有员工对质量有共同的认识，才可能向"零缺陷"推进，才能真正践行"以客户为中心"。

经过多年的探讨，2007 年开始，华为公司确定以克劳士比的"质量四项基本原则"为华为的质量标准，即质量的定义、质量系统、工作标准、质量衡量，一度克劳士比的著作《质量免费》（Quality Is Free）风靡华为内部。另外，华为也引入了质量管理大师，日本卡诺博士的三层次用户需求质量模型，即将客户满意度引入质量管理领域。围绕客户满意度，华为的质量建设进入到"以客户为中心"的闭环质量管理体系。这就要求基础质量零缺陷之外，要更加重视用户的体验。

华为质量管理体系跟随客户的发展而逐渐完善，在这一过程中还特别借鉴了日本、德国企业的质量文化，与华为的实际相结合，建设尊重规则流程、一次把事情做对、零缺陷、持续改进的质量文化。

华为的价值观是以客户为中心，所以华为的质量观也与其他企业不同。华为在很多方面，都是从客户的角度看质量。这种"零缺陷"质量文化已经帮助华为在通信行业的竞争中胜出，接下来华为需要思考的是，如何让这种质量文化渗透到更多领域，能够让华为"活得久，活得好"，如何以客户满意度为中心，持续改进质量体系。

经过多年，华为花费了巨大的精力和资金，建立了一套完整的流程管理体系，涵盖了从消费者洞察、技术洞察、技术规划、产品规划、技术与产品开发、验证测试、制造交付、上市销售、服务维护等各个领域，并且有专门的队伍在做持续优化和改进。而在战略规划和执行管理领域，也需要把"一次把事情做好"以及"持续改进"的质量理念落实下去，因而在关键举措部分引入了"持续改进"的质量管理理念来进行改进。

5.3.2 内嵌全面质量管理，增强企业经营实力

20 世纪 50 年代，贝尔实验室的菲戈鲍姆提出全面质量控制的概念。到了 80 年代，质量管理在日本企业的实践中不断深化，所以日本著名的质量专家石川馨将全面质量控制的概念提升为全面质量管理：全面质量管理是全企业性质的综合质量管理，是全员参与的质量管理，是经营的质量管理。

所谓的"全企业的质量控制"，将从五个方面进行实践：①质量突破生产阶段，延伸至市场分析、产品设计、技术开发、客户服务等方面；②任何部门，需要从部门主管到基层人员都重视质量；③质量不是质量部门的工作，是每个人、

每个部门的工作；④质量做得好坏由客户是否满意来定义，客户的续购说明对质量满意；⑤质量意识不止针对最终外部客户，在内部流程环节中，也要对下游做出质量承诺，同样重视。因此在日本企业内，所有部门和员工的日常工作，都非常重视工作的质量。

与德国企业的"标准为先，建设不依赖人的系统"这种重视硬件的质量管理理念不同的是，日本企业高度关注"人"的因素。日本人重视团队合作，重视把员工的作用发挥到极致，强调员工自主、主动、持续改进，调动全体员工融入日常工作的"改善"活动中，强调纪律、执行，持续不断地改善整个价值流，所以日本企业的生产、运营、研发和营销等，都充满着精细化的精神。

20世纪80年代，在一众美国质量专家的指导下，日本企业的整体质量水平得以大幅度提升，全面质量管理的哲学、方法论和最佳实践在日本企业收获了丰硕的成果，当时的日本企业凭借优质的产品服务，在全球市场上高歌猛进。

华为在质量管理上积极对标日本、德国等国家的企业，并在十几年前发布的公司质量管理体系中明确规定，针对公司的持续改进体系，改进重点主要来自如下两个方面。

1. "以客户为中心"，改进重点来自于客户需求和客户痛点

"以客户为中心"是企业存在的根本理由。德鲁克大师探讨的企业存在的理由是创造客户，在他看来客户原本是不存在的，是企业和企业家通过对市场与客户需求的洞察做出产品和服务而创造了客户和市场。迈克尔·哈默也提出"以客户为中心"的本质是创造客户价值，企业创造的所有产品和服务，都是为客户服务的，更是为客户创造价值。而任正非提出，企业存在的唯一理由是服务客户，所有的企业之间相互的服务，最终也都必须转换到为客户服务这条线上来，客户需求或痛点导向是贯穿于市场、研发、销售、制造、服务等企业的全流程的，企业全业务流程必须以客户需求为导向。

创造客户价值的本质是成就客户，让客户成功，帮客户赚钱，而不是企业以自我为中心去赚客户的钱，也不是厂家以利润为导向追求利润的最大化，而是我们要追求利润的适量化，在成就客户的同时获得合理的利润。

因此，"以客户为中心"不是一个口号，而是一个企业不断变革、动态管理、持续改进的过程。因此，持续改进事项的第一个重点是，必须针对客户的需求和痛点进行"持续改进"事项的选择。

2. 改进重点来自华为公司的长期战略和发展目标，体现的是核心竞争力的构建要求

所有企业战略管理的本质，关键的核心任务是构建企业的核心竞争力，研究如何"活得久，活得好"的问题。只有拥有核心竞争力，拥有战略控制点，才能够长期、持续获取超额利润，企业才能不断持续发展。企业各部门应该根据BP，结合SP，对影响战略目标达成的最重要的若干关键任务进行分析，找到差距最大、反应最强烈的若干不足之处进行分析。一定要基于现状差距来进行分析，为制定改进措施提供支持。

华为公司明确，各级部门应该在本部门范围内跟踪和了解这两方面的信息，制定部门的中长期持续改进目标。而短期内的持续改进目标，是基于各部门的中长期目标和各部门对其当前现状的分析。不能量化但对本企业或本组织的战略成功具有重大、关键影响的因素，作为中长期持续改进的内容，放到关键举措中，持续跟进。这些关键举措可能涉及企业的方方面面，在每个环节都以全面质量哲学作为指导，才能够保证关键举措达到预期的目标。

5.3.3 循序渐进，战略定力成就企业伟业

大多数人小时候听过龟兔赛跑的寓言，乌龟虽然爬得慢，但始终不停歇，在寓言中成为龟兔赛跑的胜利者。俗话说："不怕慢，就怕站。"一个人反应慢、做事慢，都不用怕，只要认准目标，坚持不懈地做一件事，再慢也能出成绩。怕的是没有上进心，不思进取、停滞不前，或是犹豫徘徊，缺乏恒心毅力，即使天资再高，也难有所成。

任正非在2013年的干部大会上举了龟兔赛跑这个例子，他说："古时候有个寓言，兔子和乌龟赛跑，兔子因为有先天优势，跑得快，不时在中间喝个下午茶，在草地上小憩一会儿，结果让乌龟超过去了。华为就是一只大乌龟，25年来，爬呀爬，全然没看见路两旁的鲜花，忘了经济这20多年来一直在爬坡，许多人都成了富裕的阶层，而我们还在持续艰苦奋斗。"任正非还针对互联网行业的"站在风口，猪也可以飞起来"的浮躁思潮进行评价："乌龟被寓言赋予了持续努力的精神，华为的这种乌龟精神不能变，我也借用这种精神来说明华为人奋斗的理性。我们不需要热血沸腾，因为它不能点燃为基站供电。我们需要的是热烈而镇定的情绪，紧张而有秩序的工作，一切要以创造价值为基础。"任正非告诫华为各级主管和员工，在大机会时代，绝不要机会主义。不要这山望着那山高，看到别人风光就忘了自己也不错。他说："不要为我们有没有'互联网精神'去争论，互联网有许多好的东西，我们要学习。我们有属于适合自己发展的精神，只要适合自己就行。"

在华为内部，包括笔者在给企业家们授课和交流时，经常说这么一句话："做企业，不怕慢，只怕站，最怕退步。"终点再远，只要持之以恒地走下去，就算

慢一点也不怕，总有一天到达。

当然，这里的慢，特指一种战略定力或耐性。坚定走自己的路，始终保持自己的战略耐性和发展节奏。要始终立足于自我，保持稳健作风，不为外界诱惑所动，不被困难险阻而动摇，循序激进，修炼内功，把强大自己作为一切工作的出发点，这样才能抓住未来。万事由我不由天，只要自身信心不动摇，坚持去做，肯定能成功。战略解码之后的 TOPN 工作显示了战略实现的路径和优先秩序，如果说企业的战略是具有定力的，那么战略举措就是具有目标导向的，需要相关部门或者人员坚定不移的执行。

所以，"乌龟精神"讲的是乌龟认定目标，心无旁骛，艰难爬行，不投机、不取巧、不拐大弯弯、不折腾，跟着客户需求，瞄准客户的痛点，对准与行业标杆之间的差距，一步一步地爬行。华为前面近三十年高速增长的过程中，鲜花遍地，其成功的因素之一是保持在业务上的聚焦。在未来的时间里，华为作为世界的头部企业，走进了引领创新的时期，更要聚焦业务，简化管理，一心一意地潇洒走一回。

在《丰田的 PDCA+F 管理法》一书中，讲述了丰田的全面质量管理理念。书中强调，丰田成功的秘诀就在于不断追踪 PDCA 循环的结果。他们不会因为得到某种改善，就认为"反正已获得成果，就做到这里吧"，日本企业的传统思维是"终于已经获得成果，接下来要努力变得更好"。

"每天改善1%，1年强大多少？"笔者在咨询或授课中，经常问大家这个问题。很多企业家的回答是"3.65倍""4～5倍""8～10倍"。其实，正确的答案是37倍还有余！这就是每天持续改善的 PDCA 循环所能带来的巨大威力。每天都在进步，每天都在改善，每天都进步一点点，最终就能积小胜于大胜。很多企业家或管理者总在寻找真理，却不知这个简朴而伟大的道理，真理就在企业家的脚下，就在于每日经营的细节中。

华为、阿里巴巴、腾讯、字节跳动、京东、比亚迪，这些企业的成功，有时代的红利因素，但肯定也有其必然之处。企业的高度，大部分时候取决于创始人眼光、胸怀以及做事的习惯，有时成功与失败之间的差别就在于那一线间。日益精进，慢就是快，少走弯路就是捷径。这就是华为和任何卓越企业的全部成功秘诀。

5.3.4 累积进步，精进构建核心竞争力

循序渐进，一般是指战略方向坚定不移下的循序改进。目标确定，但前进道路可能不是一条直线，也许是曲曲折折的，甚至在某些时段，可能还会走个回头

路。战略目标的达成过程，涉及的变量非常多，因此能力和经营结果即便是向前发展的，但过程的改善几乎是螺旋式上升的，甚至会有一些反复。因此，在企业战略管理上，构建核心竞争力不是100米起点到终点的直线方式，而是越野赛里"山穷水尽疑无路，柳暗花明又一村"的赛道，只有保持耐性朝着目标一点点前进，才能成功实现战略。

战略不会自然而然实现，一定是组织中所有主管和员工都聚焦战略，聚焦差距的改进和提升，累积进步，最后量变引起质变，使企业成功蜕变，化茧成蝶。

任正非一直强调"板凳要坐十年冷"，他曾多次提到"一个人一辈子能做成一件事已经很不简单了"。中国企业最缺乏的就是这种专注度，在日本很多企业都将其称为工匠精神。其实不单是研发和技术岗位，组织内的任何岗位，如果想要成为专家，都需要花费大量的时间。而组织的强大，有赖于所有成员专业能力和工作意愿的提升，从而水涨船高，推动组织整体专业能力的提升。

40年前，赫伯特·西蒙（Herbert Simon）和威廉·蔡斯（William Chase）在美国科学家杂志上刊登了一篇论文，在研究专业知识方面得出一个著名结论："国际象棋是没有速成专家的，当然也没有速成的高手或者大师。目前所有大师级别的棋手包括鲍比·菲舍尔（Bobby Fischer）都花了至少10年的时间在国际象棋上，无一例外。我们可以非常粗略地估计，一个国际象棋大师可能花了1万至5万小时盯着棋盘……"

在此之后，心理学发展了一个分支，专门研究西蒙和蔡斯的发现。研究者一次次地得出了相同的结论：要擅长复杂任务，需要大量的练习。这里虽然是针对个人成长的1万小时定律，但是对于目标更加复杂的企业，构建核心竞争力更需要长时间打磨。

任正非说："改革不能急于求成，一点点慢慢走，我们提出可以用5~10年时间来逐步实现。如果改革快了，上线和下线都找不到对口，流程关节就断了，而且走快了容易摔跤，再爬起来修复账务、修复业务要花很多精力。希望大家认真付出努力，一年比一年进步，总有一天，我们的管理会赶上西方公司。"

任正非十分推崇《大秦帝国》这部小说，因为华为在全球电信市场上征战，与秦国逐鹿天下的过程很像。在《大秦帝国》一书中，有专门一个片段，很好地说明了积微速胜的道理，即做好一件件小事具有重大意义。

积微是取得进步的大概率事件，是成就宏大愿景的最快、最佳办法，希望通过一两个技术突破或者业务模式创新，便想取得企业的"长治久安"是不切实际的想法。

5.4 小结

在 SDBE 模型的战略解码步骤中，须关注对企业长期发展有重要影响的事情和开展周期为 3～5 年甚至更长时间的事情。这些事情中有些可以量化衡量，有些暂时不能量化，需要用语言描述。只能用语言描述的关键行动方案，就是企业或者业务单元在一段周期内必须聚焦力量、联合冲锋的战略关键举措。

将战略关键举措实施 TOPN 项目化管理，因为想要实施关键举措，需要明确任务并获得行动支持；需要保持对核心的关注，聚集资源；需要团队目标一致、行动力聚焦。而项目制的闭环管理能够满足这些落地条件。

TOPN 是夯实企业长期发展的关键举措，但是这个定义不足以保证企业在管理实践中对 TOPN 管理能够起到真正的作用。TOPN 管理心法是指在关键举措管理上成功实践的心得和方法。TOPN 管理有其理性的一面，同时也需要关注其中的思考和信仰，只有这样，才能对 TOPN 实施良好、合理的管理，培育出企业长期健康发展的"黑土地"。

【思考】

1. 在你的企业里，是否分解出了量化指标之外的战略关键举措和年度重点任务？

2. 跨部门、跨层级的战略关键举措和年度重点任务是否形成了清晰的作战路径和方式？

3. 由哪些运作机制来保证关键举措能够落地、形成闭环？效果如何？有什么改进的地方吗？

第 6 章
项目运作：能力原子化的资源高效配置

美国项目管理协会主席保罗·格蕾斯曾说："当今社会，一切都是项目，一切也将成为项目。"

企业的使命、愿景和战略目标要通过一个个项目的达成来实现。项目能够助力构建强矩阵式管理、创造开放交流的环境、最大化利用各种资源、提升协同能力、促使组织内部接受变革，还能培养独当一面的项目经理。

项目的价值在于能够打破组织和流程的僵化和限制，沿着明确的目标，运用高效成熟的方法获得正确的结果，实现价值，帮助企业更好、更快地完成战略规划。

由于项目管理不是本书的核心重点，因此我们不准备用长篇大论来讲述项目管理的体系，而是着眼于项目管理体系对于卓越运营的必要性和重要性。

6.1 整体理念："项目制"为核心的流程型组织

华为打破传统的功能型组织结构，形成以客户为中心的端到端的流程型组织，经历了从弱矩阵项目管理向强矩阵组织转变的历程，并始终坚持"以项目为中心"，成为华为保障重点任务、提高资源配置效率的组织方式。

6.1.1 项目管理的基本概念

随着人类协同分工的发展，有组织的活动逐步分化为两种类型：一是连续不断、周而复始的活动，人们称之为"作业（或运作）"（Operations），如企业日常生产经营的活动；二是临时性、一次性的活动，人们称之为"项目"（Projects），如企业的技术改造活动、产品开发活动、一个销售项目的运作等。

项目管理行业的倡导者 PMI（Project Management Institute，项目管理协会）将项目定义为"为创造一个独特的产品、服务或结果所做的临时性努力"。这意味着项目是一次性的，如果经年累月地重复就不能称作项目。

质量管理学大师约瑟夫·朱兰（Joseph. M. Juran）博士将项目定义为"待解决的问题"。这个定义对于企业管理也有很实际的意义，因为它提示着每个项目都是要为企业解决某些问题。这些问题既包括"负面"的，比如一个待改进的重大生产流程问题，也包括"正面"的，比如开发新产品。

项目具有很强的约束条件，包括：①必须满足的具体质量要求（质量约束）；②预算（成本约束）；③有确切的起点与终点（时间约束）；④明确界定的工作范围或范畴（范围约束）。这些就是项目的 PCTS（质量、成本、时间、范围）目标。针对诸多的项目约束条件，必须开展高效的项目管理工作。

项目管理的定义为：在项目活动中运用知识、技能、工具及技术，达成项目要求。项目管理的特点是：①具有强计划性的控制；②体现管理系统和方法的集合；③单个项目或项目群的管理既涉及管理科学又涉及管理艺术。

【案例】华为建立产品研发项目管理体系

20世纪90年代，华为制定了《华为基本法》意在指导公司的长远发展。但纲领性的文件无法解决产品研发质量和成本问题，因此华为引入 IBM 咨询团队，在其指导下，对公司产品开发流程及项目管理体系进行重新调整，形成了基于 IPD 流程的产品开发项目管理体系。产品开发项目管理对开发工作实行"端到端"管理，与原先的职能式管理不同的是，这种管理方式重视跨部门之间的合作，设置明确的项目经理角色，避免了由于项目成员沟通不顺畅，导致产品开发周期经常延长的情况。

第 6 章 项目运作：能力原子化的资源高效配置

IBM 在 IPD 咨询过程中为华为建立了许多跨部门的业务团队，比如产品组合管理团队（PMT）、集成组合管理团队（IPMT）等。在产品开发项目管理中，跨部门的业务团队是产品开发团队（PDT），成员分别来自市场、销售、研发、制造、采购、技术服务、财务和质量等部门，他们在 LPDT（产品开发项目领导）的带领下共同完成了由 IPMT 下达的产品开发目标。

实施产品开发项目化管理后，职能部门经理的管理范畴聚集于部门能力建设和人员管理，如部门能力规划和开发、人力资源规划和培养、业务经验萃取、部门管理体系建设等，以提供项目运作的人力资源支撑。在矩阵管理模式下，LPDT 对项目成员具有考核的权利，在考核周期，各 LPDT 将核心组成员的考核意见汇总到职能部门经理处，由职能部门经理统一给出部门里各项目成员的最终考核结果。

管理项目的步骤通常包括定义问题、制定初步解决方案、项目规划、项目执行、监控并控制进度和项目收尾几个步骤，如图 6-1 所示。

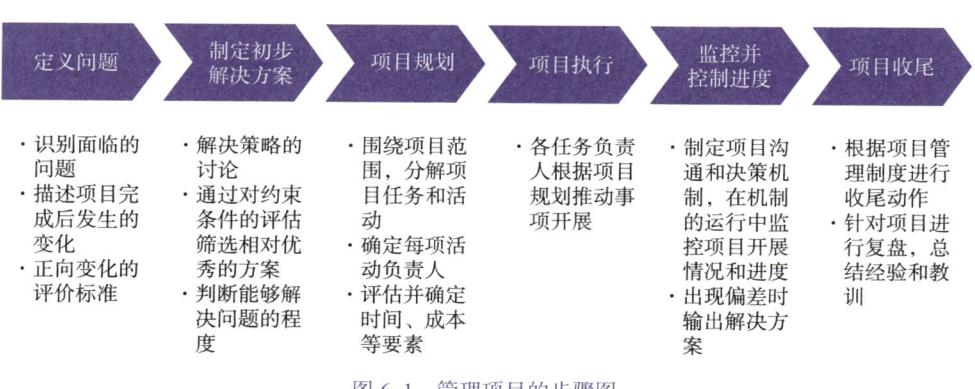

定义问题	制定初步解决方案	项目规划	项目执行	监控并控制进度	项目收尾
·识别面临的问题 ·描述项目完成后发生的变化 ·正向变化的评价标准	·解决策略的讨论 ·通过对约束条件的评估筛选相对优秀的方案 ·判断能够解决问题的程度	·围绕项目范围，分解项目任务和活动 ·确定每项活动负责人 ·评估并确定时间、成本等要素	·各任务负责人根据项目规划推动事项开展	·制定项目沟通和决策机制，在机制的运行中监控项目开展情况和进度 ·出现偏差时输出解决方案	·根据项目管理制度进行收尾动作 ·针对项目进行复盘，总结经验和教训

图 6-1　管理项目的步骤图

每一个步骤也可以采用回答问题的方法，来促使团队成员达成共识、协同行动。

1. 定义问题

目前面临的问题究竟是什么，涉及哪些范围？项目完成后，项目能满足内外部客户的什么需求？具体会发生哪些变化？你会看到什么，听到什么，碰到什么，体验有什么不一样？

2. 制定初步解决方案

组织相关成员进行头脑风暴，在会议上询问与会者可以采用哪些不同的方法解决哪个问题？罗列出来的解决方案中，你认为哪个是最好的？它为什么相对好，是因为成本、资源保障、策略优势还是什么？能够完全解决问题还是只解决部分问题?

3. 项目规划

规划需回答以下问题:必须做哪些事情?谁来做?什么时候完成?成本多少?有怎样的质量要求?

4. 项目执行

这一个环节保证充分按照项目规划来实施动作。项目成员应该了解,如果没有按照战略规划执行,那么前期的规划有什么意义?或者说,如果不按照规划执行,有什么风险?

5. 监控并控制进度

过程中一旦发现偏离规划,我们如何才能重回正轨?如果无法输出解决方案,面对新的现实,我们是否可以修改规划?如何修改?

6. 项目收尾

一旦项目达成目标,除了完成项目收尾的规范动作,比如项目审计,还有一个重要的事项应该完成,那就是项目复盘。向成员们询问,在这个项目中,"哪些地方做得不错?""哪里方面有提升的空间?""有什么经验、套路或者窍门是可以传承的?"但要避免直接问"我们/谁做错了什么?"这样的问题,否则会使成员们产生一些防备心理。项目复盘的关注点应该是如何改进,而不是追责。

企业的成功有赖于每个项目的成功,项目是企业商业目标达成和战略实现的手段,很多全球性的头部企业,比如华为、IBM、微软、惠普等在其公司运营的核心部分都采用了项目管理模式进行运作。

6.1.2 项目管理的价值和管理误区

根据国外的研究机构统计,良好的项目管理给企业带来的益处包括:缩短项目的周期,一般能够缩短10%以上;降低项目成本,大约可以降低10%~20%;减少风险、增加价值;提高企业的应变能力。

前面说到,项目面临着PCTS(质量、成本、时间、范围)多重目标的要求,所以项目管理的核心还要平衡这几项目标如何实现,把看似矛盾的目标均衡化,过程中不断解决其中的矛盾。最后会发现,项目的目标实现其实满足了多方面的需求:①企业角度——战略规划和有效执行、产品开发、品牌建设、业务发展、经营收益等;②客户角度——业务效率提升、时间进度、质量达标、成本节约等;③成员角度——提升了成员的工作技能,丰富了经验、知识领域,提高了专业性等方面的能力,获得了成就感、物质或者荣誉奖励,即提升了职业生涯质量。这些也是项目化管理带来的价值。

第 6 章 项目运作：能力原子化的资源高效配置

但是项目取得均衡性的成功并非易事。根据斯坦迪什集团（Standish Group）发布的《混沌》（Chaos）报告称，仅以"在预算内完成项目""达到预期结果"为标准，软件开发项目的成功率只有29%，另外52%未完全达成目标，19%失败。IT研究及咨询公司高德纳（Gartner）曾经发布的报告也得出类似的结论，大型项目（预算超过100万美元的项目）的失败率较高，在28%上下浮动。

项目成功率的提升主要依靠两个方面：规划方向和执行管理。但是在实际操作中，这两方面都存在很多的误区。

首先项目成功极度依赖良好的规划。很多项目经理为了快速完成一个项目，对方向、范围、约束条件未考虑全面就急忙上马，有些企业或者客户给项目经理的规划时间非常仓促，甚至完全不给规划时间，结果通常是花费更多时间、成本和人力来修正错误、安抚干系人情绪，甚至宣告项目失败，规划不到位在项目的源头就埋下失败的隐患。项目组必须通过商业论证对项目进行可行性评估，比如可从商业可行性、技术可行性、成本可行性、运行环境可行性、法律可行性、社会可行性等方面对项目进行考量。

IBM给华为做的IPD开发流程和原来的华为开发模式对比，一个明显的差别在于：给予概念阶段和计划阶段更长的流程周期，即重视概念阶段对产品的定义及各领域策略的制定，重视计划阶段对技术方案的制定及各领域实施方案的制定。之前华为因为概念阶段和计划阶段太过仓促，在产品定义模糊、方案不具体的情况下就进入了开发和验证阶段，导致开发和验证阶段周期加长。后来华为经过几个产品开发流程的验证，发现仔细、到位的规划使整个产品开发项目的周期反而缩短了。

其次在执行阶段，国内很多项目管理的误区可以用"五拍""三边"来形容。

1. 五拍

第一拍——拍肩膀。启动会为了鼓舞士气，领导会拍着项目经理的肩膀进行激励："好好干，看好你！项目成功我们会论功行赏！"

第二拍——拍胸脯。受到激励的项目经理和项目骨干则拍着胸脯向领导承诺："放心吧，包在我们身上！"

第三拍——拍桌子。项目遇到问题时不是先想解决思路，反而相互攻击、推卸责任、抓"肇事者"，一些脾气暴躁的团队成员在着急犯难时常会出现这样的行为。

第四拍——拍屁股。当项目经理或者模块负责人发现越来越难把控项目节奏时，本来事务压力就大，又受到上级的责备，心里难免生出委屈或者不服气："这么辛苦到头来还不是没好结果""这么辛苦还训我？我还不干了呢！"于是负责人拍屁股走人了。

第五拍——拍大腿。项目结果令人大失所望，领导们开始拍大腿后悔："为什么不多加考虑就上这个项目？为什么不仔细规划？""早知如此，当初就该……"

2. 三边

边设计——项目开始时，大家不去着力澄清项目目标，也不沟通项目的做法，只能边做边设计。

边执行——实施过程因为没有项目规划，做事的套路就像"脚踩西瓜皮，滑到哪算哪"，完全处于无序的混沌状态。

边返工——因为边设计边执行，项目场景和问题层出不穷，不得已随时调整方案，修改错误，到处救火，反正能整出个结果就行。

项目管理的价值毋庸置疑，但是实践中的误区又使得它们的成功并非唾手可得。认识到这些误区，是为了给企业及项目经理以警示，避免出现类似的情况，提升项目运作的成功率。

6.1.3 以项目制强化组织流程化运作

随着企业的业务发展，组织结构会随着发生改变。最开始出现直线型组织，然后是直线职能制组织，之后可能会进化为事业部制组织、流程型组织、矩阵制组织、混合制组织及更为敏捷的海星型组织。在这个过程中，提升组织整体的协同意识和效率，是每一种组织结构都为之努力的方向，其中用流程贯穿业务端到端几乎是所有"瞄准客户需求、聚焦业务流高效"的企业所采用的管理方式。

但是就像职能型结构无法突然演变为流程型结构一样，职能管理因为组织运作的惯性也很难直接演变为流程管理，在演变过程中，企业多层次、多领域开展项目管理，可以助推组织从职能管理转型至流程管理。

职能管理、项目管理和流程管理类似一种效率递增的组织演变模式，在管理实践中，它们大致也有一个先后出现的顺序。项目具有职能与流程的双重特征，项目管理也具有职能管理和流程管理的双重属性。

项目把业务流程上的部分功能进行了集成，从而最早出现在业务系统中，比如在产品研发、批量生产、服务交付等方面。项目的目的是满足客户需求或实现特定目标，而不是关注专业化分工。正是因为这个改变，使组织发展向前迈进了一大步，终于让客户的价值述求清晰明确地体现在企业的价值创造活动中，为企业全面的流程管理奠定了基础。

在项目管理的视角下：

（1）各部门的目标趋于一致，各部门努力的目标不能再局限于本领域的指标，而是需要满足最终客户的需求，而这也是企业的目标。

（2）部门目标一致，部门经理之间以合作为主流，资源协同，避免各自为战。

（3）每个成员的任务清晰化、结构化，上下游协同也在项目规划中提出要求，简单问题便可以在中基层现场解决，团队成员的工作效率提升，他们的工作获得感会增强。

（4）简单问题在执行层面得以解决的前提下，项目经理可以着重负责拉通协同、改善衔接和处理重大事项，而部门经理则可以把精力放在人员能力提升和改善项目管理上。从满足客户需求出发，可以做到"力出一孔、利出一孔"，这便是流程绩效和组织绩效改进的动力。

在项目管理运作成熟的企业中，职能架构下容易产生的"部门墙"消耗被极大地消减。项目覆盖的工作领域越多，组织的运行效率就越高。最初是在业务系统实现集成化、流程式的管理，接下来它可以运用到职能系统。如今，项目管理在西方企业中能够覆盖80%以上的工作内容。而在我国企业中，覆盖率还不是太高，但是也有我国的头部企业，比如华为、网易、百度等，能够将项目管理运作得非常高效。

【案例】华为的管理变革项目

众所周知，华为曾经发动了几次管理重大变革：集成产品开发（IPD）变革、集成供应链服务（ISC）变革、集成财经服务（IFS）变革、从线索到回款（LTC）变革、数字化战略规划（ITS&P）等。华为一般在变革期间同时涉及超过100个项目，需要调动包括IT、数据、变革管理、项目管理等资源，并且这些项目覆盖了公司的方方面面。随着这些项目的完成，最终对公司的文化、战略、系统流程等产生了影响，帮助华为建立了"以客户为中心"的流程型组织。所以，即便华为拥有十几万名员工，组织结构错综复杂，但也保持了运作高效和业务的快速增长。

当一个企业的关键管理活动达到100%覆盖时，意味着企业的各种资源、组织能力都能够被项目所集成，所有的人员都是依照角色而不依照头衔从事工作，所有活动都以客户价值创造为基础。这时项目管理本质上与流程管理几乎就是同义词，项目制助力并强化了企业的流程型运作。

6.1.4 以项目为单位提高资源配置效率

在企业的运营中，资源总是稀缺的，为了实现投入产出高效，从而要求企业对有限的、相对稀缺的资源进行合理配置，资源配置合理与否，对一个企业经营发展的成败有着极其重要的影响。透过项目的定义，我们知道，项目都具备质量、成本、时间和范围等多重约束，这些约束是综合项目多方干系人的意见需求及有限的资源而产生的。项目管理的目标就是要在满足多重约束的前提下，获得客户需要的项目产品或服务。

在前面的讲述中，我们还了解到，TOPN承载了战略目标中不能量化的关键举措，企业项目化运作能够"以客户为中心"提升组织运行效率，以项目为单位配置资源，体现了企业的核心价值观和战略重点，能够保证方向正确和投资成效。

【案例】华为资源配置的"压强原则"

在《华为基本法》中，提到了一个原则——压强原则。压强原则的"资源配置"条款明确提出："我们坚持'压强原则'，在关键成功要素和选定的战略生长点上，以超过主要竞争对手的强度配置资源，要么不做，要做，就极大地集中人力、物力和财力，实现重点突破。"接着进一步做了更为详细的阐述："我们的经营模式是，抓住机遇，靠研究开发的高投入获得产品技术和性能价格比的领先优势，通过大规模的席卷式的市场营销，在最短的时间里形成正反馈的良性循环，充分获取'机会窗'的超额利润。"

压强原则在不同的场景下，有着丰富的指导意义，如压强原则是不在非战略机会点上消耗战略力量；是保持战略定力，保持战略自信，保持厚积薄发；是杀鸡用牛刀，把握针尖原则；是敢于把所有的鸡蛋放在一个篮子里，然后看好它；是战略选择之后的策略，代表持续的承诺，承诺的关键在于持之以恒的信任和资源的持续投入。

纵观华为的成长历史，无论是农村包围城市还是破冰国际市场，乃至进入"无人区"，华为一直秉持着压强原则。同样，华为在研发和技术上的突破，在管理能力上的系统提升，依靠的还是压强原则。

企业坚持压强原则，要判断项目的轻重缓急，以便有效调度资源，提高企业资源利用率。具体来说，对项目群资源配置管理的基本工作流程如下。

（1）判断项目的战略定位，这点在战略解码过程中，经过高层管理层、部门管理层的充分讨论，能够在企业内基本达成共识。

（2）除了战略性项目，在企业层面还需建立项目选择与评级机制，项目决策委员会、业务管理领导团队或者部门管理者负责分析不同级别的项目业务为企业带来什么效益，并决定项目是否继续、如何进行管理等。

（3）在项目分析的基础上，被授权组织结合资源约束条件，进行项目的资源优化配置，目标是使各个项目总的投资收益最大化。

（4）项目管理办公室负责在规范内统筹各个项目的推进，制定通用的项目执行策略，提供标准方针、程序规范等，对所有项目进行管理，为各项目统一调配或组织企业资源。

（5）在项目实施过程中，项目总监或项目经理作为第一负责人对项目的进度、预算及风险进行监控，及时了解项目的状态信息和变化情况，对项目变更进行有效控制。

华为一直处于高速发展阶段，资源短缺一直是产品开发领域普遍的现象。只有采用科学的资源管理方法才能做到既保证重点项目投入，又能满足在做项目的资源需求。调配的核心是把有限的资源调配到组合决策排序排在前面的产品项目上。比如通过版本路标规划和调整版本错位开发计划，确保项目资源的供给相对均衡；保证重大关键的项目在最需要的时候能够配置关键的资源；日常进行资源利用率和释放率的度量等。简言之，就是聚焦战略，落实压强原则，同时在实际的项目管理中，守住关键，均衡资源，保证整体优化。

按照项目维度分配资源，相对于按照部门职能、人员编制或者约定俗成的历史因素进行资源配置，更符合客户和业务的需要。既然企业是为满足客户需求并以高效的业务流实现价值创造的，那么把资源投放到企业的"原子级"能力上，才可以实现可预测和可把控的叠加成果。

6.2 项目组织：从弱矩阵到强矩阵的转变

在企业里，项目不仅仅是业务项目，还包括了研发项目、销售项目、交付项目和管理变革项目等，它们是企业经营管理活动的主要组成部分。华为确定了未来公司的经营管理机制，即把公司从以功能部门为中心的运作转向以项目为中心的运作。这意味着功能部门将是能力中心、资源中心，而不再是权力中心。

6.2.1 以项目为中心，在企业中建立组织级项目管理体系

当企业面临战略选择、战略转型的压力时，必须通过发起大量的项目支撑企业的战略关键举措。

一个企业做好一个或者若干个项目并不难，难的是做好所有项目。通过多层级的项目管理管控机制，形成由战略层到执行层的传导；通过系统化的组织级项目管理体系，建立变革管理常态化的机制，这是卓越的组织追求的目标，也是企业不断突破、自我成长的保障。

在任正非看来，华为未来管理体系要做三件事：(1) 前方是项目经营：有目标清晰的行动中心。美国 24 人的海豹突击队有明确的项目目标，少将班长相当于项目经理。(2) 中间是高效运作的平台：仿佛一座桥梁，能使前后方的信息、

物资、人力资源全部贯通。（3）后方是清晰的决策及监控中心：前方活动过程清晰透明，确保前方按业务规则进行。为了最终形成这样一个企业管理体系，实际上就是通过很多个跨部门的管理变革项目，涉及组织变革、流程变革、绩效变革等，形成多类型、多角度的项目组合。

在头部企业中，通常会把组织级项目管理作为支撑企业战略落地最重要的机制，尤其以项目组合管理机制最为重要。依据企业的战略规划和战略解码，形成对项目的选择和立项的指导，其间建立多项目生命周期的进展追踪、偏差分析和风险管理机制，随时反馈给企业领导班子，形成对企业战略的控制和反馈，即借助项目组合管理支撑企业战略规划落地，如图6-2所示。

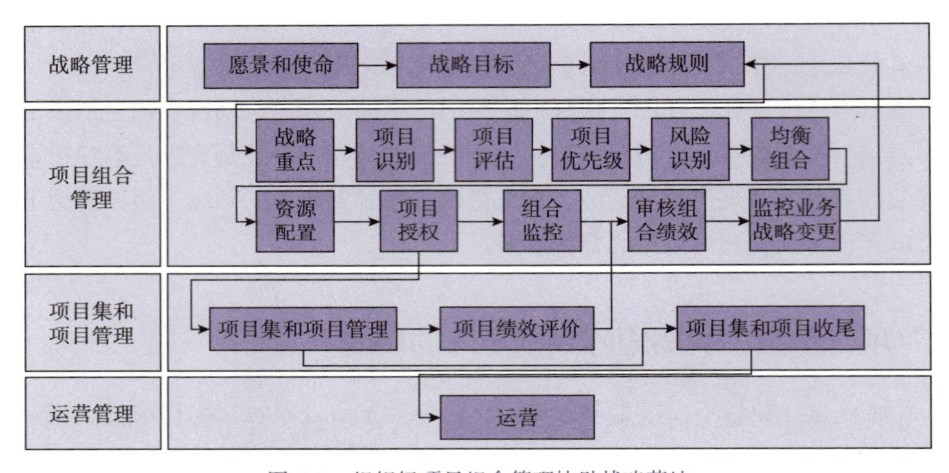

图6-2　组织级项目组合管理协助战略落地

组织级项目管理和单个、零散的项目管理的视角不一样，它更具有系统视角，因此它在协助战略落地的时候，还要进行相应的顶层设计。

（1）明确组织级项目管理的范围。如果将企业的工作高度抽象，大致有三类工作，最基础的类型是日常运营，其目标是完成产品或者服务的交付链条，确保企业的稳定收入。第二类是战略规划和战略解码，通常每年做一次，涵盖3～5年的战略重点任务。第三类是战略解码输出的关键举措，目标是根据企业战略规划，投入相应资源，打破固有的限制，寻找新的最佳实践，实现突破。组织级项目管理机制就是要保障第三类工作目标的实现。

从承接战略关键任务开始，科学地制定多项TOPN项目的投资组合，建立确保目标实现的项目管理机制，最终将项目成果固化到企业日常运营中，并评估项目收益的实现情况，这一系列过程都属于组织级项目管理的工作范围。

（2）有人说，没有强有力的PMO就谈不上组织级项目管理。构建组织级项目管理，要设立组织级的 PMO。首先要根据企业战略述求确定 PMO 的定位，比如战略型 PMO、控制型 PMO、运营型 PMO 和顾问型 PMO。越是战略价值高、协调要求高的项目，PMO 的定位应该越往战略层级靠拢。作为组织级项目管理运转核心的 PMO，其工作边界会依据不同的定位而变化，会涉及与几个工作职能部门划清边界：战略规划部门、人力资源管理部门、财务部门、运营管理部门、总裁办、企管办、各个业务单元及各个项目组。

（3）运作机制的核心是项目的分类分级。项目都是需要资源的，组织级项目管理关键是能够站在企业的整体视角，合理分配资源，避免出现多项目的资源争夺战。另外，企业内可以称之为项目的工作很多，项目特征千差万别，很难有一套项目管理模式把所有项目都标准化地管理起来。因此，明确不同项目的定义并进行分类分级，采用差异化的项目管理方法，根据不同项目的特点制定更有针对性的项目管理细则、工具和模板，对项目管理在企业落地至关重要。

企业通常可以依照项目的战略重要性和预算金额两个维度，决定项目的级别，并实施不同的管控力度、考核方式和激励方式。而项目的类别则有很多种，如市场攻山头项目、区域开拓项目、重大交付项目及不同领域的管理变革项目等，对各类项目需要建立差异化的管理机制。项目的分类分级是构建组织级项目管理机制的基础。

（4）组织级项目管理的管理层次和提升手段。管理体系不是设计出来的，而是运作出来的。运用原则、制度、流程和策略、工具和技术不同层面的管理手段，形成"实施组合拳"，真正建立和提升管理能力。如图 6-3 所示。

组织级项目管理				
需要统筹的项目组合管理		不同类型项目的独特工作	组织内信息收集和共享	项目管理相关人员的培养
	管理层次	管理提升措施		
原则	项目的认知、概念、意识	文化宣贯、员工知识培训、研讨		
制度	组织结构规章制度整体架构	组织结构设计和优化，组织管理制度设计和优化、组织级项目管理运作设计、项目分类分级机制、项目经理角色设计机制		
流程和策略	流程规范作业指导书	项目管理流程规范、项目管理工作模块标准、项目管理工作作业指导书、项目管理工作层次标准		
技术和工具	工具表单培训课件信息系统	项目管理工作套件、定制化开发培训课程、定制化开发信息系统		

图 6-3　组织级项目管理水平系统提升路径

近年来，很多企业都把创新、转型和变革的重要性提升到了一个新的高度，而创新、转型和变革的载体就是项目管理，确切说是组织级项目管理。为了配合组织级项目管理的转变，越来越多的企业已经走在职能型组织向矩阵型组织转型的道路上。

6.2.2 构建项目布阵，提高组织敏感性

要发挥项目管理在战略管理中的作用，真正实现以项目为中心的运作，组织架构的调整不可避免，其本质上是围绕项目进行权力再分配，也就是要打破传统的职能型、事业部型等组织态势，从弱矩阵向强矩阵转变。在弱矩阵和强矩阵的组织环境中，项目经理这个角色的定位和权限是不一样的，其对于资源、预算等掌控力度也是不一样的。

具体地描述"以项目为中心"，华为轮值董事长郭平曾经从项目经理授权、资源的可获得性、预算的管理权、项目经理角色和项目管理人员（"八大员"）的角色五个方面进行了阐释，如表6-1所示。

表6-1　不同组织形态下的项目运作机制

项目管理运作机制	职能型组织形态	矩阵型组织形态			项目型组织形态
		弱矩阵	平衡矩阵	强矩阵	
项目经理授权	很少/无	少	少到中等	中等到高	高到完全
资源的可获得性	很低/无	低	低到中等	中等到高	高到完全
预算的管理权	职能经理	职能经理	混合	项目经理	项目经理
项目经理的角色	兼职	兼职	全职	全职	全职
项目管理人员的角色	兼职	兼职	兼职	全职	全职

要成功实现"以项目为中心"，华为认为这是一个渐进的变革过程。一方面，组织要做好对具体项目的管理机制配套，另一方面，更要注重审视项目对组织各个层面带来的影响，对项目定位、项目人员授权、预算机制、资源配置、信息流转和处理乃至项目分享等方面进行改革。这是一个系统工程，为此，要做好以下四个层面的工作。

（1）确立项目组织在整个组织管理体系中的定位，优化项目型组织的管理控制，包括项目型组织的生成、任命、责任、授权、考核及预算等。

（2）沿着项目管理主流程，完善项目基线建设，夯实项目"四算"（概算、

预算、核算、决算）的基础，提升项目预算管理水平，这是以项目为中心经营的基础。没有这个基础，就谈不上优质的项目管理。

（3）建立适应以项目为中心的资源管理规则、流程及 IT 平台，提高资源计划水平，做好资源支持，使所有资源对项目都是可视的、透明的。

（4）推动项目利益分享，逐步将利益分享推广到所有交付等经营项目，同时也对战略性投入项目做好分配设计，提高项目组织的积极主动性。

【案例】华为从弱矩阵到强矩阵的变革之路

华为轮值董事长郭平牵头负责向"以项目为中心"转变的能力建设，其下成立了多个变革子项目，包括"项目型组织变革项目""通用项目管理服务平台建设项目""项目管理流程建设项目"等，变革本身以项目管理的聚焦本质，推动组织运作机制转变，保证变革的落地。

华为在实施向以项目为中心转变的初期，就明确了必须在公司层面设立项目管理专委会，同时成立华为项目管理能力中心（PMCoE）作为公司级 PMO，统筹管理公司的项目管理政策、规则、流程、工具等，并在公司内部配套进行项目管理文化建设和项目管理能力提升。

各职能领域设立自己领域层面的项目管理办公室，承接公司层面的政策和要求，依据领域的业务特色进行适配、解释，并监督执行。由此确定了一个明确的、层次分明的项目管理组织架构，便于后续具体工作的落实和持续改进。

在项目层面的组织运作上，项目要有正式任命，并在立项审批时阐述明确的目标、范围、价值，同时推动资源的公正评价机制建设。另外还做出了明确规定：必须围绕项目进行建设和调整，每个项目必须有 HR BP，达到一定规模的项目必须有独立的 HR BP 等一系列的系统要求并监督落实。

战略关键举措的关键性、必赢性、创新性，自然需要与项目的灵活度、高效率、敏感性匹配，这样才能够更好地落地。企业的战略目标本质上是赢得市场竞争，并持续追求长远的健康发展，所以不管是项目组合、项目集还是项目，其运作的核心方向都是支撑一线作战。

6.2.3 后方组织以一线作战为目标，实行联勤服务

在项目管理体系还未建立起来时，很多职能部门都很强大，它们掌握着预算和编制，各个部门很容易先争取到本部门的奖金、编制、岗位职级等。总部对前线的作战部队而言，就是一个权力和指挥中心，需要外派到前线时，就是派级别低于总部的人员。前线人员层级不高，项目运作的时候就会多耗工时、多耗物资，即便慢慢成长了，一大堆资源也已经浪费了。而在后方的高级别专业人员不

了解一线情况和现场情况，如果只能做到提提建议，也是一种浪费。还有的部门和专家不看全局，只专注于自己领域的业绩，更是一种全盘意义上的浪费。这是以职能部门为中心的弊病，而以项目为中心的管理，使端到端、全局的目标更明确，项目团队拥有更多权力，决策向前线、向现场前移，把高级管理人员、高级专家都卷进重大项目中，支撑前方的关键行动。

华为把公司未来的管理体系比喻为眼镜蛇：蛇的头部可以灵活转动，一旦发现觅食或进攻对象，整个身体的行动反应十分敏捷，可以前后左右甚至垂直窜起发起攻击。这种敏捷的杀伤力得益于发达的骨骼系统，它们环环相扣，转动灵活，确保在发起进攻时能为头部提供强大的动力支撑。眼镜蛇的头部就像业务前端的项目经营，而其灵活运转、为捕捉机会提供支撑的骨骼系统，则正如公司的管理支撑体系，这就是华为眼中最适合未来运行的管理体系基本架构。华为经过几年的建设，实现从以功能部门为主的运作方式，向以项目为中心的运作方式的转变，后端的客户、研发、服务和管理变革项目成为了业务运作的主要形态。

以部门数量为依据，运作"眼镜蛇"式组织结构，从总部到一线组织呈现出一个纺锤形，包括上面的总部机关、中部的地区部、产品线及其他执行部门，一线组织是代表处、生产线……

总部机关小、功能综合、部门少，是由具备成功实践经验的人组成的，他们必须要有理解前方诉求的能力，能够规划清晰的战略与战术方向，决策快速准确，并且支持性好。中部组织承担了庞大的作战调度任务，有许多具体的专业支持要实施，所以中部组织的部门分工比较细，因此部门数量会多一些。而一线组织负责操作执行，很多场景是不能够按照企业内部的组织条线划分的，所以部门的职责要综合，不能与中部组织一一对应，不然就容易出现协同困难、内耗严重的情况，诱发前线的官僚主义。

华为明确变革要以一线作战需求为中心，后方平台（包括设在前线的非直接作战部队）都要及时、准确满足前线的需求。机构设置的目的，就是为了一线作战，作战的目的，就是为了企业持续取得利润，不断实现发展。后方平台是以支持一线为中心，按需要多少支持，来设立相应的组织，而且要减少平台部门设置，减少内部协调，提高后方业务的综合调度能力，及时准确地服务前方。一线的任务是要准确清晰地提出并输入需求，而后方变成系统支持力量，必须及时、有效地提供支持与服务，以及分析监控。

在以项目为中心的组织中，职能管理部门不能言必称总部，总部的管理部门不代表总部，更不代表企业意志，它们是后方，必须向前方提供支持与服务，而不是颐指气使地瞎指挥。企业往往要经历直线职能制的组织阶段，直线职能制组织发展到成熟阶段，内部协调的工作量就会变得很大，所以企业要有意识地将后方组织进行控制，综合重组，减少协调，实行联勤服务。

实行联勤服务，意味着要把困难和复杂事务留给自己，把简洁和顺畅的支持交给一线。当一线给总部管理部门打一圈电话，如果总是遇到后方两个领导意见不统一，那么企业就可以考虑其中可以优化的地方，比如把这两个部门归纳成一个统一的行政组织，在部门内部解决困难，对提高效率会有好处。

华为讲"班长的战争"，即强调给项目经理授权以后，精化前方作战组织，缩小后方机构，加强战略机动部队的建设。划小作战单位，不是指分工很细，更不允许让战斗力下降，而是通过配备先进武器和提供重型火力支持，使小团队的作战实力大大增强。华为整个的授权并不是短时间内完成的，通过3～5年，华为已经把LTC流程梳理顺畅，做到了账实相符，同时把"5个1"作为重点，实现了端到端贯通，坚定不移地逐步实现了让一线来呼唤炮火。只有将多余的后方机构关掉，消除官僚化，才能使"班长的战争"不仅仅是一种念想。

项目型组织和管理体系的搭建和运作，不仅是组织的变革、流程的变革、文化的变革，也是组织人才的变革。项目管理岗位是项目运作并实现目标的关键岗位，而项目经理是躬身入局、踏实执行的关键角色。

6.2.4 项目经理的责权利定义

不管是企业级必赢战役的负责人，还是企业内部一个管理优化项目的负责人，他们本质上都是项目经理的角色，也承担了跨部门运作的职责。

项目经理"苦恼的"日常：
- 项目进度延后，剩余时间不足。
- 资源不够，要和其他项目组"争夺"。
- 客户想法有变，项目范围变更频繁、项目需求不清楚。
- 业务和技术团队的目标存在分歧，兄弟部门不配合项目进度。
- 项目绩效考核的机制不合理，缺少科学的激励制度，激励不了项目成员。
- 项目经理对项目成员缺少直接的权力，派活还得与职能部门"商量"。
- ……

这些问题的产生，根源可以归结为项目治理结构、项目目标管理和项目过程管理的原因。项目治理结构包括项目角色的定位和授权、项目分级分类和优先秩序；项目目标管理包括项目的范围和验收标准、项目的目标和收益评估；项目过程管理包括项目过程步骤中的标准和流程、项目经理本身的知识和能力。在这些问题里面，首当其冲的便是项目角色的定位和授权，更为关键的是项目经理的责权设计。

项目经理是一个很有挑战性的职位，尤其是承载着关键举措的项目，背后是变革和突破，项目中利益相关方的关系很复杂，项目成员不好管理，项目执行过程中会充满矛盾和冲突。目前，很多国内企业缺少完善的组织级项目管理机制来统筹大家的行为，缺少项目管理的协同文化，因此作为临时团队负责人，常常是责任大于权力，这是很多项目经理感受最深的痛点。

项目常被理解为一件有规定周期的事情，但在英国 OGC（Office of Government Commerce，商务部）的 PRINCE2 2009 版中，对项目的理解是：为了一个被批准的商业论证，交付一个或多个商业产品的临时性组织。这个概念里更强调项目是一个组织，聚集了不同来源、不同技能、不同目的甚至不同文化和工作习惯的一群人，他们为了实现企业的创新和变革走到一起，项目经理必须通过项目平台，负责组织、协调和服务项目组织中的专家，组织各领域专家在上面进行跨界的思想碰撞和对创意的实践，既有冲突又有平衡，帮助他们形成团队，统一项目工作的方向和目标，攻坚克难，实现企业所期望的项目目标，这就是项目经理的组织价值和定位。

项目经理的职责按照 PRINCE2 的建议："在规定的时间、成本、质量、范围、风险和收益容许偏差内，确保项目产出符合要求的产品。项目经理也负责确保项目产出某项成果，该成果能实现商业论证所定义的收益。"

在组织建设领域，责权相当的概念经常被提及，既然项目经理拥有这样的定位和职责，项目经理的权限应该怎么设置呢？在现实中，他们有的授权来自企业最高领导层或者项目管理委员会，有的权力来自事业部或者经营单元的班子或 PMO，有的权力来自部门职能领导，不同类型的项目经理有不同范围和力度的授权。

而在华为的管理体系中，强调"以项目为中心"，项目是与其他正式组织结构、流程结构对等的一种组织形式，在这样的体制下，项目经理不仅拥有工作分派的权限，还有计划权、预算权、结算权，项目费用在项目经理手上，项目经理根据项目需要去"购买"企业上架了的资源。比如因为项目需要一个领域内的高级专家，项目经理可以向功能部门申请这个专家到客户现场交流，同时支付这个专家的"出场身价"以及相关的费用。这样不仅满足项目运作的需要，还能够在长期的运作中，观察出哪些是不能为客户创造价值的多余流程，哪些是不能为客户创造价值的多余组织，哪些是不能为客户创造价值的多余人，哪些是不能为客户创造价值的多余动作。由此，企业的职能机关也会改善其臃肿的形态。

既然拥有预算权和费用权，并可以根据项目需要配置不同的资源，华为的项目经理不仅要对项目的交付成果负责，还要对项目的财务指标负责，对回款负责。

在华为，总部机关定位是支持、服务和监管的中心，而不是管控中心。公司把作战权给一线项目团队，把预算权给项目经理，把激励机制建立在项目上，与之配套的是资源买卖机制，而项目就是一个个独立的利润中心。清晰的资源买卖机制能真实反映项目的赢利情况。代表处的出发点是更好地服务客户，是前线的指挥所。公司在合理制衡、有效监督的基础上，对合格的一线指挥官基于其岗位责任，充分信任，大胆授权，使责权真正对等。在华为的规划中，所有项目经理在资源的使用权（人权）、人员的考核权（事权）、财务的权签（财权）等方面都要承担责任，强调个人负责制，就是首长负责制。

这是一个巨大的组织分权的转变，意味着要分散职能部门的权限。职能部门是能力中心、资源中心，要把原先属于它们的权力转到项目经理团队中来，这也对项目经理的能力提出了非常大的挑战。除此之外，企业还需要配套建设好相关的机制和制度土壤，真正帮助战略落地。

6.3 项目规则：统一项目运作范式

作为一个规模巨大的企业，每年的项目数以万计。没有规矩，不成方圆。没有坚实的管理基础，要运作数量众多的项目绝无可能。像华为这样的头部企业，无一例外都会建立起从宏观的指导原则到微观的项目运作流程指导等一系列的规则，以支撑起庞大的项目集合。

6.3.1 统一项目管理的语言和运作

华为近年来提出的"打赢班长的战争""大平台下精兵作战""千军万马上战场"等管理导向，对项目管理能力提出了新的要求。华为十分重视体系化的建设，因此项目管理体系作为公司管理体系的重要组成部分，得到公司层面的高度重视。

【案例】规范的项目管理带来直接的经济效益

华为发展初期规模小，凭着感觉做市场，凭着感觉抓管理。当公司规模逐渐扩大，那种"拍脑袋"的个人化色彩浓厚的行为向职业化管理的转变就成为必然。华为下定决心用10年时间完成让各项工作与国际标准或国际惯例接轨。

钟燕，华为的财经经理，她被派至摩洛哥支援项目建设。在那里她发现项目路测的成本高得惊人，她查阅了代表处的路测框架协议和项目组下的路测分包订单，找到了问题所在——项目组领导没有按站点的方式下订单，导致分包队伍过多。钟燕反映了这个问题之后，项目组马上匹配业务计划制作分包订单的取消计划，计划实施后，项目总成本节省了 100 多万美元。

钟燕所发现的问题是由于项目组领导粗放式管理、随机决断而引发的。由于项目组领导的工作重心通常放在项目的交付进度上，对于其他繁杂事务的管理缺少精力和决心。若有一整套行之有效的管理制度和规范，则可指导项目经理按图索骥，避免陷入顾此失彼的情况中。

华为的项目管理体系建设是联系战略和执行的桥梁，它具体表现为一组实践总结或工具套。这套体系包括政策、规则、方法、流程、组织、数据及平台、模板、工具和度量等。

首先华为在公司层面设立了项目管理专委会，建立了公司级项目管理能力中心 PMCoE，统筹管理公司的项目管理政策、规则、流程和工具等，负责在公司内部进行项目管理文化建设和项目管理能力提升。各层级组织设立相应的项目管理能力部门或 PMO，承接公司层面的政策和要求，依据领域的业务和项目管理特色进行适配、解释和监督执行。

其次项目管理体系一了项目语言、运作规范，颁布了一系列的公司政策、公司标准和业务规定，如表 6-2 所示。

表 6-2　华为项目管理运作标准和规范

政策及规定	通用原则	经营规范	资源部署	项目预算	组织保障制度
公司层政策	·华为 PMBOK	·项目经营管理政策	·资源布局策略 ·资源买卖规则	·预核算闭环管理指引	·项目型组织人力资源管理规定
业务层规定	·业务集成职能白皮书 ·指导和管理职能白皮书 ·项目管理/项目群流程指南	·项目概算管理规则 ·项目预算管理规则 ·项目风险准备金管理规则	·JRSS 技能管理 ·资源使用内部结算管理规定 ·资源定价与结算工时管理 ·资源计划运作规则 ·共享资源池运作规则	·年度预算白皮书	·项目经理授权管理规定 ·项目核心角色通用职责
公司标准	·管理项目群 7Keys 操作指导书 ·以项目为中心	·项目、项目群定义 ·项目分类标准 ·项目等级标准 ·项目基本信息	·项目管理能力模型	·基线建设标准	·项目管理认知标准 ·项目绩效评估标准

这些具体规则和白皮书，在保证业务差异性的同时，在项目管理的认知和语言上进行了大范围的统一，为跨领域的项目管理提供了基础。

再有项目管理流程是项目管理体系的重点。华为在 2015 年发布了《管理项目/项目群》和《管理项目组合》两个公司级的指导流程来规范公司的项目管理，定义了华为项目管理的六个标准阶段——分析、规划、建立、实施、移交和关闭，并明确了项目管理过程中与其他业务（如财经、供应、人力资源等）流程和模块的集成调用关系，六个阶段共设置了 45 个标准动作供各领域应用时裁剪。如图 6-4 所示。

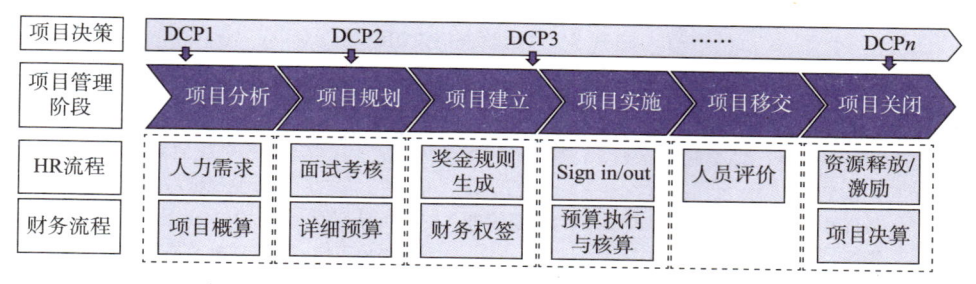

图 6-4　华为项目管理流程与其他流程调用关系（部分）

另外，这套体系还包括项目经理任职通道和标准来牵引项目经理能力的提升，华为经过 20 多年的项目理论和实践的探索，提炼出以能力为导向的项目管理 H5M 认证模型，分别由 MISSION、MANAGER、MANAGEMENT、MECHANISM、MAX-VALUE 五大模块组成，如图 6-5 所示。

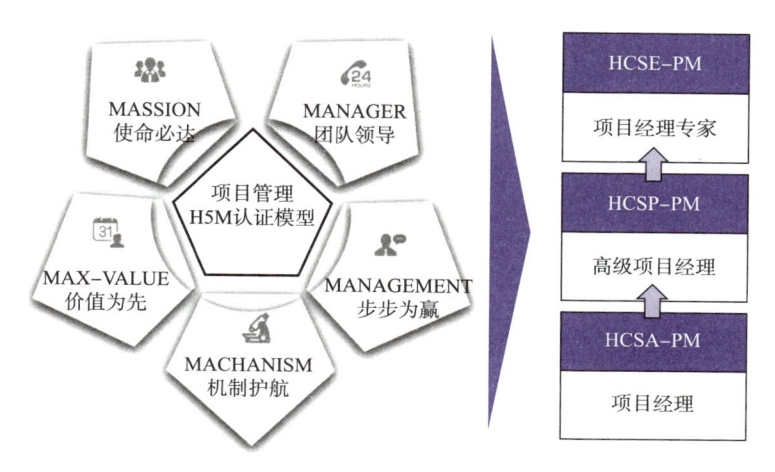

图 6-5　华为三级项目经理任职通道及 H5M 认证模型

依此构建完整的三级项目经理认证体系，使得有源源不断的、符合运作要求的人才真正撑起这套体系。

6.3.2 定义项目管理的知识域

项目管理知识非常丰富，为了便于学习和理解，根据知识之间的相关性，把项目管理知识划分为若干个知识域。参照业界标准的项目管理方法，涉及项目管理的十个知识域。每个知识域描述了研发项目管理过程中，需要实施的重要的项目管理活动及从事相关活动的最佳实践。

PMP（Project Management Professional，项目管理专业人士资格认证）中，将这些知识领域进行了结构化表述，形成十大知识域、五个过程组及47个子过程组，如表6-3所示。

表6-3 项目管理相关知识域

序号	十大知识域	五个过程组 | 47个子过程组				
		启动过程组	规划过程组	执行过程组	监控过程组	收尾过程组
1	项目融合管理	1. 制定项目章程	2. 制订项目管理计划	3. 指导与管理项目工作	4. 监控项目工作 5. 实施整体变更控制	6. 结束项目或阶段结束
2	项目范围管理		7. 规划范围管理 8. 收集需求 9. 定义范围 10. 创建WBS		11. 确认范围 12. 控制范围	
3	项目时间管理		13. 规划进度管理 14. 定义活动 15. 排列活动顺序 16. 估算活动资源 17. 估算活动持续时间 18. 制订进度计划		19. 控制进度	
4	项目成本管理		20. 规定成本管理 21. 估算成本 22. 制定预算		23. 控制成本	
5	项目质量管理		24. 规划质量管理	25. 实施质量保证	26. 控制质量	
6	项目人力资源管理		27. 规划人力资源管理	28. 组建项目团队 29. 建设项目团队 30. 管理项目团队		

续表

序号	十大知识域	五个过程组｜47个子过程组			
		启动过程组	规划过程组	执行过程组	监控过程组	收尾过程组
7	项目沟通管理		31. 规划沟通管理	32. 管理沟通	33. 控制沟通	
8	项目风险管理		34. 规划风险管理 35. 识别风险 36. 实施定性风险分析 37. 实施定量风险分析 38. 规划风险应对		39. 控制风险	
9	项目采购管理		40. 规划采购管理	41. 实施采购	42. 控制采购	43. 结束采购
10	项目干系人管理	44. 识别干系人	45. 规划干系人管理	46. 管理干系人参与	47. 控制干系人参与	

注：干系人是指直接参与项目的人员，或者其利益在项目执行或者完成后受到积极或消极影响的人员，具体包括内部的高层管理者、相关部门职能经理、项目团队成员、财务人员等，以及外部的用户、客户、竞争对手、外包商、供应商、政府机关、新闻媒体等。

在这一通用架构下，企业可以根据自己的业务情况进行适配，以便更符合实际情况。华为针对公司研发项目的特点，对框架进行了微调。

【案例】华为研发项目知识域（见图6-6）

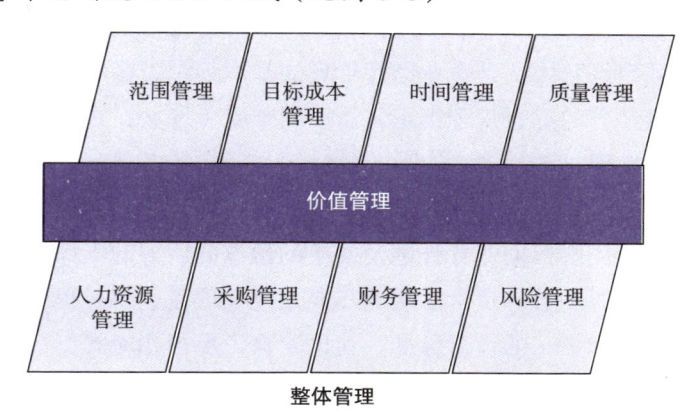

图6-6 华为研发项目知识域

整体管理：对所有项目管理活动进行统筹管理，确保所有任务协调一致，并对干系人进行协调和控制，聚焦于项目目标的实现。

价值管理：分析、定义、管理项目的价值，包含项目为客户或者本组织产出的价值及项目运作产生的价值。价值管理是华为研发项目管理的核心。

范围管理：收集和定义项目的需求，标识项目的交付，管理变更和验收，保证满足客户的最终需求。

质量管理：制定项目质量策略、目标及支撑目标达成的过程和关键措施，遵循公司相关流程对项目进行管理，确保项目的过程和交付符合项目的质量要求。

目标成本管理：基于竞争和盈利，保证产品按照既定的目标成本设计成本管理方法。

时间管理：管理和控制项目的交付时间和进度，确保项目按时完成。

财务管理：对完成项目活动所需的费用进行预算和管理，确保费用在预算范围内可控，并对项目期间的实际收入进行管理，确保项目投资合理有效。

风险管理：预测未来的消极事件（如影响项目的进度、质量、范围等的不确定因素等），主动做防范管理和应对，降低或者消除消极影响。

人力资源管理：建立、领导和管理项目团队，确保项目人力资源和产出满足项目需求，且团队成员获得成长。

采购管理：从项目组织之外获取其他资源，确保项目需要的产品、交付和服务准时到位。

在强调为客户创造价值的华为，明确项目价值，定义项目的相关知识和能力体系并实施管理是它的方法框架里的核心。

6.3.3　项目的四算经营管理方法

项目是企业经营管理的基本单元和细胞，项目经营得不好，企业的优质经营就无从谈起。项目经营团队是企业经营管理的基本组织，区域组织、市场线、产品线是基于项目经营的综合管理组织，从不同维度（地域、客户、产品）来平衡整个企业的业务发展。

在华为，年度预算的生成要基于项目机会点，资源分配根据机会发展逐步落到项目，项目经营团队根据业务计划及授予的预算向后方的支撑组织购买资源，而支撑组织要对资源的效率负责。明确不同角色在项目经营过程中的责任，并以履行结果作为干部和员工的评价标准，让大家真正承担相应的责任，促进管理的高效及有效，促进业务健康持久的发展。

【背景】华为曾经的项目运营风险

2006年，华为海外市场营业收入已经占到总收入的65%，这些新增订单中不仅有设备的销售，还包含大量的工程工作，如建设信号塔、挖沟渠等，甚至工程项目金额还大于设备销售的金额。公司当时对于设备的销售成本非常清楚，但是因为不同的国家和地区有着不同的国情背景，也有着不同人力成本，难以估算这些工程项目的成本。由于当时的财经部门大多承担着一些传统的支持性工作，并且预算范围尚未覆盖到项目层面，财务部门的工作尚不能支撑起利润中心的运行和管理，也难以承担战略上的职能。在华为2007年的一次内部会上，任正非表达了自己的担忧："我们的确是获得了一些大的海外订单，但是我不知道它们是否赚钱。"这些便是华为启动第二次集成财经服务变革的背景之一，在项目的第二阶段，项目财务管理便是变革项目的重要内容。

在项目财务管理中，四算是核心概念。所谓"四算"是指项目的概算、预算、核算、决算。

概算是设计项目利润的过程，即基于设备、服务成本和相关成本费用测算项目的损益和现金流，基于完全成本模型进行量化分析。80%的项目成本在这个阶段已经确定，既用于支撑销售决策，又用于支撑方案优化（包括合同条款），以提升项目方案的竞争力。

预算是基于概算，根据合同确定的交付承诺，结合交付计划和成本费用基线对项目执行周期内的收入、成本、现金流设定财务基准；在以项目为中心的预算生成过程中，既要考虑销售项目，又要考虑交付项目，还要关注与客户投资计划相匹配的线索和机会点，从而实现预算生成从项目中来，并实现责任中心与项目预算的衔接，即责任中心预算 = $\sum$项目预算 + 空耗。

核算是建立项目核算规则，成为项目管理的"温度计"（准确地记录历史，说清楚现在，并通过预测来管理未来）。预算和核算是项目管理增收节支的过程。

决算是最后一次项目核算，即项目关闭时的准确算账，并通过总结，为后续运作的改善提供经验教训。

这四算中，如果做概算是经营主体的责任，那么各级组织、部门的负责人就是概算经理，如果他们心里都没有概算的概念，那么对于如何赚钱一定是模糊的，很可能会做出偏离经营目标的判断和行动。项目概算中涉及市场假设及风险预判，市场假设要合理，风险预判要适度。在项目决算阶段，不仅要对项目的实际经营结果做出全面评价，同时也要对概算阶段的市场假设和风险预判进行回顾分析。如果市场假设和风险预判与实际结果偏差过大，说明负责人及财经部门的能力还有提升的空间。

在市场前端，项目四算与华为LTC流程之间是强协同关系，华为在LTC管理体系和流程架构中对项目四算有着清晰定位并对关联点进行集成，两者需要在交叉点上做好进度协同，项目四算与LTC一起推行落地（见图6-7）。

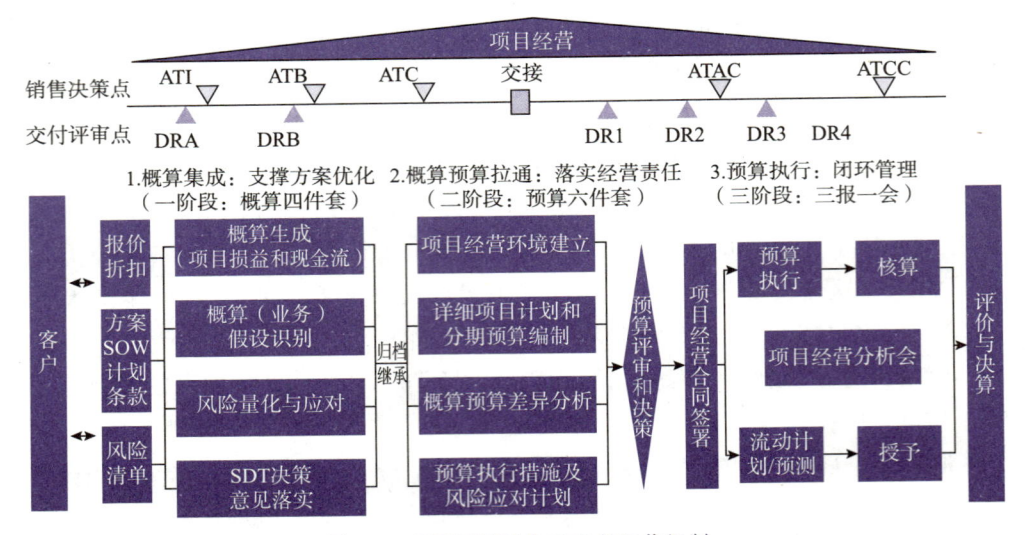

图 6-7 项目四算结合 LTC 的运作机制

原来华为基于每个项目的概算、报价和投标是由市场部完成的，之前市场部为了获取更多订单，可能会在概算时高估订单的盈利空间，尤其是那些包含工程的项目，导致后方的管理领导并不能在项目交付之前清晰地知道项目盈利的可能性有多大。而在把四算和 LTC 流程强相关之后，华为项目管理流程出现了巨大的变化。在变革后，概算由财务部和市场部共同完成，财务部门增加了对概算的控制性，同时概算的可信度和精确度也随之提高了。另外，原来项目财务预算是由财务部门在签订合同后制定的，在变革后，项目预算和工程的项目计划及项目执行关联起来了。

项目的四算不仅在前端的项目中应用，在后台的研发管理中也与 IPD 流程强协同。

研发项目开始的时候，风险和不确定性很高，随着项目的进展，风险下降，成功几率升高。因此，项目投资通过分阶段决策来逐步授权。项目任务书（Charter）立项批准授予项目后在 PDCP（Plan Decision Check Point，计划决策评审）前完成概算，PDCP 通过后在 GA（General Available，一般可获得性，指产品可以批量交付给客户）前完成预算。在每个 DCP（Decision Check Point，决策评审点），投资决策团队根据事实对开发项目进行决策，决定是否可以进入下一阶段开发。决策通过，则提供投资。产品开发团队财经代表要输出产品／项目投资财务分析报告，包括产品规模（价格和数量）、项目人力及费用、目标成本、产品损益评估等，用以支撑产品／项目投资决策（见图 6-8）。

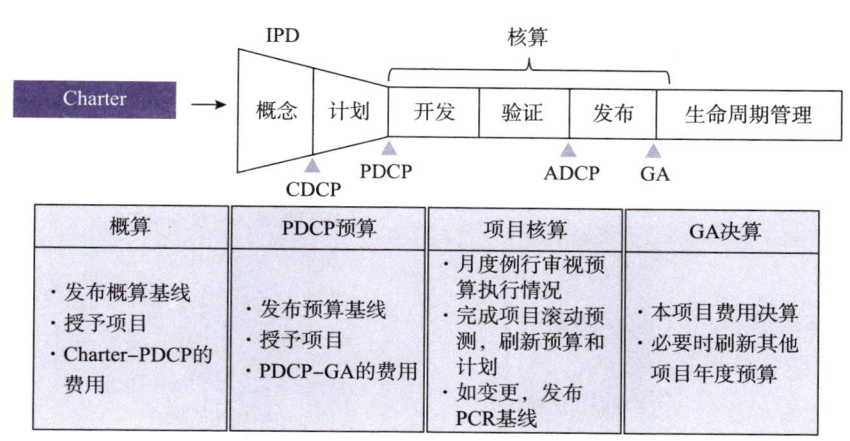

```
                        IPD              核算
                        ┌─┐      ┌──┬──┬──┐
  Charter  →  概念 │计划│ 开发│验证│发布│ 生命周期管理
                        └─┘      └──┴──┴──┘
                   ▲    ▲       ▲    ▲
                  CDCP PDCP    ADCP  GA
```

概算	PDCP预算	项目核算	GA决算
·发布概算基线 ·授予项目 ·Charter-PDCP的费用	·发布预算基线 ·授予项目 ·PDCP-GA的费用	·月度例行审视预算执行情况 ·完成项目滚动预测，刷新预算和计划 ·如变更，发布PCR基线	·本项目费用决算 ·必要时刷新其他项目年度预算

注：CDCP（Concept Decision Check Point，概念决策评审） ADCP（Availability Decision Check Point，可获得性决策评审）

图 6-8　研发项目的四算 [1]

6.3.4　项目的考核与激励机制

华为对经营考核按区域和产品线考核，并不按项目考核。公司只考核这个区域要贡献多少总利润，至于在项目之间具体产生多少利润，公司层面授权区域和产品线灵活机动。

尽管有比较充分的授权，公司对于考核是有明确导向的。在项目考核上，一是强调坚持基于项目经营全流程结果的考核、评价与激励机制。所有的考核与激励都要基于责任结果，流程中的各个环节都要对结果负责。基于过程的考核，会导致出现"铁路警察各管一段"的现象。二是考核需要体现出差异性。不同国家、不同地区的考核基线要有差异化，因为落后地区的工作更难一些，其考核基线可以设定的低一些，即少承担一些责任，比如西藏的考核基线比"北上广"应该低一些。通过基线的调整，在考核上就牵引了让艰苦地区奋斗的人员不吃亏。

项目经理获得了授权，必须公平公正地考核员工，使考核结果真正反映出项目组成员的贡献，形成正向激励。在项目团队成员的绩效评价中强调公平、公正，并不意味着每个团队成员的绩效都要等同，而是要科学地拉开项目团队成员间绩效差距的目的，拉开绩效差距的前提是建立科学合理、公平、公正的项目成员绩效评价体系。如表6-4所示。

---

[1] 夏忠毅. 从偶然到必然：华为研发投资与管理实践 [M]. 北京：清华大学出版社，2019.

表 6-4 项目成员的绩效评价指标

考核指标类型	指标内容	指标解释
核心指标	项目任务完成情况	按要求进行技术实施 质量、成本、进度
核心指标	工作效率	与项目干系人的联系和沟通 跨职能的协调能力
常规指标	支持性服务	项目流程改进 报告和审核
常规指标	专业技能提升	对专业领域的知识摄取能力 在项目中体现技能提升
附加指标	项目任务的复杂度	技术挑战 意外变更
附加指标	并行任务交付	兼顾的项目数量 项目总工作量

华为在对新员工的培训中曾经强调，真正的绝对公平并不存在，但在奋斗者面前，机会是均等的，争取高绩效的可能性也是均等的。通过建立公平合理的绩效评价和回报体系，让员工产生一种高绩效对应高待遇、高回报的心理定式，从而引导员工把注意力聚焦于项目交付任务及其完成上，而非聚焦于价值的分配。

在华为内部，有战略投入项目，这些战略项目对应有战略激励；而更多的项目是经营性项目，这类项目的激励与获取分享制高度关联，因为经营项目利润的堆叠便是公司整体的利润。

华为早期的奖金采用授予制，但随着公司的发展，华为管理层渐渐认识到："授予制"是按照上级意愿来分配公司利益的，这样容易导致公司高管、中层和基层间的利益分享不均，在公司内部产生矛盾。为了防止出现这种情况，华为在资金分配方式上用"获取分享制"取代了"授予制"。任正非指出：获取分享制要有包容性，才能永久生存。获取分享制，要有包容性而不是压榨性，要包容客户、员工的利益，也要包容资本的利益，包容各种要素（如知识产权）的利益，只有这样这个机制才能永久生存下来。

华为的获取分享制最大的特点是"自下而上"。因为"自下而上"的获取分享制可以使员工的回报和业务发展结合得更加紧密，部门的薪酬包与业务产出相挂钩，部门的奖金包也与收入和利润相关联，如图 6-9 所示。这样一来，由获取分享带动业绩突破，业绩突破反过来又促成获取分享的双向良性互动得以形成。

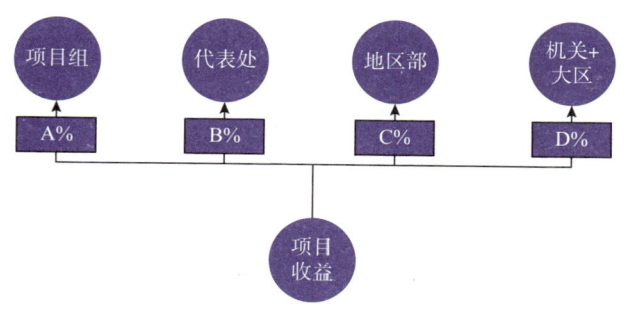

第 6 章 项目运作：能力原子化的资源高效配置

图 6-9 获取分享的本质是项目利润的分配

在项目激励方面，华为为一线提供了导向和架构，各区域和产品线可以在框架内积极实施项目奖的实践。项目激励有两点导向：①项目奖来源于项目收益，出自组织年度的奖金包。②对交付项目有两个层面的要求，一是按预算完成及时、准确、优质的交付，实现客户满意；二是通过增加收入、节约成本改善项目经营。具体方案由各个地区部、代表处自行决定，奖金来自年度奖金包。

为保证激励产生最大的效果，在考核公平、公正的前提下，还需要制定清晰的分配原则来指导实践，如表 6-5 所示。

表 6-5 华为项目奖金激励规则

项目奖金激励规则	详细解释
奖励对象明确	·项目负责人任命规范，及时维护 ·奖励项目负责人任命中对项目产生实际功效的人员 ·代表处代表及以上主管、机关二级部门主管、地区部 AT 成员不参与项目奖评定
分配规则清晰	·区域根据自身业务特点，结合奖金分配方案，根据收入和利润计算项目奖 ·根据确定的奖励对象名单，评定、分配项目奖
计算发放及时	·原则上次年 3 月底之前须完成承诺比例的申请工作
分配机制透明	·公开挂钩系数，确保奖金申报与产生过程公开、透明，激励及时有效 ·分层授权审批，不同级别项目在不同层级闭环 ·公示分配结果

对项目的激励指导和具体的制度，是支撑"班长的战争"实现的配套政策。每个季度，财务都会根据签约项目的格局、金额大小和盈利情况，自动生成每个项目的奖金总额，再由一线的"班长"（一般是客户群总监），来确定项目组成员的奖金分配比例，其他各级主管原则上不得干预。"班长"本人不在分配人数之内，另有自己的奖金分配原则，由客户群年度销售、收入、回款等完成情况的奖金包来决定，避免在利益上和项目成员产生冲突。

2014年，华为无线搬迁项目组首次成功搬迁，但紧接着就是海量的交付。项目负责人王城为激励士气，决定根据成员的实际贡献及时评定奖金，并且在项目进行中向全体成员公示后统一发放。王城要求所有作业人员基于华为当时的ISDP交付平台的激励模块，根据关键任务来制定有效工时（Credit Hour），并且每完成一项任务就要上传交付件，依据任务完成情况计算个人的有效工时。每个月项目组都会规定作业人员的有效工时，并且以此为基线，超过基线的部分按照规定的激励方式发放项目奖金。因为采取了有效的考核激励政策，项目组的全体成员力往一处使，帮助客户的新网络在激烈的市场竞争中赢得一席之地。该客户在多个场合都极力肯定华为交付团队的作战能力，并且给了华为精品网等一批新项目的机会。

这种制度一方面确保了奖金分配和激励的及时性，另一方面也树立了"班长"在一线协调资源方面的权威和权力，让华为一线代表处从以职能为维度的管理向以项目为导向的管理转变，大大提高了一线的战斗力。

6.4 自觉体系：打造无生命体的项目管理基本流程

华为创始人任正非说过，人会走的，不走也会死的，而机制虽然没有生命，但这种无生命的管理体系，是未来百年千年的巨大财富。管理方法论是看似无生命实则是生命力更绵长的东西，管理者会更新换代，但是企业文化和管理体系则会在实践中越来越强，越来越有竞争力。在一个完整的体系中包含的要素很多，但是项目的范围、项目成员、行进节奏及风险把控是其中最关键的部分。

6.4.1 明确项目的范围和目标

《孙子兵法》云："谋定而后动，知之而有得。"意思是带兵作战必须做到"三思而后行"，才能"未战而庙算胜"。在项目管理过程中，确保项目成功的方式也是先明确项目的范围和目标，"先瞄准，再开枪"，才能提高打中靶心的成功率，减少无用功。

管理任何一个项目，项目经理首先要弄清楚这个项目的目标是什么，项目背后有哪些隐藏的需求，然后组建一支项目团队，进行项目分工和制订计划等工作。因此，应该先从项目分析做起，而项目分析的首要工作就是弄清项目任务与需求是什么。

在需求基本确定的前提下，项目策划/任务书是用来清楚描述项目的工作范围、工作目标及其验收标准的最好工具，如表6-6所示。

表 6-6 项目策划/任务书

一、项目基本情况			
项目名称		项目编号	
制作人		审核人	
项目经理		制作日期	
二、项目描述			
1.项目背景与目的（项目起源于商业问题，该部分描述与项目相关的这些问题）			
2.项目目标（包括项目工期、质量目标、费用目标及产品特征等）			
三、项目里程碑计划（包括达成里程碑的时间和成果）			
四、项目评价标准（说明项目可以接受的成果）			
五、项目假定条件与约束条件（说明项目主要的假设和限制）			
六、项目主要利益干系人（包括高管、客户、职能部门主管、供应商、项目赞助人、项目经理、项目成员等）			
姓名	角色	部门	职务

项目策划/任务书的基本要素包括项目背景与目的、项目目标、项目里程碑计划、项目评价标准、项目假定条件与约束条件、项目主要利益干系人等。项目策划/任务书就是用来记录这些内容的，尤其是项目的目标和可交付成果，它们会作为项目的基准指导后面的项目活动。随着项目的进行，项目经理需要监控项目的各种决策和变更，以使其符合项目的初始范围。项目经理可以用它来决定项目的走势，如果在项目中相关方提出了问题或变更请求，则项目经理首先需要查看项目范围说明书，以确保所请求的内容与基准保持一致。

创建项目策划/任务书是项目经理最重要的职责之一。准确地量化可交付成果，并详细说明项目的需求，然后在这些可交付成果上与关键的相关方达成一致并让他们签字认可，这样有助于确保项目取得成功。在实践中，很容易出现项目范围扩大的情况，所以项目经理必须意识到到项目策划/任务书的重要性。

【举例】项目目的和目标

项目目的描述项目将要完成或产生的结果。项目目标是项目目的的展开，是核心和灵魂。比如公司需要搬迁办公场所，这就是一个项目。这个项目的目的是"在不中断为客户提供服务的情况下，将现有所有员工搬迁至新的办公大楼"。而目标则可以拆分为如下具体的工作。

- 在2月15日之前与当地搬家公司签订合同，负责人：张言。
- 在2月15日之前与IT人员拟定好协议，以协调和移动网络服务器、交换机、打印机和个人电脑等，负责人：王山。
- 从3月1日开始，每周举行一次"公司搬家"项目咨询会议，用来回答有关搬迁的问题，负责人：刘田。
- 在3月1日之前从管理团队获取新办公楼内的员工安置的楼层平面图，负责人：张言。
- 在3月7日之前与管理团队会面，解释会如何确定干部和员工的座位安排，负责人：刘田。
- 在3月7日之前向所有员工提供打包纸箱和标签，负责人：王山。
- 4月3日下午5点开始移动电信设备、网络服务器、交换机、打印机和个人电脑等，负责人：张言。
- 在4月4日早上6点之前连接并测试好所有的电信和网络设备，负责人：王山。

在项目管理中，项目策划/任务书能够起到的作用，不仅仅是指导接下来的项目工作，实质上它也保证了团队摆脱单一个人的依赖，形成团队运作的基础。

6.4.2 以合适的人组建项目团队

项目组就犹如一支装备精良、纪律严明、灵活机动的部队，配置合理、彼此合作是项目获得胜利的核心。组建项目团队是项目经理在项目开始阶段最重要的工作，直接关系到后期项目能否正常进行。

组建项目团队时应该意识到：建立一个结构合理的项目组，寻找合适的人选，并且了解他们的优劣势非常的关键，人力是一项需要用心配置的资源。团队成员一般来自不同的部门，因为共同的项目目标暂时集聚在一起，每个人有自己的经历、背景和职业习惯，这就意味着，一开始大家是欠缺默契的，需要采用合理的人员结构及领导力，把大家凝聚并产生一加一大于二的效果。

第6章 项目运作：能力原子化的资源高效配置

项目经理 M 在厘清了项目需求并完成项目任务细分以后，就遇到了麻烦。原来，M 以为只需要从其他部门抽调一些人，然后把他们组成一支队伍就行了，但是等到他给这些人安排完任务以后，发现项目组队没有想象中的那么简单。因为 M 是根据工作任务的需要来挑选项目成员的，并没有考虑这些成员之间的组织关系，因而在项目推进过程中，每个项目成员都把 M 当作工作对接的对象，同时还要对自己原部门的工作负责。M 整天都忙得焦头烂额，项目组成员也都很辛苦，最后大家都觉得有必要做出调整了。

M 把大家召集在一起，根据项目任务和每个人的专长，重申项目目标，仔细把项目任务进行分配。M 看着项目组的那些成员，找到几个主要角色，然后强调哪些是需要相互协作的角色。最后，M 根据项目成员之间的工作关系画了一张结构图，将他们之间的汇报关系、工作里程碑标示出来，重新明确了各个岗位的职责和权利等。组织关系清楚以后，M 才让项目团队重新工作，成员之间的矛盾少了，M 的工作也没有之前那么烦杂了。

项目团队不能随意拼凑。很多项目经理在组建项目团队时抱着"精英情结"，希望企业顶尖的人才都加入自己的项目团队中。但很多时候每个人都有各自的优势和不足，而且做一个项目并不总是需要精英组合的，强强联合不一定是真的强。真正能够产生项目价值的团队常常是那些注重人才搭配的项目团队，这也意味着设计一个合理的团队结构关键是互补性和高效率。另外在项目推进的过程中，项目需求可能会发生变化，项目团队也有可能加入或者暂时退出某些成员。项目结构为了更好地支撑目标完成，应该做出适当的调整。

从西游记团队中的角色分工可以看到一个团队角色互补的重要性：

唐僧的目标最为坚定，他扮演了鞭策者、凝聚者的角色，唐僧将孙悟空、猪八戒、沙和尚和白龙马凝聚在一起，到西天去取经，不断地鼓励、鞭策大家。

孙悟空的业务能力最强，他承担了专家和智多星的角色，他最聪明、点子多，而且法力高强，降妖除魔总是冲在第一线。

猪八戒的情商最高，他充当了协调人、监督评论员的角色，尽管能力有限，但能协调师徒之间、师兄弟之间的关系，还能探探路、找点吃的。

沙和尚和白龙马都是典型的实干家，是最没有存在感的两个角色，任劳任怨，只管埋头干活，耐力了得。

从最初唐僧一人上路，到后来徒弟们逐步加入，团队中间经历了种种磨合，历经了九九八十一难，最终取到了真经，实现了终极目标。很难想象如果五个人都是孙悟空，他们最终能够取得真经。

尺有所短，寸有所长。用唯物辩证法的观点来说，就是每个人的身上都会同时有长处和短处或优点和缺点。打造一支战斗力十足的项目队伍，并不是简单地把几个精英人才放在一起就可以了，而是要看这些精英人才能否在项目团队中共存并且发挥价值。如果他们空有一身本事，不懂得相互配合，工作效率就会受到影响，甚至一些需要成员配合的工作根本没法完成。因而，作为项目经理一定要牢记：十全十美的人才并不多，选人切忌求全责备。只要他能够在项目运作中发挥自己的优势和价值，就可以将他纳入项目团队。

在组建项目团队时，华为通常会输出一张项目成员表，明确描述各项目成员的角色和职责，如表 6-7 所示。

表 6-7 项目成员表

一、项目基本情况			
项目名称		项目编号	
制作人		审核人	
项目经理		制作日期	

二、项目组成员							
姓名	项目角色	所在部门	职责	项目起止日期	投入额度及工作量	联系电话	主管经理
签字：				日期：			
项目赞助人							
项目经理							

企业没有建立起严格、完整的制度，管理就会混乱，发展也会因此受到严重的影响。同样，项目团队如果没有一个被认同的制度，项目工作也很难顺利开展，项目最终有可能失败。所以，在项目工作开展之前，应该提前设计团队成员都认可并共同遵守的"游戏规则"——团队制度。通过制定团队制度，统一团队成员的行为规范，保证项目工作有序开展。

6.4.3　构建项目团队的沟通策略

项目团队一般涉及的人员较多，而且可能来自不同的专业和部门，因此交流意见、促成共识是非常重要的事情。一个高效沟通，并且能够有序工作的团队的工作必然是高效的，相反一个项目组成员漠视沟通、不会沟通，最后必然是无凝聚力的、产出低效的团队。

项目管理协会（PMI）的一项研究显示，在三分之一的情况下，无效的沟通是项目失败的主要原因，并且有一半以上的情况对项目的成功产生负面影响。

团队中一般会有以下问题：

（1）每个人的经历、成长环境、沟通风格不一样，即使听到同样的话语，每个人的理解都可能不同，不沟通协同效力小。

（2）组织建设的前提是分工和协作，因为受制于组织的特性，项目任务的复杂度会被放大，这个复杂程度还常常被团队成员所低估。项目管理的目的之一就是要尽可能地识别复杂点，并实施有针对性的管理行为。

（3）中间管理者不仅起到信息承上启下的作用，有时候还要在准确理解之后，做好执行层面的"翻译工作"，没有意识到这一点，不建立通畅的沟通机制，会造成项目行动的变形。

（4）虽然双向沟通是最快的沟通，但不一定有效，沟通的关键在于沟通的效果。尤其和干系人沟通的时候，关键不是快速实施沟通动作，而是确认各方意见是否都准确地理解。

（5）参与项目的人数与规模、团队成员默契程度、团队角色分配、团队成员素养、对矩阵管理的适应性等会影响到沟通质量和项目的实施效率。

因此几乎所有的项目经理都有这样的感受，项目推进过程中70%的工作时间都会用在沟通上。

项目经理角色在沟通策略中举足轻重，项目成员围绕项目经理进行单向沟通，或者召开会议，由项目经理主控，及时收集和反馈大家的信息，让沟通更加有序、可控，促进团队的沟通效率和效果，使项目协同、顺利推进。具体做到：

（1）首先就是要建立非常明确的沟通机制，包括沟通场合、沟通方法及统一且易于理解的沟通工具等。

（2）在团队内明确目标、指定任务责任人，当出现问题或者要求资源增加时，要进行明确的沟通和讨论。

（3）项目经理要负责让每个人都能清楚地看到自己要做什么，关键时刻还要辅导怎么做。遇到执行上的重大问题，与相关责任人直接沟通，而不是通过电话、邮件或者微信等下发指令，并保持与问题相关人沟通，不需要全体成员参与。

一个经过长期磨合、相互信任、风格契合的团队，可以省掉很多不必要的沟通。但是，如果合作的团队是初次组队，那么无论成员个人条件怎样，都要充分考虑必须经历的沟通消耗，这时项目经理就要考虑沟通策略并坚定地推行。项目经理必须切记，在项目团队内部，如果只有命令，没有开放的交流，必然导致管理者的瓶颈风险和团队成员积极性的丧失。糟糕的团队沟通就像"黑洞"一样，会吸收和消磨掉团队成员的热情和能量。团队沟通顺畅、高效则犹如强力磁石，让团队成员时刻感受到凝聚力，支撑他们高效地完成项目工作。

6.4.4 分解项目关键任务与计划

前面讲到，项目策划/任务书里面会界定项目的目的和目标。有的项目比较简单，分解出的目标就可以对应到关键任务里，但是对于复杂的项目，还需要应用WBS（Work Breakdown Structure，工作分解结构）工具做进一步的细化。

WBS工具以可交付成果为导向对项目要素进行分组，它归纳和定义了项目的整个工作范围，每下降一层代表对项目工作的更详细定义。

其由如下三个部分组成。

（1）Work（工作）：指的是某种输出、工作成果，即可交付性成果。项目的各项目标的达成，就是输出可交付性成果。

（2）Breakdown（分解）：将工作划分成不同部分或类别，分离成更简单且可识别的事物。回到搬迁办公场所的案例，有一个项目目标"4月3日下午5点开始移动电信设备、网络服务器、交换机、打印机和个人电脑等，负责人：张言。"这项工作还可以分解为：

· 所有的计算机设备必须由IT部门用专门的包装盒进行打包。

· IT部门经理在指定表格上注明办公家具的摆放位置。

· 每台计算机的相关线缆必须放在塑料袋中，并在塑料袋上标注好该计算机的识别号。

（3）Structure（结构）：用确定的组织方式来安排事物，比如"（2）Breakdown（分解）"中的IT设备搬迁工作的分解要按照时间顺序的操作顺序来组织，其他还有事物的物理结构、不同地域、事情的轻重缓急等逻辑来组织安排。

制订项目计划的首要任务是进行项目任务分解，在此阶段，华为项目经理通常需要借助WBS工具进行任务分解，如表6-8所示。

表 6-8　WBS 任务分解表

一、项目基本情况			
项目名称		项目编号	
制作人		审核人	
项目经理		制作日期	

二、工作分解结构										
分解代码	任务名称	活动	工时估算	人力投入	其他资源	费用估算	工期	项目成员1	项目成员2	项目成员3	项目成员……
1.1								I	AP	R	R
1.2								R	AS	AS	I
1.3								I	AS	AS	I
2.1								R	R	I	AS
2.2								AP	I	AP	AP
…											

注：R——responsible，负责；AS——assist，辅助；I——informed，通知；AP——approve，审批。

项目任务分解的依据是项目范围描述，通过项目范围描述，定义清楚哪些工作是包括在该项目内的，而哪些工作又是在该项目之外的。在进行项目任务分解时，将项目的任务按照一定的逻辑逐渐进行分解，要分解到可预测、可管理的单个活动为止。项目任务分解要完全穷尽，各活动要相互独立。在活动排序完成后，还需要估算项目所需资源、工期和成本。

【管理思考】项目所需资源、工期和成本估算

- 项目所需资源。项目所需资源包括人员、物资、技术等，在估算项目所需资源时，要考虑：需要哪些资源？什么时候需要？需要多少？获取所需资源要找谁批准？

- 项目工期。根据项目范围和资源的相关信息，确定（估计）完成所有活动所需的工期。工期估算要以"谁来做"和"如何做"为基础。

- 项目成本。项目费用的构成包括直接费用和间接费用。直接费用有人工费、材料费、设备费、分包合同费等；间接费用有企业管理费、施工管理费、预备费（基本预备费、涨价预备费）等。

根据 WBS 任务分解表、活动排序、工期估算和所需资源的分析结果，就可以制订项目进度计划。华为在此阶段通常会输出一张项目计划进度表，项目计划进度表可以作为过程控制和反馈的基准，如表6-9所示。

表6-9 项目计划进度表

一、项目基本情况										
项目名称						项目编号				
制作人						审核人				
项目经理						制作日期				
二、项目进度										
项目阶段	任务	第一周							第二周	责任人	关键事项
		2.2	2.3	2.4	2.5	2.6	2.7	2.8	……		
一阶段											
二阶段											
……											

6.4.5 对项目风险进行管控

在支撑关键举措落地的 TOPN 项目中，往往因为涉及变革、突破或者跨部门运作，这些项目基本是风险等级比较高的项目。

C 国 SC 项目是一个进入空白市场的项目，合同总金额超过 800 万美元。这个项目对于创业时期的华为来说，可以算得上是难得的机会了。虽然只有短暂的两个月的工期，但华为人还是答应了下来，然后马不停蹄地开始工作。项目开展以后，员工才发现项目存在一定的风险，在两个月时间内根本没法实现工作目标。公司高层不得不一而再再而三地到现场与客户"协调"，希望时间能够延长。然而，拉弓没有回头箭，公司为了让客户满意，在不得已的情况下继续开展项目工作。结果自然很悲惨，一共支出了 1200 万美元，项目整整开展了 1 年之后，依旧没有进行初验。

华为在 E 国的第一单生意是总金额超过 400 万美元的城域网项目，合同要求该项目包括光缆设备及其工程服务，是一个典型的"交钥匙"项目。合同签订以后，代表处、地区部和公司都为之振奋。然而，随着不同阶段项目的展开，项目进度还未过半，之前那种兴奋劲儿就没有了，大家脸上也看不到半点儿喜悦，取而代之的是沉重的思考。项目尚未结束，公司亏损已经高达200万美元，而且还需要源源不断地向这个"无底洞"投入资金，而如果停止该项目，公司的损失会更大。

这两个案例充分说明了项目执行过程中存在诸多风险，而且概率极高。如果不谨慎对待可能存在的项目风险，项目工作就极有可能失败。

从项目盈亏角度来看，项目风险就是导致项目成本或收入不利的事件发生的不确定性。根据对项目成本或收入影响的范围，可将项目风险分为项目级风险和模块级风险。项目级风险是指影响项目整体成本或收入的风险，包括环境风险、金融风险、法律风险、网络规划设计风险。模块级风险是指影响项目某个模块的成本或收入的风险，包括项目管理风险、工程分包风险、配套采购风险。

华为在这一方面不断总结经验，在项目开展前就对未来的风险进行识别和评估，然后再制订相应的工作计划，确保项目完成不发生偏差。在此阶段，华为项目经理会输出一张项目风险管理表，如表6-10所示。

表6-10 项目风险管理表

一、项目基本情况				
项目名称			项目编号	
制作人			审核人	
项目经理			制作日期	

二、项目风险管理							
风险发生概率的判断准则： 高风险：>60% 发生风险可能性 中风险：30%～60% 发生风险可能性 低风险：<30% 发生风险可能性							
序号	风险描述	发生概率	影响范围	风险等级	风险响应计划	责任人	开放/关闭

项目风险管理表按照以下步骤完成。

（1）识别风险要素。回顾之前项目策划/任务书中所列的假设和限制——每一项代表一个风险，同时考虑以往项目中出现的问题。华为员工在识别风险时始终会遵守三条原则：①不拘泥于眼前事物，用长远的眼光看问题；②不局限于某一方面，全方位、多角度地看问题；③不拘泥于枝节问题，要看事物的本质。

（2）评估风险等级。考虑风险发生的可能性，以及如果发生风险对项目影响的大小，综合这两者结果对风险做出综合评级。

（3）制订风险响应计划。根据风险类型和等级，采取上报、接受、规避、转移和减轻等风险响应计划，并且确定相应的责任人。

项目风险管理的内涵十分丰富，但是作为承接关键举措落地的 TOPN 项目，要点是让项目组成员通过充分的讨论认识到，该项目的风险在什么地方，并共同找出应对之策，换言之，就是在意识上不对潜在风险抱有侥幸的心理。

6.5 小结

随着业务和规模的发展，企业往往有打破传统的功能型组织结构，形成以客户为中心的端到端的流程型组织的愿望，形成从弱矩阵项目管理向强矩阵组织转变的历程。SDBE 方法认为，"以项目为中心"所说的项目不仅包括业务项目、研发项目、销售项目、交付项目，也包括管理变革项目等。"以项目为中心"能够拉通企业不同部门的目标、资源和行动，对于流程型组织的运作形成助力。围绕项目，企业还能够逐步建设一套坚实的管理基础和管理机制，以运作数量众多的项目，支撑起从企业到 BG 各层面的项目集合。

管理体系和机制虽然没有生命，但这种无生命的管理体系设计的初衷是超越个人的能力，并在实践中越来越强，越来越有竞争力。在一个完整的体系中包含的要素有很多，但是项目的范围、项目成员、沟通策略、行进节奏及风险把控是其中最关键的部分。

【思考】

1. 在你的企业里，在什么场景下会采用项目管理？项目管理体系是否完善，有改进的空间吗？

2. 请思考组织级项目管理的特征，它的管理目标是什么？

3. 请结合企业某一重要关键项目实例，完成下面的工作内容：

（1）项目概况描述。

（2）项目范围的确定。

（3）项目工作分解结构的确定。

（4）制订项目的进度计划。

（5）绘制项目的资源配置情况。

（6）对项目的执行过程进行假设，过程以什么方式进行监控。

第 7 章
流程：汇聚最佳实践，打造高效运营底盘

在竞争激烈的时代，具有一定规模的企业往往意识到，整体运营优势是锻造竞争优势的核心要素。

华为集团规模很大，业务很复杂，员工人数有近 20 万人，营收最高时有近万亿元。但华为的各级管理层，花在内部运营纠偏管理上的时间只有三分之一左右，大大少于同类公司。这里面的奥秘就在于 IBM 在给华为做管理变革之初就言明的，要把企业的能力，也就是业务的最佳实践，沉淀在不依赖于人的流程上。

流程是串联企业运营体系的链路，是为客户创造价值的跨岗位、跨部门作业的活动过程，它关注的是客户价值与满意度，追求的是整体最优。

同时，流程是各个业务最佳实践的总结，大多数业务活动在结构化流程的指导下，能够把企业员工从海量的、简单的、重复的工作中解放出来，将一个或多个输入转化成明确的、可衡量的输出，本质上是用规则的确定性来应对市场的不确定性。

不夸张地说，企业流程体系的质量和效率，决定着企业运营的质量和效率。

7.1 企业运营力：让流程体系高质量地运作起来

流程是企业沉淀下来的成功运作经验，能再一次被其他组织进行复制。而业务流程，就是一次成功的、能够被复制的端到端业务经验。业务流是企业在商业上成功的关键，一切管理动作都是为了业务流的顺畅运行。明晰流程型组织建设方向，设置流程及管控规则，业务和流程高效地联动，形成了企业运营体系的底盘力量。

7.1.1 支持业务：流程持续变革的底层动因

企业只要制定了战略及商业模式，那么就几乎确定了业务流，企业内的每个部门都服务于业务流及衍生的各类流程。即便提供类似的产品或者服务，各企业的流程都不可能是完全相同的，但总有一些头部企业的流程是更加"快捷"的。

【案例】海尔业务变革引发流程变革

现在谁要说海尔只是白色家电企业，那就"误会"海尔了。人们对这家传统的家电企业感兴趣的是，海尔将业务流程管理的最高境界概括为："人单合一，速决速胜"。"人单合一"的关键在于人，它要求每个人都有自己的订单，每个订单都要有人负责。"人单合一"要求员工具有"主人翁意识"和"自主创新意识"；海尔认为，"人单合一"是全流程的，每个流程都要在自己的市场里创造第一。根据"人单合一"的理念，海尔将超过80 000名员工划分为2000余个经营主体，使员工真正成为企业的管理者，人人都是"老板"。

为了支撑业务的转型，让海尔成为一个公开的公司，海尔打破了部门间的隔断，让每个人都能从自己的角度出发，更多地关注于市场和顾客的需要。海尔启动了流程再造：一方面是将内部和外部的壁垒拆掉，将原来分开的生产环节串联在一起，形成一个以订单为中心的市场链条；二是通过精简、优化的流程，提高海尔的运营能力，迅速向顾客提供满足感，提高公司的市场竞争能力。

海尔在推行流程再造的过程中，先后经历了三个阶段，如图7-1所示。

现在的海尔打造"全连接、全流程、全要素"的数字化智造体系，让制造模式和企业形态发生了根本性转变。

业务是一种创造价值并进行价值交换的行为。如果业务实现的流程很长，没有效率优势，那么企业就没有竞争优势。业务的流动就是流程，它常常包括许多活动，当把这些活动按某种逻辑组织起来，并且这些逻辑合理时，那么我们说流程的效率提高了。

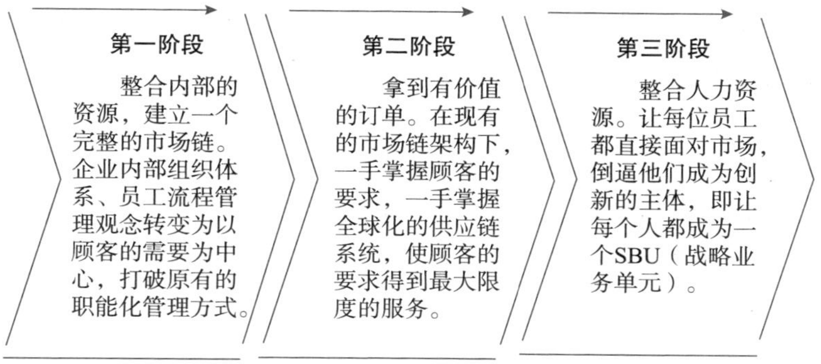

第一阶段
整合内部的资源，建立一个完整的市场链。企业内部组织体系、员工流程管理观念转变为以顾客的需要为中心，打破原有的职能化管理方式。

第二阶段
拿到有价值的订单。在现有的市场链架构下，一手掌握顾客的要求，一手掌握全球化的供应链系统，使顾客的要求得到最大限度的服务。

第三阶段
整合人力资源。让每位员工都直接面对市场，倒逼他们成为创新的主体，即让每个人都成为一个SBU（战略业务单元）。

图 7-1 海尔实现"人单合一"的流程再造阶段

业务是流程的根本，没有业务就失去流程规划和运营的基础。因此，企业在规划流程、建设流程和管理流程的时候，第一件事就是要剖析业务模式。但凡流程要优化甚至要变革，那它就是为了支持业务更好地运转，或者为了适应业务的变化方向。而从另一方面看，流程应体现业务的性质，如果流程不能体现出业务的精髓，那么即便描绘得漂亮，也极可能被搁置在文件柜里。

企业的运营包含了广义与狭义两种含义，广义的概念是将运营视为以业务为导向，为客户等利益相关者创造并提供价值的过程，它会循环往复地沿着各个流程进行周转。因此，在企业中运营活动无所不在，运营的对象包括业务流程和管理系统。如果说流程是一个名词的话，那么运营就是一个动词，企业为了实现业务的目标，比如成本、费用、效率/效益、质量、柔性、客户满意等，对流程进行合理的规划，实现流程顺畅，支持业务的良性发展，是企业卓越运营力体现的重要方面。

7.1.2 流程型组织：以客户为中心的价值创造

企业管理包含诸多要素，如战略、文化、组织结构等，其中只有流程直接指向客户价值。流程是企业内外部结合的价值链，它实现了价值的流转。业务和流程是企业统一体的两面，企业必须建立为客户创造价值的流程管理体系，为业务构筑"河堤"，使业务流循环顺畅，以最低成本、最高效率、最佳体验为客户创造价值，从而取得超额利润，打造长期核心竞争力。

企业的成功，在于紧紧跟随客户需求，实现价值。可是客户需求永远在变，充满不确定性。事实上，在如何满足客户需求方面，企业往往会缺少一个抓手。在组织中，要承载业务的不是个人或者团队，而是流程。流程是客户需求的抓手，就像机械套件里的动力杠杆。优秀的组织会以流程的确定性，应对客户需求的不确定性。华为等头部企业的成功经验都表明，企业可以用有限的、非常明确的流程，锁定企业内外客户的需求，去应对业务方面的不确定性。

"以客户为中心，为客户创造价值"，客户是企业一切工作的出发点。企业本身组织结构是怎么样的，如何构建运营模式，如何进行内部管理，客户对这些永远都不会感兴趣。客户最感兴趣的永远只有其需求能否得到满足、痛点能否得到解决，即一个企业的产出效果、效率和质量决定了企业的长期命运。以商业结果论成败，以价值评高低，这是流程型组织的特点之一，像华为、沃尔玛这样以流程型组织建设为中心的企业，都是以客户的需求和痛点为一切工作的源头，都是用客户的满意度去衡量企业的产出，这样企业才具有最广泛的生命力。

【案例】华为通过优化流程节点从而优化客户体验

在建立 IT 系统前，华为发出货物就宣告万事大吉，并不会把货物的详细信息提供给客户，这导致客户在接到货物后还要重新填制收货单据。这种服务模式的结果，入账需要重审，内部资产等后续环节停滞不前，时间耗费掉了不说，流程作业如泥牛入海且没有推动业务动作向前，典型的白费工夫办傻事。为解决这个问题，以提升流程作业中的效率，华为构建了电子化的客服流程服务，客户只需要在电子流程中确认华为所发之物就是到站点的货物便可，一方面让客户省时省心，另一方面己方也减少了等待时间。一个围绕客户痛点的流程优化举措，一举扭转乾坤，优化了客户对华为服务的体验。

任正非曾说过："流程是为作战服务的，是为多产粮食服务的。不可持续的就不能永恒，烦琐的管理哲学要简化。当然，不能简单地直接减掉一个流程，因为可能会产生断裂带，引发矛盾冲突，这样就不会成功。"因此，他断言，企业管理的最高目标，就是建立流程型组织，这是现代企业管理的核心秘诀。

华为曾经表达这样的愿景：公司必须做一个包括核心制造业在内的高技术企业，主要包括研发、销售和核心制造。围绕这三个领域，华为要实行全流程贯通、端到端的服务，即从客户端再到客户端。公司的最终生存目标就是从客户手上拿到订单，然后向客户高效、优质地履行所有的承诺。

【案例】华为对"端到端流程"的解读与践行

在华为的"布阵点兵"心法中谈到："根据战略决定要不要设组织，根据业务流决定如何设组织，根据生命周期设置组织导向，根据组织导向挑选合适干部。"这四句话谈到了"布阵"的本质，其中第二句所阐述的是流程与组织之间的紧密关联：在"布阵"即组织设计时，要从客户需求开始关注流程起始端，通过厘清业务流的上下游关系，理顺组织和组织之间的衔接关系、并行关系、协同关系等，让组织和组织之间形成合力，彼此之间设置"投名状"，自然而然地形成流程型组织的底子；整合组织各项职能和资源，不断梳理和优化流程，持续进化为更高效的流程型组织。

华为创立已有30多年，华为始终紧密围绕客户需求，逐步探索并建立起流程型组织，以系统的管理制度实施规范化管理，持续为客户提供满足其需求的优质产品与服务。

企业只有完成端到端的组织建设，才可以提高效率，降低成本，快速响应客户。小企业价值链简单，流程比较容易高效地链接各个职能。但是大企业机构复杂、部门众多，如果没有意识到用端到端流程贯通各个部门，而是维持一段一段的管理，管理越多，中间的断点就越多，从而导致企业整体效率较低。客户并不会为低效的企业买单，市场也不会允许这样的企业在竞争中取得长期的胜利。

7.1.3 管控规则：构筑在流程体系中的要求

科学理性是流程管控的理论前提，是构建有顺序、有标准、有知识经验参考的工作流程的指导思想，也是构建运营力的首要重点。

管理只对绩效负责，管理不是依据对"人本身"的好坏判断来进行管理，而是对"人做事"的行为标准、行为效率和行为结果来实施管理，从某种意义上说，管理的本质是"理事"而非"管人"。在企业内部，很多日常的、可重复的管理动作是以流程来呈现的。

管理者可以这样看待流程管理：企业作为一个理性的经济型组织，组织成员必须围绕绩效目标开展整体性运营，随着业务增长、规模放大、人员增多，企业需要对"如何做事"确定标准，绩效牵引是重要的抓手。但是在日常运营中，还要通过控制过程来保障绩效结果，即所谓科学合理的过程保证了良好结果的产生。这套管理规范依赖于科学管理方法，因而可以将之称为"科学理性"。

科学理性的直接表现就是人们从仅凭直觉做事发展为采用科学合理的方法去做事。科学管理之父泰勒提出："与任务有关的所有要素都要最终实现标准化"。自泰勒之后，人类做事的方式不再如以往一样凭直觉，而是在科学研究的基础上进行标准化作业，接受科学理性的约束，从而实现秩序保障和效率提升。

【案例】麦当劳的科学做事方法

麦当劳的餐饮连锁店遍布全球六大洲一百多个国家，拥有分店3万间以上，2021年营业额达到232.23亿美元。而麦当劳之所以能够"分店开遍全球"，如机器般精准运营和复制式扩张，则是源于其拥有的一套标准化管理手册。

以麦当劳的烹调标准为例，其汉堡包的上下面包的厚度为16毫米；牛肉饼重47.32克，直径9.85厘米；如果炸薯条超过7分钟、汉堡包超过10分钟、冲好的咖啡超过34分钟，皆进行废弃处理。麦当劳用这套规范的流程管理方法，指导工作人员学会科学做事，由此确立起企业运营的科学理性，使整个组织群体能够快速获得高绩效。这也形成了麦当劳的经营优势之一。

在企业管理实践中，那些优秀且领先的企业往往是注重知识经验并将其沉淀为流程的企业。它们将对市场的理解和现实经验逐步转化为企业的标准化流程知识，从而使企业中的个体在发生业务行为时有所依据，更为高效地达成业绩目标，维持更高水平的管理状态。

当然很多时候，形成按照流程规则做事的标准和个体真的按照标准做事，这是两件事。通常情况下，员工可能不会自动自发地按照标准去行事，而需要企业组织层面进行长期教育、奖惩引导甚至硬性要求，使员工认同这种工作方式，逐渐形成按照流程规则做事的习惯。

这就涉及了流程中的第二个理性，即制度理性，制度理性是流程型组织的另一个特点。纵观成功的企业，它们很鲜明地体现了制度理性的特点，比如不依赖于个人权威，而是重视组织权威；不依靠人来管，而是依靠流程来管；组织成员不再是看领导或上级的脸色行事，而是自然而然地执行流程规则和管理制度要求的行为，真正实现从"人治"到"法治"的转变。

而为了实现这种状态，企业必须在很长的时间里去着力强化流程和制度内容的渗透力和约束力，直至流程和制度从纸面文本状态切实转变为组织成员的行为自觉状态。

【案例】华为：好的流程是企业文化之载体

华为的业务管理纲要《以客户为中心》中有这么一段描述：

"组织及工作的方向只要是朝向客户需求的，企业就永远不会迷航。产品开发的路标是客户需求导向，企业管理的目标是流程化的组织建设。从长远来看，华为组织改革的方向是由功能型的组织结构，转化为流程型的组织结构，并由IT支持这个组织的运作。基于流程来分配权力、资源和责任的组织，就是流程型组织。"

在很多人眼里，流程、制度几乎等同于限制，企业通过流程、制度的一大堆条条框框来限制员工。任正非欣赏西方的"驯马"方式，这种思想也根植于华为的流程、制度建设。所谓驯马是给骏马套上流程、制度的笼头和缰绳，在有边界的原野中驰骋。华为早期草莽气息很重，"匪性"十足，崇尚"真心英雄"。而"土匪"到战士的转变就是一个驯马的过程，流程体系是完成这一转变所使用的工具。工具本身并没有立场,做成烦琐的条条框框还是骏马可以驰骋的草原,是设计过程中所秉持的导向——建立"市场导向、面向客户"的流程体系。

在组织管理实践中,要想实现华为这种突出的制度理性状态,绝非一件容易的事。事实上,即便是那些大型企业,也曾在制度理性打造的过程中,遭遇过一些艰难和为难的情况。

对流程、制度的有效贯彻与执行,是企业组织打造制度理性的最大难点,员工不按流程办事,甚至有管理者主动破坏流程规则、出现随意的例外行为,这些都是对流程理性的最大威胁。在这个过程中,如何处理例外行为并将其转化为例行管理,同时约束各级员工,保障制度权威和组织的合法性,是每个企业组织在流程建设中必须平衡与把握的重点内容。

7.2 优秀实践:流程创造价值、提高效率

流程是对企业业务一种通用的表现方式,更是对一系列优秀业务活动的总结和固化,流程是为了不同团队执行同样流程时获得可复制的成功和效率。越以客户价值为导向,以企业自身管理能力相匹配的业务流越顺畅。如果流程过于烦琐和文件化,当过多的管控与实际业务流程发生偏离时,反而可能降低工作效率。

7.2.1 流程建设的本质"四问"

著名流程专家迈克尔·哈默提出,正确而高效的流程是帮客户创造价值的最高效途径。如果不把企业管理的逻辑思考清楚,那么流程也不会产生结果。他的这一理念,成为现代企业管理的一个重要共识,几乎所有的企业巨头,都在实践或者遵循他提出的理念。哈默的流程管理"四问"向有追求的企业阐释了,为什么要开展以高效流程为管理核心的工作。这"四问"的具体内容如下。

第一问:企业存在的意义是什么?

企业存在的全部意义是为客户创造价值。企业必须聚焦于满足客户的需求或解决客户的痛点,为客户服务,为客户创造价值,并赚到合理的利润,然后再反复持续价值创造的循环。企业所有的努力和一切工作只面向客户,而且最终只能用盈利这个结果产出来衡量其价值。这就是企业跟任何别的组织形态不一样的地方,违背了这个原则,那么企业的一切工作都会出现严重的偏差。

第二问：企业用什么来创造价值？

很多企业家或管理者，会认为企业应该是用产品和服务来创造价值的。这个回答没错，但是不够穿透本质。其实，产品和服务只是价值的载体。本质上，创造客户价值的是创造、交付产品和服务背后的各种业务流程。没有正确而高效的业务流程，产品和服务就无法构建出来，即使构建出来，也无法高质地交付，客户也就无法感知，甚至忽视掉企业的努力，因此就谈不上盈利了。所以，企业应该聚焦流程建设，为客户创造价值。

第三问：流程依靠什么来落地？

很多人认为流程以部门或者以领导为中心。其实最准确的答案是以岗位或者角色为中心。企业里的每一个员工都有岗位标签，如 CEO、CXO、采购主管、研发工程师、服务专家、行政专员。岗位就代表着责任，代表着角色，代表着能力要求，能力与责任是一个职位的重要特征。这两者共同组成了组织流程中最重要的要素，即这个岗位在流程中需要负责什么工作，岗位上的人，是否具备这样的能力去完成这个工作。

流程连接的不是部门，而是岗位，这是一个简单而伟大的观点。解决了业务流程的有效性问题，就打通了部门墙，绕开了官僚主义。流程让每个岗位上的人知道自己的职责，即具体要做什么动作，需要承担什么责任结果。

当年 IBM 的流程变革专家问任正非："是否真的想建立流程型组织？如果真想，就要控制领导层内心的权力欲，抑制自己的欲望，让流程围绕着客户的需求，自我高效运转。"任正非当年的回答是"Yes"，这就是领导者的胸怀。任正非在昨天选择了对自我克制，从而成就了今日华为的卓越。

第四问：既然有流程，企业还需要各级组织和主管吗？

既然业务流程高效连接了客户需求、员工岗位和流程产出，绕开了部门墙，那么企业还需要各级组织和主管吗？

组织及其主管仍是非常重要的，组织的存在有其独特的价值，是为实现企业战略目标和商业模式而存在的，比如战略目标和责任的承接、组织及团队的管理、员工能力的提升、绩效的衡量、价值观和工作氛围的营造，这些职能在战略实现过程中一样重要。

组织及其管理者的职责，不是削弱，而是被加强了。流程型组织把各级管理者由对管理过程负责，变成对业绩结果负责，从而把管理者从日常运营的细节中解放出来，把他们变成优秀的领导者，不迷恋权力，不迷恋官位，拥有大胸怀、大格局，以全局利益为重，带领大家走向胜利，走向美好的未来。

通过哈默的流程管理"四问",我们可以看出:客户决定业务,业务决定流程,流程决定角色,角色汇集为各个岗位,岗位决定组织和人力资源。这就是流程创造企业价值、提高效率的底层逻辑。

任正非曾说过,在华为他最看重两样东西,这两样东西定义着华为长期的、核心的竞争力,一个是价值观,另一个就是流程。价值观决定着企业前进的方向,流程则决定企业是否能够高效率地运营或者运作,是否能够为客户提供高品质的产品和服务。这两样东西在华为的发展史上都发挥了巨大的作用。

7.2.2 流程的核心是正确高效地做事

流程是业务最佳路径的总结,俗话说"条条大路通罗马",但是总有一条是最佳的。

流程是企业通过深刻的教训总结,甚至付出了巨大代价才得来的优秀实践。不断积累最佳实践,才能让团队打一场有把握的仗。在集成产品开发(IPD)变革的初期,华为很多干部和员工是不理解和抗拒的。任正非教育华为员工要虚心学习和实践经过欧美企业几十年甚至上百年实践总结的优秀做法,将业界的宝贵经验和华为的最佳实践固化在流程中,持续地满足客户需求。持续不断地把优秀业务实践固化到流程里,并且把所有的业务风险与缺陷在流程中进行管控与预防,管理能力就会越来越强大。

但在流程构建的过程中,最佳路径不是那么容易找到的。原因有三:一是企业目前还没有成功的业务经历和案例;二是虽有成功的业务经历和案例,但难以总结、呈现并加以复制推广;三是业务不是静态的,而是时刻在发生变化的。

在《流程管理》一书中,作者王玉荣与葛新红提出了知识活水的理念。在具体操作上,主要是通过对运作过程中的知识进行盘点、提炼、总结、分享,把运作实践经验转化为流程、规范、制度或表单,实现大范围的知识性应用。在此基础上,持续开展流程和知识管理的结合,保证与时俱进。王玉荣与葛新红提出了一个工具:知识历程图。图 7-2 是二人在书中提供的某流程的部分知识历程图。

在绘制知识历程图之前,我们必须明确这一操作的根本目的:找出能够为企业创造最大价值的信息与知识,描绘出流程、人员、知识和经验之间的关系。而在具体绘制过程中,则要重点把握三项"确认"工作,如表 7-1 所示。

主要业务3：方案深化													
主要业务过程：方案深化—各专业配合—专业评审—模型效果图制作													
业务过程/阶段	活动描述	对应岗位/角色	管理方式	输入文档			产出文档			参考文档			关键控制点
				文档名称	使用范围	更新频率	存储位置	文档名称	使用范围	更新频率	存储位置	文档名称	使用范围	更新频率	存储位置	
方案深化	活动1：方案深化	PD、设计小组	会议	定性方案甲方过程中要求的调整发文	项目组	及时更新	项目运作/A类项目/**产品/项目管理/知识管理/项目管理/ISO控制/方案设计/输出记录	过程汇报性节点文件意见回复（给甲方或其他单位的发文）文件处理单	项目组	及时更新	**产品/项目管理/知识管理/设计输出/节点性文件输出/方案设计/**专业；项目运作/A类项目/**产品/项目管理/知识输出/向甲方发文	文件归档相关规定	全部	定期更新	日常运营/总部/技术管理/技术质量/档案管理	文件处理单
	活动2：各专业配合	各专业负责人	其他	建筑专业提供各专业功能需求	项目组	及时更新	项目运作/A类项目/**产品/项目管理/知识管理/ISO控制/方案设计/输出记录	设计说明	项目组	及时更新	项目运作/A类项目/**产品/项目管理/ISO控制/方案设计/输出记录	类似专业技术措施等文献	全部	定期更新	日常运营/总部/ISO质量管理/ISO规范	
	活动3：专业评审	总工办、PD、专业负责人、设计人员	其他	深化后的方案	项目组	及时更新	项目运作/A类项目/**产品/项目管理/知识管理/ISO控制/方案设计/输出记录	《设计评审会议记录表》	项目组	及时更新	项目运作/A类项目/**产品/项目管理/知识管理/ISO控制/方案设计/输出记录					
	活动4：模型效果图制作	设计人员、PM	其他	地形、效果等要求	项目组	及时更新	资料库/元素库中心/CAD绘图标准	《效果图、模型制作申请单》	项目组	及时更新	项目运作/A类项目/**产品/项目管理/知识管理/ISO控制/方案设计/输出记录		全部	定期更新	日常运营/总部/技术管理/ISO质量管理/ISO规范	《效果图、模型制作申请单》

图 7-2　流程知识历程图（示例）[1]

表 7-1　绘制知识历程图的三项"确认"工作

确认方面	内容说明
确认关键业务与重要作业环节	根据企业的战略目标，明确企业的关键业务模式和重要作业环节，深入了解业务循环运作的有效方法，将之作为知识管理行动的重点
确认流程知识经验重点	在实践中，可以通过人员访问、运作实况分析，把握流程知识管理重点及流程效率欠缺之处
确认需要流程知识的参与者	流程参与者有很多，但并非每一个人都需要这些流程知识和经验。因此，要明确需要运用这部分知识经验的人员

在一个有效的知识历程图上，每一个信息杠杆点所需要掌握的信息和知识都会系统显示出来。事实上，借助知识历程图，也可以帮助流程人员更系统地把握和更新流程知识，提高自身能力。

如果已经发展到流程型组织，那么企业对流程的认知会更上一个台阶。这时

---

[1] 王玉荣，葛新红. 流程管理 [M]. 第五版. 北京：北京大学出版社，2016.

候的企业会认为，流程不仅仅是业务最佳路径的总结，还包含实现业务最佳路径所应该具备的组织能力，并承载了各种管理要素的要求。也就是说，流程是企业的战略资产，可以支撑企业持续成功。

流程要"端到端"而不是"段到段"地为客户创造价值。如果企业基于职能，而不是基于面向价值的流程来管理，会产生大量无效的管理行为，难以发现大量隐藏的管理浪费。

【案例】W 公司的客户订单交付流程

W 公司拥有技术相对先进的产品，这使得它能够比较轻松地获得订单，但是它的交付环节随着订单数量上升而变得有些混乱。W 公司的主要业务流是，客户将需求告知 W 公司，W 公司反馈给他们一份说明文件——即将制造的特定产品规格说明、报价和交货期。如果客户同意，W 公司即获得一份订单。但近来 W 公司几乎从未按时交货，交付过程也经常发生质量问题，比如组装过程出错、零部件损坏或价格清单有误。这使得重要的客户很不满意，有些客户甚至提出要与 W 公司终止合作关系。

W 公司管理层紧急召集流程管理部门，要求其牵头梳理问题。顺着订单的各个交付环节，流程管理部门发现主要的问题是缺少以客户为中心的协调流程，每个人都只关注自己的工作，没有人知道或关心其他人在做些什么。实际上他们都想把工作做好，可结果却总不尽如人意。具体表现为：

（1）设计部发现了一个更好的设计，但他们却不首先通知本公司其他部门，而是直接与客户公司的相关人员联系进行设计修改，还绕过了客户方的采购人员，导致了后续的混乱。

（2）供应链服务部的 KPI 要确保订单的准确度，所以即便知道可能延误交货期，他们仍会花数天时间核对清单。

（3）零部件库存不足时，材料部会联系工程设计部决定使用哪些替代部件，但这类协商往往长达数周，因为部件更换也会导致实际价格与报价有出入。

（4）销售代表可以从毛利润中获益，他们可能倾向将整个订单暂时搁置，因为他们想等供货商提供更便宜的零部件。

最终的延误产生了连锁反应。当订单投入制造时，时间已经非常紧张，员工在高强度压力下容易出错，损坏设备；运送有延误风险的订单会产生超额运费，从而提高了成本；迟到的产品会被堆进客户拥挤不堪的收货区，容易造成产品损坏。导致这些结果的原因不完全是能力不足，W 公司的员工个个训练有素，有很高的积极性，也都关注部门的目标，但他们是在缺少总体流程协调的情况下做着不同的事情。

此外，很多企业对于流程的高效还有困惑：如果因为市场竞争等因素，业务要求"以快制胜",要跳过流程的某些步骤"一步到位",而质量审计、流程管控等部门却往往在流程中增加"监控"点,怎样解决类似的矛盾?

这种思维将流程和监管放在不同的立场,对立起来,还把流程视为完成业务的掣肘。如果转换一个角度,流程和监管的目标是一致的,都是为了端到端地为客户创造价值的,那么两者就不是对立的了。就像高速动车干线,各部门都应该努力成为动车组的"动车机组",而非"拖车机组",只有这样,动车组才能高效、安全、低成本地运营。务实的做法是将质量、内控和安全等方面的要素及要求内嵌到流程的关键控制点里面,并且做好流程职责的澄清、分离及后续的稽查安排,让员工意识到,企业的长期高效运行本身就是要流程满足这些要求。同时,也要及时审视流程是否真实存在冗余之处,从"紧急"事件中分析可以优化的地方。

7.2.3 企业流程的类别与分级

流程分类是从横向上规划流程的类型,以便于更科学地架构企业流程体系,更有序地推进流程运作。流程分类的方法有很多,但一般都是按照重要程度进行流程分类的。此外,还有按照客户类型分类、按照业务风险分类、按照不同的输入分类、按照经营模式分类等多种方法。

不过,无论选择按照哪一种依据来进行流程分类,它们都是参考流程分类框架来进行的。可以说,系统地了解流程的分类逻辑与框架,是进行流程分类实践的基础。

1. 流程分类的框架:安东尼模型

安东尼模型是最早提出的关于企业流程分类的理论。1965 年,安东尼等企业管理研究专家在长达 15 年里,通过对欧美制造型企业的大量实践观察和验证,创立了一套制造业经营管理业务流程及其信息系统构架理论,即"安东尼模型",如图 7-3 所示。这套理论被视为"现代企业管理系统新理念的雏形"。

根据安东尼模型,企业流程被分为了战略流程、战术流程和业务处理流程三个类别。其中,战略流程是对企业的所有业务活动进行规划,并明确它们的规则、目标和它们之间的关系;战术流程是面向市场和客户而制定的策略、计划和需要执行的具体流程;业务处理流程,也称执行流程,是交由员工执行的业务流程,涉及采购、制造、出货、收款等具体事务。

2. 最权威的企业流程分类:PCF

自 1991 年开始,美国生产力与质量中心(APQC)开始开发流程分类框架(Process Classification Framework,PCF)。PCF 并不区分产业、规模和地域,它

第 7 章 流程：汇聚最佳实践，打造高效运营底盘

将流程汇整成两个大类，并细分为 12 项企业级流程类别，如表 7-2 所示，另外，每个流程类别包含许多流程群组，总计超过 1500 个作业流程与相关作业活动。

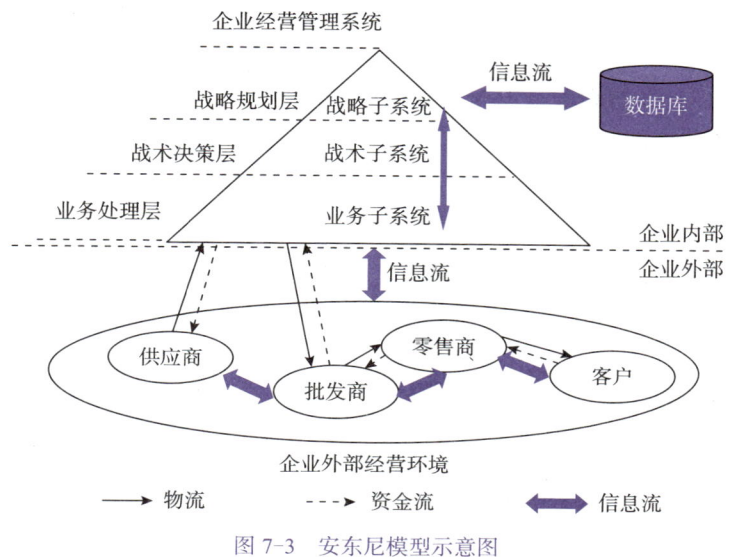

图 7-3 安东尼模型示意图

表 7-2 PCF 的流程分类

大类	流程组
第一类： 运营流程	细分为 5 个流程组： 1.0 愿景与战略的制定 2.0 产品和服务的设计与开发 3.0 产品和服务的市场营销与销售 4.0 产品和服务的交付 5.0 客户服务管理
第二类： 管理和支持流程	细分为 7 个流程组： 6.0 人力资源开发与管理 7.0 信息技术管理 8.0 财务管理 9.0 资产的获取、建设与管理 10.0 企业风险、合规和应变能力管理 11.0 外部关系管理 12.0 业务能力开发与管理

如今，该标准框架在全球产业领导者的协同建议下进行了有效整合，获得了诸多知名企业的广泛认同，被视为一套以"开放性标准标杆合作数据库"的内容

为基础的公开标准。

我们认识了这两大类企业流程，便可以选择从某个侧面去剖析和了解企业自身流程的运作，为企业流程管理中的流程体系建设提供参考范本。

为了保障流程的细致性，明确流程之间的从属关联性，企业还需要从纵向上对流程进行分级。流程分级是把流程从宏观到微观、端到端地分解细化到具体操作的活动流程。在实践中，流程分级通常分为四级，分级方法主要有两种。

3. 按组织结构层次进行流程分级

第一种分级法是按组织结构层次进行自上而下的分级。通常，我们将企业内部的流程分为集团级流程（跨业务板块或跨公司流程）、公司级流程（跨部门流程）、部门级流程（跨岗位流程）及岗位级流程（岗位操作规程）共四级，如图 7-4 所示。

流程层级					
集团级流程	集团战略	集团预算	风险控制	经营审计	
公司级流程	经营计划	财务分析	订单交付	产品研发	
部门级流程	组织	计划	执行	审批	
岗位级流程	工作程序	作业指引	报表记录	信息档案	

图 7-4 四级流程分级法（一）

注：如果是非集团企业，则可以分为公司级流程、部门级流程、岗位级流程这三级流程。

这种分级方法是将结构进行等级化处理，上一级流程中的某个过程环节可以细化成下一级完整流程。而且，流程越细化，流程颗粒度越小，其可操作性越强。

4. 按企业日常事务处理过程进行流程分级

在这种分级方法下，流程分级结构为：一级流程又称高阶流程，是企业组织结构流程；二级流程是子流程，为组织架构下的岗位设置，即每个组织或者部门下设的业务岗位；三级流程是作业类流程，是组织运行的基本事务工作，即每个岗位职责的具体事务，如物料经理负责的物料配送、物料采购、物料统计等；四级流程是完成基础事务工作进行的任务流程。如图 7-5 所示。

四级流程分级法以组织架构为流程管理的起点，岗位设置是流程运行的接点和节点，这种分级方法非常适用于企业流程管理及流程优化。

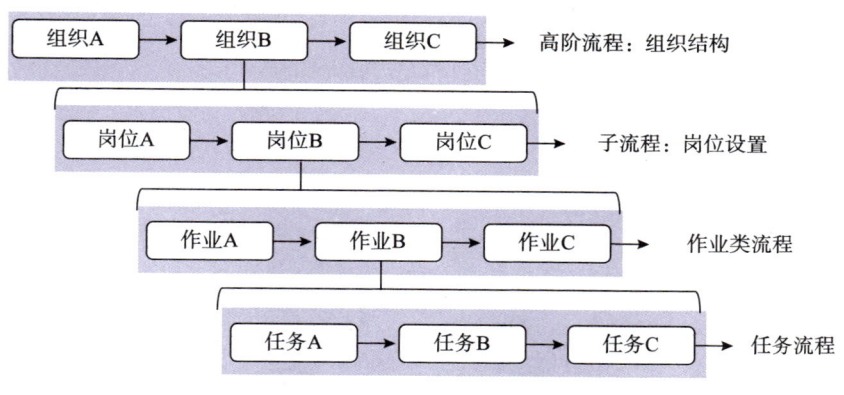

图 7-5 四级流程分级法（二）

【案例】华为的流程分类和分级

经过多年的流程优化，华为逐步构建了包括执行类流程、使能类流程和支撑类流程在内的分层分级的全流程体系，覆盖了公司的全部业务，如表 7-3 所示。

表 7-3 华为流程分类

流程类别	流程内涵	流程名称
执行类流程	直接为客户价值创造的流程，端到端定义为客户价值交付所需的业务活动，并向其他流程提出协同需求	IPD（集成产品开发）、MTL（从市场到线索）、LTC（从线索到回款）、ITR（售后）等
使能类流程	响应执行类流程的需要，用以支撑执行类流程的价值实现	开发战略到执行、管理资本运作、客户关系管理、服务交付、供应链、采购、管理伙伴和联盟关系
支撑类流程	提供公共服务的支撑流程，使整个公司能够持续高效、低风险运作	财务管理、人力资源管理、管理基础支撑、管理业务变革和信息技术等

华为通过流程确保质量、内控、网络安全、信息安全、业务连续性、环境、健康、员工安全、企业社会责任等要求融入到市场、研发、交付和服务、供应链、采购等各领域业务中，实现端到端的全流程贯通。

华为流程的分级也很有深度，从 L1 层层分解到 L6，将流程细化成一个个可执行的任务。从上到下分别为 L1 流程分类、L2 流程组、L3 流程、L4 子流程、L5 流程活动、L6 任务，如图 7-6 所示。

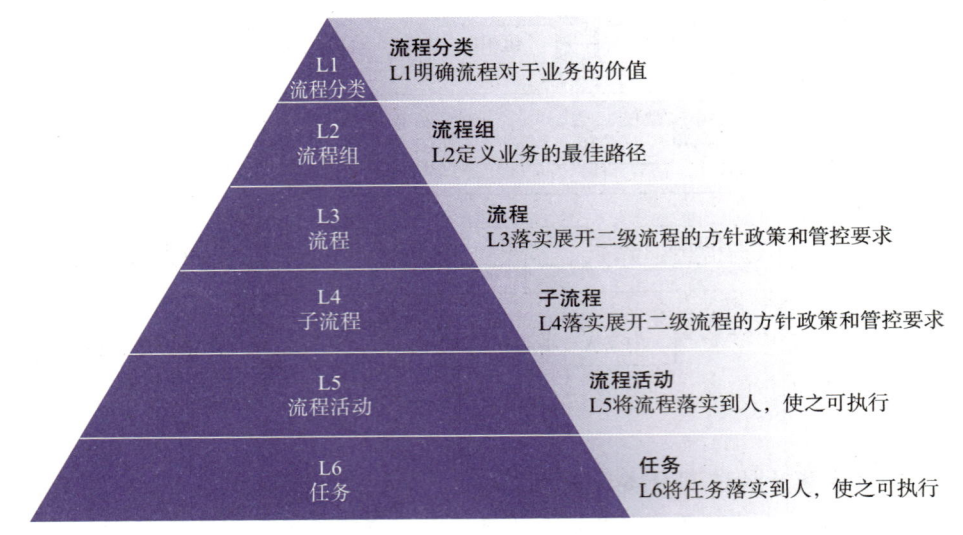

```
        L1        流程分类
      流程分类     L1明确流程对于业务的价值

       L2        流程组
      流程组      L2定义业务的最佳路径

       L3        流程
      流程       L3落实展开二级流程的方针政策和管控要求

       L4        子流程
      子流程      L4落实展开二级流程的方针政策和管控要求

       L5        流程活动
      流程活动     L5将流程落实到人，使之可执行

       L6        任务
      任务       L6将任务落实到人，使之可执行
```

图 7-6　华为流程的分级

通过图 7-6 也可以看到，华为的流程第一级（L1）和第二级（L2）是回答"Why to do"的问题，第一级从为客户创造价值和企业愿景出发，支撑公司战略和业务目标实现，覆盖全部业务；第二级是流程组，即聚焦战略设计，体现创造客户价值的主要业务流程；第三级（L3）和第四级（L4）是回答"What to do"的问题，即由哪些具体的业务流程去实现价值创造；第五级（L5）和第六级（L6）是回答"How to do"的问题，第五级是活动，第六级是任务，即完成流程目标所需要的具体活动和任务，体现业务在末端的多样性和灵活性。

7.3　流程建设：识别价值内容和风险控制点

流程建设工作的核心在于积累，在于不断地对业务管理进行标准化、规范化、知识化的工作，从而持续提升组织能力。这个投入是持续的，而不是遇到瓶颈时才开始考虑流程建设的问题。

7.3.1　流程管理常见痛点

流程管理在企业管理中并不是一件轻松的事，很多企业对流程的管理困惑颇多，也存在比较多的问题，所以这些企业也会抱怨，流程像是鸡肋，不"食之"企业管理在质量上不能提升，而"食之"也不是那么好吃。本书不对流程管理如何开展做具体的阐述，只是将流程管理中常见的问题总结出来，让读者体味并思考。

1. 流程未拉通，"铁路警察各管一段"

不管企业有多小，它都会存在做事的顺序，这样才能够提供产品或者服务，这也是初级的流程。企业发展之后，逐渐发现事情做得并不是那么顺畅，这是因为企业规模增大、部门增多，但是流程没有从全局的角度打通。此时企业急需端到端拉通流程，将流程整体应如何运作全面梳理出来，这样有利于部门之间衔接工作，也有利于业务流程中的各个部门、各个岗位能够围绕"为客户创造价值"这个终极目标处理事情，而不是救火式的处理模式。

为什么流程会出现"铁路警察各管一段"的情况？因为流程体系建设是部门导向的，没有从全局视角对架构进行统一规划，产生的问题就是各部门都从自己的角度来写流程，于是流程出现了割裂、重叠，甚至是相互冲突。

【案例】A 公司的供应链"乱局"

A 公司今年销售势头很不错，预计销售规模要翻一番，销售庆功宴早就在做准备了。但是这段时间供应链的各个部门在产品交付上却吵翻了天。供应链此前是职能导向的、相互割裂的，缺乏集成统一的管理，过去订单量偶尔上去，大家加个班也能应付。今年情况常常是采购部门与供应商管理部门吵架，生产计划部门与销售部门吵架，质量部门与生产部门吵架。

总经理追问起来，每个部门都在坚守自己的管理制度，却没有人能对供应链流程整体负责，这个完整的过程是怎样的，流程走到哪一步，哪个节点是瓶颈，没有人清楚。跨部门出了问题，就很难协调，只有出了问题被捅到总经理那儿才会被解决，工作非常低效并且痛苦。

2. 流程设计缺乏系统性，出现问题头痛医头、脚痛医脚

由于企业内没有人看得清楚整个系统，工作节奏不清晰，企业为了应对快节奏的市场竞争，倾向于采取"头痛医头、脚痛医脚"的模式，但是"医生"看了不少，自己"药"也吃了很多，但"病"一直好不了。事实上企业首先需要开展流程规划工作，把复杂的业务理顺，以便于后续的系统设计、分析与改进。

3. 流程重复设计，未实现能力共享

企业如果是典型的职能式管理，常常出现"上面千条线，下面一根针"的情况，也就是不同部门都要下来检查，对于一线人员来说就是多头应付，一份合同可能在同一段时间里被检查许多遍，一线人员需要把相同的问题回答许多遍。其背后的原因就是流程重复设计了，即信息和能力没有共享，理想的状态是合并操作、统筹信息。

【案例】B 公司重复设计的流程困惑

B 公司有五套采购流程，具体情况是：采购部门有一套采购流程制度，质量

管理体系文件里有采购程序，财务部制度里有采购流程，信息技术部门编写的ERP操作文件里也有采购流程，甚至审计部还有一套他们认为应当遵守的采购流程。弄得一线操作人员根本不知道看哪一份文件才好，到处咨询，不仅降低工作的效率，最后还可能莫名其妙地被通报批评。

4. 流程分类不合理、不充分

在流程规划方面，有很多流程分类框架或者头部企业的实践可以借鉴使用。但是每个企业都面临着独特的内外部环境，在大致的分类框架之下，还存在着颗粒度更小的分类，需要企业因地制宜地界定。如果这些分类不合理或者不够细致，不但不会提升流程执行的质量和效率，反而对运营工作造成困难。

【案例】C公司流程标准差异的"拿捏"

C公司业务流程由总部统一制定，但是在制定过程中，由于过于关注集中处理及标准化作业的效率优势，出现了不少具体的问题。

如信用部门在制定审批规则时，没有考虑到地区经济发展水平的差异（如二线城市跟深圳等一线城市的经济差异），也没考虑到业务模式的差异，在全公司推行的标准比较宽泛，使得业务人员在审批的时候还要加上很多额外的解释。又比如公司的行业大客户很重要，但因为公司流程制度是统一的，必须执行公司的制度与政策，如果都按照公司流程来办事，要想提前发货以提高服务水平，那肯定是办不到的，所以也需要对流程进行更细化的考量。

但另一方面，如果各个部门都在强调差异化，对总部来说会带来成本的上升，所以也要慎重考虑其中对"类"的把握。

5. 流程管理未分级，高层没有充分参与

企业的流程是一级级细分的，如果仅仅是把流程视为基层操作的指导，忽略企业的高阶流程建设，就很容易陷于细节，只见树木不见森林。即便高层都有意愿参与流程管理，但面对具体的问题、具体的流程文件及相关IT系统，他们会感觉太细节化了，没有办法参与，最后还是交给基层人员。而没有高层充分参与的流程项目，价值很难体现出来，推进难度也会陡增。

7.3.2 规划流程，规划价值创造链

流程以为客户创造价值为导向，它本身应是一条清晰的价值创造链。每一类流程、每一级流程都应该清晰界定它的价值，否则它就没有必要存在。

1. 列示企业的流程清单，梳理清楚价值创造的走向

列示企业的流程清单，主要是收集与分析企业现有的流程，明确流程输入（提供者）、输出及接收者，并确定流程的基本走向，对现有流程形成总体的把

握。在此基础上，企业才能有序开展后续的流程分级和核心流程识别工作，准确发现流程之间的内在联系与潜在改进点。因此，在流程系统建设过程中，列示企业的流程清单是非常重要的一个工作环节。

在识别企业流程清单阶段，需要用到的一个重要的工具便是流程清单识别表，这个方法是从岗位职责分析开始，其基本格式如表7-4所示。

表7-4 流程清单识别表

岗位职责	工作分析	包含的流程	流程输入	流程输出	流程走向	相关流程	配套制度现状
1	（1）						
	（2）						
	（3）						
	……						
2	（1）						
	（2）						
	（3）						
	……						
……	（1）						
	（2）						
	（3）						
	……						

列示流程清单时，要完整填写表中的内容。下面，我们分别说明表中各部分内容的填写方法，并做简单示例。

（1）在"岗位职责"一列中，由各部门岗位代表填写该部门所负责的岗位职责，如果不确定岗位职责，则可以采取"工作穷尽法"，如实填写该岗位的全部工作项目。

（2）在"工作分析"一列中，主要是对工作职责进行分析，细化到岗位若干活动，并且将分析后的工作活动逐一填入空白处。

（3）在"包含的流程"一列中，填入工作分析后的结果。此时，可以按照工作性质的不同进行分类，并且理顺活动发生的先后顺序，提炼、归纳出活动中的流程类型。

（4）在"流程输入""流程输出"两列中，分别描述各个流程的上游和下游，即填入流程活动的提供者和流程活动的接收者。比如,"固定资产申购流程"的提供者是固定资产申请人,接收者则是采购部专员。这个描述是明确流程之间的接口问题的基础。

(5)"流程走向"是根据工作分析的结果汇总而成的,显示为某流程具体的节点顺序。

(6)"相关流程"是指在这些工作流程的节点处,有无触发其他流程。

(7)"配套制度现状"是指这个流程是否有相关的制度、未成文的制度或者过时的制度。

将上述内容予以汇总并整合之后,便可以形成企业流程清单了。

这些信息成为构建更先进的、更适用的流程系统的基础。同时企业还需要面向未来数年的战略计划,在确认现有流程的基础上,再行规划需要新增的流程,及时地识别并精简那些重复的、不必要的流程,查漏补缺,同时也对流程的分类分级工作予以优化。

2. 评估组织流程的重要度

在组织流程中,有一些对组织的最终输出做出最大贡献的流程,它们集成了组织的各种核心竞争力,由组织的核心部门所承担,这些流程称为"关键流程"。例如,以技术为核心竞争力的组织,其关键流程就是技术研发流程;以销售为核心竞争力的组织,其关键流程为市场调查、采购、销售、回款的销售全流程。而相对于关键流程而言,贡献较小、增值较少的流程,则称为"非关键流程",重要度略低。

对流程进行重要度评估,可以参照以下步骤进行。

(1)确定评估项指标体系和评估项目

在评估核心流程前,企业可以在系统理论的方法论的指导下,确定合理的流程评估指标体系。例如,某企业的流程评估指标体系如图7-7所示。

从图7-7可以看到,流程评估指标主要由流程成本、流程有效性、流程效率、流程柔性和客户满意度等组成。企业可根据自己的需要设置具体的流程评估指标和不同的权重。

(2)对评估项目的重要度评分,对评估项目重要度排序

在这个步骤中,企业需要让企业高层或管理者对已经确定的核心流程评估项目进行重要度评分。对于评估项目的重要度评分根本没有固定的数学评估公式,只需要管理者视企业的实际情况,找出重点即可。

第 7 章 流程：汇聚最佳实践，打造高效运营底盘

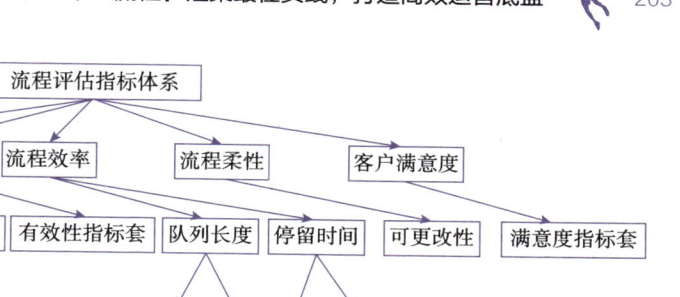

图 7-7 某企业的流程评估指标体系

（3）对流程清单中的流程进行重要度评估

在这个步骤中，企业根据流程清单将二级流程及个别没有必要分解的一级流程和核心流程的评估指标，分别填入评估矩阵的横坐标与纵坐标，并列出详细的评分规则，交给企业高层管理者进行打分。

（4）对评分结果汇总，确定核心流程

在该步骤中，流程规划人员将企业高层针对流程评分的结果进行汇总，并确定那些评分高的流程为核心流程。

例如，某企业核心流程评估矩阵如表 7-5 所示。

表 7-5 某企业核心流程评估矩阵

流程名称 \ 评估指标	0.35 与客户相关度	0.25 与战略相关度	0.25 与整体绩效相关度	0.20 流程横向跨度	合计
市场营销管理流程					
产品规划定位流程					
开发手续办理流程					
施工组织设计管理流程					
项目可实施性设计流程					
客户需求分析流程					
图纸设计与变更流程					
作业人员培训流程					

续表

流程名称 \ 评估指标	0.35 与客户相关度	0.25 与战略相关度	0.25 与整体绩效相关度	0.20 流程横向跨度	合计
作业质量检验流程					
售后服务流程					
……					

备注：1. 表的最上面一行是企业重要度评估权重。
2. 表中竖列最左边为企业的各种流程列表。
3. 表中评估项目下的空格处汇总各企业高层对流程评估项目的评分结果。
4. 在"合计"栏中算出流程评估的评分结果（加权分之和）。

需要注意的是，在评估流程重要度时，流程范围仅限于一级流程与二级流程，最多评估到三级流程即可，不需要对过细的子流程进行评估，以免给流程管理工作带来负担。

3. 判断组织流程的优先级

流程的优先级是一种约定，解决的是在流程运作时孰先孰后的问题。基本上，优先级高的流程先运作，优先级低的流程后运作。如果对优先级别有了明确规定，那么流程运作会相对顺畅，即便遇到非预期情况或故障，也会快速恢复正常运营状态。

一般而言，优先级较高的流程通常具有以下四个特点：满足终端客户的需求；流程处于重要的位置，有助于企业业务增值；流程的重复使用率较高；流程的可行性较高。我们可以把这四个层面作为判断流程优先级别的指标。

在对各业务流程进行评估时，可以依照上述指标进行优先级判断，并生成流程优先级排序表，如表7-6所示。

表7-6 流程优先级排序表

NO.	流程	绩效情况	重复性	控制性	重要性	运作时间	总分	排序
A1								
A2								
A3								
A4								
……								

对于不同的评估指标，应根据企业的战略、业务侧重点等因素，来设计不同的权重，最终得出汇总分。然后，对总分进行排序，即可形成该企业的流程优先级判断结果。

7.3.3 高质量流程建设遵循的原则

任正非曾经讲过，企业管理的目标就是建立流程型组织。流程型组织管理，就是要按照业务流程，在输入端投入各种资源，包括人力、物力和财力，通过输出端输出产品和服务。客户满意了，钱就赚回来了。赚到钱，企业要继续输入、输出，就这样，不断循环。如果没有完善的流程，企业的业务流程一年才转了一两圈，肯定是赚不到钱的。如果流程是高效的，二十四小时不断地循环，全年无休地转圈，那么这家企业就仿佛一台庞大的印钞机，必然会成为一家伟大而卓越的企业。

华为提倡流程化的企业管理方式，通过引入业界标杆，并借助咨询公司的力量（主要是向IBM等美国企业学习），在总结自身流程运作管理经验的基础上，整理出了一套适合自身的流程管理规则和制度。

原则上，任何业务活动都有明确的结构化流程来指导。流程建设把所有人从海量的、低价值的、简单重复的工作中解放出来，让大家聚焦于为客户创造高价值的活动上。

在华为的流程设计、规划和管理的实践中，有如下几个需要注意的要点。

1. 流程要反映业务的本质

流程要完整、系统地反映业务的本质，对业务产出负责，业务中的各关键事件及其管理不要在流程体系外循环。华为基于流程建设的管理体系是一个运营系统，是一个完整的业务操作系统。如果把企业比作是一台计算机，那么你可以认为企业流程就是它的操作系统和各种应用程序。

2. 以目标和客户为导向

流程管理是按业务流程标准，以目标和客户为导向的责任人推动式管理。处于业务流程中各个岗位上的责任人，无论职位高低，哪怕是任正非和其他高管在内，都要行使流程规定的职权，承担流程规定的责任，遵守流程的制约规则，以确保流程运作的优质高效。

3. 客户满意度是考核流程质量的核心

流程是因客户而来，面向客户而去的，因此流程的目标是为业务目标服务，因此必须建立和健全面向流程的统计和考核指标体系，这是落实最终成果责任和强化流程管理的关键。客户满意度是衡量各种业务流程管理质量的根本依据，也是各环节考核指标体系设计的核心。

4. 提高流程管理的信息化水平，并与时俱进

为提高企业流程管理本身的效率，必须提高流程管理的程序化、自动化和信息集成化水平。

5. 流程要经常审视以符合企业的运营情况，要有保持优化的驱动力

企业的流程管理要求不断适应市场变化和企业事业拓展的要求。也就是说企业的战略计划和经营计划都在刷新和变化，流程也必须因时因事而变，企业对原有业务流程也必须进行简化、优化和完善。正如计算机中的各种应用程序需要升级更新一样，企业的各种业务流程也必须有足够的柔性。

【背景知识】华为对流程效果好坏的评判依据

很多企业家担心，企业成为流程型组织后，事事都讲流程，好像不需要有人对结果负责，而且事情会变得烦琐。对于这个问题，任正非做了精辟的论述，他说管理就是要简单化，在保证产出的基础上，越简单越好。流程本身没办法决定做正确的事，那是通过战略规划和商业设计活动来保证的。

任正非在华为内部的管理研讨会上说："流程的作用就三个：一是正确及时交付，二是赚到钱，三是没有腐败。如果这三个目的都实现了，流程越简单越好。"

对于企业管理和业务流程上的复杂化，他提出了尖锐的批评："我们很多改革都是心血来潮，每个人都想把流程做完善，体现出艺术家画作般的美。"他总结说："我们当年也走了弯路，强调关键事件过程行为考核，强调过程，而不是结果。很多人一步就把事情做完了，没有过程，只有结果，但这样却得不到积极的评价，非逼着人家把过程变得复杂才行。我们今后不要讲过程了，就讲责任结果。"

就像任正非认为的那样，流程型组织企业建成的一个最重要标志就是，企业和流程所有者，对流程实施的效果负责，对结果负责，而不是对流程本身负责。流程只是个工具，企业不能把手段当成目的。只有主管和员工，人人敢于承担责任，没有人会打官腔推诿客户的需求，没有人会打着对流程负责的借口，而推卸对客户的责任，这才是他心目中的流程型组织。

流程管理其实很需要承担责任的主动精神，很需要企业管理者的使命感和责任感。千万不要流程还没有建设好，就把敢于负责的职业精神全丢光。这就是任正非在讨论企业管理的关键时，为何强调重视两样东西：首先是核心价值观，要以客户为中心，为客户创造价值；其次是流程型组织。核心价值观的重要性要在流程型组织之前，因为后者是服务于前者的。

7.3.4 端到端流程管理的收益和挑战

端到端流程以客户为中心，可以获得的收益之一是降低运营费用，增加毛利率。运营费用的降低不是单纯地依靠压缩成本和费用，而是通过消除客户不重视或企业不需要的工作（浪费）来降低成本。企业也必须削减对企业有用但客户不需要的工作（非增值工作）。通过流程改革，企业更专注于客户真正看重的工作，然后对其收取费用。

除了节约成本，如果企业成功建立了端到端流程，还会有其他的收获，比如企业将变得更有创意、更有效率、更有竞争力。在建立端到端流程的过程中，企业将深入了解自身好坏情况的方方面面。了解管理中的客观情况，可能会觉得很烦琐，但会掌握企业可以从哪里着手改进，以及在哪里可能会遇到问题等更深入的情况，还会发现团队中隐藏的人才，也可能会注意到团队合作和协作在很多场合下只是纸上谈兵，甚至从客户的访谈中了解到原本认为满意度很高的客户会对企业提出严厉的批评——这恰好是提高老客户忠诚度并赢得新客户的机会。

因为端到端流程是对外的而非对内的，它最容易倾听的是"客户之声"，企业对自我的认知可以从流程的客户界面做深刻的洞察。与流程中的销售人员、对账部门员工、客户服务代表，甚至是供应链中送货的卡车司机聊一聊，企业很可能会惊讶于这些环节对客户了解的深度。另外，借助运营中的数据，查看诸如退货、保修成本和应收账款等方面变化的趋势，再对标看看主要竞争对手的运营表现，企业只要保持周期性的洞察，就会比以前更了解客户的需求。

另外，建设端到端流程一定会遇到诸多的挑战。

1. 组织和文化的惯性

在流程优化之前，企业内部员工都会认为流程存在问题，需要进行"大刀阔斧"的简化，但真正要动手优化，又产生诸多质疑和不确定性，最终"寸步难行"。端到端流程的改进最难的根本不是专业方法，而是根深蒂固的文化观念，比如领导文化、部门思维等，流程建设最难的是转变大家的思维和行为模式。实际上，流程型组织的建设不仅涉及流程上角色的责任担当，更是整个企业的战斗，是企业新旧文化的大碰撞，必须强化以客户为中心、对事管理的文化。

2. 没有认清改变的范围和精力投入

很多人认为重新设计流程等同于更改纸上的流程图、方框和线条，他们低估了实现端到端流程所需要的努力和将花费的时间。流程改革类似于在移动的高铁上更换零部件。一旦开始流程提升，企业就要跳出原有的框架，发挥创造性思维。有些企业把职能经理任命为流程所有者，却没有做出其他改变。因为这些企业没有认识到流程与职能之间的关系，流程所有者的影响范围和职能范围是完全不同的，流程所有者不控制资源，但会影响资源的分配方式。一个没有认识到改革范围的企业，很难采取有效的步骤和措施成为高效的流程型组织，流程变革是一个长期过程，混乱和复杂不可避免。如果采取的措施正确、坚定，流程将创造一个全新、有效的运作框架。

3. 企业负责人的支持和投入

流程型组织的建设需要打破部门墙，这样的视角决定了建设流程最好是企业负责人牵头，并且在建设的过程中，很可能需要进行关键岗位的职责和权限的调整，这就不可避免地会影响一些人的信息权限、影响力范围等。即便没有本质的调整，也因为和原来做事的习惯不一样，让流程的改变不那么受欢迎。

【案例】H 公司的流程变革项目

H 公司的优化流程项目让 CEO 吉姆烦恼不已，虽然重新设计的流程逻辑是更简洁顺畅的，但是不足以让公司一些固执的高管买账，他们担心自己的地位和权力会因为流程的调整而调整。为推行这项改革，吉姆不得不调整公司前 50 名高管中的 35 人的岗位，并引入了解并认可流程的新员工和新管理者。因为他知道，即便是企业中的流程所有者有足够的权力，但如果无法得到上级或下属的认同，并且没有识别或者说服唱反调的人和怀疑者，那么流程改革大概率会失败。

4. 做了过多的考虑和准备

企业的管理层或专业人员考虑到流程中变化的性质和范围，在真正开始流程建设工作之前，常会有强烈的意图，即让基础框架更加完善或者有一个完美的顶层设计来指导流程建设。但过多、过广泛的计划范围很可能会带来失败，因为他们忽视了改革需要快速小胜、鼓舞人心这个变革规律。乔治·巴顿将军很久以前就认识到："今天就付诸行动的好计划，胜过明天才开始的完美计划。"流程必须迅速产生显著的结果，才能在企业中立足。企业需要摒弃万事俱备才行动的理念，流程的变革往往从梳理和优化开始，让新流程显露出切实的好处，才能获得员工对改革的长久支持。

5. 沿用旧的考核衡量指标

如果多年来企业一直使用同一套考核指标，员工的薪水和奖金与这些指标挂钩，但是通过旧的考核指标无法引导流程发生新的改变，如果没有新的考核方式，引入流程的努力就会打折或陷入困境，因为员工将继续按照旧指标中能得到奖励的标准开展工作。

6. 接受失败

这一点与其说是挑战，不如说是对挑战和困难的一种合理的认知。在流程改革道路上，失败在所难免。但是失败不应该阻止流程改革的继续。失败是学习的机会，通过对错误的反省及时止损也不失为一件好事。

7.4 流程运营：在运营中持续建设和调优

流程就是运营的主体，企业的运营不会停止，流程体系本身也需要进行管理。跟其他要素的管理本质类似，良好的流程运营依赖于有着清晰的流程管理职责的组织保障，同时要制定契合流程本身标准化的特点的管理规则与规范，并合理运用考核和激励来促使整个管理体系的良性运转。

7.4.1 流程管理的组织保障

理论上讲，流程梳理工作以工作预设结果为导向，倒推并设计各项业务的运作过程及过程中涉及的工作内容。而在不少企业中，流程梳理是为了优化流程，所以往往以项目组的形式来构建流程梳理组织。

1. 不同项目难度的推行组织结构设计

针对流程梳理项目的复杂或难易程度，企业要针对性地设计推行组织结构，确保工作人员的组织安排契合流程梳理工作的需要。

对于复杂的项目来说，推行组织可以设为两个层级。一是总体推行管理团队，指在机关中负责总体协调的推行管理团队，一般包含推行组、实施管理组。其中，推行组包含推行经理、需求收集人员、方案开发人员等角色。有时项目比较大，方案开发人员可能独立成立小组，负责收集各推行实施团队反馈的优化需求，并及时调整业务方案，方案开发人员通常为业务、流程、IT人员。二是实施落地的团队，指在承接部门或者区域进行现场工作的推行小组，一般包括推行实施经理、业务实施人员、IT实施人员等角色，并由总部的实施管理组进行横向的协调。如图7-8所示是复杂项目的推行组织结构设计。

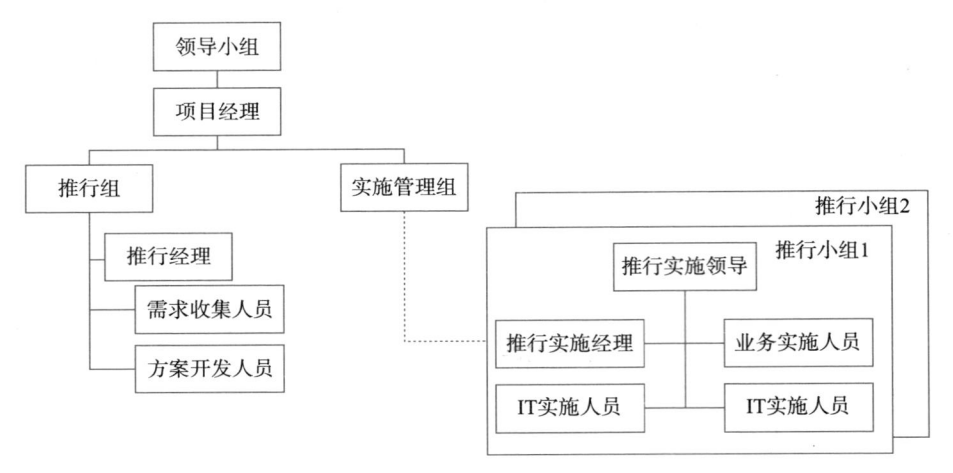

图 7-8　复杂项目的推行组织结构设计

在为复杂项目设计推行组织结构时，通常由项目组与承接部门、主管部门共同推行，并以承接部门为主。在推行过程中，要考虑组建承接部门或区域的领导小组，并取得小组领导的重视和支持。项目组和承接部门在推行组织和角色上要做到一一对应，以便于实现有效的技能传递，也利于后续复制流程项目建设。

对于简单项目来说，推行组织可以简单设计，如图 7-9 所示。

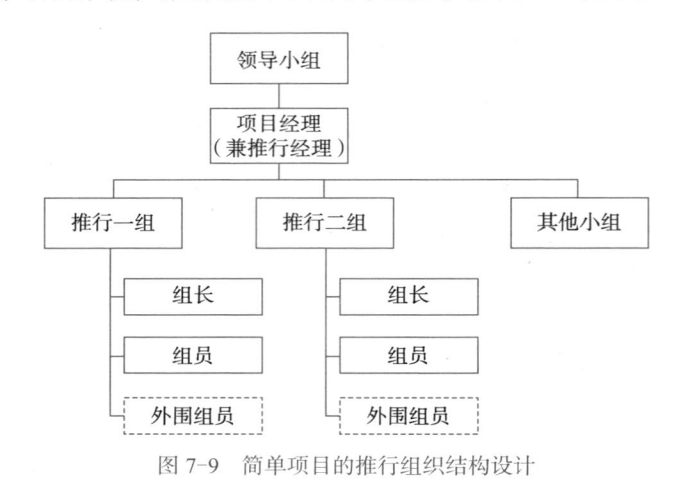

图 7-9　简单项目的推行组织结构设计

需要注意的是，简单的流程梳理项目并不是说"这是小项目"。在这里所说的"简单"，是指工作方案简单，对总体业务影响小，容易实现。在这种简单的流程梳理项目中，往往在方案需求确认和设计之后，将项目组全部转化为推行组，一般通过借助承接部门的力量，组建外围组员的形式开展。有时候，简单项目也可以不设立推行组，而是通过机关发文、远程培训与宣传等举措，来落实流程梳理工作方案。

2. 推行人员的选拔与安排

选拔适合流程梳理项目的推行人员是非常重要的。以推行经理的选择为例，胜任人员应具备一定的要求，模板示例如表 7-7 所示。

表 7-7 推行经理的胜任要求

内容		胜任要求
工作经历	工作经验	具有丰富项目管理经验； 管理不少于 8 人的相关领域推行的经验； 具有该项目涉及主要业务流程或领域的多环节实践经验
任职资格	技术任职资格	技术序列中级及以上
	管理任职资格	管理序列三级及以上
其他能力/经验要求		具备良好的沟通能力、需求洞察能力、判断分析能力，较强的逻辑能力、建模能力

对于流程梳理组织中的其他人员，也要依照这一逻辑，结合本企业的具体情况来说明胜任要求。符合要求者，方可纳入流程梳理组织中。

7.4.2 流程管理的机制建设

流程管理是规划、建设、推行、运营、持续优化的循环过程。

1. 流程规划

这个环节解决了流程的"做什么"和"如何做"的问题。业务流程的规划是流程管理中最为重要的环节，它直接影响未来流程实施中的效率和效果。在流程的规划阶段需要强调的是系统化思维、结构化设计，也就是说在企业业务目标的指导下，以效率、风险分析为基础而制定的有助于稳定管理、规范运作和服务增值的业务流程。

企业最高管理层必须对企业的整体流程建设负责，针对不同分级和分类的流程，如战略类流程、营运类流程、支持性流程，应根据责任范围和业务特点，确定不同的责任部门，分级分类规划流程。

2. 流程建设

流程建设是指流程过程中的资产管理，涉及流程需求分析、流程方案设计、流程文件开发、流程集成验证、流程试点确认。

流程的开发和建设必须有效、完整、清晰。一个好的流程要求相关的管理要素能够按照既定的程序化方式进行流动，相关的管理要素主要包括工作任务/目标、责任角色、时间、资源、信息、绩效指标。只有这六大业务流程管理要素同步流动，才能保证业务流程的效率和效果。

如果无法保证流程管理要素同步流动，就会经常导致授权不明确、责任不到位、目标不清晰、流程的流通时间拖沓、资源不充分、信息不完整等问题，最后的结果将是流程没起到应有作用，也就是说将导致在流程执行过程中资产无法形成。

3. 流程推行

流程推行是指将流程推行到具体业务或职能部门，进行流程管理实际落地的工作。好的业务流程一定需要通过切实的推行才能发挥作用，这里包括流程与具体业务、具体组织的适配，以及在推行过程中的督促和赋能等工作。

推行所关注的是具体落地问题，即执行的效率和效果。效率是指在达到目标或指标的过程中所耗费的资源（人力、物力、财力和时间等），效果是指目标或指标的完成情况。

4. 流程运营

流程运营是指对流程的分级授权与管理机制，包括成熟度评估、流程绩效管理、过程保证等工作。这个步骤主要是两个动作，一是对流程的分级授权，即对流程的实际运作；二是对流程的评估和反馈，以形成 PDCA 循环。

流程的实际运作好理解，就是把具体的流程通过授权或分工，落地到具体的业务部门和职能部门中，以进行流程的实际应用。

有效的流程评估、反馈不但是企业重要的学习途径，还是不断发现改进机会的重要方法之一。良好评估的基础是必须建立有效的公开、公正、公平的评估标准、指标和方法，主要是对流程的遵循性和有效性进行评估和反馈。

根据以上四个步骤实施对流程的规划、建设、推行和运营的有效管理，可以使流程真正为企业的经营效果和运作效率服务。

7.4.3 流程的考核和激励

在流程型组织中，流程是企业价值活动的依据和指导，也是企业高绩效管理的基础。流程型组织要做好绩效管理，就需要将流程绩效融入组织绩效管理体系中，让流程管理以战略为导向，让绩效管理服务于流程体系的有效运作。

组织绩效是承接整个企业的目标、偏向于结果、基于责任的绩效；员工绩效是基于岗位和个人的绩效；流程绩效是横向的基于流程的绩效，目的是根据企业战略规划要求，分析业务流程的表现，确定业务流程哪里出了问题或什么地方需要进一步改进，以针对性地解决业务中出现的问题。组织绩效要落实到员工绩效，除了纵向的行政任务分解，还必须依靠流程绩效这座桥梁。

因为组织中的员工有纵向的职责，也有大量的跨职能、跨部门、跨岗位的工作，如果没有横向的流程绩效管理，那么工作产出何时能到达客户手中就没有衡量标准，而且质量、成本也没有标准。所以，组织绩效本质上要依靠流程绩效管理才能完全落实到员工绩效。

笔者曾受邀给某企业做组织绩效激励体系的优化项目。在项目开展前，笔者团队首先就该企业内部的绩效激励现状进行了深入调研，调研结果显示该企业内部的绩效激励体系存在一个重要问题：各业务单元的绩效指标是孤立的。这一方面导致组织内部出现"各部门绩效表现良好，但组织整体的绩效表现却不尽如人意"的怪现象，另一方面也让各部门只愿意保守地做好自己现有的成熟业务，而不愿创新。

例如，生产部当年上半年的两项主要考核指标是质量与生产率。其中，生产率考核的是是否能让车间满负荷运作，在转换产品型号时把机器停工时间降至最短。在考核中，生产部上半年这两项指标都完成得非常出色，但是企业上半年的销售额却未见增长。原来，上半年同行业的其他竞争对手都相继推出了新产品，而该企业却还是主推"老款"，这在一定程度上导致了部分客户的流失。深究原因后发现，是生产部认为新产品的投产会影响部门绩效，于是便将新产品的生产任务延迟到了年终考核后，因为新产品的质量达标费时费力，而且生产率也无法保证。虽然生产部知道延迟新产品的投产对市场销售部甚至整个企业的绩效不利，但其上半年的绩效目标只是保证产品质量和生产任务的完成，无暇顾及其他。

在很多企业里，类似生产部这样只顾完成部门的绩效目标而不顾大局的问题普遍存在。为了解决这一问题，必须瞄准战略目标、战略实现路径，从业务全流程的角度出发，为企业量身定做流程绩效体系，设计各个部门之间协同的 KPI，以此解决各业务单元的绩效指标孤立问题，让业务流程中相关的部门和所有相关的活动都共同作用于组织目标的达成，以此有效解决组织绩效设计过程中部门各自为政的问题，做到全企业"力出一孔"。

【管理研究】供应链运作参考（SCOR）模型

SCOR 模型是由美国供应链协会发布的跨行业标准供应链参考模型，该模型将供应链界定为计划（Plan）、采购（Source）、生产（Make）、配送（Deliver）、退货（Return）五大流程，并清晰界定了各流程的标准定义、各流程绩效的衡量指标。

SCOR 模型基于供应链的可靠度、响应度、弹性度，以及成本和资产，分类进行考核。每个维度均设置了相应的下层考核指标。例如，供应链可靠度维度的下层考核指标包括按承诺准时配送的百分比、完成率、完好订单的履行；响应度维度的下层考核指标包括订单完成提前期；弹性度维度的下层考核指标包括供应链响应时间、生产的柔性；成本维度的下层考核指标包括供应链管理总成本、产品销售成本、退货处理成本等；资产维度的下层考核指标包括现金周转时间、供应链库存总天数、净资产周转次数等。

美国生产力与质量中心（APQC）也建立了流程绩效指标库。企业在建立自身的流程绩效体系时，可以参考 SCOR 模型、APQC 流程绩效指标库等权威的流程绩效研究结果，并做好本地化改造。

流程绩效体系的建立不仅是为了促进流程的执行，还是为了促进流程管理体系的建立和运行。流程绩效管理不能只停留在表面或是某个时期，应制度化、流程化、长期化。国际流程大师吉尔里·拉姆勒和艾伦·布拉奇在他们所著的《流程圣经》中指出，在一个已经将流程管理制度化的企业中，每个关键流程都应包括如下内容。

（1）一张流程图：详细记录流程各步骤和执行各步骤的职能部门。流程图需要涵盖流程的六个要素，包括输入活动、活动的相互关系、资源、输出结果、价值及客户。

（2）一系列客户驱动的测评指标，这些指标是和组织层面的考核指标存在关联的，并能驱动职能部门的指标。在一个流程管理已经制度化的组织中，是不会允许职能部门在追求自身绩效目标达成时，让其他部门及整个流程受损的。

（3）一个流程所有者（Owner），其负责流程的整体绩效，确保流程不会因跨部门而割裂。

（4）一个稳定的流程团队。流程团队定期开会，对流程绩效进行评审，以有针对性地进行流程改进、优化。

（5）一个针对所有核心流程的年度 BP（经营计划），包括期望的结果、目标、预算、非财务资源需求。

（6）有持续流程绩效监控机制，以及时发现流程偏差。

（7）解决流程问题及发现流程改进机会的程序（如根因分析）和实体（如流程小组）。

不少组织为了确保流程符合绩效标准，还建立了流程认证评定体系。例如，在福特汽车公司，流程要达到 4 级中的最高级，它必须满足 35 项认证标准。流程所有者则对流程评估与认证承担主要管理责任。

一般来说，企业需要为流程绩效管理建立一整套的管理制度。比如，包括日清日结管理制度，针对各种信息、报表、报告的拟制、审核、分发、反馈制度，各种例会的程序和决策制度,这些都是用来保障流程运作和追踪流程绩效的管控制度。

当企业的流程管理制度化之后,企业可以通过严格的流程绩效管理,对企业现有流程的建立、执行及完善程度进行绩效管理。这样,便可以在企业内部形成"重视流程、使用流程、管理流程"的良好氛围,进而实现让企业全体员工形成按流程化规定进行操作的习惯,推动组织获取高绩效。

7.5 信息化建设:瞄准流程目标,固化流程实施管理

迈克尔·哈默在20世纪80年代总结了自己为企业做ERP、BLM及信息化等系统顾问的经验,他发现计算机和信息技术并不能单独保证解决企业的低效问题。企业要想实现效率的根本性提高,本质上需要解决的是业务流程问题。因此,他提出了用流程管理和信息化手段来进行"企业再造",信息化建设和流程管理相辅相成,彻底改造企业的业务管理,甚至帮助企业实现业绩超常增长。

7.5.1 流程信息化强力支撑企业快速发展

信息化是什么?中共中央办公厅、国务院办公厅印发的《2006—2020年国家信息化发展战略》给出了解释:信息化是充分利用信息技术,开发利用信息资源,促进信息交流和知识共享,提高经济增长质量,推动经济社会发展转型的历史进程。"企业信息化"指的不仅仅是企业在生产经营中使用的信息技术,更重要的是通过使用这些信息技术可能带来的企业战略、业务模式、流程管理、组织架构等方面的变化和影响。其内容除了IT基础网络、通用应用系统(如ERP、MRP II、CRM及OA等),更为关键的是承载了业务流程,以及对应的知识、数据、案例等战略信息,体现了企业内部运营的信息转换程度、信息解决效率和战略所需的科技完备率。

简化地说,信息化的流程是这样的:一是分析企业的业务流程;二是根据业务流搭建数据流;三是根据数据流所产生的数据进行记录和积累;四是对记录下来的大量数据做出各种维度的分析;五是依托分析的数据结果帮助企业管理层做出相关的判断。这是非常简单的模型,在现实的场景中,随着企业规模的扩大和业务的丰富,会衍生出非常复杂的业务架构和分析算法。

华为是具有庞大市场的跨国科技企业。华为的扩展战略是"IT规划和建设超前于业务变革规划",随着其在世界范围内扩展各类业务,给企业的经营能力和IT支撑带来很大的挑战,因此IT基础设施建设是当务之急。华为在世界各地发

展了数十年，其 IT 基础设施的经验得到了全面的提升，如图 7-10 所示，支撑着华为全球业务的高效运转，涵盖市场、研发、采购、生产制造、交付和服务，以及人力资源管理和行政办公等各个环节。"对华为来说，IT 是核心竞争力，而不是节省成本之道。"华为每年在信息化方面的投入达到了营业额的 1%，在科技企业中这也是相当高的一个比例。

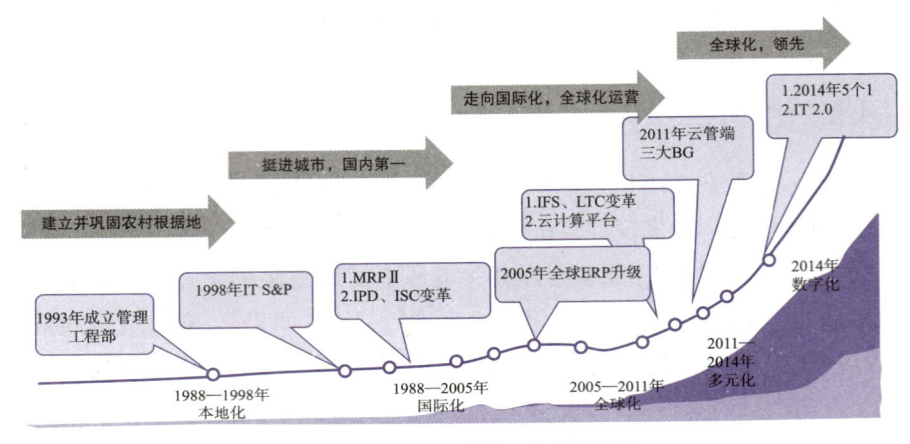

图 7-10　华为 IT 支撑业务高速增长

一般来说，企业的信息化会涉及以下方面：

（1）设备信息化，这里的设备指硬件设备。不论是传统制造业还是新兴互联网行业，企业要经营就一定需要各种各样的设备，如生产设备、办公设备、研发设备等。俗话说的"工欲善其事，必先利其器"就是这个道理，在未来万物互联的世界中，硬件设备还会实现更广泛的物联网和数据采集。

（2）技术信息化，这里的技术既指工作技能，又指工作方法。技术信息化的运用不仅极大降低了人为出错率，避免返工，还促进了协同作业，从而提高了工作效率。比如办公软件远程会议、协同文档、联合开发平台等可以实现高效的合作，优化了员工的工作内容结构。

（3）产品信息化。不管我们的产品有无实体，每件产品包含的信息都越来越多，比如产品包装上的二维码、条码或外链，或者在云上展厅中放置的产品信息。

（4）服务信息化。企业除了提供产品，同时也会提供产品对应的服务，服务信息化也发展得如火如荼，比如围绕外卖小哥的系统算法，就是服务信息化不断演进的现象。

（5）企业信息化。企业信息化将企业的业务及管理过程数字化，通过各类信息系统加工生成新的信息资源，提供给各层次的人们洞悉、观察各类动态业务中的一切信息,以做出有利于企业资源配置等的决策,求得最大的经济效益。

当信息化与企业的业务实现契合甚至超前部署时,信息化会转变为极大的支撑力。

7.5.2 信息化的策略与核心理念

企业的信息化策略要和业务战略相适配。战略是企业的行动纲领,是业务的顶层设计。围绕顶层设计,信息化首先需要统一规划、分步实施。统一规划企业的业务架构,指导信息化架构,使得子系统之间高效集成,并且是安全的;同时,在硬件上具备扩容增改性能,而软件上的关键是在与业务匹配的基础上,前瞻性地实现部分超前的功能。其次,IT 组织和系统逐步统一标准、规范和流程,像系统上面打补丁、系统和系统之间数据不兼容等情况,都不能发挥信息化的优势。最后,面对未来的挑战,一方面在开发上急用先行,另一方面也要支持战略、组织或者业务的变革,重大的 IT 变革也要以重大变革项目运作。

结合前面的叙述,在主要的策略引导下,企业信息化应树立清晰的建设理念,才能发挥期望中的作用。

(1) 信息化应该作为企业的核心竞争要素,并且承担着技术创新引导者的角色。

【案例】信息化武装起来的核心竞争力

20 世纪 90 年代,沃尔玛建立了一个以网络为基础的零售业信息交换平台,称为"零售链"。通过该平台,沃尔玛可以将收集到的各类销售信息实时反馈到供货商手中,让供应商随时掌握其商品的销量。在此期间,沃尔玛更是强化了对供应链的控制,并与供应商建立起牢固的合作伙伴关系。在配送上,沃尔玛在卫星通信网建成后,便逐渐实现了基于卫星技术的信息交流。随后,随着互联网的兴起,沃尔玛配送中心的信息化建设不断深化,在配送中心、供应商、运输系统和门店之间形成了全面而有效的连接。

此外,沃尔玛在商品筛选、包装、分拣等方面都采用了高度现代化的机器运作方式,产品质量和效率得到了显著提高。尽管沃尔玛的销量迅速增加,但它的库存周期却显著减少,从 1986 财政年度的 72 个工作日缩减到 2019 财政年度的 42 个工作日。

沃尔玛还能根据历史数据,对未来销售情况进行预估。在销售的各个环节中,可以实时地了解销售情况,从而方便沃尔玛对门店存货进行实时的管理,使得存货的数量始终处于一个比较合理的状态,从而降低库存水平,节省了门店费用。

依靠信息化的发展创新，沃尔玛在数十年的运营中构建了零售领域强悍的竞争力，即便在实体零售整体业绩不景气的背景下，沃尔玛仍保持着稳定的增长，成为中国同行企业的对标对象。

（2）统一规划，集中控制，在集成化和平台化的基础上，能够对企业资源进行分散配置和管理。

（3）信息化建设不能脱离流程变革和流程优化，两者相融才能够发挥最大的价值。因此要建立与企业发展相适应的流程和信息化变革管理框架及决策体系，从企业层面指导两者的相融。

（4）流程的特点是刚性的管理，信息化是用来巩固这个刚性的，面对外界的诸多不确定性，要认识到流程和信息化是以规则的确定性应对不确定性，因此不要随意打破或者改变。

（5）信息化是实现运营绩效管理，从而提升企业价值创造的有力工具。

（6）谁获得信息化带来的益处，就要承担信息化的成本，即部门自己要建的系统，做好备案自己出钱。但是像网络和数据中心这种公共的基础设施及企业级的应用，由企业来做预算、做项目管理和投资，做完以后再把费用按一定规则在企业内进行分摊。

清晰的信息化策略，坚定的信息化理念，能够帮助企业在技术飞速发展、技术概念层出不穷的今天，保持清醒的信息化"初心"，即以企业的业务发展为目标，以与流程匹配为核心，把握部署的节奏，控制好投入产出。

7.5.3 流程与信息化治理

信息化治理的内涵常常包括信息化治理结构、信息化治理模型、信息化治理标准等。根据权威机构 ITGov 中国 IT 治理研究中心的界定，信息化治理＝信息化治理思想＋信息化治理模式＋信息化治理体制＋信息化治理机制，如图 7-11 所示。

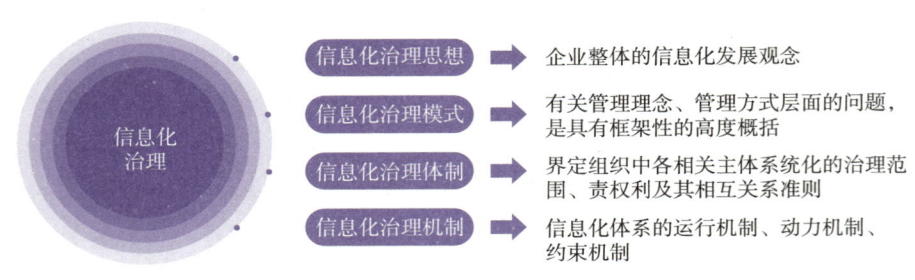

图 7-11　信息化治理

1. 信息化治理思想

信息化治理思想就是信息化发展的整体观念，具有使命观的含义，广义的信息化治理模式也涉及治理思想，但它是所有体系理念的出发点，值得单独凸显。

2. 信息化治理模式

信息化治理模式包含以下几个方面：第一是治理架构问题，包括信息化的治理模式、途径、要求或关系原则等；第二是信息化运作机制，包括信息化管理的流程和制度、信息化文化和沟通机制、信息化绩效管理和激励机制，并通过对信息化本身的绩效评估和持续提高来构建一个良性的循环机制。

3. 信息化治理体制

信息化治理体制体现了治理的组织结构。其关键在于治理机构如何设置及责权利的划分，对信息化治理效率起着决定性的作用。

4. 信息化治理机制

治理机制的内涵是指"治"的运行机理，而"治"的运行机理可以分为运行机制、动力机制和约束机制。运行机制是指与信息系统有关的运作模式；动力机制是指促进企业信息系统可持续发展的内在动力；约束机制是制约和矫正信息化管理的机制。

【案例】华为信息化治理——BP&IT（Business Process Information Technology，业务流程信息化）治理

华为的信息化与业务流程变革充分融合，秉承的思想是企业应该有更好的流程和更好的信息框架去支撑企业的业务战略和目标及满足业务需求。华为信息化治理体系主要由五个部分组成。

1. BP&IT 战略规划与业务规划

华为每年都要看 3～5 年在业务变革与信息化建设上的规划，然后确定明年信息化建设的规划，一般包括业务变革举措、业务流程举措、信息化举措，然后确定管理流程和信息化需求，最后管理信息化业务服务。华为 BP&IT 治理的总体策略是集中管控、分散资源。

2. 企业架构管控框架，指导华为企业架构管控工作

华为信息化架构管理解决这样的问题：流程化后的业务能力有没有信息化系统支撑？信息化系统在底层技术是如何实现的？应用系统之间是什么样的关系？架构需求来源于国家政策和法规、国家发展规划、新的业务模式和变革机会点、业界最佳实践、技术发展趋势及痛点。

3. 分层分级决策体系，投资回报工具管理需求和信息化投资

华为的 BP&IT 治理体制包括最高的 RSC（变革指导委员会），同时还有集团

决策团队。华为的每个流程都有相应的业务变革和信息化团队，实施分层分级决策。同时还有流程责任人体系，企业有流程总责任人，下面有BPO和相关的办公室进行支撑，还有流程审计部来审计这些流程设计得合不合理及执行得好不好。

4. 业务流程架构：采用分层分级的架构，逐级深入

华为有六个层级的流程，上三层的流程要通，最后两三层强调的是灵活，可因地制宜。它决定了BP&IT治理机制，同时也对责任进行了划分。

5. 业务架构以最简单、最有效的方式，实现从客户到客户"端到端"的流程贯通

流程从产品的需求到最后交付给客户，里面包括的市场管理、需求管理、产品开发、产品生命周期管理这些过程都是串通的。既体现了华为BP&IT治理思想，又体现了信息化对流程型组织运作的支撑。

保持信息化与战略目标一致，推动业务发展，促使收益最大化，合理利用信息化资源，适当管理与信息化相关的风险，是信息化治理的终极目标。明确有关信息化决策权的归属机制和有关信息化责任的承担机制，并连接战略目标、业务流程和信息化目标，从而使企业从信息化中获得最大的价值。

7.5.4 新时代数字化转型的趋势

当今世界正在经历一场更广泛、更深入的科技变革，数字化是企业信息化发展的新时期，它正在深刻地影响着企业的发展，从根本上改变了企业战略选择和发展方式。企业在新时代下面临着重塑能力和竞争力的挑战和契机。

在这场科技变革中，数据带动企业的技术流、资金流、人才流、物资流，成为核心运营要素，数据的质量和流动水平已经成为一个企业的发展和竞争力的重要标志。数字化转型已成为企业打造数字经济时代基础能力的基本选择。在数字化的浪潮中，各领先企业纷纷把握技术红利和创新机遇，积极推进组织变革、业务创新和流程再造，推动研发、生产、管理、服务等关键环节数字化转型，实现生态化的价值网络、弹性的组织边界、个性的产品服务、开放的研发体系、智能的生产方式等。新的企业形态，日益体现出构建以数字技术为核心，以开放平台为支撑，以数据驱动业务的特征。

【案例】华为的数字化智能工厂

在华为的数字化智能工厂，手机生产线是这样的场景：生产线全长120米，前60米只能看到一个工人，各项工作都是机器在干。传送带自动把零件传到生产线上，机械臂自动抓取需要的零件，然后把不同的零件自动组装起来。

装配的流程需要经过严格的过程检测，因此生产线上配套的还有智能检测系

统。这个检测系统叫"N点照合系统",它的任务是快速定位问题到底出在了哪道工序上。它把生产线上所有检测设备检测到的数据(比如光学检测设备拍到了不同器件的位置图,ICT设备检测到了不同器件的电阻值等)进行汇总,并合成为一张图,然后检测系统就可以自动诊断了。

在生产线上,没有很多工人的身影,只有忙碌的物流机器人。智能工厂便是靠这些机器人从仓库往生产线上送物料的,机器人的背后还有作为调度中枢的智能系统。

华为实现数字化智能工厂,一是搭好数据底座,实现人、机、料、法、环之间的互联互通,并且其设计、研发、制造、采购、供应链和安装服务环节都要用到这个数据平台,还要延伸到供应商和客户。二是在把工厂内外所有要素变成数据的时候,要优先实现设计与制造的数字化融合,在设计环节构建制造要素的数字化。三是转型成智能工厂,必须搭建平台能力,形成平台支撑下的精兵作战的组织体系,在这个平台上,员工的能力更多体现在隐性的经验里。

在新时代,尤其是面对新冠病毒的"大考",数字化转型不仅成为社会的一个选择,更成为一个必须回应的问题。对于企业来说,企业数字化转型的目的在于:通过数据与信息技术的推动,企业实现数据业务模式和数字运行模式的转型,从而促进流程再造、产品增值、效率提升,实现企业核心竞争能力的转变,在新时期实现可持续发展。具体来说:一是实现产品增值和收入增长,就是以客户为中心,利用新一代的信息技术,提高已有产品及服务的附加值,开拓数据密集和信息技术密集的新业务;二是通过数字技术,重构或者优化企业流程,实现企业运营的数字化、网络化、智能化和自动化,从而降低运营成本。

要从工业时代的信息化升级到数字化,企业面临着诸多挑战,因此必须考虑从多个层面进行转型推动:一是提高员工对数字化转型的理解和认同;二是要利用数字技术充分挖掘客户的潜在需求,寻求新的发展空间;三是建立或采购需要的数字能力,实现端到端流程的数字化,从而优化资源配置,减少成本费用;四是积极探索新的产业生态合作方式,如数据共享、众包、虚拟协同等,实现结构化的节约;五是注重企业的灵敏度,比如快速试错,快速投资于增长性领域等;六是要建立、激励和发展企业的数字化专业团队。

7.6 小结

流程是串联企业业务动作的链路,是为客户创造价值的跨岗位、跨部门的活动过程，它是企业整体运营的基础，流程的效率优势是锻造企业竞争优势的核心要素。流程是企业沉淀下来的成功运作经验，目的是为了不同团队执行同样流程时获得可复制的成功和效率，越以客户价值为导向，与企业自身管理能力相匹配的业务流就越顺畅。

流程建设工作的核心在于积累，在于不断地对业务管理进行标准化、规范化、知识化的工作，从而持续提升组织能力。明晰流程建设方向，设置流程及管控规则，让业务和流程高效地联动、持续地改进，才能构建有力的运营底盘。

在 SDBE 方法的定义中，流程是运营的主体，要对流程体系本身进行科学的管理，构建流程管理职责的组织保障，制定管理的规则与规范，并运用考核和激励来促使整个管理体系良性运转。

企业要想实现运营效率的提高，本质上需要解决的是业务及业务流程的问题。流程的固化需要信息化手段的加持，信息化建设和流程管理相辅相成，彻底改造企业的业务管理。

大多数业务活动在结构化流程的指导下，能够把企业成员从海量的、简单的、重复的工作中解放出来，将一个或多个输入转化成明确的、可衡量的输出，本质上是用规则的确定性来应对市场的不确定性。流程体系的质量决定企业运营的质量。

【思考】
1. 流程体系在你的企业里是否已经建立，业务主流程是否清晰顺畅？
2. 流程管理体系在破除部门墙时是否发挥了足够的作用，为什么？
3. 如果要优化你所在企业的流程体系，你认为应该从哪个领域开始，为什么？

第 8 章
质量：持续改进，零缺陷的高质量运营

质量是企业长久发展的基础，企业想要生存和盈利，必须坚持质量第一的原则，从始至终为顾客提供高质量的产品和服务，才能在激烈的竞争中立于不败之地。

谈起这个话题，笔者不禁想起当年IBM顾问组帮华为进行管理变革时的场景。IBM顾问组经过长期的调研访谈后，给华为开出的第一条诊断意见就是："华为似乎有时间一次次不厌其烦地犯错，又一遍遍地改正错误，但就是没时间做好规划，一次把事情做好。"包括任正非在内的所有华为领导层简直无地自容。

其实，"一次把事情做好""零缺陷"正是全面质量管理的目标。

质量大师费根堡姆提出：全面质量管理是"在充分满足客户要求的条件下，在最经济的水平上进行市场研究、产品设计、生产制造和售后服务，并将企业内各部门的质量开发、质量维护和质量改进工作整合起来的一种有效的体系"。质量管理发展到今天，不只是取决于生产加工这一环节，也不只是局限于加工产品的工人，更不只是质量管理部门这一个部门的事情。现代企业的质量管理需要全员参与，它需要各个部门的密切配合。

质量管理不仅是一套管理方法，更是一套企业运营的哲学思想。在流程中嵌入质量要求，是企业提高运营效率，满足客户需求的重要举措。

8.1 嵌入企业运营的大质量观

在通常的观念中，质量几乎等同于产品质量和服务质量，容易让人们联想到技术和研发、生产和制造。

美国质量学家朱兰提出："小质量"将质量视为技术问题，而"大质量"将质量与经营联系在了一起。大质量管理的范围不仅包括产品生产制造的过程，还包括产品的销售和服务等过程。朱兰的大质量管理的概念打破了狭义的小质量管理的概念的桎梏。大质量管理的本质与全面质量管理相似。

8.1.1 从小质量发展而来的质量管理

1992 年，美国九个大型公司的董事长和首席执行官，著名大学商学院、工学院的院长和知名的咨询师、专业人士共同提出了全面质量管理（Total Quality Management，TQM）的定义。TQM 是一种以人为本的管理体系，以持续降低成本为目标，同时努力提高客户满意度。TQM 是一种集成的、系统化的质量管理方式，它是企业高层战略的一部分，涵盖了企业各个职能领域，与每一位员工有关，并扩展到了供应商管理和客户满意度管理等领域。全面质量管理的理解框架如图 8-1 所示。

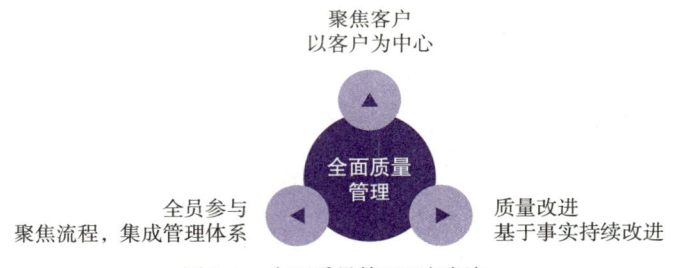

图 8-1 全面质量管理理解框架

【背景知识】全面质量管理首先在日本取得了巨大的成功，日本企业生产出来的产品席卷西方市场，让当时的很多美国企业倍感紧张。很多美国企业认识到了全面质量管理这个概念的重要性，并试图运用它提升企业的管理水平，但过程中遭遇了巨大的挑战。

第一，在 20 世纪 80 年代，全面质量管理虽然已经有了完整的理念、哲学思想、方法论和部分工具，但是还没有成为一套系统的、完整的管理体系。

第二，美国质量专家沃尔特·休哈特在统计过程控制（Statistical Process Control，SPC）方法中强调：产品质量的提高并非仅靠产品的品质检查，必须对设计、制造、服务等各个环节进行严格控制，方能提高产品品质。但是，在实操中，把全面质量管理体系嵌入已有的企业管理体系，本质上要通过一系列的变革来进行，在这个过程中，美国人花了不少时间探索最佳实践。

第三，美国企业家们想找到一种快速起效的质量改进方法。殊不知，全面质量管理方法论的最关键环节，就是首先要求企业的一把手和高层改变原有的思维模式和行为习惯。忽视这一点成了美国企业应用好全面质量管理的最大障碍。日本人成功应用全面质量管理的重要经验是"自上而下"的模式，即高层要对全面质量管理有深刻的理解，且由他们驱动质量变革。而试图学习的美国人则相反，在一开始采用的是"自下而上"的模式，即高层把质量管理的职责和培训事项委托给下级或专家，自己并没有深入参与。

美国企业应用全面质量管理的这些曲折的过程，实际上给任何想引进全面质量管理的企业带来了启示，让它们可以反思并避开美国企业踩过的"坑"。

如果说20世纪的质量管理还局限于企业内部，如今广泛的生态合作则使企业更多地看向企业外部，对质量管理的认识和理解也越来越深入。比如中国质量专家韩福荣教授基于相关方满意的质量观念，提出了质量生态系统。他认真研究了系统内部结构和功能属性的形成、演变，以及与环境之间相互作用的机制等。现如今，中国早已是制造大国，全球大量企业的生产基地都部署在中国，质量理论与生产基地在中国始终紧密联系。下一个重要的质量理论突破可能来自对机器数据的使用，也就是数字化对于质量管理的影响。中国应该是世界上最好的现场，中国制造的实践必能为质量理论的突破贡献力量。

时至今日，质量管理的概念仍在演进，哪怕是最优秀的质量专家，也无法永远用一套质量理论来解决问题。企业家是质量管理中的核心角色，必须找到符合企业实际的质量管理架构，不需要过分地分辨不同理念之间的差别，而应该更加关注不同理念之间的共同点和因地制宜性。

8.1.2　华为的大质量管理观点

全面质量管理不仅适用于日本企业和美国企业，在中国的头部企业中也能被成功运用。中国企业的高管们已经开始认识到，全面质量管理涉及企业所有部门和人员的业务、活动和行为，它不仅涉及生产、制造与研发，还涉及市场推广、销售、客户服务、供应商管理、人力资源管理、财务管理、行政管理、后勤管理等领域和环节。

2015年，任正非在华为公司质量工作汇报会上发表讲话，阐述了自己对全面质量管理的看法："目前公司在质量问题上的认识，仍然聚焦在产品质量、技术质量、工程质量上。而我认为质量应该是一个更广泛的概念。我们要沿着现在的这条路，走向新领域的研究，建立大质量管理体系。"

2016年8月，任正非访问了华为日本研究所，并与当地员工进行了座谈。他重申了大质量管理体系的重要性："华为最重要的基础是质量，我们要将以产品、工程为中心的质量管理体系，扩展到涵盖公司各个方面的大质量管理体系。大质量管理需要介入公司的思想建设、哲学建设、管理理论建设等方面，以形成华为的质量文化。"

大质量管理需要通过闭环的方式来实现对企业各方面质量的持续改进，并使质量组织渗透到各领域里。为实现大质量管理，华为公司从五个维度对公司不同部门的质量管理工作进行评估，如表8-1所示。

表8-1 华为质量管理工作评估表

评估维度	具体评估方式
1. 流程设计及优化	由华为流程委员会进行月度评审，包括对各个业务部门及后台支撑部门，如人力资源部、财务部、后勤部、服务子公司等的流程质量评审
2. 质量体系审计	华为的高端客户，如英国电信、沃达丰等老牌电信运营商，非常熟悉质量体系及其应用。这些客户每年都会派专家到华为进行质量体系的审计，除了对业务部门，甚至对员工宿舍、食堂的质量体系都会进行审计。运用这样的契机，华为倒逼各个部门的质量持续改进
3. 业务质量改进	华为客户满意与质量委员会在其月度质量会议上，听取由各个业务和管理部门的质量负责人进行的质量改进汇报。这个机制解决了在一些管理部门中质量问题不受重视的情况，真正推动了大质量管理体系的落地
4. 流程遵从和执行结果审计	华为拥有SACA（Semi-Annual Control Assessment，半年度控制评估）的流程审计体系，会运用SACA工具进行流程遵从测试。 华为流程IT部和审计部都使用SACA工具进行审计。前者聚焦于业务流程的执行结果，后者则聚焦于销售、采购、财务和内控等领域，以预防风险和腐败
5. 健全并改进质量组织	质量组织是落实企业质量战略和质量目标的基本保障，是大质量管理体系的重要组成部分。依靠运作良好的质量组织，公司的质量战略、质量目标、质量文化、质量工具才能高效地在各个部门落地。在华为，质量组织包含自上而下的层级，如高层的首席质量官，中层的质量总监和质量经理，以及基层广泛的质量圈等

总之，大质量管理虽然与全面质量管理定义类似，但更偏向于从企业管理体系建设的角度去理解。华为成功的实践给广大企业的启示是，大质量管理能够切实提升企业的竞争力，企业应当不断投入资源完善甚至变革出适合自己的大质量管理体系。

8.2 建立企业质量和运营的融合体系

质量管理体系是一个在企业内部建立的、系统的、在质量方面对企业进行指挥与控制的管理体系，它包含了确定客户需求、设计、开发、生产、销售、交付过程中的策划、实施、监控、纠正和改进等活动。采用质量管理体系是企业的一项战略性决策。

质量专家克劳士比对质量管理体系的认识更为深刻：质量管理体系是一个预防体系，建立质量管理体系是为了预防，而不仅仅是检验和救火。

8.2.1 质量管理体系的演进路径

在手工生产时期，"质量"这一名词就已经产生。随着社会的发展，人们对质量管理的认识也不断改变，并赋予它新的内涵。在发展的过程中，质量管理逐渐呈现出体系化的形态。从图 8-2 中我们可以清晰地看到质量管理的各个发展阶段，从操作者自己进行质量管理到现在的全面质量管理，大致经历了五个阶段的演变。

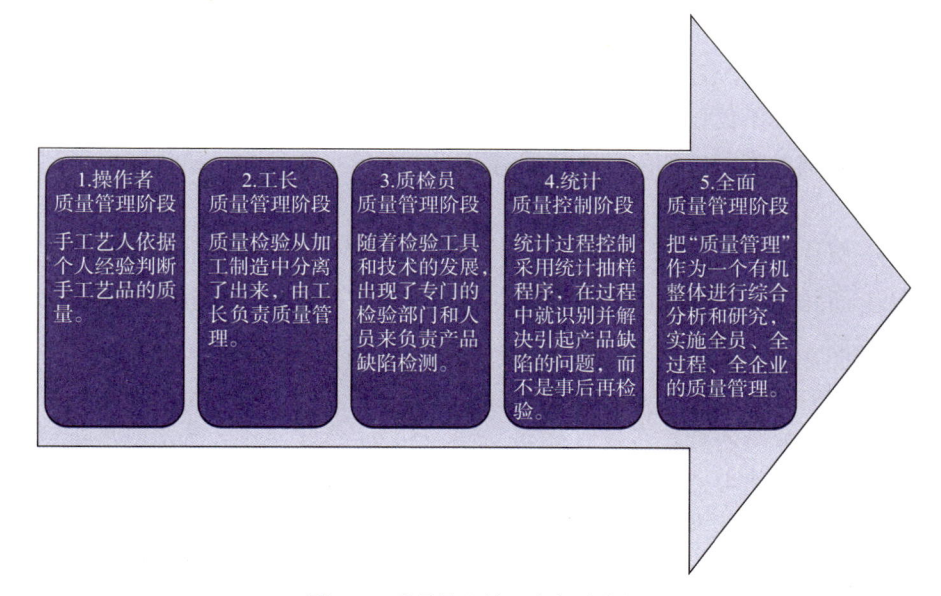

图 8-2 质量管理的五个发展阶段

1. 操作者质量管理阶段

19 世纪末以前的质量管理大多由操作者自行完成，如在手工作坊中，手工艺人自产自销，他们既是生产者也是检验者，在制造过程中依据个人经验判断手工艺品的质量。随着工业革命的到来,手工生产逐渐被标准化生产所取代,该质量管理模式也随之消失。

2. 工长质量管理阶段

20世纪初,被誉为科学管理之父的泰勒提出了一套新的生产理念,将计划职能与执行职能分离。这使得产品的质量检验从加工制造中分离了出来,表现为质量管理的职能由操作者转移给了工长,由工长负责质量管理。

3. 质检员质量管理阶段

随着产品的技术标准、公差制度日趋完善,各种检验工具和检验技术也不断发展,专门的检验部门和人员出现了。他们的出现极大地提高了质量管理的效率,更多的有缺陷的产品被检测出来,并阻止了这些产品向市场的投放。但是,现场的生产人员不再肩负质量责任,导致工人和管理者漠视质量,认为质量是质检部门的事情,并产生了"质量是检验出来的"的印象,这极大地损害了产品的制造质量。

4. 统计质量控制阶段

在第二次世界大战期间,美国军队为了保证采购的军用物资符合标准,如士兵的服装,开始采用统计抽样的方法,这间接促进了企业普遍采用统计抽样的方法进行质量控制。统计质量控制超越了检验的范畴,它的质量观拓展至设计和制程两大环节,而不仅仅是事后检验。但是它仍在一定程度上局限于制造和检验部门,忽视了辅助部门(如采购、运输等部门)对质量的影响,质量还未得到完全的控制。

5. 全面质量管理阶段

从上面几个阶段中可以看出,原有的质量管理方法随着新事物的发展及自身弊端的显露,会不断催生出新的理念和方法。

【背景知识】在20世纪五六十年代,一方面,生产力得到了前所未有的发展,科学技术日新月异,火箭、宇宙飞船、人造卫星等精密、复杂的产品相继出现,包括政府、企业、大众在内的使用者对产品的可靠性、安全性、经济性等要求越来越高;另一方面,随着生产力的发展,消费者也面临更多的选择,他们不再仅仅看重产品的单一质量,而是更注重整体价值,包括从产品质量、服务、价格、需求等多角度进行考虑,导致市场竞争加剧。1961年,美国通用电气公司质量经理费根堡姆在他的著作《全面质量控制》(*Total Quality Control*)中指出:质量是企业全体人员的责任,应该使企业全体人员都具有质量意识并承担质量责任。这是最早的明确提出的全面质量管理理论。

从此,围绕全面质量观,更多的质量管理体系、理论和方法发展而来:ISO

9001质量管理体系、全面质量管理、品质体系评审（Quality System Review，QSR）、卓越绩效模式（Performance Excellence Model，PEM）、卓越运营（Operational Excellence，OE）等，它们既是评估体系，也是企业可用来指导质量改进的标准。

马尔科姆·波多里奇国家质量奖的评价模式和评估指标体系——PE1000被很多国家采纳。这个体系支持企业自我审计，也可以运用外部资源进行审计，审计结果可以量化，并且是一个通用的质量审计体系，如表8-2所示。

表8-2 PE1000指标与总分

模式要素	所占分数（单位：分）
1. 领导力	125
2. 战略规划	85
3. 对客户和市场的关注	85
4. 信息化和分析	85
5. 人力资源管理	85
6. 流程管理	85
7. 经营结果	450
总分	1000

在每一个维度中，还可以进一步展开形成更细的得分规则。比如在"经营结果"中，还可以继续拆分为财务指标目标达成（115分）、供应商/合作者管理（25分）、客户满意度（115分）、内部流程（115分）及学习成长（80分）。

20世纪七八十年代，各种质量管理理念及质量管理工具不断涌现，除了质量观念和体系化的发展，这一时期还诞生了诸多具体的管理方法和技术。直至今日，全面质量管理仍在不断发展，朱兰提出："即将到来的世纪（21世纪）是质量的世纪。"全世界仍在不断探索和充实全面质量管理的理念和方法。

8.2.2 质量管理体系与运营体系的融合

质量管理体系的方法论有很多，一般包括以下要素：质量理念、质量目标、质量战略、质量文化、质量组织、质量度量体系、质量评审会、持续质量改进、质量体系评估/审计、流程管理体系、预警和纠偏机制等。

广义的运营体系，是指在战略规划和经营计划的指导下，一系列流程体系、管理体系及整条价值链运作的过程。因此，运营管理体系的要素一般涵盖企业愿景、使命与核心价值观，战略目标和经营目标，业务流程建设与优化，标准工作规程，预警和纠偏机制，度量及考核指标，业务分析和评审会，内部控制和审计等。

对于企业来说，两个体系最好的关系状态是水乳交融的状态。首先，运营体系是"皮"，质量管理体系是"毛"。"毛"只有附在"皮"上才能发挥作用。皮之不存，毛将焉附。其次，质量管理体系是改进运营体系的基础，就像克劳士比所说，它是一种预防体系。两者关系如图 8-3 所示。

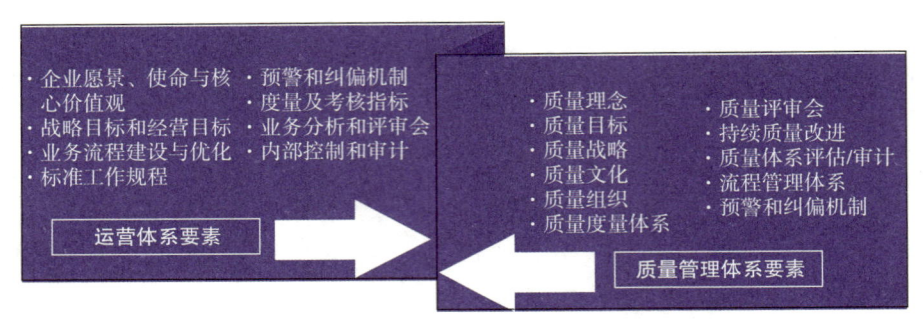

图 8-3　运营体系和质量管理体系关系图

任何质量问题都会降低企业运营的效率。如果一个企业的质量管理不到位，客户的满意程度就会降低，同时质量成本也会上升，最终会导致订单的减少和经营的衰退。因此，随着一个企业的质量管理体系的成熟，其运营体系也会得到相应的提升，因为质量管理体系是服务于运营体系的。

通常情况下，要改善企业的运营体系，就需要对其进行质量控制。在这种情况下，管理人员往往倾向于将质量管理作为专项管理独立进行，以便于更加直观地将其改善和提高。企业的质量管理体系真正成熟后，便会融合在企业的运营体系中。

关注运营体系而不重视建立质量管理体系，企业终究会吃到苦果；脱离运营体系去谈质量管理体系，这样的质量管理也是空中楼阁。只有把两者有机结合起来，企业的运营效率才会提升，才能实现卓越运营。

8.2.3　质量管理的本质是改进企业管理体系

质量管理体系与运营体系的融合，最终体现在与企业的业务流融合，尤其是与企业的核心业务流融合。对绝大多数企业来说，其业务主要是以产品的设计生产、订单到回款及售后问题解决这三个核心的企业级流程来分别部署的。管理变革或管理转型，实质上是要再造企业的流程体系，彻底提升企业的管理方式。从这个角度来看，质量管理的本质就是要不断地改进企业管理体系。

管理体系是企业为了达到和实现企业的目标，而建立的一系列控制和运作组织的措施，从而使组织高效运营。管理方式则是企业在所设计的管理体系基础上，选择采纳的一套具体的管理方法或工具，如目标管理、结果导向、绩效考核、部门协同、团队合作、英雄主义、严格控制、平等开放等。企业在不同的生命周期中，其管理体系的成熟度也大不相同。

创业期的企业管理体系还处在萌芽期，由创始人一个人说了算，处于"人治"阶段，基本上没有什么管理体系，但是胜在决策快、执行力强，而企业生存正需要这种"快"。随着企业的规模扩大、部门增多，一把手的能力已然遇到瓶颈，需要由"人治"向"法治"过渡，即转变为集体决策。这个阶段的管理体系有了雏形，但是仍然是粗放的。随着企业的渐渐成熟，企业管理体系逐步全面规范。而到了需要精细化运营的阶段，企业的管理体系则需要完全成熟。

不同的企业在不同的生命周期或过渡期，采纳的管理方式常常五花八门。有的企业喜欢探索新的管理概念，不断引进先进的管理方式；有的企业喜欢对标卓越企业的管理方式；有的企业则依靠第三方咨询公司在经验优化的基础上进行管理改良。不管采用什么方式，关键的一点是企业应该搞清楚自身所处的生命周期与标杆企业的生命周期的异同点，搞清楚与标杆企业管理概念适用场景的异同点，否则就没有学到它们的核心和本质，有可能出现管理方式"冒进"或"拔苗助长"的变革行为，导致结果达不到预期，从而令一把手或管理层对管理体系规范化失去信心。

【案例】华为管理转型的节点

20世纪末，当华为迈过生存关，呈现良好的发展势头时，任正非便提出，华为要建立一系列以客户为中心、以生存为底线的管理体系，而不是依赖于企业家个人的决策，并且让华为员工忘掉元老和领导。

在华为生存下来的过程中，涌现过很多个人英雄，随着规模的扩大，人治浓重的管理体系显然不能满足企业的发展要求了。淡化英雄色彩，实现职业化、无生命体的管理是必然之路。沉淀流程，将质量融入流程，不断改进流程，才能真正提高如华为这样的大企业的运营效率，降低管理内耗。

全球所有成功企业都具有同样的特征，那就是创始人的影响力随着企业的发展会逐渐淡化，在这个过程中企业会主动或者被动地实施一系列的变革。变革后的企业，一是传承了企业特有的价值观，二是实现了管理体系和管理方式的升级。随着企业的管理体系越来越成熟，企业就能吸引优秀的职业经理人，他们的加入会进一步完善管理体系，从而吸引和留住更多优秀人才，企业将由此进入不断发展壮大的良性循环。

所以说，企业的发展必然面对管理变革，而管理变革的目的就是改进管理体系。企业的生命周期与企业管理体系的成熟度密切相关，建立与企业发展周期特点相契合的管理体系，是企业家的成长命题。大质量管理的本质就是持续改进企业管理体系，从而不断提升企业的经营质量。

8.3 质量管理的组织保障

全面质量管理具有全员参与、全过程循环改善的特点，质量管理的组织或者岗位应部署到企业的所有部门中。从企业整体来看，质量管理的组织系统主要包括质量组织结构、管理职责、管理权限和沟通。企业应健全质量组织结构，明确相关部门质量管理工作的职责与权限分工，明确质量管理工作总流程，分设管理、执行、评估等运行机制，并依照不同的企业发展阶段，适配不同定位的质量保障体制。

8.3.1 质量组织的内部定位

如果企业有强烈的意愿实施质量管理，以提升企业的竞争力，那么需要关注质量组织的规划。如果质量组织不能发挥正常作用，将对企业整体的质量管理和经营结果产生巨大的影响。

在规划企业的质量组织时要考虑两个方面。

第一，企业如果真的重视质量，质量组织就必须根据企业的高度来定位。一个企业对质量组织的定位，决定了该企业的质量管理水平。如果企业最高级的质量组织定位在了"质量战略委员会"，那么质量就定位在了战略级的高度。如果质量的最高组织与企业一级组织单元或者二级组织单元平行，显然该企业质量组织的定位就比较低。

第二，质量组织存在"智囊"与"执行"功能。在企业的规模增长、管理体系成熟之后，应考虑将两者分开。质量的"智囊"功能是质量组织特有的功能，即向其他部门输送先进的质量管理方法和工具，比如导入持续质量改进法、六西格玛、ISO9001等，用先进的方法论和优秀的实践改造和提升企业的质量管理水平。质量的"执行"功能则是指与业务部门紧密配合，其共同目标是完成业务流程中的业务活动并满足质量标准。

进一步说，质量组织的角色一般包含四类：

（1）负责出台质量战略，这个高度的质量组织是一种横跨多个部门的虚拟组织，其中包括委员会主任（可以由企业CEO或COO担任）、委员会副主任（由分管质量副总裁或企业质量部总监担任)、委员会委员(由企业各业务部门和管理部门的一把手担任)、委员会秘书(由企业质量部成员担任)。这样能够从战略的高度管理质量,以确保企业的质量战略能够支撑企业的业务战略,从而确保业务目标完成。

(2)提供质量保障,确保建立和完善企业整体的质量管理体系,包括质量总监、质量经理及质量主管/组长等层级与不同级别的部门组织对应。

(3)实施质量控制,检查和控制业务流程执行中的各关键节点,保证流程遵从质量标准,满足客户要求,并最终实现质量目标。检查和控制人员包括质量经理和品质检验人员等。

(4)进行质量审计,质量审计的目的是发现问题并及时改进,既包括内部审计又包括外部审计。

2010年,华为成立了虚拟化组织——CSQC(客户满意与质量管理委员会),该组织分布于企业的各个层级中。企业层面的CSQC主任采用轮值方式,由轮值CEO同时兼任,各层级中也有相应的负责人,从而保证了质量的层层管控,将责任落实到每个层级的部门中。每个层级都能明确质量要求和标准,明确客户的诉求,做到以客户为中心改进质量。质量责任层层分解,形成一条严密的质量责任链条,最终落实到每个环节、每个员工,从而保证了项目质量。

大质量管理不是各个部门质量改善计划的叠加,而是依靠从上而下的组织设计和领导力。于是,对于质量的思考,更多地引向了企业的质量组织有效性和领导力,质量管理与组织的卓越绩效不可分割。

8.3.2 质量组织在企业中的发展阶段

质量组织与企业的运营系统既有相融合的时候,又有相互独立的时候,主要是由企业的发展周期特点决定的,如图8-4所示。理解这样的规律后,企业管理者能够有意识地选择与企业更契合的质量组织。

发展阶段	企业运作特点	质量组织存在形态
初创期	创业者或其他管理人员身兼多职	质量管理是兼职职能
发展期	企业具备初步的管理体系以应对日益复杂的业务和流程	成立具体的质量部 设置质检岗位
成熟期	企业的管理体系和运营体系日益成熟	质量组织的定位进一步提升到战略地位
持续发展	质量文化深入人心,员工对质量改进方法和工具非常熟悉	运营体系包含着质量标准,运营即质量管理

图8-4 质量组织在企业不同发展阶段中的形态

在初创期，企业的组织高度精简，往往只保留满足业务生存基本需求的部门，质量管理可能会以一个质量检验岗位的形式出现在生产或制造环节中。

在企业的发展期，随着管理体系初步正规化，各条线的专业职能也进一步完善，流程也开始复杂化，质量管理就不再是一个岗位可以承担的了。为了维持质量水准，企业中的质量组织会成为一个独立的职能部门，承担企业的质量保障工作，业务部门内部同步设有质量管理或者检测专职、兼职岗位。

当企业发展到较为成熟的阶段时，质量管理的成熟度必然进一步提升，战略性的质量委员会会出现，并同步设置高管职位。质量管理部进一步承担起企业质量管理的规划、设计、统筹、监控及评估等职责，各个业务部门会设置较高级别的质量管理人员，以推动体系落地。

随着企业持续发展，业务流程不断优化，质量管理体系会与运营体系高度融合。企业可以不单独设置质量管理部，而是由运营部承担起质量管理职责。同样，各级业务部门也不再设有专职的质量经理或质量保障人员，在业务运营的同时，质量管理标准及质量改进方法已经被管理人员和员工们熟练掌握，呈现水乳交融的形态。

在企业发展和组织质量形态转换的时候，有两个需要始终关注的点：

（1）无论企业处于何种发展阶段，质量组织或者岗位处于怎样的形态，其目的都是提升企业客户满意度，实现可持续发展，这是企业应该秉持的核心价值观。只要将质量管理植入企业的工作或流程中，企业必然从中获益。

（2）企业的一把手应对质量组织在企业中的定位做出深思熟虑的安排，这体现了企业价值观的贯彻，而且一把手对质量重视程度的高低，会直接影响质量管理工作的开展效率，继而影响企业的质量管理效果。

8.3.3 质量保障的组织结构设计

在企业的发展过程中，质量组织的定位有不同的特点，相应的组织结构也有不同的设计方式。一般来说，质量组织可按照产品线和业务事项等，分为单一型质量组织结构、多产品线的质量组织结构、单一工厂多产品的质量组织结构、多科室的质量组织结构，以及矩阵式质量组织结构等类型。无论质量组织的定位和呈现方式如何，归纳起来主要是以下两种设计思路。

（1）以职能型结构设计质量组织，如图8-5所示。

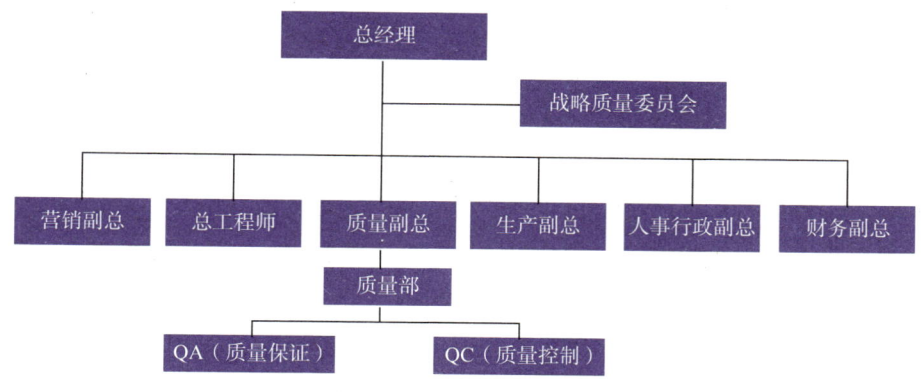

图 8-5 职能型质量组织结构

（2）以矩阵式结构设计质量组织，主张全员参与的大质量管理偏向于矩阵式组织结构。企业在设计质量组织时，考虑是否推行矩阵式质量管理，需要依据以下三个条件加以判断：

①拥有多条产品线（多客户）的大中等规模企业，其频繁的外部变化和部门之间的高度依存要求无论在纵向还是横向上都要进行大量的协调与信息处理。

②需要对每个单一产品进行集成式质量控制，避免多流程或多控制点的分割式质量管理模式弱化对整体质量的一体化控制。

③需要在不同产品之间共同灵活地使用质量人员和检验设备，达到降低使用质量人员的费用及减少重复购买昂贵的检验设备的目的。

矩阵式质量组织结构如图 8-6 所示。

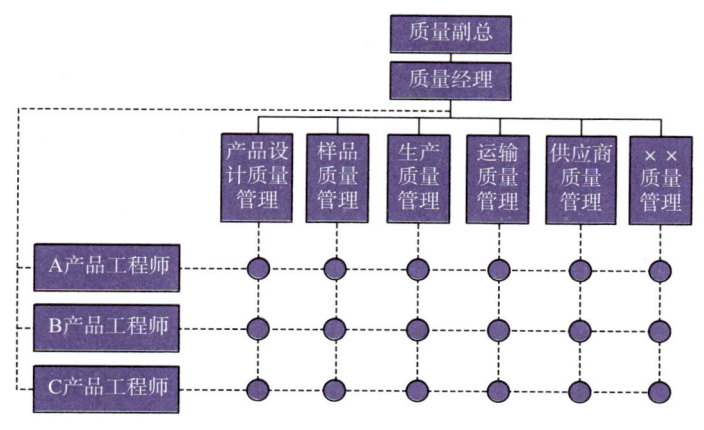

图 8-6 矩阵式质量组织结构

在质量组织结构中，展现的是常规设置的部门，但有时，企业的质量难题需要从各部门抽调骨干或专家临时成立攻坚项目团队来解决。根据企业问题的严重程度或者影响程度，可以将攻坚团队分成企业级、事业部级或子公司级、部门级。项目团队是临时成立的组织，虽然项目团队与组织常规部门的管理不一样，但是项目团队是解决企业中重要质量问题的有效工具和组织形态。

企业一般有三类质量攻坚团队。第一类是为了解决企业中的重大质量疑难问题而成立的团队，这类团队是企业级的团队，团队有项目发起人、项目经理和项目管理办公室。第二类是企业为了解决较为重要的质量问题而成立的团队，在这类团队中，既有业务部门的中层或高层管理者以个人名义参与项目工作，又有来自各业务部门的基层骨干来保证资源和解决方案都到位。第三类是基层响应倡导自发成立的质量改进小组，这类小组要解决的是一线发现的常规质量问题。虽然这三类团队的管理模式、运营模式、组织形式有所不同，但所采用的质量改进方法论和工具是一样的。

1. QCC（Quality Control Circle，质量控制圈）

基层质量改进小组最早出现在日本企业中，它指的是基层员工自发地组织起来的，对一线发现的某些产品或服务质量问题展开研讨，并采取行动持续改进质量问题的小组。到了 20 世纪 70 年代末，QCC 在全日本发展到了近 100 万个，有近 1000 万名日本工人参加。但是 QCC 只能解决一些难度较小的质量问题。

2. TCS（Total Customer Satisfaction，总体客户满意度）

美国企业也会开展这类自发的基层质量改进小组活动，小组成员不完全是基层员工，也有中层管理者或高层管理者，只是他们不是领导，而是组员。但 TCS 需要企业层面的支持，否则很难长期生存下去，比如提供培训和支持，总结和分享经验，实施特定激励等。TCS 团队因为有管理人员参与及企业直接支持，可以用来解决提升客户满意度的问题。

另外，以项目团队形式进行质量改进的还有华为的质量 TOPN 及其他企业采用的六西格玛团队，它们是解决企业中战略性疑难质量问题的较好的组织形式。

质量组织是质量工作落地的组织保障，要想实施全面质量管理，不仅仅需要组织结构和机制上的"硬设计"，临时组成的项目团队也可以解决关键问题或用来攻克难题。彻底的质量改进，始终要依靠广大员工的质量意识和能力。

8.4 质量管理：协助业务以高质量取胜

企业的产品服务质量满足客户的需要，说明该企业在很多环节都完成了高质量的工作。在市场需求分析环节、研发设计环节、采购环节、生产环节、运输环节中保证按照质量标准和流程要求工作，并在交付服务上也保持高水准，才是高质量的价值创造和价值交易过程。

8.4.1 基于主业务流构建质量管理体系

流程管理和质量管理都属于企业的管理体系，也都是系统化的方法，而这两套方法都是要为企业运营服务的。

流程管理和质量管理有不同的关注重点。流程管理关注的是活动，质量管理关注的是对质量结果产生影响的要素以及相关的活动。

虽然关注各有侧重点，但两者又是息息相关的。流程为质量管理提供了基础，因为流程既描述了业务框架结构，又描述了企业运营的路径、步骤和活动，实质上明确了质量管理的场景和内容。同时，将企业最佳实践固化成流程，或者不断地优化流程，很多时候也是为了实现提高产品服务质量的目标。

有些企业虽然推行过质量管理，但因为主要是管理那些影响质量的活动，所以其质量管理是不完善的或者碎片化的。如果加入流程管理的视角，按照企业流程的系统思维、结构和方法来实施质量管理，那么这才是一种质量管理体系的进化，因为质量管理沿着业务流程进行了结构化的思考，所以才能从局部质量管理发展为全面质量管理或大质量管理。

由此可见，流程管理和质量管理是相辅相成的，质量管理的文件可以流程为基础进行编撰，其同时也应该是流程管理的文件。在管理体系建设得比较成熟的企业中，可能没有独立的质量管理文件、流程管理文件，那时因为它们都被融入了运营管理手册，覆盖了企业所有的管理体系。

【案例】华为沿着主要业务流程做好质量管理

华为原常务副总裁费敏曾打过比方：流程和质量，就像一个人脑袋的前脸和后脑勺，如果流程是脸，那么质量就是后脑勺。因为质量就是在流程中进行管理的，它通过流程的质量保证最后的结果质量。

华为的质量管理主要是沿着公司三个核心业务流程——IPD、LTC、ITR 来分别部署的，这套系统华为称之为"Business Operating System（业务操作系统）"，包括流程、质量及 IT 系统。它把日常工作中海量的、重复的、非创造性的、工程性的活动用管理体系来规范和支撑。

IPD 负责一个产品从概念开始一直到被开发出来并投放市场的流程。沿着 IPD 流来实现 IPD 与质量管理的集成，这样既有利于 IPD，又有利于产品开发的质量管理，二者的工作也简化了。

LTC 负责从商机线索开始，一直到签订合同、验收和回款的流程。华为在世界各地签的合同、订单都涉及这个流程。LTC 的运行质量决定了财务三张表的质量，也决定了企业财务的数据质量。

ITR负责网上设备问题处理，包括问题反馈、根因分析、问题处理到问题关闭这个闭环的完整流程。

流程就像接力赛，不但每一棒（也就是环节内部）要跑好，交棒工作（也就是交接界面）更要做好。既要做好每个流程环节内的流程质量管理，也要做好系统级的流程质量管理，这正是华为管理的要点。

企业要把质量要求不断地融入流程，并通过固化最佳实践，构筑"一次把事情做好"的系统框架，使得企业不再依赖"个人英雄"。实现这个目的的前提是流程被清晰提炼和有效遵从，因为只有流程被提炼、固化并有效遵从，嵌入其中的质量标准才能指导员工"一次把事情做好"，也只有秉承"一次把事情做好"的理念和追求，才不会把问题留到"下游"，从而确保最终交付客户的产品与服务让客户满意。企业要构建完善的质量管理体系，以流程规则和质量组织的确定性来应对未来的不确定性，以此实现可持续的健康发展。

8.4.2 将质量要求延伸至产业链供应商

终极的竞争态势，不是一个企业跟另一个企业的竞争，而是一个供应链跟另一个供应链的竞争。然而，供应链管理绝对不是简单的供应商管理，它是从客户需求出发，综合外部资源，打通内部的部门墙，从而高效地满足客户需求的过程。

有一次，华为的手机摄像头出现了问题，反复测试后发现是摄像头的胶水质量有问题。制造摄像头的企业是华为的供应商，而制造胶水的企业是制造摄像头的企业的供应商，上游的上游出一点点小的问题，都会造成最后产品的问题，影响客户的满意度和品牌的美誉度。这就要求华为要把客户要求与期望准确传递到华为的整个价值链中，从而共同构建质量。

华为深刻地意识到，要提升自家的产品和服务质量，不能只关注企业所掌握的环节的质量水平，还必须和客户、供应商及整个产业链共同合作，共同努力，才能实现华为的质量目标。

华为宣称，它会付出合理的溢价来购买优秀供应商持续高质量的器件和服务。任正非曾经指出："华为用高质量的器件来制造产品，用高质量的服务来交付产品及改进管理。通过整个产业链提高质量的共同努力，华为能更好地向客户提供高质量的产品和服务。"质量管理已经在华为上升到前所未有的高度。

华为要与产业链上的供应商和合作伙伴充分合作，把客户的质量要求和期望、华为的质量要求和期望与供应商、合作伙伴进行充分沟通和交流，使供应商、合作伙伴能够充分理解。华为也要与供应商、合作伙伴一起共同优化双方的衔接流程，将华为的质量标准和要求融入双方集成的流程中，从而通过整个价值链的共同努力，来打造高质量的产品和服务。为此，华为首先会加强对供应商的准入评估，从门槛处开始保证供应商的产品和交付质量达到了华为的质量标准。

华为原则上向所有潜在供应商提供合理、平等的机会，让供应商能够充分展示自己的能力，公司采购部门会回复潜在供应商各种方式的垂询。华为对潜在供应商的认证流程如图8-7所示。

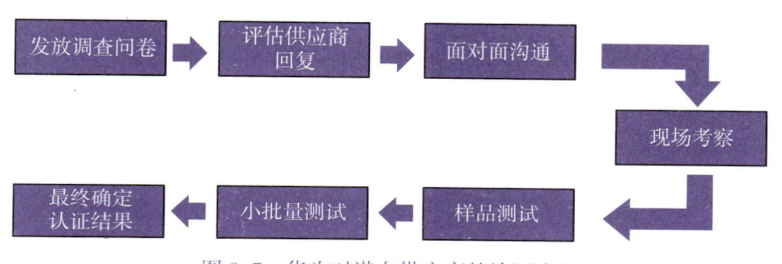

发放调查问卷 → 评估供应商回复 → 面对面沟通 → 现场考察 → 样品测试 → 小批量测试 → 最终确定认证结果

图8-7　华为对潜在供应商的认证流程

如果华为和供应商都有意开拓业务关系，采购部会发放调查问卷并要求潜在供应商作答。在接到调查问卷回复并进行评估后，华为将知会供应商评估结果，如果有兴趣和供应商进行合作将启动后续的认证步骤。

后续认证可能需要和供应商面谈，并针对供应商对调查问卷的回复进行讨论，然后根据面谈的结果，再决定是否开展现场考察。接着需要进行样品测试和小批量测试，确保供应商的产品满足华为的质量标准，产能满足需求。最后，认证的结果将告知供应商。通过认证的供应商，在华为发生采购需求时，将作为候选供应商进入供应商选择流程。

在供应商的选择上，华为有三点选择要求：

第一，选择价值观一致的供应商，并用严格的管理对其进行监控。如果供应商没有在质量和品质上的持续追求，就不可能成为华为的供应链伙伴。

第二，华为对每一个供应商都有评价体系，而且是对合作全过程的评价。保持高质量和持续表现优秀的供应商能获得溢价机会；质量表现优秀的供应商，华为会给予其更多机会；达不到质量标准且不愿意改进的供应商会被淘汰。

针对质量管理，华为向供应商提出"三化一稳定、严进严出"的目标。"三化"即管理IT化、生产作业自动化、人员专业化；"一稳定"指关键岗位人员稳定；"严进严出"就是严格把关输入质量，尤其是来料质量，并严格把关出厂质量。

（1）管理IT化包括：①有完整的管理体系；②所有业务有流程支撑；③所有流程实现IT化；④审视目前IT化的现状；⑤确定流程IT化基线；⑥制订计划落

实管理IT化基线。

（2）生产作业自动化包括：①按工序及作业过程识别哪些工序或环节是依赖人工完成的；②调研和吸收业界的最佳做法；③确定生产作业自动化基线；④制订计划落实生产作业自动化基线。

（3）人员专业化：①识别关键岗位，特别是影响产品质量的关键岗位；②根据华为"高质量"要求，制定关键岗位人员知识及能力标准和要求，并形成基线；③制订计划落实"关键岗位人员专业化"基线。

（4）"一稳定"保证关键岗位人员的年离职率在5%以内。

第三，华为对于产业链的质量把控也会做巨大的投资。比如在整个生产线上建立自动化的质量拦截，一共设定五层防护网，分别为元器件规格认证、元器件原材料分析、元器件单件测试、模块组件测试、整机测试。通过这样一层层的监控和拦截，华为能尽早发现并拦截某些供应商有质量问题的元器件。

8.4.3 发动全球员工参与质量改进

质量大师戴明博士指出，员工全面参与会使质量管理工作更有效。就质量管理状况而言，员工参与组织的变革越普遍，组织获得的回报越丰厚。

日本东京大学教授石川馨提出的QCC便是由员工参与质量改进的典范。无论是20世纪还是21世纪，质量控制圈在日本得到了全面的普及，参与的工人达数百万人。丰田公司发现其售后损失的50%是由120个大问题和4000个小问题导致的，对此，丰田公司将前者交给工程解决，后者则交给质量控制圈解决。同样以丰田公司为例，员工每年会向公司提出大约300万条建议，平均每名员工贡献60条，其中约有85%的建议被管理层采纳。对于丰田公司而言这是一笔巨大的财富，这些建议不仅改善了问题，还提高了企业的效率，更重要的是提案改善成为一种良性循环，不断为企业诊断，并不断进行改善，使企业的绩效得到提高。由此，质量控制圈已成为丰田公司的竞争优势之一。

团队合作打破了个人、部门和职能人员之间的壁垒，为个人提供了机会，也使得自身无法解决的问题通过集体智慧得以解决。对于个人而言，很难拥有全面的知识和经验来处理工作过程中的所有问题。参与团队活动的员工感觉他们得到了更多的参与和授权，对企业在质量改进方面的行为和效果更加满意，最重要的是企业的质量水平得到了实质性的提升。

华为的追求是成为世界ICT行业的领导者并保持卓越，为了实现这个目标，必须要求整个组织进行持续改进。持续改进包括自上而下的改进，也包括发挥全球员工潜能，鼓励全员自下而上、自动自发地立足本职工作的改进（如QCC、员工改进建议)。

华为强调，在改善方面要遵循"小改善，大奖励；大建议，只鼓励"的原则。任正非解释说："能提出大建议的人已不是一般的员工了，也不用奖励，一般员工提大建议，我们不提倡，因为每个员工要做好本职工作。大的经营政策要有阶段的稳定性，不能每个阶段大家都不停地提意见。我们鼓励员工做小改进，将每个缺憾都弥补起来，公司也就有了进步。"可见改善要从小处着手，在踏实工作中积累经验，逐渐发现问题并解决问题，这样人才和建议都能得到恰到好处的使用，而没有浪费。

华为在供应链、GTS、产品与解决方案等多个领域很早就推行QCC，倡导员工立足本职工作，开展自下而上的持续改进，同时也要求各级ST每年都要找出需要改进的TOP（最重要的）问题，把这些TOP问题纳入ST的例行议程中，开展自上而下的持续改进。

华为认为，要想真正激发全体员工的潜能，让员工自发地改进，要把"人"这个要素凸显出来，重点关注人的要素。

首先，在质量文化建设上，要让每一个员工都能切实感受到坚持持续改进会得到鼓励和奖励，各级主管要发自内心、形成习惯地去鼓励和奖励那些能够主动洞察问题、提出问题、解决问题的员工和行为，从文化层面导向自动自发的持续改进。配套制定具有导向性的人力资源政策，包括绩效管理、激励政策等，让那些主动发现问题、主动改进问题的员工和行为能获得实实在在的激励；对于基层干部的选拔，也倾向于这一类型的员工。这样，通过文化影响和政策导向，能激发全体员工的潜能，真正构筑起持续改进的氛围。

其次，构筑持续改进的质量文化，需要打造尊重专业的氛围。华为致力于打造各领域的世界级工匠群体。2014年，徐直军在华为质量变革联合颁奖典礼上的讲话中指出："我们必须承认人与人之间是有差异的，在很多领域比如软件领域，不同的人产生的结果质量可能有天壤之别。我们要客观地看待这种差异性，尊重这种差异性。对于真正优秀的专业人才，我们要敢于破格提拔，让这些优秀的专业人才在各自专注的领域中为客户创造更大的价值，这样才能真正支撑我们以质取胜。"

最后，华为在ToC业务终端建立了完善的质量反馈改善体系，通过各种渠道，如网络媒体、客户社群、客服热线等广泛倾听和收集用户反馈的产品痛点，并用于指导下一代产品的迭代和优化，以促进产品质量持续提升。

8.4.4　业务一把手是质量管理的第一负责人

曾任华为终端产品线首席质量官的苏立清认为:"质量是一种习惯。质量工作要做好,要把这种理念融入每个人的工作、学习和日常生活中去,让每个人都有一种强烈的把事情做好的愿望。"建立以客户为中心的高效组织,业务一把手是质量的第一责任人

华为于2010年成立了一个特别的组织:客户满意与质量管理委员会（CSQC）。这个组织并不是一个实体组织,是作为虚拟组织存在于企业的各个层级当中的。在企业层面,由企业的轮值董事长亲自担任CSQC的主任,同时下面各个层级也都有相应的责任人。这样高规格的人员配置能保证每一层级的组织对质量都有极高的重视并具备深刻的理解,把客户最关心的东西变成企业不断优化的动力。这个体系是自上而下的、源于企业本身极强的质量意识所搭建的,类似一种"推力"。

2018年,华为的一份《对经营管理不善领导责任人的问责通报》传出,引起了媒体的注意。通报显示,因"部分经营单位发生了经营质量事故和业务造假行为",华为对主要责任领导进行问责:"任正非罚款100万元;郭平罚款50万元;徐直军罚款50万元;胡厚崑罚款50万元;李杰罚款50万元。"通报还显示,该文件由华为总裁任正非于2018年1月17日签发,经董事会常务委员会讨论决定,对企业主要责任领导进行问责,并通报企业全体员工。

在华为还有一个源于客户的类似"拉力"的质量管理体系。华为每年都会召开用户大会,在这个大会上邀请全球100多个重要客户的CXO和技术总监等来到华为,目的是请这些客户代表在几天的时间内分不同主题对华为"挑刺",华为还"闻过则喜",请这些客户与华为的专家一起梳理出一个需要改进的TOP工作清单,这就是TOPN最初的含义。然后华为基于这个TOPN工作清单在内部建立质量改进团队,针对性地解决主要问题。等到第二年大会召开时,就像华为内部的经营分析会一样,第一件事先是汇报上一年的TOPN工作清单改进结果,并让客户投票。

为真正释放这两股力量——质量改进的"推力"和"拉力",各层级的CSQC必须牵头,定期审视自己管理范围内的客户满意度,既包括产品质量本身,也包括客户能够体验到的各个环节,找到客户最为关心的问题,来确定重点改进的地方。同时还要针对客户投诉举一反三,不断改善质量管理体系。甚至,哪怕不是华为自己的问题,而是供应商的质量问题,华为也会基于客户的需要着手推动改善。

第 8 章 质量：持续改进，零缺陷的高质量运营

2013 年，华为接到反馈：一款国外市场的定制手机，用了大半年后有不小比例的手机一充电就黑屏，继而开不了机。故障机被紧急运回国内，拆机后发现电源芯片已经烧坏。这款芯片由一家全球知名的供应商提供，华为把坏芯片寄给了供应商，期望对方能找出根因。可供应商没有找出缘由，问题似乎只能搁置。

当供应商都找不到故障原因时，华为就动用自己的能力去找答案。包括 2012 实验室的人员在内，华为组建了攻关小组，把烧得面目全非的芯片层层剖开。工作持续了大半年，研发人员终于在电子显微镜的帮助下发现了芯片上的一个小孔，原来是电流击穿了芯片的衬底层，导致芯片短路。华为找到了根因，并举一反三地解决了在各个新机型上的同类问题。自此，华为手机再没被电源芯片烧毁的问题困扰过。

华为明确各级一把手是质量的第一和最终责任人，就是为了落实"质量优先"战略，支撑公司实现"以质取胜"。作为第一责任人，管理者要在以下三个方面具备胜任力。

第一，管理者要明确质量的目标，不带任何敷衍地、坚定地支持质量目标的实现，这是管理者质量领导力的首要体现，如果没有这份目标带来的责任感和开放心态，是很难在质量上精益求精的。

从华为的最高层起，每年轮值董事长都会设定质量目标，实行目标牵引。设定目标的原则是：质量是否已经做到业界最好？如果没有做到业界最好，那么目标就盯着业界最好，迅速改进；如果已经是业界最好，那每年还要以不低于原有水平的 10% 的速度去改进。

第二，要建立质量目标管理与激励机制，这是质量管理有效的管理抓手。

第三，要建立质量问题回溯、问责与管理者质量末位机制，这个评估闭环机制能够切实激励各级一把手真正履行质量职责，它也是辨别质量管理效果好坏、选拔优秀质量管理人才的方式。

为建立起重视质量和质量诚信的文化，2010 年，华为发布了《关于质量诚信与产品质量结果的问责制度》，鼓励管理者在开发过程中勇于暴露问题并及时解决问题，回溯问题根因，确保问题不再重现，同时公司还会根据产品质量问题对涉及的管理者进行年度问责。自 2010 年以来，先后有多个产品的主管被问责。这些主管并没有因为被问责而一蹶不振，反而知耻而后勇，质量意识大幅度提升，质量管理水平也有很大程度的提高，表现出来的就是产品的质量得到了显著的改善。

华为每年还会组织"华为质量奖"评选，基于客户的视角和客户的使用体验来评判质量结果，通过极具仪式感的质量奖颁奖典礼及宣传，激励那些从内心深

处追求工作质量、获得客户好评、获得上下游好评的组织和个人。同时通过榜样的力量影响员工对质量的感受，激发全员追求高质量的内驱力。

8.5　质量文化：卓越领先企业的生命线

我们说，在整个企业运营过程中，质量是核心要素之一，但是这个质量讲的不是结果质量，而是所有运营流程中每个环节的过程质量。

华为在漫长的管理实践中，汲取了IBM这些西方企业深入骨髓的质量理念。最终，华为形成了质量管理的理念和体系，不仅仅是对质量制度的遵守，更是让质量管理全面介入企业的思想建设、哲学建设、组织建设、流程与IT建设等各方面，真正形成全员、全流程的质量文化。

8.5.1　质量就是满足客户的需求

在工业化早期，质量定义为符合性质量，即检验产品是否符合工厂的出厂标准。然后发展到适用性质量，开始提出质量意味着客户认为可用。再往后，ISO 9000质量管理体系定义质量为客户满意度质量。ISO9000:2000、戴明奖、欧洲质量奖、马尔科姆·波多里奇国家质量奖等则把质量提升至战略质量和卓越经营绩效的高度。

质量是客户对其需求获得满足的满意程度。在华为，质量定义为满足客户要求，这些要求包括明确提出的要求，也包括隐含的组织惯例、习惯性要求等，还包括必须履行的法律法规、行业规则等需要和期望。华为要求公司提供的产品、解决方案和服务均满足客户要求，为客户创造和传递价值，实现客户满意和卓越经营目标。同时，因为客户的要求不可避免地是动态的，会随着时间、地点、环境的变化而变化，所以华为还会持续关注客户对质量要求的变化。

【背景知识】华为质量管理发展的四个阶段

华为在发展初期就明确了"以客户为中心"的唯一价值观。在华为的发展过程中，其质量管理的概念和内涵不断扩展，从最初的基于检测的生产过程质量管理，到基于流程和标准的产品生命周期质量管理，并最终发展到今天的面向全员、全过程、全价值链的全面质量管理。

IPD+CMM是华为质量管理体系建设的第一个阶段。在这个阶段中，华为实现了基于流程来抓质量的过程。另外，IPD和CMM是全球通用的语言体系，这使得客户可以理解华为的质量体系，并可以接受华为的产品与服务，它帮助华为在国际化业务上获得大幅度的增长。

随着华为的业务在欧洲大面积开展，华为面临新的问题：欧洲国家多，运营商多，标准也多。欧洲的客户判断供应商质量好不好，是有一套详细的量化指标的，比如接入速度是多少，稳定运行时间是多长等。华为在为不同的运营商服务时，需要仔细了解每一家运营商的标准，再将标准信息反馈给国内的设计、开发、生产制造环节。这是华为质量体系建设的第二个阶段，即随着欧洲业务的成长，华为完善了一套"集大成的质量标准"，通过量化指标让产品得到客户的认可。

接下来，华为的开拓重点到了日本、韩国等市场，这里的客户的苛刻要求让华为对质量有了更深入的理解。在日本客户看来，无论是百分之一还是千分之一的概率才会发生的缺陷，只要有缺陷就有改进的空间。这意味着在流程和标准之外，质量还有更高的要求，这需要一个大的质量体系，需要企业质量文化的重构。必须将质量变成一种文化，深入公司的每一根毛细血管，才可能实现这种"零缺陷"。2007年4月，华为公司70多名中高级管理者召开了质量高级研讨会，以克劳士比"质量四项基本原则"（质量的定义、质量系统、工作标准、质量衡量）为蓝本确立了华为的质量原则，这就到了华为质量体系建设的第三个阶段。

客户的需求在变，业务不断发展的华为又遇到了新问题：如何让客户更满意。此时，卡诺的质量观成为华为学习的新方向。日本的卡诺博士（Noriaki Kano）定义了三个层次的客户需求：基本型需求、期望型需求和兴奋型需求。这个理念引导华为的质量体系建设进入第四个阶段：以客户为中心的闭环质量管理体系。这就要求在基础质量零缺陷之上，要更加重视用户的体验。也正是因为这个以客户为中心的闭环质量管理体系，华为获得了"中国质量奖"。

华为有着复杂的业务线条，质量体系也相当复杂，由文化与机制两部分相辅相成并且互为支撑。华为花巨资建立了一套完整的流程管理体系，运用了创新的思想、工具、方法，涵盖了从客户洞察、技术洞察、技术规划、产品规划、技术与产品开发、验证测试、制造交付、上市销售、服务维护等价值链的各个环节，并且有专门的队伍在做持续优化和改进。

除了专业的质量管理体系，在华为内部，有这么一句话："质量不是独立的，是一种结果。"这句话背后的内涵是，质量是企业运营方方面面高要求工作最后呈现出来的结果，它需要每一个人、每一个环节的工作质量去保证。对于像华为这种体量、生产高精尖技术产品的企业来说，如果只有一个独立的质量组织作为监管方去抓，必然百密一疏，不能获得好结果。

在这样的体系内，每一个人对于最终的质量都有贡献。质量与业务不是两张皮，而是融在价值链全过程中的。这个过程又和华为的"以客户为中心"的理念息息相关，以客户为中心的质量就是员工认真完成本职工作。这里的"客户"既包括我们惯常认为的外部客户、最终用户，也包括内部客户、下道工序。要实现最终客户的满意，就必须把"客户第一"落实到企业内部，让下道工序作为上道工序的客户，在流程的每个环节都把好质量关，按照"零缺陷"的标准，一次把事情做好，让每个环节的交付符合要求，做到"过程的规范实现确定的结果"。

在全球，能以"零缺陷"为管理体系理念的企业并不多，而演进到以客户满意度为基础的大质量观的企业可称为行业翘楚。"零缺陷"质量文化已经帮助华为在竞争中胜出，如何以客户满意度为中心，持续改进质量体系，是华为持续赢得竞争的关键要素之一。

8.5.2　以质取胜是企业经营的自尊心

在竞争激烈的市场中，质量已成为现代企业获取有利竞争地位、建立长远发展、使企业保持领先的最重要因素之一。

一直以来，欧美及日本的先进企业就非常注重产品和服务的质量。比如美国通用汽车公司提出的"让质量上路"，福特公司的"质量是第一件工作"等。而日本早在1951年就设置了国家质量奖——戴明奖，每年将此奖颁发给一家在其质量管理项目上有突出贡献的企业。在20世纪七八十年代，日本的电子类产品能够成功打进美国市场，一个很重要的原因就是凭借它们的高质量。

相比之下，我国企业历史上存在的问题之一就是产品质量不高，往往是依靠低成本所带来的价格上的优势参与国际竞争。产品质量不高带来的问题是，不能参与高端竞争，也非常不利于企业的形象塑造，影响企业全球化的发展。

在中国的众多企业中，华为算得上是对质量管理非常重视的一个企业。在华为制定基本法时就提出："我们的目标是以优异的产品、可靠的质量、优越的终生效能费用比和有效的服务，满足顾客日益增长的需要。质量是我们的自尊心。""优越的性能和可靠的质量是产品竞争力的关键。我们认为质量形成于产品寿命周期的全过程，包括研究设计、中试、制造、分销、服务和使用的全过程。因此，必须使产品寿命周期全过程中影响产品质量的各种因素，始终处于受控状态；必须实行全流程的、全员参加的全面质量管理，使公司有能力持续提供符合质量标准和使客户满意的产品。"任正非在讲话时也指出："我们绝不能为了降低成本而忽略质量，否则那是自杀，或杀人。搞死自己是自杀，把大家搞死了，是杀人。"

虽然华为很重视质量的提高，但是在发展初期，由于国内通信产业技术相对落后，企业本身又缺乏资金和技术，华为的产品质量相对于国外的爱立信、思科、朗讯等主流企业的产品质量来说还是有一定的差距的。所以，华为在发展中一方面通过加强对服务的管理来弥补质量上的不足，另一方面积极努力地在质量优化这条道路上坚定前行。

2008年，华为无线产品"共主控"研发启动。历经5年，从技术开发、芯片的开发验证到软件开发，2013R版本SingleRAN终于实现"共主控基站"，即在一个基站上支持运营商所有的制式。这是全球第一个正式的多模基站。

该版本一经交付，客户和一线的华为员工都赞叹道："从来没见过这么好的版本！"德国电信客户来信评价其为华为的"坚定的承诺"，波兰客户看到该版本质量好，也提出购买要求。该版本被投入到全球各地市场，时至今日，该版本还保持着零事故、客户界面零投诉的纪录。

其实开发的过程并不顺利，但华为研发团队始终恪守对"零缺陷"孜孜不倦的追求，在开发过程中任劳任怨，不放过每一个问题。

为了提升存储容量和访问速度，华为团队在WD22UMPT单板上使用了NandFlash（一种内存）作为存储器，成本也较低。同时，为了保证WD22UMPT硬件在共主控开发过程中NandFlash不出现问题，华为团队预先规划和开发了一块验证板，对所有厂家的NandFlash进行全面的可靠性验证，验证内容包括器件寿命、数据保持时间等。

此外，华为团队在新器件寻源阶段，发现普通的薄型小尺寸封装存在管脚开焊的问题，在基站环境下器件只有2～3年的寿命，显然对整个产品有着致命影响。经过多方面论证后，研发团队引入工业级BGA（球状栅格阵列）封装器件，从根本上消除了器件长期不可靠的风险。

因在质量管理上持续"死磕"，华为屡获质量领域的重量级荣誉。2016年，华为凭借"以客户为中心的华为质量管理模式"，获得了由国家质量监督检验检疫总局组织实施的中国质量领域最高政府性荣誉——"中国质量奖"制造领域第一名的殊荣。2022年又获得了EFQM（原欧洲质量奖）颁发的"以客户为中心杰出成就奖"，这是世界三大卓越管理奖之一，与日本戴明奖、马尔科姆·波多里奇国家质量奖齐名。华为是首家获得该全球知名奖项的中国企业，既体现了华为高水平的质量管理，更彰显了中国优秀企业在全球市场上的尊严。

8.5.3 追求高品质，不依赖低价格

在短缺经济时代，生产企业只要把生产的量放大，满足市场需求就可以赚很多钱。如今绝大多数商品是买方市场，生产量超过了实际需求，有些企业竞相降价打价格战，有些企业偷工减料损害产品质量。这样做的目标都没有瞄准客户的需求，而是想把竞争对手搞死之后赚客户大钱。华为的价值观是坚持以客户为中

心，把自己的质量做好，让客户通过与公司合作得到好处，从而坚定不移地选择继续合作。竞争最本质的问题是质量问题。

面向未来，华为明确提出要"以质取胜"，以质量树立口碑，以服务赢得客户信任。"以质取胜"意味着华为对"时刻铭记为客户服务是华为存在的唯一理由"所做出的承诺；"以质取胜"意味着华为坚持高质量产品路线，反对低价低质，倡导通过维持高质量来降低产品生命周期的总成本；"以质取胜"意味着华为倡导将高质量产品按价值定价卖出合理的价格，用合理的利润来持续提升品质，维护优良的人才队伍，保证长久地为客户提供优质的产品和服务；"以质取胜"意味着华为要面向客户的需求和体验打造靠谱的产品，交付高质量的产品和服务，持续不断地让客户体验到华为创造的价值，使客户高度满意，并愿意重复选择或者推荐华为的产品。

在华为看来，符合客户要求的产品，质量安全是第一位的，先进性是第二位的。华为产品线一般十分完善，高中低端都有。在高端产品上，华为首要保障产品的安全稳定运行，如果不能完全保证，就要加强服务体系的建设，用极致良好的服务来提升客户的体验。在中低端产品上，华为的目标是硬件要做到像德国和日本的消费电器一样，在产品使用周期内不用维修，而软件升级则向互联网学习，让客户在网上便能实现自助升级。

【案例】华为手机的品质突围之路

2003年11月，华为终端公司正式成立。彼时的华为终端，主要是为了给主业务保驾护航的"运营商定制机"，这种定位的手机在自由竞争市场上基本没有独立的生存空间，华为终端只能靠着固定电话和3G数据卡业务拆东墙补西墙。

2008年金融危机爆发后，任正非将手机业务升级为公司三大业务之一，把产品重心从低端贴牌机转向高端自主品牌机，并宣称华为要做到世界第一。

2011年，华为呕心沥血推出了一款高端机Ascend P1，但是由于固执地追求轻薄而忽略了性能，该产品毫不意外地失败了，而当时的苹果已经推出了iPhone 5。2012年3月9日，华为终端负责人余承东发了一条微博："最近被那些盲从的跟风者搞火了，我在此不谦虚地说一次，我们今年年底或明年年初将推出一款比iPhone 5强大很多的旗舰手机。"吹出的牛，如果没有实实在在的硬实力支撑，即便是华为，一样会被市场打脸。2012年，搭载华为海思四核手机处理器芯片K3V2的Ascend D系列手机发布，但其因为发热严重而失败。2013年，华为P2又一次失败。直到外观设计出众的P6实现了400万台的销量，华为终端才算站稳了脚跟，这背后是海思芯片品质的不断提升。

2014年，华为将处理器和自研的巴龙720基带集成在一块芯片上，将其率先应用在荣耀 6 手机上，并把这款芯片命名为麒麟 920。荣耀 6 发布后的三个月，华为又发布了搭载升级版芯片麒麟 925 的 Mate 7。售价近 4000 元的高端机 Mate 7，是华为打开大局面的重要战斗机。此后，华为在手机芯片上一发不可收拾，不断发布升级换代的麒麟 960、麒麟 970、麒麟 980 等手机处理器。而搭载了这些处理器的华为 Mate 系列、P 系列和荣耀系列手机，成功扭转了国人对国产中高端手机的认知。

尽管华为正遭受着美国的制裁，终端业务的运作非常艰难，但是纵观华为终端的发展史，其实可以看到华为始终把高品质作为产品发展的不二道路，其市场开拓之路就是高品质手机不断推陈出新之路。

在华为的历史中，即便有一些产品一时不能形成技术优势，但它要么在简单化、标准化、免维护化上下功夫，要么在管理模式、商业模式甚至人的奋斗精神、能力与责任心上构建合理的优势，最终形成品质的综合优势。华为绝不走低成本、低质量、低价格的道路，以此构建长久的战略竞争力。

8.5.4　高质量是卓越领先企业的底色

品牌的核心是诚信，诚信的保证是质量，说到底，企业要用高质量构建企业的品牌名片。产品和服务是企业与客户接触最直接、最广泛的媒介。企业获取持续竞争力的重要方式除必要的视觉形象塑造，过硬的质量是产品取胜的关键。如果没有质量而徒有好看的形象，这样的产品也是很难使客户满意的。

2019 年 2 月，某知名运动品牌发生了"蔡恩门"事件。被誉为"勒布朗·詹姆斯后最具天赋的篮球运动员"的蔡恩·威廉姆森在杜克大学与北卡莱罗纳大学的美国大学篮球焦点战中，出场不到 30 秒就受伤倒下。场边观赛区的美国前总统奥巴马当场发现了问题，他指着倒在地上的蔡恩·威廉姆森说道："他的鞋裂了。"而这双裂了的球鞋正是该品牌为杜克大学定制的 PG 2.5。蔡恩·威廉姆森本人也在这次事件里扭伤了膝盖。

事件发生后的第二天，美纽交所开盘不到 10 分钟，该品牌企业的股价下跌了 1.2%，市值在一天内蒸发了近 13 亿美元，社交网上对该品牌的讨伐声也是一浪高过一浪。然而，这并不是该品牌近年来第一次发生产品质量问题。事实上，在"蔡恩门"事件前，在 NBA 比赛和训练中就出现过 3 次因其鞋的质量差而造成球员受伤的事件。在中国，早在 2017 年，该品牌鞋就因气垫问题引起了很多消费者的不满，并在央视 3·15 晚会上被点名批评。

质量是企业生存的保证，是企业品牌的内涵。企业不能因为品牌远近驰名就放松对产品质量的要求，否则迟早引发危机，甚至会失去客户的信任，耐克的产品质量事件就印证了这个道理。

华为对质量问题向来重视，这源于华为对市场发展趋势的准确把握。华为知道，在现在和未来的市场竞争中，产品质量始终是体现企业竞争力的重要因素之一。

2000年，华为正处于飞速发展期，但因产品质量问题导致客户抱怨连连。为此，华为研发系统当年在深圳举办了一场声势浩大的"呆死料"大会，这是华为内部举办的一次质量大会。在会上，任正非将那些因工作不认真、测试不严格、盲目创新造成的大量废料，以及研发、工程技术人员因处理产品质量问题而不得不去现场更换的往返机票，都包装成特殊的奖品，发给相关产品的负责人。后来，有华为员工表示，如果没有当年那次"呆死料"大会，华为企业的质量体系建设就没有今天的成绩。也正是在这次大会中，华为很好地在全体员工心中散播了质量文化的影响力。

华为的高质量是在不断向前发展的过程中积累起来的，尤其是在向国际市场发展的过程中。在日韩市场上，华为学到了"质量要做到零缺陷，在生产的每个环节中都要抓质量，而不是在生产完后再检查质量"；在北美市场上，华为学到了"要减少高昂的维护成本，就必须减少产品在使用过程中的质量问题"；在德国市场上，华为学到了"即使是小事，也要兢兢业业"。华为认为，品牌就是承诺，企业要不惜任何代价维护品牌，始终不能松懈。

品牌不单单依靠宣传，品牌是竞争出来的。企业仅仅抓品牌宣传并没有抓住要点。品牌的根本是诚信，就是产品和服务要做好，其他的都是水到渠成的事。品牌的核心也是诚信，在企业的内部，脚踏实地抓好每一个环节，然后依靠客户口口相传把品牌建立起来。真正的品牌是通过员工的高质量行为来实现的。

任正非曾说过："未来世界是一个生产过剩的世界，要想生存就必须保证高质量。华为要用世界上一切最先进的生产装备、最先进的工具方法、优秀的人，瞄准高质量前进。"他进一步又说："要实现高质量，必须有大质量体系，大质量就是全面质量管理，就是端到端的质量哲学系统。我们要瞄准高质量前进，敢于投资，要以胜利为中心，不以省钱为中心。我们所有业务的本质是实现高质量，高质量的实现是需要投入高成本的，我们一定要明白我们要的是胜利。中国5000年来最省钱的是谁？是农民，但直到今天农民也没有富。你看我们这30年来干了啥事？就是不停地花钱，构建起了这个共同的平台，这不是随便就能拷贝的。谁能打败华为？只有我们自己，如果搞个低质量，一下子就让我们栽了。"

8.6 小结

SDBE 领先模型认为质量工作是企业实现经营胜利的另一条护城河。质量是企业及员工面对市场竞争和客户需求时的一种整体意识,如员工爱岗敬业的态度、负责任、敢担当的态度,精益求精的态度。在企业经营的层面,不怕慢,只怕站,最怕退步。

时至今日,质量管理的范畴已经突破生产制造流程,还包括销售和服务等所有企业运营环节,大质量管理具有全员参与、全过程循环改善的特点,质量管理的组织及职责部署到企业的所有条线和部门。企业应健全质量管理组织结构,明确相关部门质量管理工作的职责与权限分工,明确质量管理工作总流程,依照不同的企业发展阶段,适配不同定位的质量保障体制。

质量管理包含所有运营流程中的过程质量。这种质量管理的态度不仅仅是对质量制度的遵守,还会介入企业的思想建设、哲学建设、管理理论建设等方面。这种文化会影响员工甚至企业合作伙伴的意识和文化、工作态度直至工作行为。全面质量提升是企业打造战略核心竞争力、经营持续改进的力量。

【思考】

1. 在你所在的企业里,提升产品和服务的质量工作是如何开展的,涉及哪些环节,有无提升空间?
2. 企业的保障组织涵盖哪些部门,谁是质量管理的责任人?
3. 你认为员工如何才能够深刻理解和感受到质量管理的文化?

第 9 章
三大机制：建构战略执行与运营监管机制

战略执行的过程，是不断遇到现实挑战的过程。挑战并非难以克服，企业难以承受的是不能及时发现执行偏差或者未及时纠正。为了及早发现目标延迟、实施障碍、措施无效、渎职或不胜任，企业上下须用心搭建管控架构，落实过程管理，这样策略才可能执行到位，战略航道才得以不偏航。

卓越运营是企业基于自身的战略，为了更好地达成战略、经营与运营目标，构建一个实时的战略执行偏差预警与纠偏管理机制。

卓越运营的建立依靠三大管理机制和抓手：经营分析机制，ST（Staff Team，业务管理团队）管理机制和 AT（Administrative Team，行政管理团队）管理机制，机制下涵盖各种重大会议，以战略审视会、ST 会议、AT 会议、经营分析会为主线。通过固化各项会议的执行要求，企业制定会议的筹备、召开、决议、纪要的全流程标准性文件，明确各阶段的各项会议的主旨，建立规范化、标准化的管理机制，提升会议的效果和效率，从而实现战略运营的过程管理。

9.1 战略审视会：着眼阶段性战略纠偏

"治大国如烹小鲜"，战略本身来自宏观视野，同时是一个不断迭代的体系，不是一成不变的。当战略进入执行阶段时，企业管理层可能会发现各种各样的问题：

（1）宏观环境已发生显著的变化，原有的战略无法适配新的环境。
（2）制定的战略看上去很美好，但是目标没有完成。
（3）大家对战略的实现路径认知不一样，共识不够。
（4）过去的销售业绩增长低于战略规划的预期。
（5）对手的竞争能力增长迅速，超过了企业的预期。
（6）企业没有在行业的快速发展中占住优势、跟上趋势。
……

这时，企业最高管理层及核心执行层可能会有一些疑惑：我们的战略方向是不是错了？战略节奏和目标是不是需要改变？这些声音可能是杂音，但有时可能也具备一定的现实合理性，需要谨慎审视。

审视的方式有两种：战略健康度审视和战略执行审视。审视一般在较高层次开展。建立规范的战略审视机制的目的是牵引战略进入"问题—战略—执行"的正向循环，避免对战略的思考陷于另起炉灶或者简单重复的境地。既有对战略的过程执行情况进行审视，又有对战略本身进行全面的复盘，以便判断如何进行纠偏或者牵引下一个战略周期做出改变。

9.1.1 战略健康度审视会

做正确的事，是战略管理存在的价值与意义。战略健康度的审视本质是看企业的战略方向是不是对的。战略健康度审视的关键是识别在下次战略规划时需要回答的问题，指引下一次的战略规划。

首先，在战略健康度审视前，需要做充足的审视准备，包括：
（1）上期的战略规划。
（2）外部洞察报告、战略专题分析结果。
（3）经营活动中出现的关键问题。
（4）高层访谈收集的高管诉求。
（5）来自其他群体（如管理团队、外部利益攸关方、竞争对手等）的声音。

然后，战略健康度审视主要从以下几个维度展开：战略假设、关键成功要素、业务目标与策略。

中长期战略规划的结果是建立在一些基本假设之上的，可以从如下几个方面审视战略假设：宏观环境变化趋势、行业发展情况和趋势、客户需求情况和变化趋势、竞争态势、业务设计与战略举措的问题、业务经营及业务策略实施情况等。如果对这些情况的假设发生了变化，那么战略规划的根基就发生了变化，必须要重新进行规划调整。

诺基亚，这家曾经的手机巨头在 2007 年前一直占据着全球手机市场的领导地位，但是随着智能手机的兴起，它的战略假设就遭遇了巨大的冲击。诺基亚没有及时跟进苹果和安卓的创新，坚持自己的塞班系统和功能机，导致市场份额急剧下滑，最终被微软收购。另外一个被行业的变化趋势抛在后面的是摩托罗拉，它同样曾是手机行业的领导者之一，在 2008 年金融危机之后，摩托罗拉的战略假设就遭遇了重大挑战，它也没有能够适应智能手机市场的变化，也没有能够有效地管理自己的成本和创新，导致市场份额大幅度萎缩，最终被谷歌、联想收购。

关键成功要素是战略解码的核心，也是战略执行的重点。它们是企业实现战略目标至关重要的因素，可以是内部的资源、能力、流程等，也可以是外部的市场、客户、竞争对手等。关键成功要素的识别和管理需要结合企业的战略定位、业务模式、竞争优势等。在战略执行过程中，需要不断地监控和评估关键成功要素的状态和变化，以及它们对战略目标的影响。如果发现关键成功要素出现了偏差或者失效，就需要及时地进行调整或者重新进行战略解码，以保证战略的有效性和适应性。这样才能使企业在不断变化的环境中保持竞争力和生存力。

业务目标与策略是基于一定的条件做的预测，在实际执行的过程中，需要每年根据实际产生的结果及影响结果的因素进行复盘，从而判断战略是否需要调整。

例如，做战略规划的时候定的目标是五年后企业营收达到 200 亿元，当前的营收是 20 亿元，在分解战略目标的时候，第一年定的目标是 35 亿元，第二年是 65 亿元，第三年是 100 亿元，第四年是 140 亿元，第五年是 200 亿元。但是在实际执行的时候，第一年的实际营收做到了 50 亿元，实现了跨越式发展，那么在做审视的时候就需要考虑是否出现了风口，以及是否需要做出目标的合理调整。反之，如果第一年的实际营收下降到 18 亿元，那么也需要审视战略目标是否需要向下调整。

依照这些方面做完战略健康度审视后输出《战略健康度审视报告》，管理团队对其研讨通过后形成决议并发文，以此作为下一年的战略规划制定的输入。

9.1.2 战略执行审视会

战略的方向大致是对的，但战略的年度执行是否能得到保证呢？这也需要企业审视。企业中长期规划的关键举措解码为经营目标和年度TOPN，年中有必要审视年度重点工作的执行情况与战略目标（阶段里程碑）的达成情况，评估战略执行在进度、质量方面的差距。核心是发现当前的短板和问题，并做根因分析，识别执行中的关键问题、障碍与风险，提出建议措施。这就是战略执行审视的意义。

在审视之前，同样要做好会前输入，包括：

（1）年度重点工作执行情况回顾。

（2）审视经营中存在的关键问题。

（3）来自不同群体（如管理团队、外部客户、竞争对手等）的声音。

在审视过程中，一般从战略执行规范性、业务组合及预算执行、战略举措执行结果三个方面进行审视。

战略执行规范性审视确保目标、计划、资源、执行、评价和激励的一致性，包括审视战略解码共识的程度及分解到位的情况，KPI的完成情况及与战略的一致性，TOPN的项目运营规范性和责任机制是否完备，激励机制与KPI和组织的匹配程度，以及上述各项整体的一致性。

业务组合及预算执行审视包括审视资源投入数量（人、财、物）是否和SP/BP一致，面向未来的战略投入是否单列并得到执行，处于不同发展周期的业务的投资策略是否正确执行，投资的累计盈利、当期盈利、ROI和人均效率是否符合预期等。此审视还需不断总结提炼投资经验，形成符合本企业战略和行业特点的投资理念和方法。

战略举措执行结果审视包括TOPN的立项评审、例行审视和结项评审，以及资源投入是否得到保证，是否定期进行了监控及执行汇报。战略决策执行结果审视最容易被企业所忽视，也是很多企业在战略执行力方面缺失导致缺乏战略耐性而不能在"长跑"中夺冠的原因。

以上问题通过经营管理团队的讨论，可输出《战略执行差距及分析》报告，重点是分析不达预期的原因，给出改进建议，推动建议执行，实现闭环落地。

【案例】IBM的战略审视和转型复兴

IBM这家美国科技巨头在20世纪90年代面临了巨大的危机。由于没有及时适应市场的变化，还是坚持自己的硬件和服务业务，从而使IBM业绩不断下滑，并一度陷入亏损和债务困境。IBM的时任CEO路易斯·郭士纳（Louis Gerstner）采用了BLM来进行战略规划和执行工作。通过进行差距分析，郭士纳发现了IBM的业绩差距和机会差距。业绩差距主要是由IBM的成本过高、效率低下、组织结构僵化、客户满意度低等因素导致的，机会差距主要是因为IBM没有充分利用自己的技术优势、品牌影响力、全球网络等资源来开拓新的市场和业务领域。基于这些分析，郭士纳制定了一系列的战略举措，包括削减成本、裁员、重组、转型为咨询和软件企业、提升客户价值等，从而实现了IBM的复兴和转型。

战略审视是战略管理流程中不可缺少的一部分，只有深入实践的场景，才能看清战略本身的问题而不是将其错误归结为执行问题，或者避免战略执行不到位产生偏差，真正保证战略规划的科学执行。

9.2 ST管理机制：构建核心竞争能力和战略控制点

ST是业务管理团队，某个部门的ST一般由部门一把手和直接下属部门的一把手组成，列席ST会议成员还可以增加部门的专家。部门一把手一般也是该部门ST主任。ST机制的核心是监控中长期战略规划的落地，聚焦中长期核心竞争力和战略控制点，关注能力建设，同时也针对业务活动和业务事项进行讨论决策。

ST为保证执行的高效，采用行政主管权威管理制，同时通过集体议事，集思广益，避免或弥补主管个人管理的风险性和片面性，讨论决策的规则是从贤不从众。ST人数没有明确规定，一般10人左右，由业务团队的最高责任人负责决策，实行首长负责制。ST采用这种民主集中式运作模式，确保了业务决策的快速高效。

ST是各领域管"事"的平台，成员由所在BG区域的一级部门的一把手组成，职责是保证对企业级权力机构所做的业务决策加以有效落实，具体关注TOPN，关心战略事项和核心竞争力构建。ST会议集思广益，可避免或弥补主管个人管理风险，但ST主任拥有对决策事项的最终通过权及否决权，并报上级组织备案。

ST会议议题一般包括如下几项：

（1）开展新业务分析并制订行动计划。

（2）部署组织内的分工，对冲突做出处理。

（3）对TOPN问题进行定期审视，审视进展和差距，做出改进决策和策略。

（4）开展战略控制点和核心竞争力专题讨论，从战略、研发和营销等经营的核心环节，去审视战略"护城河"的比较优势，并做出相应的决策。

（5）牵头流程型组织建设，从部门顶层拉通各个环节，审批流程模板、工具、IT管理制度等。

（6）关注客户满意度，对重大投诉事件给出处理意见。

（7）关注知识管理，对成功的经验指导进行沉淀，日积月累形成组织能力。

（8）其他中长期的业务专题。

9.2.1　TOP*N* 事项跟踪及关键能力建设

企业各级 ST 通过对客户声音、过程与结果度量、TPM（Total Productive Maintenance，全面生产维护）与审核评估进行例行评审，从中识别改进机会，确立并管理 TOP 改进项目，评估并固化推广改进成果。整体的 TOP*N* 管理流程如图 9-1 所示。

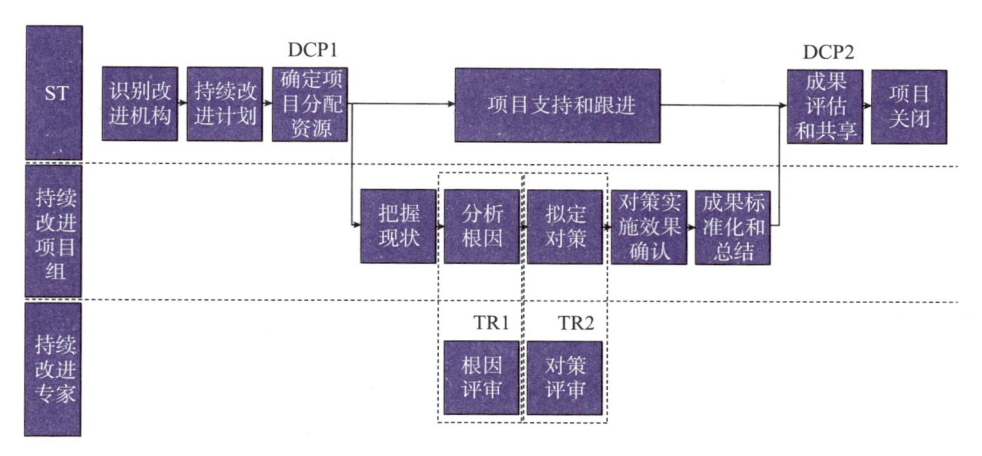

```
                        DCP1                          DCP2
ST   识别改  持续改  确定项   项目支持和跟进    成果    项目
     进机构  进计划  目分配                    评估    关闭
                    资源                      和共享

持续                把握   分析   拟定   对策实   成果标
改进                现状   根因   对策   施效果   准化和
项目                                     确认     总结
组
                           TR1    TR2
持续
改进                       根因   对策
专家                       评审   评审
```

DCP：Decision Check Point，业务决策评审点　　TR：Technical Review，技术评审

图 9-1　TOP*N* 管理流程

华为每年要把从各个业务领域中选出的最重要的几个事项作为战略执行的重点，并命名为 TOP*N*，通常有 10～20 个。TOP*N* 事项的选择要符合企业或者业务的战略目标和方向，要有明确的负责人、目标、计划、指标和风险控制。TOP*N* 事项以项目化的方式进行管理，每个 TOP*N* 事项都要有一个项目经理，负责项目的推进、协调、监控和汇报。ST 要在 TOP*N* 事项的跟踪中承担起相应的改进机会发现、资源分配、关键节点决策的责任。

第一，ST 会议的核心议题就是审查各个 TOP*N* 事项的进展情况。每个 TOP*N* 事项的项目经理都需要就项目进度、遇到的困难和下一步计划在会上进行汇报，并接受其他高管的指导与建议。

第二，通过例行汇报，ST 会议可以及时发现影响 TOP*N* 事项进展的风险因素或障碍，并制定相应的解决方案与预案，这有利于 TOP*N* 事项的风险管控与障碍排除。

第三，ST 会议可以根据市场变化或企业新出现的机遇与挑战来调整 TOP*N* 事项的优先级别或投入的资源。这实现了 TOP*N* 管理的灵活性与动态性。

第四，高管可以在 ST 会议上对 TOP*N* 事项的项目经理或相关负责人提出具体要求或建议，项目经理需要据此制定行动方案并于下一周汇报落实情况。这可以强化TOPN事项管理的执行力。

第五，ST会议可以对进展不佳的TOPN事项进行通报批评，这会促使相关负责部门或项目经理制订整改计划以加快推进速度，确保TOPN的全面完成。这发挥了ST会议的监督与考核作用。

综上，运用ST会议开展系统而高效的TOPN管理，实现了战略目标的层层落实与过程管控。通过ST会议，高管可以深入了解TOPN的进展，指导解决实施中的问题，并根据需要做出调整，保证了TOPN的顺利完成与战略目标的达成。

此外，ST可以通过对TOPN重点项目的深入管理与驱动，来实现项目成果的组织学习与关键能力打造。这也体现了ST在组织能力提升方面的管理智慧与作用发挥。具体而言，ST在此方面主要采取以下方式并发挥相应的作用：

（1）识别战略关键项目。ST需要精准识别出影响企业核心竞争力的TOPN项目，这是组织学习的重要前提。

（2）制订详尽的项目计划。ST不仅要求为TOPN项目制订详尽可行的项目计划，还会对计划内容提出指导与要求，这有利于项目的高效执行。

（3）配置充足的资源。ST会根据项目需要配置所需资金、人员与技术支持等各类资源，这为TOPN项目的顺利实施提供了保障。

（4）定期跟进监督。ST通过定期会议对TOPN项目的进展进行定期跟进，查找项目实施中的问题并提出解决方案，这强化了项目管理的时效性与执行力。

（5）督促成果转化，这是很关键的一环。ST不仅要求TOPN项目实现预期成果，还督促相关部门将项目成功经验转化为标准流程与关键能力，促进组织学习与能力建设。

（6）评估项目收益。ST对TOPN项目的关键成果与产出进行评估，判断项目对组织能力建设的贡献度，并将结果作为后续项目选择与资源投入的依据之一。

（7）汇总与分享。ST要求对TOPN项目进行总结并分享项目成功要素与经验，让更多部门和员工学习项目成果，这有利于组织能力的广泛提升。

通过上述方式发挥相应的作用，ST实际上构建和运转了一个完整的组织学习与能力建设机制。这个机制以TOPN项目为载体，通过项目管理推动学习成果的产出、转化和分享，不断优化和丰富企业的关键能力，这也使得企业能在管理创新与组织发展方面持续保持优势。

9.2.2 双轨机制，支撑重大业务问题决策

重大的业务问题诸如战略控制点和核心竞争力，直接影响业务在区域或者产品领域的竞争力和发展，这是 ST 会议必须定期审视的。在 ST 会议上，要对业务当前的核心竞争力进行审视与评估，判断其变化趋势和对业务发展的支撑作用，这有助于及时发现核心竞争力薄弱的环节并做出调整。同时，要专门设置战略控制点相关议题，听取相关部门对关键战略资源、关键要素等的管理报告，并对其提出指导意见与要求，这有利于加强对战略控制点的管控与监督。

通过以上的审视，ST 会议指导资源转移，当某核心竞争力发展乏力或某战略控制点面临威胁时，ST 会及时指导相关部门做出资源调配，如向该领域投入更多资金与人才支持，这实现了企业资源的聚焦与动态优化配置。ST 会议的管理与管控，不仅限于 TOPN 项目，还延伸至核心竞争力与战略控制点，这体现了企业对管理深度与高度的追求，这样的追求需要一套决策机制来支撑。

《华为基本法》第五十三条内容如下：

第五十三条 我们遵循民主决策、权威管理的原则。

高层重大决策需经高层管理委员会充分讨论。决策的依据是公司的宗旨、目标和基本政策；决策的原则是从贤不从众。真理往往掌握在少数人手里，要造成一种环境，可以让不同的意见存在和发表。一旦形成决议，就要实行权威管理。

高层管理委员会集体决策及部门首长负责制下的办公会议制度，是实行高层民主决策的重要措施。我们的方针是，放开高层民主，使智慧充分发挥；强化基层执行，使责任落在实处。

各部门首长隶属各个专业委员会，这些委员会议事而不管事，对形成的决议有监督权，以防止一长制的片面性。各部门首长的日常管理决策应遵循部门首长办公会确定的原则，对决策后果承担个人责任。各级首长办公会的讨论结果以会议纪要的方式向上级呈报，报告上必须有三分之二以上的正式成员签名，报告中要特别注明讨论过程中的不同意见。

公司总裁有最后的决策权，在行使这项权力时，要充分听取意见。

《华为基本法》道出了 ST 的业务决策双轨机制，即民主决策与权威管理相结合。重大问题决策遵循"民主决策"与"权威管理"相结合的原则，既注重集思广益，又强调结果在决策做出后的权威执行，即过程中鼓励充分发表意见，而会后必须按照决策统一行动。

其一，ST 作为民主决策平台，由各业务部门负责人组成，充分讨论涉及业务发展的重大决策，体现民主决策原则。其二，决策基于企业方向，即 ST 的决策必须根据企业宗旨、目标和政策来制定，确保决策方向与企业战略保持一致，

这是达成一致的原则。其三，从贤不从众，ST 的决策采取"从贤不从众"的原则，重视个人智慧与见解，而不是"少数服从多数"，这有利于形成高质量决策。其四，在会议形成决议后实行权威管理。一旦高层管理委员会形成决议，不管个人意见如何，所有成员都必须严格执行，这体现了权威管理原则。其五，强调 ST 主任负责制，各部门一把手在 ST 会议中有最后发言权但不直接决策，一把手们在发言中获得对决策的参与，可以更深入地理解决策内涵，回到部门后部署执行事项时，更易与会议精神一致。其六，虽然最终决策者个人承担责任，但是所有参与者都须在会议报告中签字并注明个人意见，以便追究个人责任，这有利于决策质量与执行力的提升。

结合《华为基本法》这段内容，我们可以深度理解 ST 的重大业务决策机制，通过民主决策与权威管理的有机结合，既可以收集广泛意见，又可以确保结果执行，这为企业的科学与高效决策提供了制度保障。

9.2.3　系统视角，统筹组织运营及管理决策

企业是基于分工然后再协同的组织，因此天然具有工作和流程要满足专业职能的运作特点，同时又要求部门之间紧密协同。但在实际中，"铁路警察各管一块"的情况非常普遍，每个部门有自己的定位和视角，如果仅从部门角度去管理企业的运作，并做出决策，难免出现情绪驱动的偏颇。ST 会议的成员不仅有部门一把手，还包括了部门下设组织的负责人，形成了以"从贤不从众"为底层运作基础的决策机构，能够为组织做出具有全局视角的业务和管理决策。

企业内部的一些工作特别容易引起内部协作的麻烦，比如：

（1）有不同的目标和指标。如果不同的部门有不同的目标和指标，那么它们可能会为了自己的利益而牺牲其他部门的利益，导致目标不一致或冲突。

（2）不充分的信息和资源共享。如果不同的部门没有有效的沟通机制，那么可能会缺乏信息和资源的共享，导致信息不畅或失真、资源浪费或重复。

（3）缺乏沟通和信任。如果不同的部门对彼此的工作不够了解，甚至有偏见或误解，那么它们可能会缺乏相互之间的信任和尊重，导致合作困难。

一些常见的情况有：

（1）产品开发和上市。这个工作涉及研发、生产、销售、市场等多个部门，如果没有明确的使命、愿景和目标，以及有效的团队协作和沟通机制，就可能出现产品质量、成本、时间、需求等方面的问题。

（2）客户服务和满意度。这个工作涉及客服、技术支持、质量控制等多个部门，如果没有充分的信息和资源共享，以及创新和持续学习的能力，就可能出现

客户投诉、退货、流失等方面的问题。

（3）风险管理和应急处理。这个工作涉及财务、法务、安全等多个部门，如果没有建立信任和包容的文化，以及参与决策过程的机会，就可能出现风险识别、预防、应对等方面的问题。

（4）端到端流程运作。流程方面的工作也容易受到跨部门协作这方面的挑战。流程本质上需要不同的部门之间协调和配合，以保证顺畅和高效。如果没有有效的沟通和协作，就可能出现流程中断、延误、错误等问题，影响组织的绩效和客户的满意度。

ST能够从综合的视角去解决问题，因为这个组织的成员结构、成员素养、决策机制及运作机制使得它拥有如下的特点：

（1）能够建立共同的战略认知。ST对企业战略及发展方向能够实现共同和深入的理解，这有助于做出符合战略方向的决策。

（2）具有广阔的知识结构。ST具备与所处行业和业务相关的广泛知识，这有助于全面分析问题和做出精明的决策。

（3）搭建了跨部门交流的平台。ST会议机制能够实现不同部门之间的广泛深入的交流，深入了解各部门的工作情况与困难，这有助于增进团队的全局认知，做出平衡的决策。

（4）全面经营视角锻炼ST的系统思维。ST拥有跨越部门边界进行整体思考的习惯，在决策时能够考虑各相关部门的利益和对策等。

（5）构建了学习机制。ST能够不断地审视自身的决策过程与效果，研究成功或失败的决策案例，汲取经验并不断完善。

（6）提高协作能力。ST会议机制能让团队成员充分协作，有利于培养协作和信任意识。

【案例】高级管理团队在面临激烈市场竞争情况下的统筹性管理决策

某知名互联网企业近期面临着激烈的市场竞争，企业内部各产品线之间相互争抢资源与机会。管理团队意识到这会严重影响企业的整体发展，影响全局效率。于是，管理团队做出重大决策：按照产品生命周期与发展潜力将企业产品重新划分为多个BG，每个BG都由不同的产品线组成。每个BG制订独立的运营计划与投入机制。BG成员产品线之间的竞争由协作取代。

在企业层面进行一定的资源调配，给予各BG平等的发展机会。这一重组决策，具有明显的全局意图：

（1）优化资源配置。按照产品特征与潜力划分BG，有利于将资源向有发展前景和潜力的产品倾斜。

（2）激发协同效应。组建新的产品线团队，打破原有壁垒，有利于协同创新，发掘新的增长点。

（3）明晰战略定位。为不同产品线定位清晰的发展方向与路径，有助于各产品线制订符合企业战略的运营计划。

（4）降低内耗。新的组织结构有利于避免过度竞争，减少在企业内部的相互抵消，提高整体效率。

（5）增强凝聚力。重新定义产品线的归属，有利于培育团队意识，为实现共同目标而合作。

管理团队在面对产品线过度竞争的问题时，没有选择简单地进行资源调配或考核，而是从组织结构与运作机制着手，做出了影响深远的全局决策。这需要管理团队具备系统和全局的思维。

企业的运营管理和业务管理决策，是独裁做出、强力推进还是集体决议、权威执行更有效，从不同角度来说都有道理，也可能都有成功的案例。但是随着企业规模的增长、业务或者产品的复杂化、经营半径的扩大等，华为等标杆企业的成功经验彰显了 ST 会议机制在企业业务发展中的必要性。

9.3　AT 管理机制：建设组织和人才梯队，释放活力

SDBE 领先模型始终优先关注"组织和人才"，任正非从华为创建之初，就深刻地认识到"人才"的重要性。经过了无数次摇摆和困惑，他终于明白，不能依赖于单个人才，而是要建立一个管理机制，用于团结"能力卓越、认真负责、管理有效"的人才，从而实现"把能力建设在组织上"这个伟大目标。

AT 是企业及各工作领域管"人"的平台，负责战略执行过程中排兵布阵的工作，聚焦干部管理、价值管理以激发组织活力，推动人力资源政策落地及处理奖惩事件，是支持企业战略落地和高效运作的核心要素。

AT 的构成总人数一般不超过 11 人。第一个核心角色是 AT 的主任，由实体组织的行政主管来担当。第二个角色是 AT 成员，由这个行政主管的部分直接下属来构成。他们首先要深刻理解并认同企业的文化价值观；其次要在干部管理、员工评议激励方面具备成功的经验。第三个角色是执行秘书，由企业的 HR 主管来担当，或者由要培养的优秀后备干部来担当。

AT 决议须获得三分之二以上成员的赞同。对于无法形成结论的决议事项，AT 应延后再议，或根据需要报上级 AT 裁决。AT 运作采用集体决策的形式，倡导用人"五湖四海"，从一定程度上杜绝个人决策可能产生的弊端，例如山头主

义和个人主观偏见等。与 ST 采用的决策机制——"从贤不从众"不一样，AT 采用的是"少数服从多数"的决策机制。

9.3.1 HR 管理及重要干部任免决策

HR 管理与干部管理，对企业发展具有非常关键的价值。首先，良好的人力资源管理能吸引与留住优秀人才，形成人才梯队，为企业业务发展提供人才支持与保障。其次，可以实现人力资源的最优配置，使人力资源发挥最大效能，有利于提高资源利用率与企业竞争力。最后，先进的人力资源管理理念与机制的运用，可以不断优化管理的方式方法，提高企业的管理效能。

2000 年左右，华为开始了海外市场的拓展。到了 2005 年，海外市场逐渐做起来了，销售收入超过了国内，此时海外的市场需要大量的干部。首要面对的问题是这些干部该怎么选出来，该由谁来决策？另一个要面对的问题是，这些干部派到海外后离总部很远，怎么管理？怎么考核？怎么激励？当时，海外市场非常缺干部，但是更缺的是干部管理的体系。但是这一切能够完全由人力资源部门来做吗？在华为看来，落实人力资源是业务主管的事，由于那时业务发展非常快，人力资源工作约束了业务的发展，所以当时紧要的工作是坐实人力资源工作是业务主管自己的事情。因此，在 2006 年，华为开启了一次变革。变革的核心是优化整个企业的治理机制，AT 也是在这样一个背景下产生的。

SDBE 领先模型从战略出发，围绕企业价值创造、价值评价和价值分配的价值循环链，匹配企业的业务管理规律，以核心价值观为各项 HR 管理实践的基本准绳，实行不同业务、不同组织、不同人群（及个体）及不同发展阶段的差异化管理，以支撑企业愿景使命、战略阶段性里程碑的达成。

依据人力资源顶层规划，AT 需要管理组织、干部与专业人才，并建设相应的人力资源组织与能力。在完成战略 HR 的战略目标时，会有各项 HR 专项任务或变革项目需要立项、计划、提出方案、试点、推行等，这些都需要在 AT 会议上决策。

对于重要的干部的任免，也是 AT 需要决策的重要事项。

【案例】华为的 AT 的干部任免决策

华为在干部选拔过程中采用三权分立的方式，这三个权力是：建议权、评议权和否决权。准确地说，第一个权力是建议权与建议否决权，第二个权力是评议权和审核权，第三个权力是否决权和弹劾权。实际上也就是把干部选拔的过程分为由谁来发起建议、怎样进行建议，由谁来进行审核评议，然后由谁可以提出否决意见。让这三个权力分别由不同的组织行使，相互制衡。

第一个权力即建议权与建议否决权，建议权由负责日常管辖的组织的 AT 来行使。比如说，干部张三属于华为公司国内销售部，要参与干部的选拔，那么由国内销售部的 AT 组织来行使建议权；建议否决权则由矩阵管理的员工所属的相关部门来行使，如由矩阵本部门的党组织来行使。

在第二个权力评议权和审核权中，评议权是由促进企业成长过程中负责能力建设与提升的组织来行使的，也就是原华为大学。审核权是由代表日常行政管辖的上级组织来行使的，也就是由行使建议权的组织的上级部门来行使。

第三个权力是否决权和弹劾权，是由代表企业全流程运作要求、全局性经营利益和长期发展的组织来行使的，实际上就是党委。党委在干部选拔任命的过程中行使否决权，在干部日常管理的过程中行使弹劾权，这个否决权和弹劾权都是要有基础、有依据的。也就是在这个过程中，从各级员工的举报到经过调查核实，查实确实是这个干部有问题，就可以对该干部行使否决权和弹劾权了。

9.3.2 重大薪酬分配及绩效管理决策

彼得·德鲁克在《管理的实践》里说道：从企业存在的价值角度来看，企业经营的目的是创造客户。杰克·韦尔奇在《商业的本质》里说道：从企业持续运营的角度来看，企业经营的本质是经营团队。企业经营的人性大师任正非认为企业经营的本质是利益分配，他认为企业最难的工作就是如何分钱，钱分好了，一大半的企业管理问题就解决了。他还从自然科学热力学第二定律熵定律中洞察到，企业作为一个存在体，同样受熵增定律的约束，要想让企业活得久一点儿，就必须打破利益的平衡，创造内外部的利益差，只有这样才能让企业充满活力。

SDBE 领先模型对于如何分好钱，提出了在效率优先、兼顾公平、可持续发展的价值分配基本原则下，实行全面回报的价值分配理念。重大薪酬分配事关组织活力，是组织持续发展的动力。薪酬分配要及时，要导向战略成功、导向冲锋，尤其要避免落后的分钱机制。例如，销售提成制中大项目销售因为项目太大会打破销售人员的收入平衡，老板会调低提成比例，结果导致销售人员认为老板不讲信用；或者提成制导致销售人员不愿意开拓新市场；或者提成制导致客户资源私有化；或者提成制导致销售团队不愿意培养新人，销售人员也不能轻易调动等。分钱并不是一件简单的事情，必然要求 AT 高效科学决策。

薪酬分配要以绩效评价为依据。对于经营而言，绩效首先是未来的赚钱工具，其次才是分钱工具。对于组织来说，绩效不是评价出来的，而是创造出来的，绩效通过对组织目标的分解、对个人业绩的牵引，来实现企业的整体业绩目标，也就是创造价值。绩效是激活组织、打造组织能力的工具。对于个人而言，绩效是帮助成长的工具，而不是与员工秋后算账的工具。究竟谁为绩效负责，SDBE 模型的建议如表 9-1 所示。

表 9-1　各角色在绩效管理中的职责

阶段	AT	主管	员工	HRBP
目标制定	·根据组织 SP/BP 确定部门工作重点，及时分解到下级部门 ·及时启动 PBC（个人绩效承诺）制定，明确要求	·回顾组织战略，分解部门目标 ·根据岗位职责，明确员工绩效目标（与矩阵主管取得一致） ·与员工就绩效目标达成一致，签署 PBC	·结合部门目标、岗位职责，明确自己的工作重点 ·与主管就绩效目标达成一致，签署 PBC	·协助 AT 组织战略解码和目标分解研讨 ·根据 AT 决议，跟踪 PBC 制定进展和质量 ·提供专业方法、工具和赋能支持 ·选取重点人群，参与到 PBC 沟通中
绩效辅导	·对季度回顾提出明确的要求，并及时启动季度回顾	·针对员工绩效表现，及时进行日常辅导和沟通 ·一三季度末，对员工进行正式的季度回顾，在此确认或更新 PBC	·日常工作中主动积极寻求主管支持辅导 ·一三季度末，与主管确认或更新 PBC	·跟踪季度回顾进展和质量 ·根据员工意见反馈，对主管绩效辅导提出建议 ·日常工作中主动积极寻求主管支持辅导 ·提供专业方法、工具和赋能支持
绩效评价	·全体 AT 成员就绩效评价程序、规则、导向达成一致，并及时启动绩效评价工作 ·关注两端和等级边界员工，审视等级比例分布，关注绩效跳变及特殊人员，确保公正客观评价	·收集周边意见（含员工的考评前确认），掌握绩效事实 ·主动和业务/职能主管（行使建议否决权）沟通，达成一致 ·进行绩效评价，给出等级和排序	·及时完成并提交自评总结 ·就主管可能不清楚的绩效事实，主动汇报沟通	·解读、有效传递企业政策，对主管进行赋能，保证主管理解到位，提供专业辅导支持 ·根据 AT 决定，跟踪绩效评价工作进展和质量 ·收集各部门初评结果，汇总分析，确保质量 ·协助 AT 开展集体评议，记录整理会议决议

续表

阶段	AT	主管	员工	HRBP
绩效反馈	·及时启动绩效结果沟通工作,明确沟通质量和进度要求 ·在结果应用中坚持绩效导向,确保大多数贡献者受到激励 ·针对员工绩效申诉调查,对相关处理进行决策	·准备:整理员工绩效事实,准备沟通要点,明确员工的成绩和不足 ·沟通:沟通结果,解释原因,传递期望 ·总结:记录沟通情况,总结提高 ·绩效改进计划:和低绩效员工共同制订绩效改进计划目标,并定期回顾	·回顾周期内重点工作,主动寻找改进点,寻求主管建议 ·就下阶段工作方向和重点与主管沟通	·根据AT要求,跟踪结果沟通进展和质量 ·协助主管识别需重点关注的员工,如低绩效、绩效跳变、特殊情况的员工,提供专业意见,提供专业辅导支持 ·受理员工的绩效咨询、申诉并调查

9.3.3 企业重大政策传达及高绩效氛围建设

在 AT 会议中,要承担起企业重大政策传达的职责,这些重大的企业政策包括组织调整、子公司出售、薪酬政策、劳动政策、员工职业道德政策和信息安全政策等。除了传达政策,还需对员工的疑问答疑,并引导员工理解企业的重大政策。

当企业做出重大决策并需要在内部传达时,AT 是最适合承担此任务的组织。在企业的每个层级都有 AT,AT 里的成员既有丰富的业务管理经验,能够准确认识企业的决策内涵,同时又具有良好的人力资源管理经验,能够很好地识别政策对于团队和员工的影响,从而选择多样化的传达方式,使得传递的信息更加准确和齐全。

AT 通过例行会议、宣贯会、培训会等形式,在传递上做到:

(1)保证信息传递不失真,多层次传达容易出现信息遗漏或歪曲,需要在每一级传达中反复强调信息的准确和完整。

(2)提升执行力,不仅仅依赖上下级会议或书面文件传达,需要采取互动方式加强解释与问题答疑。

(3)针对性地施加影响,由于组织层级与业务差异,不同层级或机构的影响程度可能不同,需要根据决策内容针对性地调整传达方式与力度。

(4)进行充分的反馈,在传达过程中鼓励受众提出疑问与反馈意见,这对最终执行效果至关重要。若反馈不充分,则无法掌握问题所在与改进方向。

第 9 章 三大机制：建构战略执行与运营监管机制

AT 除了准确无误地传达企业的重大决策，还需要在组织内部建设高绩效团队氛围，打造一支能打胜仗的队伍。高绩效团队的特征如图 9-2 所示。

图 9-2 高绩效团队八大特征

目标感：高绩效团队拥有明确的目标，同时成员愿意为团队目标做出承诺。目标是团队建立的前提，是有效执行任务的关键。高绩效团队还会制订一个详细的沟通计划，建立一个沟通机制，按照不同的需求和渠道进行传递。

坦率的沟通：高绩效团队崇尚共享思维和氛围，每个成员都能将自身的经验和接收到的信息转化成高效的数据，帮助团队及时全面了解市场情况，分析并迅速做出对策。高绩效团队还主张开放式沟通，鼓励成员表达自己的观点，以及直面公开处理这些观点的反馈结果，来减少矛盾的发生和升级，从源头切除团队隐患。

信任与彼此尊重：成员间的相互信任、相互尊重是高绩效团队高效协作的基础。当团队中的每个人都互相尊重，互相信任彼此的能力及价值时，才能真正增进团队的协作精神，凝聚团队向心力。高绩效团队还会充分鼓励和发挥成员特性，根据团队成员的特性、专业水平及经验来鼓励不同成员成为不同领域的领导者，充分调动群体成员的积极性，使其能够长短互补，相互配合，发挥群体的整体功能。

共享领导责任：高绩效团队不是只有一个领导者，团队会根据不同领域和任务分配不同层级和角色的领导者，让每个人都有机会展示自己的才能和贡献。领导者懂得下放权力，把控全局。团队不仅要制定明确的目标和方向，还要提供合适的资源和配套机制，给予成员足够的自主。

有效的工作程序：高绩效团队都有属于自己内部的高效运行的工作流程及工作制度，保证团队组员遵循规则与程序，使事情有据可查，良性循环，努力使决策风险降到最低。高绩效团队还会定期召开项目例会，及时汇报项目进展和问题，并收集反馈意见。

重视差异性：高绩效团队不是一个单一的群体，而是一个多元化的群体，团队重视成员之间的差异性，认为这是团队的优势和财富。团队不会因为成员的不同而排斥或歧视，而是会尊重和欣赏每个人，让每个人都能在团队中找到自己的位置和价值。团队还会根据成员的差异来分配不同的任务和角色，让每个人都能发挥自己的长处和潜能。

灵活性与适应性：高绩效团队能够快速适应外部环境的变化，灵活调整自己的策略和方案。团队会把变化看作机遇和挑战，积极寻找解决问题的方法和创造价值的途径。团队还会根据不同的情况和需求来灵活运用不同的沟通方式和工作方法，提高工作效率和质量。

持续学习：高绩效团队不会满足于现状，而是会持续学习和进步。团队会定期进行反思和总结，找出自己的优势和不足，制订改进计划和行动方案。团队还会主动寻求外部资源和信息，学习新知识和技能，拓展自己的视野和思维。团队还会互相交流和分享，互相学习和借鉴，形成一个良好的学习氛围。

在华为的三级管理者任职资格标准中，组织文化建设是一个重要部分，内部又细分为企业文化推动、组织氛围建设等要素，其中组织氛围作为衡量管理水平、提升管理者领导能力的手段和例行检验工具，会每年度进行调研，并和后续的领导力提升工作结合起来。在日常工作中，AT 的管理者扮演着人力资源的驱动力角色，为了顺利完成组织目标，AT 会高效凝聚并激励下属团队，协调各方关系，以身作则并向团队成员传递正能量。

氛围直接影响员工的观念，而观念又影响行为，所以 AT 需要围绕目标，身先士卒，除了在 AT 内部强调高绩效文化导向，还需要识别部门在氛围方面的关键挑战，并制定举措应对。这需要 AT 有高度的责任感、勇气和正确的工作方法。

9.4　经营分析会：聚焦经营改进，确保当期计划兑现

未来如何成功及如何打胜仗在 ST 会议里谈，如何激活组织活力及人才怎么调配在 AT 会议里谈。经营分析会则聚焦短期胜利，讨论下个月的仗怎么获胜。

华为各层级经营单元每月都组织经营分析会，经营分析会的定位是商议如何开展作战会议、如何指挥作战系统，聚焦于集中力量和资源打胜仗，其目标是准

确预测并达成年度经营目标。

经营分析会定期（如双周、月度、季度等）组织召开，会议了解经营结果和组织绩效情况，分析当前绩效和经营目标之间的差距，找出造成经营差距的根本原因，寻得经营机会，从而调整策略、行动和资源配置，将年度经营目标变成结果。

在会议上，各级主管共同审视组织目标完成情况，重点是识别造成绩效差距的原因，并积极解决遇到的问题。会后，在日常工作中，各级主管要继续对目标完成情况进行跟踪，以便及时调整资源提供支持，确保绩效目标达成。

除了对目标差距进行归因分析并制定应对措施，还要明确下一次战役的目标、行动及需要的资源。对于成功达成的经营目标，还要对其进行复盘，看看目标是如何完成的，做对了哪些事情，并适时总结经验教训，将关键动作提炼总结为经验或者标准操作进行分享。

9.4.1 经营问题和差距识别及重大根因分析

在经营分析会上，回顾过去一个周期内的经营结果时，会发现经营结果与目标之间的差距，针对这些差距，可以对经营结果数据按照不同的维度（产品、区域和客户等）细化到最小经营单元，找出经营结果完成率处于头部的经营单元和处于尾部的经营单元，采取5Why分析法分析根因，并针对根因制订相应的行动计划。此外，解决具体问题时，不能仅仅满足于个案的解决，还应该杜绝此类问题再次发生。

经营分析会不是汇报会，瞄准的是差距，是战略落地融合在经营过程中的抓手。

一个业务单元到11月才发现亏损超过预期。然而亏损是从什么时候开始的？利润是个滞后的数据，前几个月肯定有亏损的迹象。但相关管理者一直捂着，实在捂不住了才暴露出来。但过晚暴露导致已经丧失了弹性调整和改善的时间，非常可惜。经营分析会不是晒成绩、表功劳的会议，也不是没有成绩的叙苦劳、讲感人的加班故事的场所。经营分析会面对差距时，需要广大管理者不怕丢面子、不怕担责任，一个组织只有不忽视差距，才可能达成年度经营目标，组织能力才不会停滞不前。

根因分析是一种结构化的问题处理法，用来逐步找出问题的根本原因并加以解决，而不仅仅关注问题的表象。需要指出的是，根因分析和制定并执行改善措施，是一种内心渴望胜利，敢于持续自我批判的精神的外在表现，体现出主管和团队成员的使命感、责任感和团队精神。

根因分析只有一个目的——业绩提升。通过回顾、复盘过往业绩情况，找到影响业绩提升的关键、细节的问题，分析问题产生的原因，并予以解决，保证后续问题不再发生，进而提升业绩。

根因分析常见如下问题。

1. 意愿上缺主观责任感

（1）回避问题：不分析问题，不找根因，上个月发生的问题下个月重复发生。

（2）归因于外：归因于企业、上司、兄弟部门等，避而不谈自己的原因。

（3）蜻蜓点水：只罗列差距的浅层表象原因，未找到主观根因。

（4）隔靴搔痒：改善行动只是解决表面或点状问题。

2. 能力上缺方法

（1）不知道哪里出问题了，不知道收集什么数据，或收集了一堆数据但不知道从哪些维度进行分析。

（2）不知道如何发问，找不到真实、准确的根因。

（3）觉得找到了根因，但无法改变。

那么如何正确地进行根因分析呢？

第一步：通过数据分析并发现问题——根因来自业绩差距，所有的问题都来自业绩差距。

具体而言，将业绩层层展开分解，差距分析一般通过"四比"和"四分"来定位。

所谓"四比"，就是同比、环比、KPI比、时间进度比。比如分析销售收入的情况时，通常的经营分析一般使用表9-2所示的几个指标。

表9-2　经营分析常用指标

	本月目标	本月实际	目标达成率	本年累计目标	本年累计达成	累计完成率	时间进度	时间进度差异	同比	环比
销售收入										

所谓四分，就是按客户、按地区、按机构、按产品这四个分类维度。通过多维度将总体数据展开，交叉验证，能够避开直觉的判断带来的偏失，让数据展示真正的情况。

第 9 章 三大机制：建构战略执行与运营监管机制

第二步：针对问题分析根因——使用丰田的 5Why 法，一层层提问下去，直到找到真正的原因。

【案例】关于丰田汽车生产线机器停转的经典案例（见图 9-3）

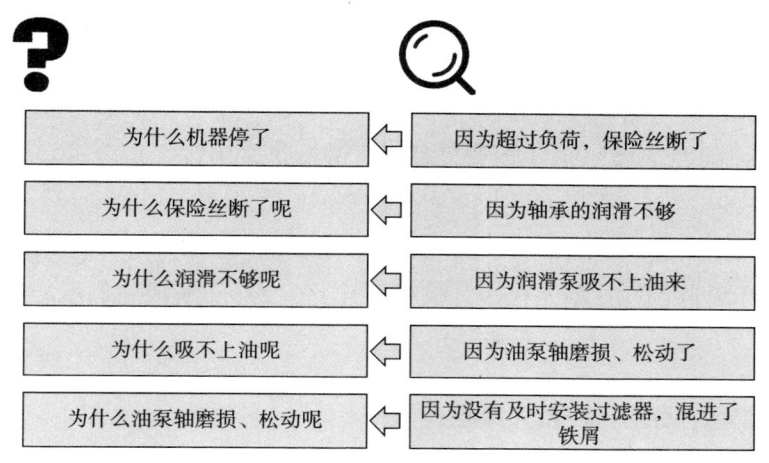

图 9-3 5Why 法追问逻辑示例

经过连续五次不停地问"为什么"，丰田才找到问题的真正原因，并得出最终的解决方法：在油泵轴上安装过滤器。

第三步：针对根因制定改善行动。

首先，制定改善行动的标配为"目标＋行动＋时间点＋交付件＋责任人"，否则就是自己都不信且无法验收的口号。

其次，制定可复制的标准流程和动作，立足于全员都能彻底、永久解决该问题及类似问题。

第四步：在找完主观根因后，可"炮轰"其他部门，如"炮轰"产品、职能等部门。

"炮轰"其他部门的前提如下。

（1）问题及改进的最大责任人是自己，找其他部门的出发点纯粹是为了提升业绩，而非甩锅追责。

（2）想明白具体需求，并承诺协助后的商业结果（如提升产品品质不低于某竞争对手后，承诺销量提升 10 万个）。

根因有如下的衡量标准。

（1）根因等于解决方案，找到根因就等于找到解决方案，如果根因给不出解决方案，就说明找到的不是根因。比如业绩下降的根因是市场淡季，但是市场问题我们不能解决，根因给不出明显的解决方案，就说明市场淡季不能作为业绩下降的根因!

（2）可阻止类似问题重复发生。

（3）归因于内：找原因要找可控的原因，找内部的原因，而不能去找不可控的外部原因（找根因的目的是解决问题，而不是推卸责任，如果归咎于外部原因，就失去了找根因的初衷和意义，那不是找根因，是找借口）。

（4）客观量化描述：不要使用"×××不好"或"×××不充分"这样的句子来描述问题。描述要具体和客观，尽量量化，用数字来表示具体的差距和问题。

（5）关键少数：聚焦最核心的问题，不要面面俱到，如果一个问题有十个原因，那这十个原因往往不是根因，根因只有1～2个，解决它们就能解决问题，达成目标。

9.4.2　经营滚动预测和重大风险揭示

预算是企业在一个经营年度内的刚性目标，但年度中常会出现各种各样的变化，比如因某项政策的颁布带给整个行业新的发展契机，新的流行趋势可以作为企业新的市场细分，某个临时社会热点如果投入广告或营销资源便可以获得更大收益等，此时应该及时做出预算调整。

滚动预测是指将预算以季度、月度甚至周度的周期进行审视和预测，从而保证管理者有一个及时反映最新环境变化的业绩预期。所以，高效运营除了全面预算，还应具有更具备优势的滚动预测。在实行了滚动预测的企业里，滚动预测常常比预算对日常经营更有指导意义，更符合运营监控的要求。

在很多滚动预测执行得好的企业中，每期会计核算结账流程完毕后，经营管理或运营管理部门会在每月例行的经营分析工作会议上，发布业务单元的经营滚动预测执行情况，核心内容包括以下三项：

（1）将本期各项关键绩效指标的实际完成值与期初更新的预测值做比较，看完成情况与预期的差异，并进行差异分析。

（2）让业务部门就重大差异的初步分析做深度的剖析和解释，以及审视期初预测中提到的行动清单落实情况，提出未来改进行动清单和计划。

（3）协调业务部门做下一期的滚动预测，在考虑前期实际进展和未来实现可能性的基础上，预测下一期各项业绩指标的目标值。

从滚动预测的周期角度看，一般有两种滚动方式。

第一种不与预算年度挂钩：将预测期固定维持在未来12个月，每次都要更新未来 12 个月的预测数字，这种预测方式对运营的精度要求比较高。例如，2023 年 3 月结账后，经营管理部门不仅要更新 2023 年 4 月至 12 月的预测数字，还要继续预测至 2024 年 3 月。

第二种与预算年度挂钩：预测周期和预算年度保持一致，每次只需更新本年度剩余月份的预测数字。例如，2023 年 3 月结账后，经营管理部只需要预测 2023 年 4 月至 12 月的数字。

从滚动预测的频率来看，可以分为月度滚动预测、季度滚动预测及混合滚动预测三种。月度滚动预测和季度滚动预测是以月度或季度为单位更新经营预测，混合滚动预测是指更新预测时将最近的一个季度分月度编制预测，其余三个季度分季度编制预测，频率是每季度更新一次。其中，不与预算年度挂钩的月度滚动预测的工作量是最大的。

在很多企业的实际经营中，可结合滚动预测的周期和频率，在平衡工作精度与工作量的情况下，选择以下的滚动预测方式。

（1）如果企业本身存在相对优势，而且外部市场比较稳定、无须投入过多资源做远期精细预测，可采用不与预算年度挂钩的混合滚动预测。这样做的优点是以战略执行作为主要关注点，在最近的一季度分月份预测，预测精度较高，同时对远期分季度预测，预测精度较低，可以降低预测的工作量。

（2）如果企业面临的外部市场变化剧烈，自身发展速度也较快，可采用与预算年度挂钩的月度滚动预测。这样做的优点是能同时满足企业对精度和时效性的要求，可以监控全年实际完成与年初预算数字的差异，以促使企业领导层通过月度调整来落实达成全年的预算目标，这种方法也常被称为业绩展望。

（3）外部环境和竞争能力居于中间状态的企业可以采用与预算年度挂钩的混合滚动预测，这样既能满足企业的运营管理要求，又体现了对工作精度、工作量和年度经营目标的平衡态度。

目前大多数企业还没有形成成熟的滚动预测体系，或者业务与财务各自预测，并不互相整合。但国内外先进企业的预算管理实践证明，若要实现滚动预测对经营的有效指导，数据收集与汇总是一个从经营预测到财务预测的关联整合过程，如图 9-4 所示。

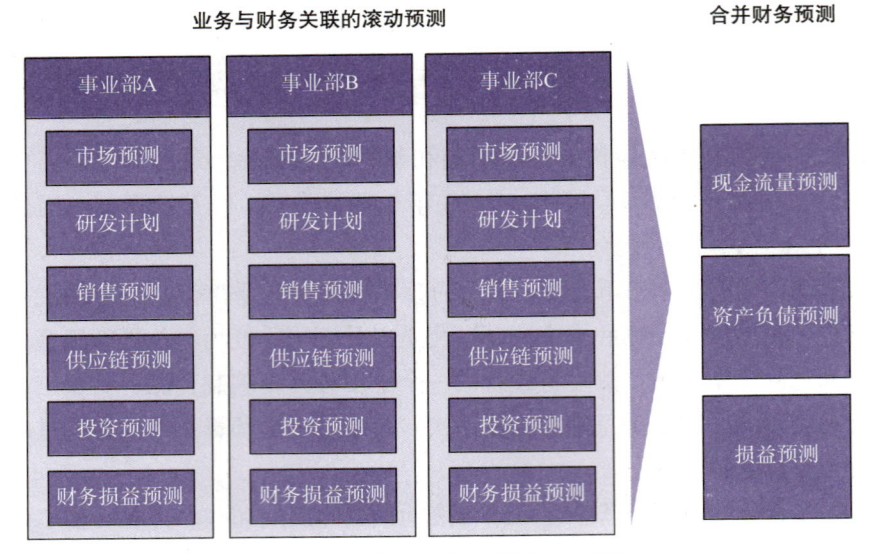

图 9-4 经营预测与财务预测集成关联

【案例】华为如何进行滚动预测及分析

在华为内部,同样是通过滚动预测实行动态监控,并动态调整资源配置的。华为各经营单元每月在系统中填报月度滚动预测,在经营分析会上审视预算执行情况。华为的主要管理工具是"3个GAP(差距)和3个List(清单)"。它通过滚动预测及预算、执行、分析、改进这个闭环,实现预测前瞻管理,促进经营目标达成,如图9-5所示。

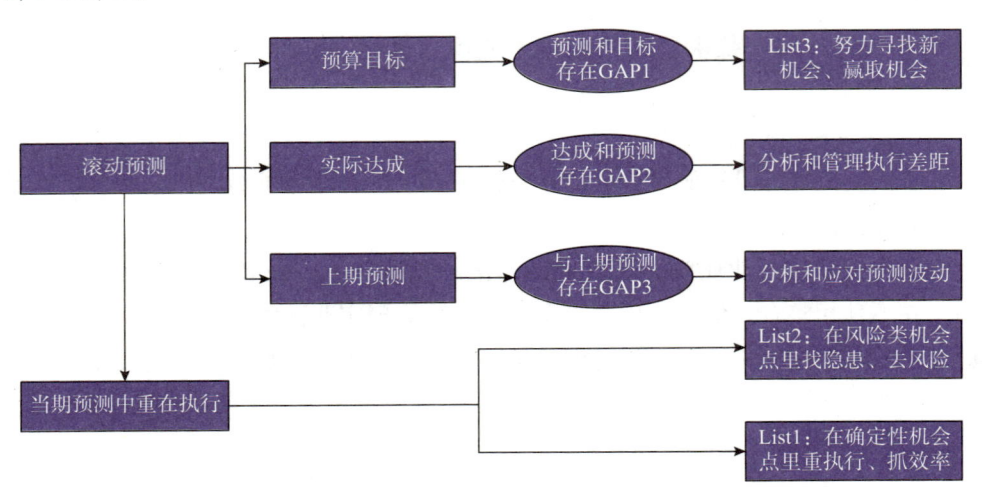

图 9-5 华为滚动预测管理工具

1. 3 个 GAP

GAP1：滚动预测与预算目标存在差距。在预测内，务必抓执行和效率；在预测之外，要积极寻找外部机会弥补差距。

GAP2：实际达成与预测存在差距。要加强对差距的分析与管理，查找执行过程中哪里不到位，准确归因，找到改进办法。

GAP3：本期预测与上期预测存在差距。一是要通过提升机会赢取能力，将预测外的机会转入预测内；二是要加强风险管控能力，查找外部是否存在什么隐患使得预测前发生了改变；三是要提升业务把控能力，客观预测，避免大波动影响资源配置等决策。

2. 3 个 List

List1：确定性机会清单，主要是改进执行和效率。

List2：辨识风险类清单，主要是查找隐患和控制风险。

List3：挖掘机会类清单，主要是从外部洞察机会和赢取机会。

List1 和 List2 两类清单都是在预测内的，关键是抓紧执行。List3 类清单是预测外的，主要是找机会去弥补差距的。

通过滚动预测来确定预测周期内的长期和短期的举措，会形成资源配置的重新审视。如果预算是在原先制定的配置规则内的，就根据业务预测弹性分配资源；如果超出了原先资源配置的规则，就需要重新决策了。

9.4.3 改进措施和任务令下发

ST 在经营分析会上通过数据分析与差距判断，定位了差距产生的根本原因，进而研究和制定了各项改进措施，包括加大投入、调整策略、修订流程、加强管理等，并评估各项措施的效果与实施难易度。

通过对未来的业绩指标进行滚动预测，在经营分析会上审视预测结果与目标是否还存在差距，如果仍存在差距，则需要进一步研究弥补差距的办法，以确保最终达成年度目标。

在以上分析的基础上制定任务令，明确各项任务的具体内容、负责部门与人员、时间进度等要求，任务令在经营分析会上通过 ST 审批以示权威。会后安排专人负责将任务令下发到各相关部门与人员，并在下发过程中强调任务的重要性，加强责任意识，确保各级组织与人员理解并严格执行各项任务。

任务令下发后，通过业务会议和经营分析会持续并闭环审视任务执行情况，对任务进度落后的单位或人员进行问责考核。这有利于确保经营分析会上的任务如期完成，达成既定改进目标。

【案例】华为经营分析会及任务令下发

自2008年起,华为在各代表处推行"一报一会"制。其中"一报"是经营分析报告,"一会"是经营分析会(又称经营分析报告讲解会)。华为开展"一报一会"的目的是让代表处管理者学会运用财务分析方法,通过对财务指标的解读,倒推业务中存在的问题,并采取措施加以改进。

代表处经营分析报告的编写实行项目责任制,由代表助理把关,市场、客服、回款、财务部门也有专人参与,销售业务经理、市场经理、工程经理、财务经理作为成员分块负责。

报告完成后上会,由代表、助理、客服主任,以及产品部、系统部主管按月在经营分析会上轮流讲解。经营分析会一定要体现出以下特点。

(1)聚焦目标:唯一的目标是年度各项经营目标,年度经营目标是不能随意调整的,要对着目标谈结果、谈差距、谈改善。

(2)聚焦问题:关键是真诚、客观地面对问题和风险,不要避重就轻,要发现经营的风险,要找到问题的根本原因及行动方案。

(3)聚焦机会:解决问题只能改善情况,实现年度经营目标还得靠识别和抓住机会;要列出未来的机会清单,分析这些机会能否支持年度经营目标;对着机会谈策略、行动和资源配置。

(4)聚焦闭环:有策略和行动计划,还要通过会后监督实现有效的执行。第一是通过记分牌综合管理每周最终会议的决议执行的进度情况;第二是下个月召开经营分析会的时候,上个月的会议决议执行情况先拿出来晾晒;第三是可以设置一个专门的部门或秘书,跟进重要的会议决议,督促关键任务的落实执行。

经营分析会上制定的任务令必须是具体表述的,不能空泛而不清晰。经营负责人分析清楚出现问题的原因后,就要提出解决思路了。在分析报告中将解决问题的思想落地,是经营分析需要达到的高度。

空洞的任务令如"措施:加强客情维护;责任人:销售部",而可执行的任务令应做到措施就是具体的行动方案,如"在月度周期内召开5场招商说明会,吸引30名潜在客户,最终有8名进入合作洽谈"。责任人可以负责、可以追责,时间节点是考核的依据。

前后期任务令需要闭环。经营分析是持续进行的,按月度或季度完成。这就要求前后月度或季度的任务令及达成情况应相互呼应,即上一期的任务令在本期要有验收:各项任务是否都完成了,进度如何,是否有延误风险,为何有的没有完成,未完成的本期是否继续推动,如何推动。这些内容都应该在报告中体现。

经营分析会机制建立了审视战略执行和年度经营的理性机制,改变了业务负责人重产出结果、轻过程管理的思想，促使管理者由职能、领域负责人向经营综合负责人转变，并且统一经营语言、统一经营工具、统一分析模板、统一审视动作，提高了效率，促进了管理者和员工对经营的理解，提升了职业化水平。

9.5 小结

在经济下行周期，也有很多逆势增长的企业。除了企业战略方向正确，很大程度上是因为这些企业建立起了卓越运营的机制。无论经济形势如何，卓越运营将对企业产生积极、长期的影响。

ST管理机制、AT管理机制和经营分析机制这三大卓越运营的机制，从"人""业""财"方面构建核心能力、正确的管理架构，从战略通往执行、平衡的投入和产出、企业持续革新等方面稳定企业的可持续发展。

ST管理机制、AT管理机制和经营分析机制这三大卓越运营的机制，主要依托于三大会议，即ST会议、AT会议和经营分析会。会议以结果为导向，重在落实。为确保会议有效，有三个公式：

开会 + 不落实 = 零

布置工作 + 不检查 = 零

抓住不落实的事 + 追究不落实的人 = 落实

在SDBE方法的定义中，卓越运营的三大机制坚持"日拱一卒，功不唐捐"的理念，持续改进和完善。对任何有益于企业商业成功的管理工具持开放态度，并坚持将复杂的事情简单化，抓住主要矛盾和矛盾的主要方面。

【思考】

1. 战略到执行的卓越运营体系在你的企业里是否已经建立，运营机制架构是否清晰完善？

2. 卓越运营体系在提升企业核心能力方面是否发挥了足够的作用，为什么？

3. 如何强化会议的执行效率？为什么？

第 10 章
卓越运营：运营框架及组织保障

卓越运营要求企业建立系统的管理平台和运营体系，以监控和推动战略目标的实现。这不仅需要设计相关的会议机制，更需要科学的运营流程和明确的部门职责。

搭建卓越运营平台，首先，需要构建全面监控体系，包括财务指标监测、项目进度监控、客户反馈监测等，并根据监测结果及时发现问题、做出判断，这是卓越运营的基础。其次，需要建立标准化的运营流程，包括战略规划及解码流程、核心会议流程、资源配置流程、绩效管理流程等，使战略执行过程化和制度化。再次，需要清晰的部门设置和职责划分，包括战略运营部门、财经组织、业务执行部门、卓越运营体系自身的运作管理部门等，各部门职责明确，相互协同。

只有通过构建系统监控、标准流程和科学组织，战略落地的每一个步骤和运转的每一个环节才会处处体现精益求精，这也是卓越运营的本质属性——将卓越运营的理念与方法融入企业管理的血液，这是实现企业长期发展的基石。

10.1　保障要义：建立运营管理机制的目的

卓越运营管理旨在获取、管理和分析数据，为企业的战略决策与业务运营提供量化、科学的支撑，从而有效地提升业务效率和业务能力，更合理和更快速地达成企业目标。

10.1.1　保证执行层面与战略规划的有效链接

华为各部门、各项目团队在经过科学的战略规划和层层解码后，会分解得出各自需要完成的重点工作与重点措施，甚至在一些较为庞大的工作任务下还会分出子项目，通过分解的环节，部门或项目组的所有成员会明确自己的重点工作任务。后期的战略执行，管理者仍然需要参与其中，做好推动与监督工作。推动与监督工作的有效性有赖于运营管理体系所提供的数据和信息。

有的时候，尽管各岗位的员工能够明白自己需要做什么、需要达到什么样的效果，但实施环节不一定能够一帆风顺。比如，实际操作效果可能差强人意，或者中途出现一些不可控因素，导致工作进展赶不上计划，或者执行者可能会出现主观懈怠或操作失误。对于这些出现了业务运作异常的问题，都需要管理者加以干预和调整。对战略执行进行监控，及时对机动情况做出灵活反应，有利于保证整体战略的实现进度。各级管理者通过定期经营审视（如月度、季度、年度审视）、半年战略审视、推动落实、调整资源等方式实现监控。

在华为，选择战略执行的监控方式是在基本的规则要求下灵活实施，具体与各代表处、项目组需要落实的战略计划和任务内容有关。

【案例】华为印度尼西亚微波产品销售

华为印度尼西亚代表处的销售管理部，在战略执行监控上有着丰富的经验，善于从细微之处发现战略执行过程中的不足之处，并加以改善。

2013年，印尼微波产品的订货和销售毛利呈双负增长，代表处随处可以听见"微波产品交付难、销售毛利低"等负面评论，作为微波产品销售负责人的王享田参加了代表处的经营分析会，看到了微波产品的运营数据，听到了对运营数据的分析，意识到微波产品的销售动作必须做出创新和调整，否则就不能完成目标。

王享田先根据当年的战略解码详细列出了微波产品销售要做的八件事情——总体目标、订货预测、市场格局、人员安排……，将其与微波产品销售人员的具体执行措施和执行结果做对比。经过细致的分析，王享田找出了微波产品销售人员在战略执行的不同方面显露出的不足之处，并且有针对性地提出了能够迅速落实的改进办法。

销售人员解决方案能力差和日常工作效率低是其中的关键问题，王享田带领微波产品销售的所有同事连续组织了 8 周的内部比武，后来这一举措成功让微波产品销售人员人人都变成了解决方案与内部流程的专家；针对需要准入的产品种类多的问题，王享田制定了详细的进度追踪表，并严控每个环节的时间，这保证了合适的产品能够在第一时间进入市场；针对微波产品组合多导致供应复杂的情况，王享田和其他同事共同制定并推行了印尼本地的微波产品"归一化"举措，统一微波产品交付版本，这个办法顺利减少了 80% 的非常用物料，微波产品供应效率大幅度提升；针对印尼唯一未规模突破的 D 客户微波产品市场，王享田在原有的重点工作分解的基础上，进一步制定了详细的子项目运作思路表，最终助力项目获得成功。

正是通过运营监控和业务动作调整，王享田团队在 2014 年年底成功超越了挑战目标，微波产品也再次在印尼代表处变成了一个既有量又有利润的产品。

光有完美的计划，没有匹配的行动，是无法把事情做好的，而完美的行动还需要有周全的监控措施来保证。

对战略执行情况实施动态监控，必须坚定目标，并厘清关键举措的关键控制节点。对重点工作进行追踪检查，不仅要看团队的工作进展，还要看到岗位的工作进展。及时发现问题，准确归因，采取针对性的措施来提升执行效果，才能保证工作按计划、按质量要求完成，从而保证战略执行。

10.1.2　战略目标的实现要靠运营监控

有些企业的创始人常常对职业经理人说："我已经制定好战略目标了，找你来就是执行战略的。"在他们的认知里，只要定了战略目标，找个人或者组个团队根据目标行动，就可以将它实现了，如果实现不了就是这个人或者这个团队不行，那就换人、换团队。

很多企业存在这样一个残酷的现实：职业经理人变动频繁，年初签订目标责任的是一个人，到执行目标时换成另一个人，到年底考核目标的时候又换了一个人。这些企业的战略目标的制定和执行根本不是紧密结合的，战略规划的制定者和执行者不是同一拨人，企业的各级管理者没有充分参与战略规划和年度经营目标的制定，对战略规划目标和年度经营目标没有充分的理解和认可，对战略落地的关键举措和监控措施没有共识。

企业管理者过分强调职业经理人的作用，希望人到位战略目标就能顺利完成，实际上就是把战略执行维系在人身上，而不是维系在机制构建上，而当关键岗位上的人发生变动时，战略执行就无从延续。

华为运营管理机制的管理执行与监控的对象是管理 IBP、管理重点工作、管理 KPI 和管理战略专题这四项内容，是确保年度滚动战略规划和年度计划落地执行的机制。

管理 IBP，就是将企业本年度的各项业务计划，如销售计划、产品计划、供应链计划，结合财务预算计划、人力资源计划等集成，进行统一管理和监控，实现对企业各业务计划与人、财、物三要素的统一管理。这种集成管理的好处是：平衡好企业局部短期利益和整体长期利益，提升企业经营效益；推动各业务计划执行部门以客户满意度为重，协同运作，提升工作效率；促进企业各项业务计划与财务计划匹配，易于及时揭示经营目标达成风险，保证经营结果可控、可预期，实现企业财务平衡、赢利平衡。

管理重点工作，就是管理好企业战略规划中分解落地到本年度需要执行的重点工作及年度经营计划中确定的重点工作。这些重点工作是支撑战略规划和年度经营计划目标达成的那些关键性工作。关键性工作包括但不限于以下方面：战略客户类、产品和解决方案类、市场突破类、重大市场交付类、技术突破类、战略变革类、管理变革类、流程改进类等重点工作。

管理 KPI，就是对企业或者部门组织的 KPI 执行情况进行管理和监控。

管理战略专题，就是对企业及各业务 BG、各业务 BU、区域组织、职能部门的业务开展和未来发展有重要和深远影响的战略性重大问题（如业务持续增长、赢利扩大、竞争取胜、新技术突破、新产业机会、重大客户关系、质量管理、人才等）进行专题研究和管理，为企业的可持续健康发展提出可执行的建议。

在华为，管理 IBP、管理重点工作、管理 KPI 主要是基于董事会批准的年度经营计划与预算进行的；管理战略专题是基于年度滚动战略规划进行的，战略专题工作主要由企业的战略部门负责管理和执行，工作成果由企业的战略与发展委员会负责评审。财务预算管理和执行由财务部门负责，人力资源预算管理与执行由人力资源部门负责。财经委员会负责评审财务预算执行情况，人力资源委员会负责评审人力资源预算执行情况。同时，日常的管理监控还有运营体系在支撑。

运营监控工作是常态化的工作，华为通过月度、季度、半年、年度的经营分析会和战略复盘与纠偏审视会进行常态化的监督和监控。

10.1.3　企业不同层级运营管理的侧重点

组织分有层级，运营管理也分有层级。一般来说，企业的运营管理分为企业级运营管理、业务领域运营管理和一线/项目运营管理，如图 10-1 所示。

SDBE 卓越运营

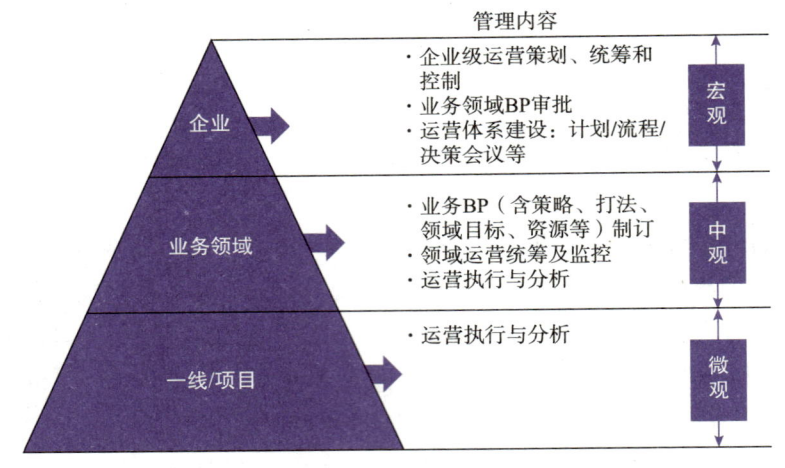

```
                              管理内容
                   ·企业级运营策划、统筹和
                    控制
        企业        ·业务领域BP审批              宏观
                   ·运营体系建设：计划/流程/
                    决策会议等

                   ·业务BP（含策略、打法、
                    领域目标、资源等）制订
      业务领域       ·领域运营统筹及监控          中观
                   ·运营执行与分析

                   ·运营执行与分析
      一线/项目                                微观
```

图 10-1　企业不同层级运营管理的侧重点

1. 企业级运营管理

在企业层级，运营管理的核心闭环流程是企业级运营策划、运营统筹和执行、运营控制。

（1）企业级运营策划主要指企业级 KPI、关键举措、人力与财务资源配置及运营体系构建等工作，与战略规划和战略解码导出的内容一致。

（2）企业级运营统筹和执行，包括业务实际运营的统筹管理和运营分析。

（3）企业级运营控制的方式包括绩效评价、关键举措进展监控、提升资源配置的效率及评判体系是否需要优化升级并落实。

在这个闭环管理流程中，作为起点的运营策划又是最为重要的，它需要关注几个要点：一是 KPI 目标设置的准确性，二是业务领域 BP 的推演，三是运营管理体系的构建。

很多企业的年度 KPI 定不准，原因是缺少推演，主要靠拍脑袋。在华为，通过 LTC 流程等进行企业经营目标的预测来验证 KPI，特别是销售收入类 KPI。通过建立统一的线索和机会点数据源，实现所有线索和机会点可视、可管理，定期审视重大线索和机会点的进展状况，评估销售管道的关键绩效和总体健康度，执行改进措施，以实现或超越企业的销售目标。基于对销售管道和线索机会点的把控，华为实现了对未来的销售前景进行准确、一致、高效的预测，并及时采取具有前瞻性的改进行动和举措，为后续的业务运作提供指导意见，为运营管理提供滚动性的评估标尺。

企业级运营管理包括审批业务 BP。业务 BP 不拘一格，关键是要求各部门承接企业级目标和任务，想好自身的策略、打法和资源，并详细分解落实到各阶段、各部门和各员工。如果没有清晰的策略，没想清楚打法，还是凭经验、凭习惯走老路，就会和企业战略出现断层，那么就谈不上后续的卓越运营了。

企业级运营管理还要负责设计和优化整体的运营管理体系，这和业务能否标准化有关：对于能够标准化的业务，企业开始可以适当授权，此时需要管控的是运作标准，比如标准的操作、标准的周期、标准的流程、标准的成果；对于不能标准化的业务，比如战略业务和突破性的市场目标，企业需要加强管控，此时的运营管理体系的原则不是授权而是管控，管控组织及权限、计划及产出、汇报关系和流程。

2. 业务级运营管理

业务级运营管理包括业务级领域运营管理和一线/项目运营管理，它有两个类别：标准运营管理和非标准运营管理。

在这个层级，项目管理是运营管理的中心。标准化的项目运营管理通过围绕运营目标这个中心，以计划管理为主线，以阶段成果为标志，以关键会议为驱动，以运营信息为基础，以绩效评估为抓手，形成运营体系的闭环。通过构建五大管理体系，即运营流程管理体系、计划管理体系、成果管理体系、决策管理体系、评价管理体系，来承接以上环节。如图 10-2 所示。

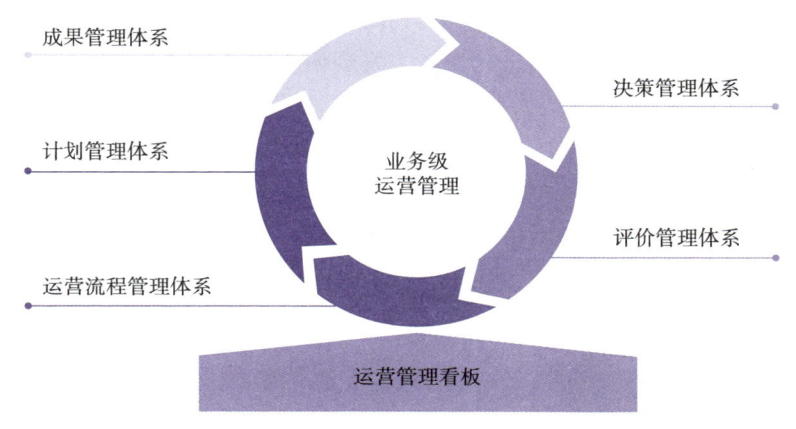

图 10-2　标准化项目运营管理体系

运营流程管理

将不同的流程进行分类和分级管理。将流程分类管理，比如利润型流程，强调利润率，强调产品和服务的品质，定位高档、成本高、流程周期长；均衡型流程，强调利润与周转均衡，由流程所有者动态把控，成本、周期适中；成本型流程，强调流程周转率，通常注重快速，定位中低档、成本较低、周期较短。根据不同的类别，以便快速找准定位，采取不同策略。

将流程按照项目的大、中、小的标签进行分级管理。比如大项目指的是重大市场新入、复杂的技术项目或者需要大规模资金投入的项目；中项目指的是存量市场中技术较复杂和投入资金中等的项目；小项目指的是存量市场中技术简单及明确的 OEM 订单开发项目。根据不同分级，以便快速套用流程，设定不同要求。

计划管理

一是确认业务运营标准，明确关键节点和里程碑，这点是依照企业级战略解码再向下一层做分解，但是要进一步按业务、区域、客户等制定各级、各节点的标准周期，明确责任人。

二是编制计划，形成业务经营单元的总体经营目标，实现多方均衡的计划制订，并综合对接经营、资金等计划，形成勾稽关系。计划要分层管理，并且滚动编制。

三是在过程中监控进展，通过分级管理制度，形成抓一级、控一级、看一级的态势，形成计划的动态预警机制，即对照计划标准，形成动态监控报告，及时预警。

四是对计划执行的考核，包括过程考核和总体考核。过程考核是根据节点级别和领先或延误情况，进行相应的加减分考核；总体考核是根据最终节点标准进行考核。

成果管理

成果管理关注项目实施过程中所达到的预期效果和实际效果。会定期评估项目的阶段成果，对照预期成果进行比较，发现偏差便及时调整策略，确保项目按计划有序推进。

决策管理

决策管理需要明确在流程关键节点上，哪些需要决策，由谁来决策，以及通过什么形式（如会议、直接审批等）决策。

【案例】华为产品开发项目决策点

华为的产品开发流程主要分为概念、计划、开发、验证、发布几个主要的流程，分别设置产品决策评审点和研发/技术决策评审点。衔接着产品开发流程的，是产品应用于具体场景的产品应用流程，它们共同构成完整的产品及应用全生命周期，在生命周期结束后还有最终的产品评审环节。如图 10-3 所示。

评价管理

评价管理的指标来自战略解码之后的组织绩效指标和管理者个人的 PBC 指标，强调综合评价。评价是动态的，在运营管理提前设定的周期内都可以设定，评价有利于发现偏差，以便及时应对。

非标准化运营没有标准的定式，核心思想是实验和进化，接受更高层面的管理、统筹和监控。

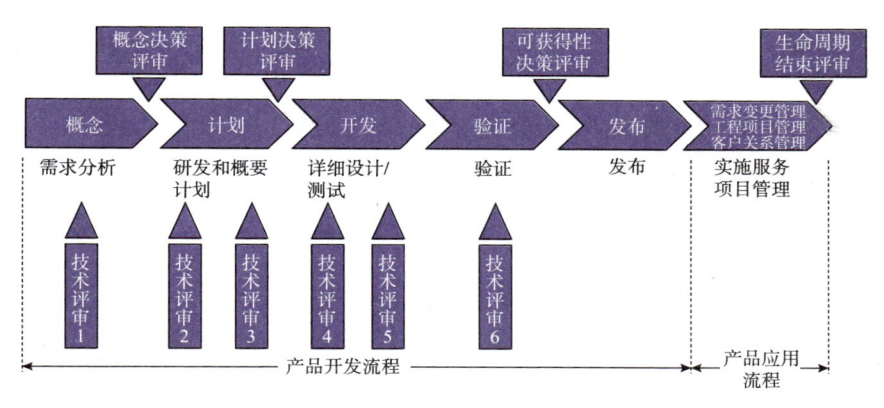

图 10-3　产品开发项目决策评审点

【知识扩展】非标准化运营管理逻辑

通过解构、观测、对标、学习、重构等方式对非标准化运营工作进行管理。

解构：从时间、空间、业务等角度拆解问题，把商业模式尽可能分到最小颗粒度（任务执行层面），以便界定和描述。

观测：尽量数据化、数字化，运用量化的方式来观测运营情况。

对标学习：对标那些做得更早、做得更好的学习对象，向其学习先进的做法（架构、流程、报表等），更要学习行业演进规律。

重构：借鉴先进学习对象，对当前业务进行重构（分化、组合、排列等），并适度创新。

10.1.4　企业卓越运营的会议管理机制

第 9 章所讲的各项管理机制，包括战略审视会、ST 管理机制、AT 管理机制及经营分析机制，均是通过集体会议讨论和决策的方式来进行。这些会议的高效、规范化运作，就构成了卓越运营管理的基础。

一般而言，这些会议，都包括了会前准备、会中控制、会后跟踪三个阶段。会前准备是这套运行机制非常关键的环节，是保证会议高效、有效的流程保障。不合适的会议主题、会议材料都需要在会议准备的环节进行纠正。会议管理机制如表 10-1 所示。

表 10-1　会议管理机制

阶段	关键动作
会议前	（1）主题明确：会议目标必须明确，与会人员事先了解，并在汇报 PPT 前三页点出主题和目的。提案人要做好汇报材料的预审工作，重点突出，使决策点变清晰。 （2）议程设计：设计清晰的会议议程，包括主题、议题、时间、与会人员等。会议秘书协助召集人做好议程规划，在会前将确认的议程通知与会人员。 （3）相关人确认：各议题提案人须在会前识别相关人及与会人员，保证与主题相关人参会，提高会议效率。例行会议应输出会议成员清单，明确角色和职责。 （4）材料审核：执行秘书把审核通过的会议材料提前发给相关人员，让他们不仅了解并思考，同时还要审核这些材料是否满足会议要求，对不满足要求的进行指导修改，如果准备不充分甚至可以推迟会议。
会议中	（1）聚焦议题：讨论要聚焦重点问题，确保预定时长内充分研讨。会议主持人有权打断冗长的跑题发言。议题负责人有责任事先告知与会人员某议题必须决策，否则一时无定论的可先暂时搁置。 （2）有效结论：会议必须有纪要且需正式发布纪要或决议。会议的各跟踪事项一定要明确责任人及完成期限，尤其是协同作战事项，决议中需重点说明，避免事后难落实。 （3）严肃纪律：会议主持人兼任纪律检查人，在会议前宣布会议纪律，会议中对违反纪律人员进行提醒，严重的实施处罚。
会议后	决议追踪：对会议上的决议实施闭环管理，执行秘书定期跟踪会议指定责任人对决策事项的落实情况。在决议执行过程中，如发现原决议难以落地需要重新申请上会决策，确保各项会议决议都能完成。

华为对会议的成效提出三个原则：会上不落实成效为零；布置工作后不检查成效为零；决议不落实不追责成效为零。因为有规范的会议管理，华为可以在年底就对第二年的重大会议做统一安排，并在内网公开发布具体内容，也就是精确到下一年度每一天的高层日历。各部门根据此高层日历安排本部门的 AT 会议、ST 会议及其他会议。

10.2　运营框架：以系统性策略保证蓝图实现

构建系统的战略执行和监控机制，明确其中直接管理部门的相关权责，实现对执行情况的考核、奖励与问责，系统管控企业战略执行情况，以便根据实施情况及时对具体行动计划、策略和战略方向进行调整。

10.2.1　战略管理的直接责任团队

战略包含的目标内容大部分都是中长期目标。中长期目标的特点是面向未来 3～5 年的关键举措，需要战略定力去坚定地落地，否则不仅不能顺利地破冰，更不能看到未来的成果。因此中长期目标要比当年的经营目标花更大的精力管理和推进，毕竟当年经营目标有 KPI 等立竿见影的标准可以衡量和约束，管理团队一定会去关心 KPI 是否能完成；但另一方面，他们一定要花更多精力去关注中长期战略举措的落地情况，不然就会影响未来的发展收益了。

在华为，由战略闭环管理团队即 ST 来保证战略的闭环。ST 是由部门主管和下设部门负责人组成的业务管理团队。团队在战略规划和年度计划制订过程中形成对实现战略目标的清晰和共同认知，保证战略高效执行。为达成和维持战略共识，推进战略落地，ST 采取了以下措施：

（1）开展战略规划方法培训。通过培训使团队成员系统理解战略规划工具与技巧，形成统一的规划思维。

（2）组织或参与上级战略虚拟研讨会。通过思维碰撞和讨论，让团队成员在战略选择和决策上达成高度一致。

（3）进行战略宣讲，向团队成员详细解读企业战略，进一步增强团队成员的战略认知与执行意识。

（4）开展战略对标，通过对标其他企业优秀战略和做法，检验和补充自身战略认知，达成更高统一度。

在日常工作中，ST 通过例会监督战略执行情况，监督内容包括：战略解码后的工作绩效、关键任务完成进度和重点工作推进情况。

【案例】华为 ST 成员

华为 ST 成员组成如表 10-2 所示。

表 10-2　华为 ST 成员

组织职务	ST 角色
CEO/一把手	ST 主任
市场部部长	ST 成员
战略部部长	ST 成员
研发部部长	ST 成员
制造部部长	ST 成员
采购部部长	ST 成员
服务部部长	ST 成员
××产品线部长	ST 成员
质量运营部部长	ST 成员、执行秘书

ST 在华为内部是分层分级的，各级部门都有自己的 ST，层层保证 SP 和 BP 的实现。ST 的最高管理者，比如 CEO 或者某个部门的一把手，是决策人。在华为，不同的团队运作有不同的决策机制，基本上是成员充分讨论，最终主任说了算。比如有些团队的决策机制就是少数服从多数，主任有一票否决权。

第二个重要的角色是执行秘书，在华为的团队任命中都有这个角色，而很多企业在任命战略执行团队的时候会忽略这个角色，在华为的 ST 中执行秘书的角色是由质量运营部来承担的。

【知识拓展】华为在 2007 年左右就开始实施 ST 运行，在职能管理部门方面曾经成立了质量与成本部，后来改为运作管理部，再后来改为质量运营部，并沿用至今。质量运营部下设质量部、运营部、数据管理部，直接向部门主管及 ST 汇报，受企业战略与市场部、企业财经管理部、企业质量与流程 IT 部的业务指导，其中运营部支撑 ST 开展日常战略执行运营管理工作。

执行秘书的职责包括：一是负责 ST 的日常运作及决策的组织，包括日常的运营支撑；二是战略到执行的闭环管理，即 DSTE 流程的落地执行部分；三是 ST 日常决策的闭环管理等。执行秘书的核心不是执行，而是保证战略目标的达成。

10.2.2 管理资源配置及预算执行

全面预算是指企业对一定期间所有经营、投资和财务活动做出的预测性的数据安排，对企业来说全面预算管理非常重要，它承担着企业战略落地的抓手作用，实施着战略控制的职责。全面预算管理通过对业务、资金、人才、信息的全面整合，明确资源的分权与授权，驱动战略业绩评价，为企业经营发展提供重要支持。

具体来说，全面预算管理有五个方面的价值：

（1）将企业战略规划细化，分解未来目标，用目标牵引经济活动。

（2）以数字表达管理方式，以数据为导向控制经营过程，实现精细化管理。

（3）以目标结果为导向，并以目标配置资源，严格控制风险。

（4）与绩效管理挂钩，为绩效考核提供依据，保证战略绩效落地。

（5）确定成本和费用的相关目标，对企业经营产生约束。

全面预算和财务预算的内涵不完全一致，准确理解全面预算管理的含义，有助于企业开展工作。

首先是对"全面"的理解，即全面预算管理是全流程、全环节和全员参与的系统管理。全流程是指全面预算要与企业组织的各项经营管理活动的前、中、后环节相融合；全环节是指企业一切经营管理活动都要纳入预算管理；全员参与是指企业领导、子公司或分公司负责人、职能部门负责人、各岗位骨干员工都参与预算管理。

其次是明晰"预算"的概念。预算是以数据和量化形式表现经营计划，是对预算期内各项经济活动数量化和货币化的计划安排，它主要对三个方面的内容进行判断和预估，即目标预算、业务预算和资金预算。

（1）做目标预算，是指结合战略目标，估算企业在预算周期内能达到何种目标、实现何种业绩。

（2）做业务预算，是指根据业务规划、年度关键举措及经营活动，制订对应的资源投放计划。

（3）做资金预算，是指由管理者围绕企业行动计划所需的资金，明确获得资金的渠道。

最后是对"管理"的掌握。预算管理是根据预算对企业经济活动进行管理，其主要管理内容、管理工作及管理重点如图10-4所示。

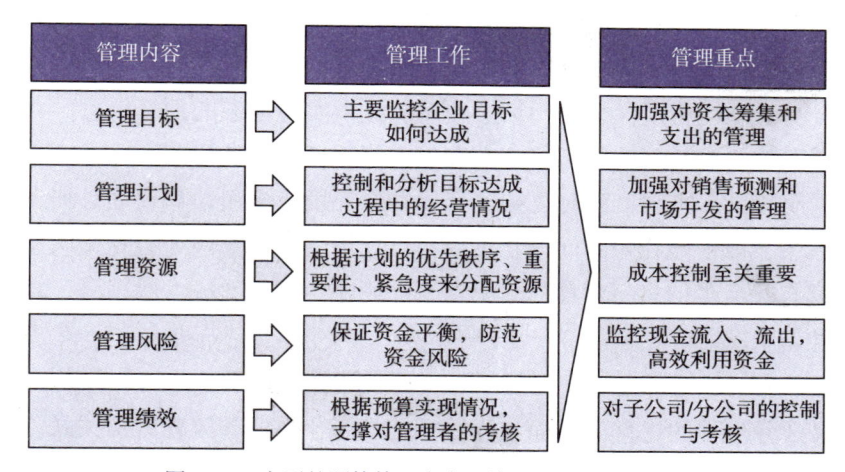

管理内容	管理工作	管理重点
管理目标	主要监控企业目标如何达成	加强对资本筹集和支出的管理
管理计划	控制和分析目标达成过程中的经营情况	加强对销售预测和市场开发的管理
管理资源	根据计划的优先秩序、重要性、紧急度来分配资源	成本控制至关重要
管理风险	保证资金平衡，防范资金风险	监控现金流入、流出，高效利用资金
管理绩效	根据预算实现情况，支撑对管理者的考核	对子公司/分公司的控制与考核

图10-4 主要的预算管理内容、管理工作及管理重点

全面预算管理是现代企业的重要管理模式，它同时是一套系统方法，通过提前合理地分配人力、财力和物力等资源，实时监控战略目标的实施进度，控制费用支出，预测现金流量和利润，从而协助企业实现战略目标。

【案例】华为预算管理的起点和逻辑[①]

任正非曾说："我们的利润来源于'客户'，因此我们的预算源头也应该是'客户'，只有把面向客户销售的预算做清楚，才能向后分解成可靠的、扎实的产品及区域维度的年度预算。"这段话阐述了华为预算的生成逻辑，即以客户为起点，

---

① 杨爱国，高正贤. 华为财经密码：商业成功与风险制衡 [M]. 北京：机械工业出版社，2021.

以项目为基础，由外向内生成预算。年度预算的制定是基于项目、机会点，按照"战略规划—项目—预算"的逻辑建立预算分配机制，经营团队则根据业务计划及授予的预算向支撑组织购买资源。

全面预算管理对上链接企业战略，对下链接日常运营，对外链接着市场，对内链接内部管理。当企业处于不同的市场环境、不同的发展时期时，管理内容和管理重点是不同的，适用的全面预算管理模式也不同。管理者在设计企业全面预算管理模式时，应根据本企业所处环境和发展时期，选择适合的全面预算管理模式，突出管理的重点。

在全面预算管理运行的过程中，企业还面临着复杂的经营环境，预算管理一方面有着控制的本质，另一方面也要求预算管理灵活多样，动态全面预算管理由此显得更为重要。动态全面预算管理的运行应满足三个原则：

（1）战略导向原则，一方面动态全面预算管理应围绕企业战略目标按步骤实现阶段性目标，另一方面战略目标本身具有动态调整的性质，因此以战略为导向的全面预算管理也需要保持动态调整的弹性。

（2）实时监控原则，全面预算管理需要提供实时动态的预算信息，并对企业各部门的预算行为进行监督和修正，实现内部的自我约束与激励。

（3）便捷灵活原则，面对复杂多变的动态环境，全面预算管理必须建立及时的反馈体系，以便能在短时间内将重要信息反馈给相关部门或者相关岗位。灵活便捷能够有效减少信息不对称的情况，减弱影响内部交易成本的因素，真实体现企业的经营状况。

全面、实时、灵活意味着建立动态全面预算管理体系所需的条件如下：

一是业务流程的优化。全面预算管理的动态化与业务流程紧密关联，通过建立和健全业务流程、管理体系和控制节点，才能够实现内部信息顺畅流转，为全面预算管理创造良好的管理氛围。

二是完善的信息化系统。企业通过信息系统和数据功能，将全面预算的编制、审核、分发、执行、监管等过程和结果固化在信息系统中，实现业务财务数据一体化。

10.2.3 战略辅导：管理运营绩效

管理运营绩效是指通过运营仪表盘掌握 SP 和 BP 落地情况，进行经营审视和战略落地的闭环管理。其中核心环节是构建运营仪表盘，主要包括业务绩效方案设计、监控与分析、预测与预警、业务绩效改进，再配合经营例会、奖惩激励等机制保障，保证持续的改进和运营。

运营仪表盘基于 SP 和 BP 阶段输出的组织各层级和各维度的绩效度量管理方案构建，它借鉴了平衡计分卡的形式，从而既维持了均衡的战略视角，又能够提供均衡的审视视角。在年度、季度直至月度的运营管理例会中，由相关组织负责人展示绩效度量指标的实际达成情况。对于异常的绩效指标，要发出预警，同时分析根本原因并进行预测，例会的核心是制订业务改进方案和计划。上一级的管理团队会根据具体情况及时做出业务干预和纠偏，甚至做出警示和问责。

运营仪表盘以数字化运营为基础，通常包括数据地图、指标管理、平台运营和数据服务。运营仪表盘服务于整个闭环，用来辅导战略落地。同时，为了确保运营数据的正确，企业内第三方会对数据进行独立监督和审计，客观的数据才能够反映客观的情况，以便做出客观的考核判断。

早在 2003 年，华为就开发了报告分析平台。但由于缺乏架构规划，逐步发展的平台堆叠了 2000 多个补丁程序。一方面，核算效率非常低，财经人员在结账日艰难地收集和上报数据。各经营单元的月度经营总结会总要到次月月中甚至次月下半月才能召开。另一方面，数据的内在逻辑很难辨识出来，面对业务部门的质疑，财经人员经常不能向业务部门解释清楚数据的由来。2005 年，华为财经管理团队到 IBM 总部拜访学习，其报告分析平台让现场的财经高管大开眼界。于是，华为决定将 R&A（Report & Analysis，报告与分析系统）作为 IFS 变革的重点项目。完成 R&A 项目后，华为便有了一个"仪表盘"，它能及时、准确地反映华为的经营状况，帮助各级管理者尤其是高层管理者驾驭这艘超级航母，进而动态监控企业的经营状况，并及时做出关键决策。

包括财经报表在内的企业报表体系构成了企业运营管理和决策的仪表盘，整个体系的建构基础是来自运营一线产生的基础数据，体系整体如图 10-5 所示。

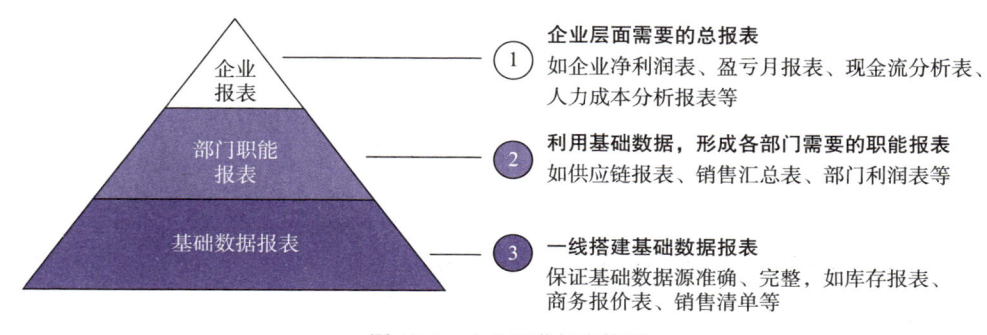

图 10-5 企业运营报表体系

以财务报表分析为出发点，将财务和经营分析融入企业管理中，使之成为企业管理强有力的工具，发挥经营管理仪表盘的作用。

浅层次的分析类似做体检，主要是通过仪表盘的数据找差异、抓异常点。高一点层次的分析需要结合业务找到异常数据背后的事实，进而做出业务判断。而要想辅导运营绩效，则要求分析不能仅仅满足根因分析，还要提出解决方案。要达到辅导运营绩效的目的，需要完成以下工作。

（1）以财务数据为依托，分析数据背后的业务。

这个工作由财务部门牵头，并由相关业务部门人员参与。只有财务与业务通力合作，才能避免仅仅在数字层面进行分析。这个工作又划分为两步走：第一步是数据分析，即财务对异常的数据要敏感地抓取；第二步是业务分析，即财务深入探究业务，找出数据背后的故事，不仅要定位问题，更要朝向解决问题。

【案例】A公司的数据分析和业务分析

有一家高科技企业A公司，这里以它为例，对它的资产负债率、项目周期、销售规模等仪表盘指标进行深入分析。

A公司的资产负债率为30%，低于50%的行业水平，说明公司经营杠杆低，偿债能力强，风险低，另一方面也说明公司经营保守，有较大提升空间。

A公司的项目周期为75天，低于90天的行业水平，说明公司项目管理水平较高，技术水平相对行业有优势，人效高。

A公司的销售收入规模未过3亿元，相对国内同行业头部企业而言销量较小，意味着利用现有的技术优势、管理优势扩大销售规模、提升利润水平是重要的举措。

除了分析数据本身，业务管理者要结合业务现状，定位原因，找到问题的症结。也就是要去分析公司市场、成本、投资、现金、人员等方面的问题。A公司近几年的销售规模徘徊不前，大客户销售占比不大，无法实现规模效应，对利润及现金流的增长都有较大挑战，继而对留住优秀人才也造成了影响。而销售规模低的原因在于，过于注重本土区域市场，省外市场主要依靠单点突破。结论是A公司应该寻求新的销售增长点，首要是开拓重点周边省外市场或者本省优质的大客户。

（2）进行专项分析。

运营辅导的分析建议除了完成数据分析和业务分析，接下来是做专项分析，找出关键短板，进行重点突破，推动立项以解决问题。

（3）着重提高财务人员和运营管理人员的综合水平。

财务分析和运营分析对分析人员的综合水平要求特别高，除了专业知识，分析人员还要掌握政府财政政策、市场发展前景、企业战略目标、竞争形势等综合知识，从管理角度进行运营管理分析，为管理者经营决策提供更加准确的数据信息。

管理运营绩效，辅导战略落地，财务分析和运营分析是关键。通过完善数据的时效性、准确性、可靠性,及时、全面地掌握企业的经营状况,才能制定科学合理的经营决策,推动问题的解决。

10.3 组织保证:保障战略蓝图实现的责任部门

除了负有直接责任的业务管理团队,企业分设不同管理领域的专业职能部门,分别提供看护战略管理流程、提供准确的运营数据、支撑战略执行闭环管理等职责。

10.3.1 战略运营部,组织战略执行与实施的牵头者

华为战略 DSTE 流程用来协同组织各单元及所有员工围绕公司战略工作,这是一项组织协同性极强的工作。战略管理落地不易的一个重要的因素就是究竟由谁来负责管理这套战略执行系统,因为这一系统包含了如此多项相互连接的流程。

企业的流程一般由不同的单元分别执行,比如财务部负责全面预算的流程,首席财务官是预算流程的负责人;人力资源部负责员工入离转调的流程,人力资源总监是员工关系流程的负责人;质量运营部负责流程管理,质量总监是全面质量管理和六西格玛改进的负责人等。有些流程可以在部门内闭环,而有些流程必须适当调适、相互结合才能形成战略协同效应,这些流程对习惯以部门为基本组织单元的企业来说是比较困扰的,在很多企业中还没有形成习惯,对它们来说,实施这样一套综合的、相互关联的管理体系是一项复杂的任务。

华为及许多大型企业设置了战略运营部,它的职责很多元,比如市场洞察的职责、战略专题管理、产业生态建设、投资组合管理及绩效政策制定、战略安全职责等,但是它排在第一的职责是组织制订 SP 和监控 SP 的落地,不过这不意味着它要写报告,战略报告是各个业务单元一把手的责任,战略运营部则要把 DSTE 的流程建起来,并用日历方法进行管理和驱动。

战略运营部组织制订 SP 和监控 SP 的落地正是通过三类会议进行的:战略规划讨论会、战略健康审视会(半年开一次)、战略实施审视会(半年开一次)。

战略运营部其实扮演了三个重要职责角色,如图 10-6 所示。

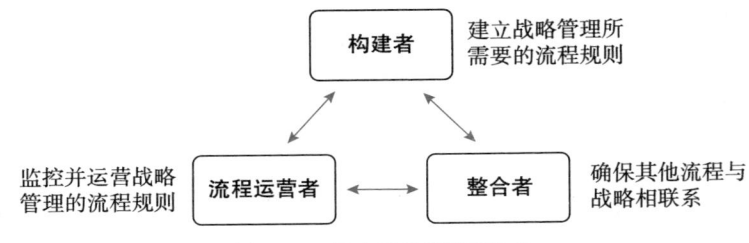

图 10-6　战略运营部职责角色

首先，它是构建者，为组织设计战略和运营管理流程。战略运营部确保所有的规划、执行和反馈各环节到位，以闭环的形式衔接。

其次，战略运营部是管理体系中多个关键流程的流程运营者，主要推动跨业务、跨职能的流程执行，包括战略制定、战略规划、战略协同、规划运营、战略审视、战略调整等。

最后，战略运营部还是整合者，必须确保战略引导现有的各种流程。就像前面所讲的，在大多数组织中，这些流程已经存在并有相应的负责人，但他们大多数都有自己的角色和目标，很容易站在本部门的角度，并没有与战略保持一致。因此战略运营部作为整合者，保证围绕战略将所有这些流程整合成一体，力出一孔。

实际上，华为的战略管理体系不仅仅有战略运营部，还有战略与发展委员会、战略研究院、科学委员会等。2022年，华为撤销了战略运营部。从华为公布的任正非内部讲话来看，他认为华为的战略不能由少数人来决定，而是应该由几千、几万名专家来研究未来的方向和走向未来的路径。撤销公司战略运营部，只是调整了战略规划的制定方式，而战略的执行管理，也就是这里所说的协同管理职责，仍旧是存在的，只是会由其他战略部门兼任。

10.3.2　财经组织，业财融合数据的提供者

在华为，财务组织有一个和多数企业不太一样的称谓——财经。"财务"和"财经"有一个字的差别，含义却大不相同。

财务，是企业与"财"相关的事务，为使命而奔忙，务求事务操作循规蹈矩，以不出风险、如实记录为要；而财经，却与企业的"经营"产生了千丝万缕的联系。一字之差，华为的财务工作发生了质的改变，提升到了助力经营、支撑战略的地位。华为在治理层设置财经委员会（现合并至平台协调委员会），将其职责定义为："财经委员会是华为企业价值的综合管理者，对经营活动、投资活动和企业风险进行宏观管控，使企业在机会牵引与资源驱动之间达到动态平衡，实现企业长期有效增长。"这体现了华为战略工作对各领域工作的牵引和指导。

在以客户为中心的企业管理机制中,各相关方通力合作,在利益分配上不应当耗费过多的交易成本,这就要依赖一个强有力的财经治理机构为企业财权决策提供公正、科学、合理的支持,实现这个目标的唯一办法是财务要理解业务,财务只有懂了业务,才能明察秋毫,变滞后数据为经验数据和前瞻性预测数据。

首先,华为财经在策略上与战略挂钩,定位上是平衡企业发展内在述求和资源约束之间的关系,把握扩张与控制、效率与安全、短期目标和长期目标等对立命题的张力,在当期打"粮食"的同时做厚发展"土壤",让有限的资源发挥出最大的效益。

其次,华为财经与业务实现真正的融合。任正非说:"财务与业务是唇齿相依的,只有共同成长,才可能拥有希望。财务做得不好,业务也不可能独善其身。"很多企业对财务岗位的要求只是专业导向,但是,华为的"财经"理念则要求财务人员应当是业务与财务的复合型人才,这个定位延伸出三个要求:一是深刻理解业务,为此实施"掺沙子"的方法,从业务部门抽调干部强化财经组织;二是财经干部的能力来源于项目历练,项目的全循环帮助财经人员真正认识财务和业务的唇齿相依,为转型成为各级CFO(首席财务官)奠定基础;三是懂业务才能监督和协调,财务和业务各个环节都有关联,比如不理解业务就无法有效地监督和管理业务的运作。

华为的全面预算管理是财经管理的重要环节,但全面预算不是财经组织的独角戏,而是由财经委员会直接领导的、各业务部门参与的资源配置行为。与预算相对应的另一项工作是核算。华为的核算不仅仅瞄准外部规则,而且十分注重内部管理诉求,如从战略牵引、管理意图出发,制定相应的内部核算政策和规则。华为核算原则是满足以客户为中心的管理需要,做厚客户界面的核算,实现预算预测的闭环,为有效授权确定标准,让核算拥有"战争指挥权"。

在华为有三类财务报告,除了针对外部的财务报告,华为非常重视在运营管理层面构建的报告体系。一是基于经营分析需求的责任中心经营报告,主要用于内部经营管理、经营结果评价;二是基于考核需求的考核报告,主要用于内部激励分配。

责任中心要么对利润负责,要么对成本和费用负责,要么对投资收益负责。经过战略解码,会对应到每个组织和个人的目标和KPI。每完成一个经营周期,责任中心的财经部门会基于业务实质提供及时、准确、适配内部管理需求的经营数据和报告,为作战服务。华为的责任中心经营报告主要有三个维度,即区域、客户、产品,从多角度和多维度呈现华为这个庞然大物的经营质量。

华为认为,在出具经营报告的过程中,关键是要高效、优质、低成本。

(1)高效。每个经营周期完成后,必须及时给出报告,说明各类指标的完成情况及存在的问题。时效性不足，就不能给业务准确的决策信息。华为的月度经营报告在每个月结束后 5 天内提供。

（2）优质。即数据必须是完整和准确的，首先收入和费用需要拆解清楚，做到账实相符；其次才是报告分析内容质量要好，要能够满足经营管理的决策需要，并能支撑考核和评价的需要。

（3）低成本。通过流程优化和 IT 系统，满足组织结构调整后对数据维度和报告逻辑进行高效和经济的修改。

经过多年的摸索，华为财经总结出如下经营数据管理的经验。

（1）把交易数据和核算维度定位到最小核算单元。

（2）建立数据所有者，明确责任归属。

（3）在 IT 系统中，建立主数据、元数据、交易数据等层次的管理架构，实现数据仓库、数据集市等以便进行灵活的数据交互，形成基于过程到结果的数据中台，支持灵活多变地出具管理体系报告。

10.3.3 质量运营部，战略到执行的支撑者

战略解码从战略目标分解到商业模式、业务模式和策略、职能管理策略，最终落实到执行层面就是流程和管理，运营是流程和管理体系运作的过程。运营管理就是对运营过程的计划、组织、实施和控制，其实质就是通过对运营流程和运营系统的有效管理，实现投入产出的最大化，因此其关注的目标包括：质量、成本、费用、效率/效益、周期/速度、柔性、客户满意度等，最终支撑企业的商业成功。要想让流程和体系运转顺畅，就需有相应的支撑组织，质量运营部的职责中包括了运营管理，这也是它需要支撑战略执行的职责来源。

华为的运营是以客户为中心的端到端的价值创造流程，其组织结构呈现明显的矩阵色彩，如图 10-7 所示。

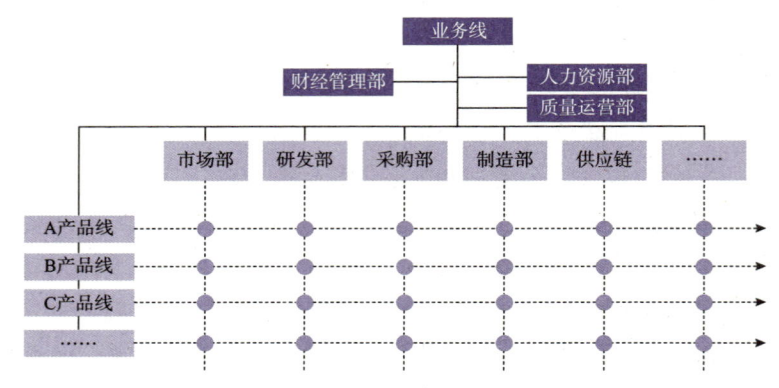

图 10-7　华为矩阵式组织结构简示图

从图 10-7 中可以看出，产品线为端到端负责，又叫经营中心，职能部门为资源和能力负责，又叫能力中心。"脖子"上有三个组织（人力资源部、财经管理部、质量运营部），它们的定位是业务支撑部门，支撑着从产品线的整体视角来看端到端的业务。三个业务支撑部门有一个简单的职责划分，一个是负责管理人的，一个是负责管钱的，一个是负责管事的，质量运营部就是负责管事的，质量运营部具体职责如图 10-8 所示。

图 10-8 质量运营部定位和工作职责

【背景知识】华为质量运营部发展过程

华为开始全面推行 IPD 后，成立了质量部，用于统一管理 PQA（Process Quality Assurance，全程质量检测认证）这个 IPD 流程里的核心角色。之后将负责项目管理的运营支撑部和质量部合并，就改为质量运营部了。后来质量运营部把成本部、流程部、IT 管理部、变革管理部等部门都合并了进来，而且在华为进入消费品领域后，把用户隐私与网络安全管理也放在质量运营部了。除了已经界定的部门职责，质量运营部还要负责具有以下特点的工作：

（1）需要构建管理体系来实现系统化管理。

（2）需要督促业务人员按管理体系要求来做。

（3）需要持续的维护和优化管理体系。

在华为内部，战略规划流程 DSTE 是处于最顶层的流程，它将战略规划、业务规划、财经、HR、流程与 IT 围绕从战略到执行实现有机的集成，以实现组织的业务目标。围绕 DSTE 开展运营管理以实现组织的业务目标是运营管理中最重要的部分，即绩效运营管理。

华为使用平衡计分卡的方式来设定组织的 KPI，再加上内部部门认为需要进行例行监控的指标，构成内部组织的绩效度量指标体系，并将设定目标纳入量化管理中。同时对关键事项采用项目化管理，因此，质量运营部在推进战略落地时，一方面会抓绩效度量指标的完成情况，另一方面会借鉴 IPD 的流程和理念，抓项目的关键决策评审点和项目进展，并在 ST 会议上汇报，以促使决策，并在会后监督落实。

首先，质量运营部需要掌握准确的运营情况，每个项目基本上都有质量运营部的人在做支撑，项目进展得好不好，做得怎么样，质量运营部要了解清楚。

其次，在组织结构和责权分配上，质量运营部是挂在脖子上的部门，它只对部门主管负责，对端到端业务负责，和其他团队或部门的领导是平级的，本身形成了制衡的监督机制。

质量运营部每个月都会组织一个项目的进展和度量数据的展示会议。如果项目有异常，会被标成红色，并被进行追责。

最后，就是和考核、和激励挂钩，即项目中的一些关键指标会出现在组织的 KPI 中，上下牵引，对重点项目及战略举措的执行形成推拉力。

质量运营部从项目管理、流程管理和质量角度支撑战略到执行的过程，这些要素的体系化也成为华为运营力的底盘，稳健地支撑企业的战略经营。

10.4 小结

SDBE 认为卓越的战略运营管理是企业商业成功与持续发展的关键驱动因素，关键的管理措施能够形成高效的支撑和监管机制，以保证业务不偏航。

构建系统的战略执行和监控机制，通过对执行情况的考核、奖励与问责，系统管控企业战略执行情况，以便根据实施情况及时对具体行动计划、策略和战略方向进行调整。在这个过程中，获取、管理和分析数据，为企业的战略决策与业务运营提供量化、科学的支撑，从而有效地提升业务效率和业务能力，更合理和更快速地达成企业目标。

在战略执行的组织保障上，除了负有直接责任的业务管理团队，为了支撑战略落地，需要分设不同管理领域的专业职能部门，提供看护战略管理流程、提供准确的管理数据、支撑战略闭环管理等职责。同时，还需要设置有以战略审视会、ST 会议、AT 会议、经营分析会和滚动预测会为主线的会议体系，建立规范化、标准化的会议机制，从不同角度实施战略执行及经营达成的过程管控。

【思考】

1. 在你所在的企业里，支撑战略落地或者经营目标实现的过程性监控手段有哪些？

2. 企业的战略审视会或者经营分析会效果如何，会议整体流程是否完善？能否支撑会议达到目的？

3. 企业的经营运作监控机制是否有部门站在全局的角度拉通相关部门协同解决问题？经营数据的支撑是否到位？有怎样的优化空间？

后　记

军史研究者曾问过粟裕将军一个问题："听说在济南战役结束的头一天，您给毛主席提出建议，下一步打淮海战役，是这样的吗？"粟裕将军以浓浓的湘音回答："是这么回事。打仗像下棋一样。作为一名高级指挥员，不能看一步走一步，至少要看两步走一步。淮海战役，在济南战役开始前就在考虑了。"足见"胸中有全局，眼下存一域"是胜利者必备的素质，两者缺一不可。

古希腊诗人赫西俄德说："无序是人类最坏的敌人，我们做事最好有系统性。"企业面临的各种问题呈现出来的形式是无序的，也是复杂的。

正是这种外在环境的特点和胜利本身对自身的要求，企业领头人及其团队既需要躬身入局真切地掌握规律，又需要不断总结和提炼来促使自己提升。企业领头人不仅自己需要提升，还要带领团队共同提升才能带着整个企业追上时代的步伐。为此，胡荣丰先生带领他的团队，结合我国当前不同行业的企业现状，借鉴华为的"中西结合"的优秀管理理念和经验，创造性地提出了 SDBE 这一企业战略到执行的模型，本书则尝试将 SDBE 模型的执行部分展开。

企业战略的执行，涉及内容繁多，实践和理论也丰富多样，流派众多，本书也不可能一一道来。为此，本书成形的过程也遵循了华为在深刻理解客户需求时"去粗取精，去伪存真，由此及彼，由表及里"的工作方法，呈现企业战略执行的重点，帮助企业领头人、管理团队和员工掌握提升自己的主动权。

企业作为一种组织，和生物学里面的组织有类似之处。企业需要和生物机理类似的企业机制，保证组织和外界的物质交换、能量交换和信息交换，保证组织的活力，同时组织还要对抗"熵增"，延续组织的活力。为此，企业这个组织需要建立哪些机制确保战略得到执行，读者在阅读本书时，可以借鉴基础的生物学，加强理解。

这个世界每天都发生着变化，但是，大多数时候，在世界上大多数地方，不管人们有多努力，我们的身边都不会发生什么大事。这意味着什么？这意味着大多数时候不仅看不到战略的改变，连战略执行的改变也很难看到，也意味着本书将来大多数时候也不会改变，但一定会在某一时刻再次以新的内容面世。

在参与撰写本书期间，团队成员都倾力而为，令我受益良多，在此一并感谢。

张美军

参考文献

[1] 黄卫伟. 以客户为中心[M]. 北京：中信出版社，2016.

[2] 黄卫伟. 价值为纲[M]. 北京：中信出版社，2017.

[3] 卡普兰，诺顿. 平衡计分卡战略实践[M]. 上海博意门咨询有限公司，译. 杭州：浙江教育出版社，2022.

[4] 龙波. 规则：用规则的确定性应对结果的不确定性[M]. 北京：机械工业出版社，2021.

[5] 陈立云，罗均丽. 跟我们学建流程体系[M]. 北京：中华工商联合出版社，2014.

[6] 王玉荣，葛新红. 流程管理[M]. 第5版. 北京：北京大学出版社，2016.

[7] 哈默，赫什曼. 端到端流程：为客户创造真正的价值[M]. 方也可，译. 北京：机械工业出版社，2019.

[8] 夏忠毅. 从偶然到必然：华为研发投资与管理实践[M]. 北京：清华大学出版社，2019.

[9] 石晓庆，卢朝晖. 华为能，你也能：IPD产品管理实践[M]. 北京：北京大学出版社，2019.

[10] 吴晓波，穆尔曼，黄灿，等. 华为管理变革[M]. 北京：中信出版社，2017.

[11] 张绎. 华为为什么能[M]. 北京：北京时代华文书局，2021.

[12] 杨爱国，高正贤. 华为财经密码：商业成功与风险制衡[M]. 北京：机械工业出版社，2021.

[13] 王美江. 全面预算管理和企业年度经营计划[M]. 北京：人民邮电出版社，2022.

[14] 李燕翔. 500强企业财务分析实务：一切为经营管理服务[M]. 第2

版.北京：机械工业出版社，2021.

[15] 何绍茂.华为战略财务讲义［M］.北京：中信出版社，2020.

[16] 王钺.战略三环：规划、解码、执行［M］.北京：机械工业出版社，2020.

[17] 胡赛雄.华为增长法［M］.北京：中信出版社，2020.

[18] 蔡春华.战略参谋：写出管用的战略报告［M］.北京：北京燕山出版社，2020.

[19] 兰涛.华为智慧：转型与关键时刻的战略决策［M］.北京：人民邮电出版社，2020.

[20] 斯莱沃斯基，莫里森，安德尔曼.发现利润区［M］.吴春雷，译.北京：中信出版社，2018.

[21] 谢宁.华为战略管理法：DSTE实战体系［M］.北京：中国人民大学出版社，2022.

[22] 美国项目管理协会.组织级项目管理标准［M］.北京：电子工业出版社，2019.

[23] 希格尼.项目管理基础：非项目经理人如何提升项目成功率［M］.第5版.北京：九州出版社·后浪，2022.

[24] 夏忠毅.为客户服务是华为存在的唯一理由［M］.北京：中信出版社，2022.

[25] 李冠辰.华为为什么能：不在非战略机会点上消耗战略竞争力量［M］.北京：中国青年出版社，2019.

[26] 易生俊，孙科柳，蒋业财.华为业务管理方法论［M］.北京：中国人民大学出版社，2017.

[27] 周锋，王安辉.战略执行力：将组织战略转化为经营成果的管理实践［M］.北京：电子工业出版社，2022.

[28] 卡普兰，诺顿.战略中心型组织（经典版）［M］.北京：北京联合出版公司，2017.

[29] 占必考.精益质量管理：方法、工具与推行指南［M］.北京：电子工业出版社，2022.

[30] 任卓巨，黄艳平，韩茹.华为项目管理法［M］.北京：电子工业出版社，2018.

［31］杨大跃．首席质量官：华为管理转型与质量变革［M］．北京：企业管理出版社，2021．

［32］林雪萍．质量简史［M］．上海：上海交通大学出版社，2022．

［33］张群，张杰，马凤才，等．运营管理［M］．第13版．北京：机械工业出版社，2019．

［34］周良军，邓斌．华为数字化转型：企业持续有效增长的新引擎［M］．北京：人民邮电出版社，2021．